KARL LOHMEYER / DIE SAGEN DER SAAR

KARL LOHMEYER

DIE SAGEN DER SAAR

von ihren Quellen bis zur Mündung

MINERVA-VERLAG THINNES & NOLTE
1994

Zeichnungen und Umschlag: Fritz Lud. Schmidt

ISBN 3-477-00056-0
Alle Rechte vorbehalten
Copyright 1952 by Minerva-Verlag Thinnes & Nolte, Saarbrücken

Es war um die zauberhafte Johannisnacht und Mitsommernachtsfeier des Jahres 1770, als der junge Wolfgang Goethe als Straßburger Student mit seinen Freunden Weyland und Engelhard, die in nahen Beziehungen zur fürstlich nassauischen Residenzstadt Saarbrücken standen, jenen für ihn bedeutungsvollen Ritt dahin unternahm. — Auf ihm wurde der Dichter, als die drei Jugendgenossen über Lützelstein in den rauhen Westrich und ins Saartal kamen und so zwischen Finstingen und Ingweiler zu ihm einbogen, um nun am „felsigwaldigen" Flusse so lange vorbeizureiten, von der Sagenwelt dieser Landschaft gepackt und die „Märchenfee" ist ihm darin begegnet. —

Noch spukten um die Reiter, als sie auf das lothringische Gebirge kamen, die Geister der kürzlich verflossenen Johannisnacht, noch leuchteten die Glühwürmchen. Und all das machte auf unsern Goethe einen unauslöschlichen Eindruck, wie übrigens diese Saarbrücker Reise auf ihn und sein empfängliches Gemüt in so manchem von bleibendem Einfluß werden sollte. Und die Sagen von Waldfrauen, Feen und Melusinen, wie sie gerade so reich dies Tal und die ganze Landschaft darum romantisch verklären, umfingen damals den jungen Dichter zuerst nachdrücklicher, von dem allem ihm die Landleute und auch seine einheimischen Freunde und Reisegenossen gerade zu erzählen wußten.

Ergriffen sie ihn doch so, daß er bald darauf in der Laube inmitten der Idylle von Sesenheim die Historie seiner „neuen Melusine" so stimmungsvoll vortragen konnte. — Ist es doch gerade dies Meerweib, das heute noch unsere ganze Landschaft um die Saar mit ihrem holden, wenn auch oft rätselhaften und wandelnden Wesen durchzieht, mag sie einst als blondhaarige Waldfrau zum Grafen von Engelweiler, gerade auch um die Johannisnacht gekommen sein, um ihm später die Wundergaben für die drei Töchter zu hinterlassen, von denen eine wieder an die Saar, nach Finstingen, gelangte. — Mag sie sonst als Waldfee erschienen sein oder in ihrer ureigensten Gestalt als Melusine den letzten Grafen von Saarwerden geliebt haben, auf dem Lützelstein und der Lützelburg, gar nicht allzuweit von den Saarquellen, umgehen, oder den Herapel und das Rosseltal, jenen wichtigen Sagenhort unweit von Saarbrücken selbst, als eine Art Hauptquartier erwählt haben, um dort in einen römischen Brunnen gebannt zu sein. Und ein solcher hat sich auch tatsächlich bei Ausgrabungen zu Ende des vorigen Jahrhunderts in einem oktogonen Zentralbau vorgefunden, so daß sich hier die Volkssage wieder mit der Wirklichkeit berührt. —

Reste all solcher Überlieferungen hat damals der junge Dichter in sich aufgenommen, um sie in seine „neue Melusine" eben zu verarbeiten, die sein Jünglingsmärchen werden sollte, wie er es selbst einmal bezeichnet, ebenso wie die jugendlich-anmutig, frisch und farbig schillernde Erzählung vom „neuen Paris" sein Knabenmärchen war.

Vorerst aber ging der Weg der drei Reiter immer der Saar entlang, und so weiter über Saarwerden, Bockenheim, Saaralben, um schließlich Saarbrücken als das vorläufige Ziel für einige Tage zu erreichen. Und dort schrieb Goethe am 27. Juni 1770 an eine Wormser

Freundin seiner Schwester Cornelia jenen stimmungsvollen Brief als „Widerschein solcher Gesichte", in dem es heißt:

„Gestern waren wir den ganzen Tag geritten, die Nacht kam herbey und wir kamen eben aufs lothringische Gebürg, da die Saar im lieblichen Tale unten vorbey fließt. Wie ich so rechter Hand über die grüne Tiefe hinaussah und der Fluß in der Dämmerung so graulich und still floß und linker Hand die schwere Finsternis des Buchenwaldes vom Berg über mich herabhing, wie um die dunkeln Felsen durchs Gebüsch die leuchtenden Vögelchen still und geheimnisvoll zogen, da wurde meinem Herzen so still wie in der Gegend und die ganze Beschwerlichkeit des Tages war vergessen wie ein Traum, man braucht Anstrengung, um ihn im Gedächtnis aufzusuchen..."

„Waldzauber! Johannisnacht- und Märchenstimmung!"

Und so hat den jungen Goethe die Romantik des Saartales ergriffen, wie ihn in Saarbrücken die Tage danach das in traumhafte Gärten gebettete Barock und die lichten Bauten des Fürsten Wilhelm Heinrich von Nassau anzogen und dann beim Weiterreiten die Funken sprühenden Essen, wie die ganze von diesem fürstlichen Kulturträger, in dem das kluge Blut der beiden nassauischen Hauslinien Saarbrücken und Oranien sich gleichsam verbunden hatte, geschaffene Industrie.

Aber auch über sie breitet sich noch der Duft vorher genossener Sagenstimmung des oberen Saartales aus, denn der Feuerzauber dieser Hütten erinnert ihn erneut an die „leuchtenden Wolken der Johanniswürmer", die zwischen Tal und Busch über den Ufern der Saar ihn wie in einem geheimnisvoll-neckischen Elfentanz, vom Waldesdunkel sich abhebend, und auf und nieder wallend, umschwebten. —

Muß doch seine Phantasie von diesem prächtigen Naturspiel und Ritt einen gar tiefen Eindruck erfahren haben. —

Und nun kam als neues Wunder ein seltsamer brennender Berg voll Ungewöhnlichkeit der Erscheinung, der von Dudweiler, dazu, in farbenschillerndem Gestein, der, wie es scheint, gar Pate in der Walpurgisnacht bei der Schilderung des dämonischen Mammonspalastes mit seinen glühenden Schlünden, Dämpfen und Schwaden aus brennend heißem Boden heraus gestanden hat. — Aber diese Märchenstimmung, wie sie bisher über der ganzen Reise ausgebreitet war, hört noch nicht auf, als der junge Student ins Ottweiler'sche einreitet und nach Neunkirchen gelangt. Dort angekommen, treibt's ihn mitten in der Nacht allein zum prächtigen Jagdlustschloß des Fürsten hinauf, und er ruht nicht eher, bis ihn dessen Halbmondbau umfängt, und er sich da auf die ihn umziehende Terrassen- und Treppenwelt lagern kann. Vereinigte sich doch hier alles in einer Fülle der Form und gediegener Pracht mit dem gradlinig angelegten Park, dem Blick in die Weite einer unendlichen Waldlandschaft, in die diese Anlagen voll Geschick und Anpassungsvermögen eingebettet waren. So gab es zusammen mit der einsamen Nachtstimmung, den verschlafenen Gärten und rauschenden Brunnen, unter strahlenden Himmelslichtern, ein Bild wirkungsvoller Barockromantik. In diese tönen dann plötzlich die Waldhörner fürstlicher Parforcejäger aus großer Ferne hinein und beleben „auf einmal wie ein Balsamduft die ruhige Atmosphäre".

Diese ganze Szene ist aber schon, trotzdem sie noch mitten in die eigentliche Barockzeit fällt, aus der schließlich der 1749 geborene Goethe selbst herauswuchs, wie das eigentlich viel zu wenig betont zu werden pflegt, wahrhaft romantisch genug. —

Mag uns nun Goethe selbst ein Führer sein in unsere Sagenwelt und mögen wir mit ihm an der Saar entlang in das Sagenland einreiten.

Mag auch den Leser so ein guter Teil solcher barock-romantischer Stimmung, noch verstärkt durch die mancherlei Sagen aus der Saarbrücker Fürstenzeit, bei ihrem Durchblättern wieder erneut freundlich umfangen, bei ihm haften bleiben und so weiterwirken. Und wenn auch dies Buch nur einen Auszug vorerst aus dem großen, in langen Jahren unter wirksamster Beihilfe aus allen Ständen, von Alt und Jung in unserm Saarland und darüber hinaus gesammelten Schatz von gegen zweitausend Sagen von der Saar, Blies, Nahe, vom Hunsrück, Soon- und Hochwald darstellt, deren Ausgabe in vierter Auflage auch allbereits geplant war und das weiter ist, so wird eben doch hier zum ersten Mal überhaupt der Versuch gemacht, die eindrucksvollste und abwechslungsreichste Sagenwelt wenigstens den ganzen Lauf des Flusses entlang einmal zu vereinen, aus der die Quellen der Geschichte zweier großer Nachbarländer machtvoll heraus rauschen. — Treffen sich doch dabei die Volksüberlieferungen aus westlichen und östlichen Himmelsrichtungen so überaus reizvoll, um ein wahres Beispiel friedlichen und versöhnenden Ausgleiches zu geben. Und unser heimischer Fluß erweist sich so recht eindeutig als ein völkerverbindender Wasserlauf, der aus Frankreich heraus über Lothringen und das Elsaß das Saarland durchströmt, dabei überall den Ortschaften, die er berührt, weit mehr wie andere Flüsse, seinen Namen verleiht, um schließlich ins Reich einzumünden und über die Mosel der großen europäischen Schicksalsachse, dem Rhein, zuzustreben!

SAARBRÜCKEN, DEN 21. JANUAR 1951.
NUSSBERGER HOF
                        KARL LOHMEYER.

I.

Um die Quellen
der weißen und der roten Saar
unter dem Schutze des Donon.

1. Das Saarquellengebiet am Donon

1. Der „sac de pierre" beim Donon.

Nicht weit vom Donon, einem der Hauptbergzüge der Vogesen im Saarquellengebiet, auf dem Gebirgskamm, der die Täler der weißen und roten Saar trennt, und so auf der Malcôte, steht ein Stein (römisches Meilenzeichen), fast zylindrisch geformt. Er heißt bei den Umwohnenden „sac de pierre" oder „sac de marché". Man erzählt, daß in alter Zeit dort jährlich ein großer Markt abgehalten worden sei. Der Stein aber diente dann als Maß für Höhe und Umfang der Getreidesäcke. Der Kauf wurde abgeschlossen, indem man sich über den Stein die Hand reichte. Dies wurde für heiliger und bindender als ein Schwur gehalten, und wehe dem, der den Vertrag brach. In demselben Jahr traf ihn sicher ein schweres Unglück.

2. Die verhängnisvolle Weihnacht auf Burg Türkstein an der weißen Saar.

In der Zeit, als die Ritter zum heiligen Grab und so in die Kreuzzüge wallfahrteten, lebte auf dem Schloße Türkstein ob der weißen Saar, die mit ihrem hier hellen und klarströmenden Gewässer durch eine wahrhaft eindrucksvoll dunkelnde Waldeseinsamkeit zieht, und so nicht weit von den Quellen unseres heimischen Flusses, ein solcher mit dem Namen Peter von Türkstein. Er ließ sechs oder sieben Töchter zurück, die zusammen mit einer Reihe von Genossinnen aus den Nachbarburgen und so auch Töchtern von Lehnsmannen wohl erzogen und in allem unterrichtet waren und so glaubte er, beruhigt ins heilige Land wandern zu können. Sie aber hatten mancherlei Freier, waren stolz und eitel auf ihre Kenntnisse und Kunstfertigkeit geworden und ließen sich gern bewundern. Und das lange Fernsein des Burggebieters und die Milde der Mutter war dem allen nicht von Vorteil.

Nun kam einmal Weihnachten heran und ein Sturm tobte um das Schloß, daß man keinen Hund hätte hinausjagen mögen. Selbst die alten Bäume des Forstes erzitterten und die Saar schäumte hoch auf. Wie es aber gegen Mitternacht ging und das Schnee-Unwetter am wildesten raste, klopfte es plötzlich stark mit drei wuchtigen Schlägen an das Burgtor. Da stand da ein Ritter mit seinen Genossen und bat um Einlaß und Aufnahme, da er aus dem heiligen Land zurückgekommen und jetzt vom Unwetter überrascht worden wäre.

Das wurde ihm auch gerne verwilligt, da man schon das Fernsein von Gästen außer den anwesenden Jugendgespielinnen bedauert hatte, die der wahre Teufelssturm vom Kommen abhalten mußte, und er und seine Begleiter wurden wohl mit allem versorgt und gelabt. Vom Weine aber angeregt, begann dann die Gesellschaft immer vergnügter zu werden, so daß keiner mehr daran dachte, in die Mitternachts- und Weihnachtsmette zu gehen und sei es auch nur in die Schloßkapelle, in der eigentlich die frommen und kunstvollen Weihnachtshymnen der Burgfrauen erklingen sollten. — Aber die tanzten und johlten lieber mit den Besuchern um die Wette in die heilige Nacht hinein. Auf einmal aber, wie überall ringsum aus den kleinen Gebirgsdörfern um die Saar schon das Halbmesseläuten mahnend im Sturme selbst auf das Schloß heraufschallte, verwandelten sich plötzlich die Ritter, bekamen häßliche Fratzen, Pferdefüße und Schwänze und standen als wahre Teufel grinsend da. Ein furchtbares Krachen hub an und das ganze Schloß versank mit Mann und Maus „un kenn Stän und kenn Bän war meh ze gesin!"

Nur mehr hie und da sieht man aber doch die Töchter und die Frau von dem Burgherrn und Kreuzfahrer auf dem alten Platz geistern und wenn man sie erblickt, so kann man sicher sein, daß schlechte Zeiten bevorstehen.

3. St. Quirins Stuhl beim Donon.

Nach der weißen Saar zu liegt das Dorf St. Quirin. Bei seiner Rückkehr aus dem gelobten Land kam der heilige Quirin zu den Saarquellen in das wilde, unwirtliche Vogesengebirge. An dem Wege, der von diesem Dorf St. Quirin dem kleinen Donon führt, bemerkt man eine Felsplatte von der Gestalt eines Stuhles, auf welchem der Heilige, müde von der langen Wanderung, ausruhte. Das Volk nennt diesen Felsen St. Quirins Stuhl (le fauteuil de saint Quirin).

4. Der Gespensterfelsen bei Soldatental.

In der Nähe des Weilers Soldatental im Quellengebiet der roten Saar, woher einmal die Glasmacherfamilie der Raspiller (um 1795) nach Saarbrücken-Schönecken kam, um dort und auf der Fenn ihre Hütten nacheinander einzurichten, von der man erzählt, daß sie in ihrer alten Vogesenheimat das ehrenvolle Recht gerade als Glasmacher besessen hätte, Degen zu tragen, liegt ein Felsmassiv, genannt der Gespensterfelsen.

An seinem Fuße entspringt eine sehr kalte Quelle, der heilkräftige Wirkung zugeschrieben wird. Alle sieben Jahre aber öffnet sich dieser Fels, und eine Schar weißgekleideter Jungfrauen wandelt singend aus ihm hervor und steigt zur Quelle herab. Dort waschen sich die Jungfrauen und treten dann laut klagend in die Felsenöffnung zurück, die sich alsbald wieder hinter ihnen schließt. Auch eine Raspelmühle gibt es bei Soldatental, die vielleicht mit dem Namen der saarländischen Raspiller zu tun hat.

5. Die Bergsiedelungen in den Nordvogesen und bei den Saarquellen.

Auf den sandigen Vogesenhöhen zwischen Türkstein und Pfalzburg liegen die Ortschaften Ballenstein, Dagsburg, Hub, Hültenhausen, Garburg, Hellert, Haselburg, Hommert, Harberg, Münnighof, Leonsberg und Nonnenberg als Überreste uralter Bergsiedlungen. In dieser Gegend wurden insgesamt einunddreißig verschwundene Bergdörfer und zweiundvierzig keltische Friedhöfe gezählt.

Die Dörfer lagen allesamt auf dem heute zum großen

Teil bewaldeten Rücken der 400 bis 650 Meter hohen Berge. Die viereckigen Häuser hatten Trockenmauern, die 1 Meter dick und 1,20 Meter hoch waren. Der Oberbau muß aus Holz, Reisig und Schindeln bestanden haben. Das darin wohnende rührige Bergvolk betrieb von altersher Bodenwirtschaft und Viehzucht. Wo geackert wurde, legte es Böschungen an, so daß ziemlich ebene Terrassen entstanden, oft 20 bis 30 übereinander, während die Wiesen den natürlichen Abhang bildeten. Wo der Boden steinig war, wurden an den Ackergrenzen die Steine zu langen und hohen Wällen, einer Trockenmauer ähnlich, aufgeschichtet.

Sehr lehrreich waren die Friedhöfe, die urkeltischen Grabsteine hatten die Form einer Hütte bei der das spitze Giebeldach fast bis auf den Boden reichte. In einem der Giebelwände war die Tür. Die spätkeltischen Grabsteine hatten Steinplatten und hie und da Inschriften, die bei den ältern von ihnen rein keltische, bei den jüngern rein römische Namen aufwiesen. In den Bergen ist nur noch der Keltenfriedhof „Dreiheiligen" geblieben.

In der Nähe der Bergsiedelungen waren sogenannte Notburgen angelegt, eine Art von Verteidigungswällen, wie das Keltenlager bei Haselburg, die Hochschantz bei Harberg und die Teufelsschanz bei Nonnenberg. — Wenn die landwirtschaftlichen Erzeugnisse zum Lebensunterhalt nicht mehr reichten, wanderten die Leute aus. Von einer solchen Abwanderung berichtet uns die „Linnenstädter Sage" in Verbindung mit drei keltischen Leinewebern, die von dem Saarquellfluß der roten Saar auszogen, den heimischen Fluß hinab, um sich dann in und um Wölferdingen anzusiedeln, zwei dem altheiligen Sagenberg des Herapels zu und an seinem Fuße und einer, der am Ort der Mündung der Blies in die Saar haften blieb und da die Stadt Saargemünd begründet haben soll.

6. Sagen um Wahlschied und St. Leon,
die Gedenkstätte eines Papstes von der Saar.

Unweit der roten Saar bei Alberschweiler liegt Wahlschied. Dort gehen Sagen von einem Schatz auf dem Hochwalsch um, diesem hohen Felsen bei dem Ort, von feurigen Männern, die sich mit Keulen bekämpften und Schatzgräbern wehrten. — Auch von goldverwandelten Baumblättern geht die Rede, die zwei Bauern aus einem steinernen Hafen, den sie auf dem Fischbachberg, mit großen Blättern angefüllt, fanden und wie zum Spiel den Berg herabrollten, daraus in ihre Holzschuhe gefallen waren.

Aber ganz besonders gibt es hier Schatzgräbersagen um den Ort und auf und am St. Leonsberg, also dem Felsen südlich von Wahlschied, der einst das feste Schloß der Grafen von Dagsburg-Egisheim trug, aus deren Geschlecht auch einmal ein saar-grenzländischer Papst und Heiliger aus dem Vogesenraum als Leo IX. den Stuhl Petri in Rom 1049 bestiegen hat und zu dessen Ehren sich hier die kleine Kapelle St. Leon erhebt an der Stelle, die eben einst ein festes Schloß seiner Sippe bekrönte. Dort ist auch die Leogrotte und da oben soll der Papst die heilige Taufe nach der Volkssage empfangen haben. Das aber ist heute eine besuchte Wallfahrtsstätte. —

Schatzgräber wurden hier, um Wahlschied und St. Leon, bei ihrem Vorhaben durch den Ruf eines unbekannten Vogels, der schauerlich klang, erschreckt, und sie liefen lieber rasch nach Hause. Aber wenige Tage darauf kamen fremde Männer von Cirey her mit Schriften, daß am Fuß des Leonberges ein Schatz vergraben liege. Sie ließen sich von den einheimischen, vom Vogelruf verscheuchten Geldsuchern die Stelle zeigen unter einem Haselnußstrauch. Sie fanden dann auch nur wenige Fuß tiefer den Schatz. — Sieben Maulesel sollen erforderlich gewesen sein, einen solch reichen Fund aus der Quellengegend unserer Saar fortzuschaffen. Die Wahlschieder Männer aber erhielten keinen Dank. Aber nach acht Tagen brachten unbekannte Leute ihnen ein Paar Ochsen, wie man sie so schön im Dorf nie gesehen hatte.

7. Der böse Windgeist in der Flasche.

Es gingen einmal Kinder in den Alberschweiler Wald, um Holz zu suchen. Da hörten sie es jämmerlich rufen: „Hilf, hilf, laßt mich heraus!» Und als sie dem Schalle nachgingen, fanden sie unter einem Baum eine fest verkorkte Flasche. Und aus dieser heraus rief es eben so. In der Flasche aber saß weinend ein kleines, altes

Hutzelmännlein, das jammerte und versprach den Kindern alles Gute und Schöne, wenn sie es nur herausließen. Ein Bub öffnete nun die Flasche, das Männlein sprang heraus, und wie es auf dem Boden war, wurde es größer und größer, bis es die Gestalt eines Riesen glücklich hatte, eines gar häßlichen noch dazu, und zugleich hub ein schrecklicher Wind an zu wehen. Die Kinder liefen vor Angst nun schreiend durch den Wald, aber eines fing sich doch noch der undankbare und lügnerische Riese, schmiß es dreimal in die Luft und haschte es wieder und schließlich warf er es gar in das Dorf auf die Straße und so hart, daß es tot liegen blieb. Dann verschwand dieser tückische Geist. Die älteren Leute aber sagten: „Das hat der böse Wind getan!"

8. Der Geldfelsen im roten Saartal.

Im roten Saartal, das seinen Namen von der es umfassenden roten Felsenwelt hat, die sich im Gebirgswasser spiegelt und deren Sandablagerungen so auch noch die rote Saar weiter färben, auf dem dortigen Nonnenberg, unweit Alberschweiler, auf dem noch jetzt Spuren alter Befestigungen sichtbar sind, ragt ein mächtiger, weithin leuchtender Felsen empor. Die Leute nennen ihn Geldfelsen oder „rocher du diable". In alten Zeiten soll dort oben ein Schloß eines Königs gestanden haben. Noch jetzt will man in einigen Löchern, die in einem Felsenteil sind, den Ort erkennen, wo die Balken der Zugbrücke auflagen. Man erzählt, daß der Sohn des Königs die Tochter eines Bauern liebte. Die Eltern derselben wollten sie ihm jedoch nicht zur Frau geben, bis seine Eltern selbst kämen, um sie darum zu bitten. Doch konnte der Sohn dies nicht erreichen. Der König sagte, das Mädchen möchte gehen, bis sie der Teufel hole. Weinend ging die Jungfer vom Felsen herab, um nie wieder zu kehren.

9. Der Lottelfelsen und der Nonnenberg.

Südlich vom Geldfelsen, auf einem anderen Kopfe dieses Saartäler Nonnenbergs ragt ein spitz zugehender Felsen empor, der eine breite Platte trägt. Er wird Lottelfelsen genannt, weil die Platte im Gleichgewicht ruhend lottelt, d. h. sich bewegt, wenn man auftritt.

Ähnliche Felsen finden sich noch öfters, am bekanntesten ist der auf dem Schneeberge. Unser Lottelfelsen aber soll viele Schätze enthalten. Vier Jungfrauen müssen sie hüten. Und diese zeigen sich öfter in Nonnentracht, kommen aus dem Felsen hervor, springen jauchzend den Berg hinab, um sich an einem Wasser, der Prinzessinnenquelle, zu waschen. Dann kehren sie weinend, ebenso wie die vom Gespensterfelsen bei Soldatental, in den Felsen zurück, um erfrischt die Schätze erneut zu hüten. Manchmal zeigt sich auch in einer Höhlung des Felsens eine große Geldkiste. Der Teufel in Gestalt einer feurigen Kröte sitzt darauf und die hält den Schlüssel im Maule. Wer aber den Mut hat, ihr den Schlüssel mit seinem eigenen Munde zu entreißen, kommt in den Besitz des Schatzes und erlöst die Jungfrauen.

Der Nonnenberg steht überhaupt in üblem Rufe. Oft hört da der einsame Holzhauer hinter sich eine schwere Last herabfallen, ohne daß er beim Umwenden auch nur das geringste sieht.

Ein Mann aber suchte dort mit seinem Buben dürres Holz. Der Knabe fand dabei unter einem Felsen eine Kiste voll der schönsten, feinsten Seidenbänder. Als er aber den Vater herbeirief, um ihm den Fund zu zeigen, war alles verschwunden.

10. Der Kunkelstein bei der roten Saar.

Im roten Saartal stand einmal die Kunkel (französisch la Quenouille), kurz vor dem östlichen Eingang von Alberschweiler, bei der Abzweigung des Tälchens, das nach Eigental führt. Das aber war ein Spillstein wie der bei Rentrisch und Blieskastel, wie solche für das Saartal und seine Umgebung überhaupt eigentümlich sind. Er war ehemals 7 Meter hoch, wurde aber Ende des 18. Jahrhunderts durch einen heftigen Sturm umgeworfen. Jetzt steht ein Kruzifix, das aus den Stücken der Kunkel hergestellt ist, auf dem Platze.

Nach Schöpflin sollen ehemals drei solcher Obelisken dagestanden haben, von denen jedoch bereits zu seinen Zeiten, um die Mitte des 18. Jahrhunderts, nur der mittelste, die Kunkel, unverletzt war, während von den beiden anderen nur noch niedrige Stümpfe standen.

Man erzählt, daß die Feen einst mit diesen Steinen

gespielt hätten, ihrer Macht aber durch die Geburt des Heilandes beraubt worden wären. Doch sieht man in dunkeln Winternächten noch oftmals eine weiße Dame an der Kunkel, die Wäsche an der nahen Saar waschen will.

Auch bei Zabern auf dem Spillberge erhebt sich eine 8,90 Meter hohe Felsensäule, ihrer Lage nach besonders dem Gollenstein ob Blieskastel verwandt. Auch sie heißt nach ihrer Gestalt die „Spille". Und von ihr erzählt man sich ebenso, daß die Feen mit ihr gespielt und sie aufgepflanzt hätten.

11. Bestrafter Übermut.

Ein reicher Mann aus der Umgebung von Alberschweiler (Abreschviller), das umgeben von ungeheueren, kühlen Forsten so prächig und einsam daliegt, der ein leidenschaftlicher Jäger war und eine große Jagd um die Quellen der Saar und Zorn hatte, wurde plötzlich an den Füßen gelähmt. Man erzählte darüber im Volke, daß dies die Strafe Gottes sei. Einst war große Jagd veranstaltet und dem Jäger ein schöner Hirsch fast schon schußgerecht gekommen. Da kam ein Bäuerlein des Waldweges daher und zog vor dem Bilde des Erlösers, das da aufgerichtet stand; demütig seine Kappe ab. Durch die Bewegung des Bauern stutzte der Hirsch, machte kehrt und verschwand mit gewaltigen Sätzen. Zornig rief der rabiate Jäger dem Bauern zu: „Was hast Du da gemacht?" Der Bauer antwortete: „Ich hab nur unsern Herrgott gegrüßt!" Der Jäger darauf: „Wart', ich werd Dir Deinen Herrgott grüßen!" Sprach's und schoß die Ladung seiner Flinte dem Kruzifix in die Füße. — Von Stunde an versagten ihm die seinigen den Dienst immer mehr, bis er unfähig war, sich allein fortzubewegen.

II.

Die obere Saar von Saarburg über Saarunion und Saaralben bis nach Saargemünd und durch die ehemalige nassau-saarbrückische Grafschaft Saarwerden.

12. Die Hexe von Saarburg.

Hinter Lörchingen (Lorquin), fließen die rote und weiße Saar zusammen und ihre Gebirgsgewässer vereinigen sich zum beruhigteren Fluß, der stattlicher schon, Saarburg den Namen gibt und an ihm vorbeiströmt. Das ist das alte römische Pons Saravi, das man dann im Mittelalter und lange danach noch im Gegensatz zu dem Saarburg an der unteren Saar und auch zu Saarbrücken „Kaufmannssaarburg» oder gar „Kaufmanns-Saarbrück" nannte.

2. Alte Saarbrücke in Saarburg an der obern Saar

Darin aber wohnte einmal eine Schneidersfrau und das war eine Hexe. Ihr Gatte hatte einen Gesellen, der dies gemerkt hatte. Und da er sie scharf beobachtete und nicht aus den Augen ließ, so sah er einst, wie sie ein Schmierhäfel im Kamin nahm, sich damit einfettete und sprach: „Oben hinaus und nirgends an". Und weg war sie. Da ist er auch hingegangen und hat sich selbst eingeschmiert, hat dieselben Worte gesprochen und flugs sauste er durch den Schornstein hinein in die Lüfte. Ob sie beide auch noch einen Besen, das besondere Attribut solcher Zaubereien nahmen, ist nicht überliefert.

So kam er denn auch in die feiernde Hexengesellschaft.

Da hat ihn der Oberste gefragt, ob er sich auch zu ihr einschreiben ließe. Da sagte er: „Ja". Und er hat mit seinem Blut unterzeichnen müssen, hat aber geschrieben: „Jesus von Nazareth, König der Juden." Da war alles verschwunden und das goldene zur Hexen- und Zaubererorgie benutzte Geschirr stand auf einmal als lauter Pferdefüße da. — Und der Schneidergeselle hat allein in einem Wald sich befunden und wußte nicht, wo er war. Nun wanderte er darin weiter und so kam er an eine Einsiedlerhütte. Dort frug er den Eremiten, wo er denn sei und der frug ihn seinerseits, von wo er denn herkäme. Nun hat er gesagt. „Von Kaufmanns-Saarburg." Da hat der Einsiedler auf der Landkarte nachgesehen und gefunden, daß das gar arg weit weg wäre. Nun berichtete der Geselle den ganzen Vorgang und der fromme Mann fragte, ob er auch den Platz wohl wiederfinden würde, an dem er die Hexengesellschaft gesehen habe. Dann solle er nur hingehen, werde er doch dort einen roten Geisbock warten sehen, aber er dürfe nicht sprechen. Und dann ist er hin und das Tier hat ihn getragen bis an den Linderweiher hinter Saarburg. Da machte es so tolle Sprünge, damit der Bursche reden solle und als er das nicht tat, ist der Geisbock gar über den ganzen Weiher hinweggesprungen. Da hat der Geselle gesagt: „Das war ein Teufelssprung!" Und der Geisbock hat ihn abgeworfen. — Wie er dann heimgekommen ist, hat ihm die Meistersfrau gedroht: „Wenn du etwas erzählst, geht es dir schlecht!"

Und der Schneider hat ihn gefragt, wo er so lange

war, aber er verriet nichts und sagte seine Stelle auf, damit ihm die Hexe nichts anhaben konnte.

13. Die Riesenburg und der Feenwald.

An diesem Linderweiher hinter Saarburg erhob sich früher ein Schloß, in dem Riesen hausten. Und nicht weit davon gab es einen Wald, in dem Feen wohnten. Und die haben sich in jenen uralten Zeiten, von denen die Rede geht, immer vor den Riesen gefürchtet, weil sie halt die schwächeren waren. Einmal aber geschah es, daß nur mehr ein Riese vorhanden war, der nun eine der Feen zur Frau begehrte, um seine Rasse weiter fortzupflanzen. Aber keine war dazu bereit. Da packte ihn eine solche Wut, daß er in den Linderweiher stieg, so daß dessen Wasser austrat und die ganze Gegend überschwemmte.

14. Der verbrannte Braten von Saarburg.

Dem Polenkönig Stanislas Lesczinsky hatte der große Pfalzgraf und Zweibrücker Herzog auf Schweden's Königsthron, Karl XII. in Zweibrücken ein Asyl gewährt, von wo er mit dem heute saarländischen Kloster Gräfinthal gute Nachbarschaft hielt, um dort auch eine damals verstorbene Tochter beizusetzen. Als seinen Sommersitz hat er aber das reizende Lustschlößchen Tschifflik im Walde der Fasanerie bei Zweibrücken durch den schwedischen Baumeister Jonas Erikson Sundahl in morgenländischen Formen errichten lassen.

Nachdem ein neuer Herzog in Zweibrücken nach dem Tode Karl's XII. regierte, siedelte er dann nach Weißenburg in das Elsaß über und dort empfing er 1725 Botschaft von der Brautwerbung des Königs Ludwig XV., der seine ihm noch gebliebene Tochter heiraten wollte. So wurde Stanislas in der Folge Herzog von Lothringen und der Bar und damit auch der geniale Bauherr des köstlichen barocken Nancy's, das so gut erhalten ist, daß man nur hinzugehen braucht, um da einen Eindruck und auch den richtigen Maßstab dafür zu gewinnen, wie die Residenzstadt Saarbrücken einmal zu Fürstenzeiten auch mit ihren einst so schönen Platzfolgen und dem reichen Kunstgitterwerk der Schlosserdynastie der Höhr vorab ausgesehen hat.

Nun zog die Königsbraut gen Westen, ihrer neuen Bestimmung entgegen. Und am 18. August kam sie über Straßburg an die Saar nach Saarburg, um dann weiter nach Nancy und Paris zu eilen.

Im kleinen Saarburg an unserer oberen Saar aber war helle Aufregung ob dieses großen Ereignisses. Der Graf Walter von Lützelburg wollte sie in seinem schönen Stadthause empfangen, da sie daselbst Rast zu machen beabsichtigte. Die Köche aber, die das Mittagessen zubereiteten, entfachten in ihrer Aufregung und ihrem königlichen Übereifer ein solches Höllenfeuer unter die zahlreichen Braten, daß sie glücklich alle verbrannten und die hohe Braut das Nachsehen hatte und um ihr Saarburger Essen kam. Aber nicht genug damit, mit dem Braten ging auch noch das Haus in Flammen auf, wie ein wenig erwünschtes Freudenfeuer, so daß der ganze Saarort in außerordentlichen Schrecken geriet und die Braut schleunigst machte, daß sie über die Gegend bei Vic aus diesem feurigen Ort weiterkam. Ihr neuer Gatte aber hatte zu allem noch 60.000 Franken Entschädigung für das abgebrannte Haus zu bezahlen.

15. Der Geist auf der Brücke und Dorfhexen und Hexentanzplätze um die obere Saar.

Zwischen Gosselmingen und Dolvingen geht eine Brücke über den Langbach, der in Gosselmingen in die Saar läuft. Als da ein Bursche in der Nacht vom Freien von Gosselmingen nach Dolvingen heim kam, saß da eine unheimliche Gestalt auf der Brücke. Der Bursche aber, der sich in so was auskannte, sagte mutig: „Alle guten Geister loben Gott, den Herrn, laßt mich durchgehen (passieren)." Der Geist stand zwar auf und stellte sich an die Lehne, aber er antwortete nicht auf das Lob Gottes der guten Geister, wie üblich: „Ich auch", worauf ihn der junge Mann dann nach seinem Begehr hätte fragen können, denn es war nun einmal kein guter, sondern ein ganz heimtückischer Geist, denn als der Bursche vorbeiging, sprang er ihm hinterrücks auf die Schulter und ließ sich bis zum Dorf hinaustragen, während er eigentlich auf diese Frage als böser Geist hätte verschwinden müssen. Man nahm aber an, dieser Unhold habe ihm dazu noch aufgetragen, nach St. Ullrich zu gehen, was er am anderen Morgen in aller Frühe auch ausführte. Als ihn dabei eine alte Frau frug, wohin er so früh wolle, gab er ihr keine Antwort, und im selben Jahr noch ist er gestorben.

Viel erzählt man sich auch in dieser weiteren Saargegend, besonders bei Orten zwischen Saarburg und Finstingen, von den dortigen Dorfhexen und ihren Streichen an Mensch und Vieh. Das ist der Fall bei Saaraltdorf, Riedingen, Niederweiler, Fleisheim, bei Oberstinzel und bei Bettborn, daß als ein rechtes Hexennest verrufen war, dann auch bei Berthelmingen (Bartolfingen), Mittersheim u. a. mehr.

Und überall gab es hier herum Hexentanzplätze, wo sich diese Hexen zu ihren Hexenkonventen und Erlustigungen in der ersten Maiennacht treffen konnten. So war denn einer in Oberstinzel, „die Hel" genannt, und ebenso in St. Johann von Bassel beim Rudigarden, in Berthelmingen beim Singlandberg, in Rommelfingen auf der Nachtweide und ebenda auch in Bühl im Riedinger Bann.

Man erzählte sich wohl auch von solchen Hexen, daß sie als unentbehrliche Hilfsmittel diese Bücher benötigten: „Das geistliche Schild" und das unverbrennliche „siebente Buch Mosis". Davon hieß es, daß sie vorher unter dem Evangelium vom heiligen Johannes gelegen haben müßten, wenn die Hexen Gewalt haben sollten. Vor allem aber mußte darüber eine Messe gelesen sein und eine Hexe könne nicht sterben, so lange dies Buch im Hause wäre. — So war es den Hexen darum zu tun, diese Bücher unbemerkt unter die Altardecke zu schmuggeln; und eine Bewegung des Priesters, mit der er vor Beginn der Messe die Altardecke glatt streicht, faßte man dahin auf, daß er feststelle, ob da kein Hexenbuch verborgen läge. Gelang es einer Hexe aber, das Buch während der Christmette gar einzuschmuggeln, so war ihr damit eine besondere Gewalt gegeben.

16. Förster Barthel geht als wilder Jäger und Schimmelreiter in den Wäldern zwischen Bärendorf und Finstingen um.

Zwischen Bärendorf in der alten Grafschaft Saarwerden im heutigen „Krummen Elsaß" und Finstingen (Fénétrange) in Lothringen, in dem auch die alten Grafen von Nassau-Saarbrücken noch souveräne Mitrechte besaßen, lag früher der Sporenwald. Den hatte einmal der Förster Barthel zu hüten und der verstand keinen Spaß, war streng gegen die armen Holzsammler und brachte manchen von ihnen ins Gefängnis. Darum freuten sich alle, als er starb. Aber, siehe da, nun blieb er auch nach dem Tode der treue Hüter seines Waldes. Auf einem stolzen Schimmel zeigte er sich nun gar, gefolgt von zwei weißen Rüden, die er oft durch „Hudada, Hudada" zu sich heran rief. Von Bärendorf aus sah man in so mancher Nacht ein großes, helles Licht da und dort im Walde geisternd aufblitzen, das Barthel bei seinen nächtlichen Ritten leuchtete. Und wenn die Bärendorfer abends spät noch von Finstingen heimgingen, begegnete ihnen wohl auch der Barthel und wünschte ihnen sogar einen guten Abend. Die Fuhrleute, die von Saaralben mit Salz nach Straßburg fuhren, sahen ihn auch häufig in den Sandgruben bei Rommelfingen umherreiten. Ein Mann aus Helleringen wollte einmal im Sporenwald trotz des bestehenden Verbots seine Pfeife anzünden, bekam aber dabei eine derbe Ohrfeige. Gleichzeitig hörte er in der Nähe den Barthel rufen: „Hudada". Und als er nach diesem sich umschaute, sah er ihn auf seinem Schimmel noch zwischen den Bäumen des Waldes verschwinden.

17. Die Schwanenjungfrau und der Graf von Finstingen.

Der Herr von Finstingen-Malberg, aus einem Geschlecht, das von den Ufern der Kyll im Triererland stammen soll, und im 12. Jahrhundert in die Saar- und Niedgegend kam, hatte zwei Söhne, die sich in seine Herrschaften teilten. Einer bekam die Herrschaft Brackenkopf und der andere die Herrschaft Schwanenhals. Der eine soll einen Bund mit dem Teufel gehabt haben, denn die Bracken in seinem Wappen waren in Wirklichkeit keine Hunde, sondern Teufel in Hundsgestalt.

Der andere jagte eines Tages am Wackenweiher. Auf dem Weiher badete sich ein schöner Schwan. Am Ufer aber lagen die Kleider eines Mädchens. Die nahm der Graf weg. Und mit einem Mal kam der Schwan an's Land und warf die Federn ab. Da war es eine wunder-

3. Stadttor in Finstingen von der Befestigung im 15. und 16. Jahrhundert

hübsche Jungfrau, die nun ihre Kleider suchte. Die Jungfer aber sah der Graf mit Gefallen an, und so sagte er, er würde ihr die Kleider nicht zurückgeben, es sei denn, daß sie seine Frau würde. Damit war die Jungfrau einverstanden. Sie gingen zusammen in's Schloß, heirateten und bekamen Kinder. Der Graf, aus Angst, daß sich seine Frau noch einmal in einen Schwan verwandeln könnte, versteckte das Schwanengefieder. Eines Tages aber entdeckte die Frau es doch in Abwesenheit des Grafen, zog es an und flog auf Nimmerwiedersehen davon. —

Aus der Feudalzeit hat sich der kleine Ort Finstingen (Fénétrange) auf der linken Saarseite so manche Reste bewahrt, die ihm selbst eine Ausnahmestelle zu anderen Nachbarorten gewähren und einen besonderen Charakter geben. Das ist eine gothische Kirche mit guter Grabplastik seiner alten Dynasten und auch alter Saarbrücker Beamten oder Pfarrherrenfamilien, wie der Kilburger, vorab aber eine ungemein malerische Torgruppe der alten Ummauerung.

18. Der Graf von Finstingen und die Feengabe.

Der Graf von Engelweiler (Orgéviller) ritt einst gerade um die Johannisnacht und Mitsommernachtsfeier, den Heiligen und dem Himmel zu Trotz, der ihm den männlichen Leibeserben versagt hatte, zur Jagd in den Forst an der Vogesengrenze. Da erschien ihm auf moosigem Felsen die goldhaarige Waldfee. Und alle Montage besuchte von nun an die schöne, rätselhafte Frau den Berückten in seinem Jagd- und Sommerhaus oder im einsamen Gemache über dem Burgtor, bis seine rechtmäßige Gemahlin Verdacht schöpfte und seine heidnische Liebe entdeckte, als sie die Schlafenden überraschte und zum Zeichen ihres Besuches ihnen einen Schleier über die Füße breitete. Als die erwachte Waldfrau diesen erblickte, verließ sie wehklagend den Liebsten auf Nimmerwiedersehen und zog hundert Meilen weit hinweg in die Waldeseinsamkeit. Aber ihre Liebe dauerte fort, denn sie hinterließ ihm die Gaben, die, sorgfältig aufbewahrt, seinem Geschlecht Glück und Segen bringen sollten, einen Streichlöffel, einen Trinkbecher und einen Kleinodring, die er zum Heiratsgut den Gatten seiner rechtmäßigen Töchter mitgab; der Herr von Croy erhielt den Becher mit dem Gebiet um Engelweiler, der von Bassenstein (Bassompierre) das Besitztum Rosières mit dem Löffel, der Rheingraf von Salm aus unserm uralten Wild- und Rheingrafengeschlecht von der Nahe seinen Anteil an Finstingen an der Saar und den Ring. Hüten die Erben aber diese Feenkleinode nicht, dann stürzt ihr Haus in Verderben, wie gerade dem Rheingrafen geschah, als ihm, dem Trunkenen, der Ritter von Pange den Ring vom Finger zog. Aber auch der wurde nach seinem Raub von noch größerem Unglück in seiner Familie verfolgt, so reich er auch ehedem als Oberintendant der Finanzen des Herzogs von Lothringen gewesen war.

19. Die Lienhardsmatt.

„Hitte (hinten) on dr Stroß, wu vun Stinzel uf Finschdinge geht, isch e so i großi Matt gewehn, die Lienhardsmatt. Do isch e Abtei gewehn: die Leonhardsabtei. Un do hon se gesaht, do gänge Mönche, sie hätte se gesiehn in de Bicher lese. Se sin brun ongeduhn gewehn un hon die Kaputze iwwer de Kopp gezoh. Un moncher Monn wär nit die Stroß gong vor Ongsch vor denne Gäschder!"

20. Nachttiere um Finstingen und Niederstinzel.

Wenn man nachts von Finstingen nach Niederstinzel durch das Saartal ging, sah man wohl ein gespenstisches Nachttier und das sah aus, wie ein großes Schaf. Aber auch die Finstinger selbst hatten ein solch geisterndes Ortstier mit dem man, wie in Saarbrücken mit dem Muhkalb, die Kinder schreckte, wenn sie bei Dunkelheit nicht heimkommen wollten. In Stinzel selbst geisterte aber auch ein solcher Dorfschrecken, der sah

4. Dorfbild von Niederstinzel an der Saar

aus wie ein großer Hund. Gegen Halbnacht tappte er im Dorfe herum. „Es war wie der ‚Ridiovarus' in Trier, den verwandelte unser Herrgott in einen Bluthund wegen der Märtyrer, die er geschaffen hat." Und als solcher ging er auch durch ganz Ostlothringen bis nach Großblittersdorf an der mittleren Saar. Dann glotzte er als Tier in die Fenster hinein, daß sich die Leute fürchteten. Sein Hauptquartier hat aber doch der «Rixiusvarus» auf dem Schaumberg, dem Momerich und im Varuswald bei Tholey aufgeschlagen. (Vgl. Nr. 281-284.)

21. Der gefangene Geroldsecker Burgherr.

Bei Niederstinzel an der Saar erhebt sich die Ruine der Wasserburg Geroldseck. Da wohnte einst ein mächtiges Geschlecht und einer seiner Herren war in Zwist mit seinem Vetter gleichen Namens, der auf der Burg Lützelhart seinen Wohnsitz hatte. Der ließ ihm voll Groll auf der Jagd auflauern und ihn in einem Verließ seiner Burg verschwinden, so daß er für seine Familie auf der saarländischen Veste Geroldseck verschollen blieb. Mit verbundenen Augen und kreuz und quer durch den Wald, auf großen Umwegen und mit nächtlichen Pausen in Höhlen, war auch er gen Lützelhart gebracht worden so daß er im Dunkel seines Kerkers nicht einmal wußte, wo er gefangen saß und glaubte, weit außer Landes verschleppt worden zu sein. Einst vernahm er nun ein Hornsignal, das ihm bekannt erschien und beim Weiterforschen gab er sich einem Torhüter und Wächter zu erkennen, der ihm das Essen brachte und selbst ein alter Untertan und Mann seiner eigenen Sippe war, aus dem Lützeltal stammte und Rublin hieß. — So erklärte sich der bereit, ihn zu befreien und flüchtete mit ihm eines Sonntags, als die Burgbewohner in der Messe waren, nach Geroldseck, zur Saar hin.

Dort aber wollte ihn zuerst niemand erkennen, so verändert hatte ihn die lange, so schwere Haft. Und seine Söhne meinten, er sei ein Betrüger, da ihr Vater ja längst tot sei. — Endlich aber ließ ihn auch seine Gattin vor. Und als er der gewisse Einzelheiten berichtete, von denen nur sie Kenntnis haben konnte, fiel sie ihm erfreut und weinend zugleich um den Hals.

Mit seinen Freunden, Lehnsmannen und weiteren Verwandten zog der Ritter dann vor Lützelhardt, eroberte es, um den bösen Vetter für alle Unbill zu bestrafen.

22. Der Fluch des Jesuiten und die Hirschlander Familie Brua.

In der Normandie lebte die große und reichbegüterte Familie Brua, die zum evangelischen Glauben übergetreten war. Allein durch die unter Kardinal Richelieu gegen die Protestanten Frankreichs angeordneten Verfolgungen eingeschüchtert, waren sämtliche Mitglieder dieses Geschlechts nach und nach wieder zur katholischen Kirche zurückgekehrt.

Ein einziger war standhaft geblieben und wurde nach damaligem Gebrauche ins Gefängnis gesteckt. Er erhielt nun jeden Tag den Besuch eines Paters aus der Gesellschaft Jesu, der ihn im katholischen Glauben unterrichten und seine Abschwörung bewirken sollte.

Eines Tages, nachdem der Jesuit eindringlicher als je mit ihm gesprochen, es auch nicht an Drohungen hatte fehlen lassen, zog der Gefangene einen Dolch, den er sich hatte zu verschaffen wissen, unter seinem Gewande hervor, ermordete den Jesuiten, hüllte sich in seine Kutte und entfloh.

Im Sterben hatte sich der Pater nach seinem Widersacher umgewandt und einen schrecklichen Fluch wider ihn und seine ganze Nachkommenschaft ausgestoßen. Der Flüchtige war unterdessen von Versteck zu Versteck bis in die Grafschaft Nassau-Saarwerden gelangt, wo er sich den ganzen Gemeindebann des jetzt völlig verschwundenen Dorfes Isch um den Preis eines Lothringer Guldens vom Acker ankaufte. Er baute sich daselbst eine Mühle, die bis auf den heutigen Tag unter dem Namen Ischermühle bekannt ist.

Die Kirchenregister von Hirschland erwähnen einen seiner Söhne, der im Jahre 1662 geboren wurde und sechzehn Kinder hinterließ. Er selbst erlebte hundertundzwei Enkel und eine Menge Enkelkinder. Allein der Fluch des Jesuiten sollte nach der allgemeinen Volkserzählung in Erfüllung gehen! Unter den Kindern des Hugenotten erschien ein Knabe mit brandroten Haaren. Und ebenso in allen nachfolgenden Geschlechtern. Und bis auf den heutigen Tag, soll „der Rotkopf" unabweislich vorhanden sein.

Die meisten jetzigen Familien von Hirschland und von mehreren umliegenden Ortschaften stammen von den Brua und damit von einem normannischen Geschlecht ab. Aber auch sonst flüchteten zahlreiche arbeitsame Franzosen guter Herkunft wohl auch aus Glaubensgründen und so als Hugenotten unter diesen Schutz des evangelischen Grafenhauses Nassau-Saarbrücken. Vorab im Warndt und seinem großen Waldgebiet bei Saarbrücken (Ludweiler, das sie 1604 begründeten) war das der Fall, hier besonders durch Familien, teils auch adeliger Herkunft, vielfach aus der Metzer Gegend (mit der Zwischenstation von Courcelles-Chaussy, dann aber um 1656, doch wohl auch aus dem Innern Frankreichs), so bei den führenden Condé's de la Croix (Kreuzwald), den diesen verwandten „de Titry" und den Le Rochier, die im beginnenden 17. Jahrhundert bereits im Warndt Glashütten, als Wiege der saarländischen Industrie dieser Art anlegten. Und auch in und um den Warndt nachkommende eigentliche Glasmacherfamilien von Ruf wie die Stenger, Reppert, Rosenberger und Raspiller, fanden sich in der Folge ein, Namen aus dieser westlichen Gegend wenigstens, jetzt aber zu meist um die eigene Grafschaft Saarwerden und von den Saarquellen (vgl. dazu auch Nr. 4 samt Anm. Nr. 177 Anm.) Und um 1680 traf auch der spätere, tüchtige und fruchtbare nassau-saarbrücker Bildhauer Pierard de Coraille aus Metz in Kreuzwald und Wilhelmsbronn, und so im Warndt ein, der ebenfalls in die Familie Condé einheiratete. So wurden diese Zuwanderer in Kunst und Kultur von Bedeutung für diesen ursprünglich wilden Königsforst und viele folgten ihnen im Laufe des 17. Jahrhunderts eben nach, wovon die noch vorhandenen französischen Namen auch Zeugnis ablegen. Die Familien de Grange (Desgranges), Bachelier, Henry, Laval, Remolet, Duval, Marchand, Grande, Mollet, Collin, Matthieu, Manville, Bonhomme und später die Toussaint, Durand, Odon, Duchene, Aubertin, Guers und viele andere hören auch hierzu. Und auch ihre Pfarrherren waren zumeist damals Franzosen, kamen wohl aus Sedan und anderswoher aus dem Westen und dann von 1738 ab in langer Reihe aus der französischen Schweiz über Basel. Ein Liot aber war 1673 Meyer in Ludweiler, zu dessen Nachkommen auch Dr. Friedrich Schmidt-Ott, ehemaliger preußischer Staatsminister und Präsident der Notgemeinschaft der deutschen Wissenschaft gehört, aus der alten nassau-saarbrückischen Beamten- und Ratsfamilie, die ihrer Verdienste halber schon von den Saarbrücker Grafen mit zwei Gütern auch gerade im Warndt begabt worden ist. Und zwar hatte seinem ersten Regierungs- und Konsistorialrat Friedrich Schmidt Graf Karl Ludwig (1713-23) sowohl den Unterbrunner Hof bei Friedrichweiler wie den Neuweiler Hof überwiesen. — Auch diese Familie erscheint ebenso wie in Ottweiler und Saarbrücken an hervorragender Stelle in der Grafschaft. So war im 18. Jahrhundert Johan Sebastian Schmidt Landeshauptmann in Neusaarwerden.

23. Der Druttwald bei Ottweiler.

In einiger Entfernung östlich hinter Ottweiler (im „Krummen Elsaß") erstreckt sich der Druttwald. Er ist wegen seines Geisterspuks verrufen. Dort soll noch heute ein weißes Fräulein sich zeigen, das einzelnen Angaben nach, dasselbe ist, das zeitweilig in Aßweiler gesehen wurde, wo es alsdann einen Pack alter Schriften in der Hand hält und in der Nähe des Ortes, vorab um die evangelische Kirche geistert, da wo früher ein Kirchhof lag, zu dem eine Treppe hinaufführt. Von ihr herab aber sieht man denn wohl das alte Fräuchen mit seinen Schriften kommen. — Zwei Brüder Jacquillard aus der geachteten Familie dieses Namens auf dem Steinbacher Hofe fuhren einmal gegen Mitternacht mit zwei Fruchtwagen durch diesen Druttwald, Zabern zu. Da erhob sich plötzlich ein fürchterlicher Windstoß, der mehrere schwere Fruchtsäcke wie „Spreu und Federn" herabwehte. Und zu gleicher Zeit blieben die Wagen wie gebannt stehen, obgleich man zuletzt dem Gespann des vordersten noch sogar die Pferde des zweiten beifügte. Erst als die Mitternachtsstunde vorüber war, konnte man die Gefährte wieder von der Stelle bringen. Die beiden Männer, deren Ehrenhaftigkeit und Wahrheitsliebe übrigens bekannt war und deren Denkungsart dazu allen abergläubischen Tendenzen ziemlich fern lag, bestanden stets auf ihrer Erzählung oft mit einer wahren Gereiztheit, wenn man einige Zweifel ausdrückte.

24. Gespenster und Dorftiere in und um Aßweiler.

In Aßweiler fehlt auch das eigentliche und sogenannte Dorftier nicht. Mit weitaufgerissenem Maule und feurigen Augen haust es vorzugsweise in der Nähe des Kettenbrunnens des Ortes. Man sah es wohl auch als ein schwarzes Tier so groß wie ein Kalb auf dem Brunnenrand sitzen. Sagten die Leute etwas zu ihm, so sprang es ihnen auf den Rücken und ging nicht eher herunter, — sie mochten so laut schreien wie sie wollten — bis sie einen Fluch ausstießen. Und auch an das Ortskalb von Harskirchen und das Stadtkalb von Bitsch sei in diesem Zusammenhang erinnert. —

Aßweiler ist überhaupt reich an solchen Dorftieren- und Gespenstersagen, die ja in der ganzen Saargegend, angefangen vom volkstümlichen Saarbrücker Stadttier, dem Muhkalb aus der nassauischen alten Residenz (vgl. Nr. 113), zur Saarquelle zu, so vorherrschen, daß sie fast jeder Ort in irgend einer Art sein Eigen nennt. Und gerade in der alt nassau-saarbrückischen Grafschaft Saarwerden und ihrer Umgebung und so auch in den einmal angrenzenden Grafschaften Salm und Lützelstein, die wohl auch wieder nassauische Enklaven umschlossen und auch gemeinsamen Besitz, ist das der Fall, während es von Saarbrücken saarabwärts durchaus nachläßt. In Drulingen gibt es so wilde Tiere im Walde als Irrleiter, dazu eine feurige Katze und ein gespenstiges Mutterschwein, wie auch die schwarzen Hunde auf dem Hexenbrückel. In Adamsweiler schreckt ein schwarzer Hund die Einwohner, in Durstel eine schwarze Katze, in Pisdorf das verhexte Ferkel. Im Damholz bei Thal gehen geisternde Hunde um, in Rauweiler wieder ein Dorftier, das bei Wassermangel als Brunnenwächter selbst heilsam auftrat und darauf achtete, daß nachts kein Wasser geschöpft wurde.

Mag nun das famose, sprechende Hündchen, auch von Aßweiler, diese Zusammenstellung solcher Geistertiere beschließen.

Da hatte einst auf dem Bann dieses Ortes ein Mann einen Grenzstein wieder einmal in der Nacht verrückt, um sein Feld widerrechtlich zu vergrößern. Als er am anderen Abend hinkam, lag da am Markstein ein Hündchen und rief:

„Wau, wau, wau,
Ich dich zerhau!"

Am andern Abend war es wieder da. Als der Mann aber am dritten Abend hinkam, lag da ein großer Metzgerhund, der ihn zerriß und seitdem mußte er selbst in der üblichen Weise solcher Grenzsteinverrücker mit dem Markstein in den Händen hier herumspuken und rufen:

„Wo setz ich ihn hin
zu meinem Gewinn?"

Bis auch er die richtige Antwort auf seine Frage erhielt, also den Bescheid, ihn dahin wieder zurückzubringen, wo er ihn geholt habe.

Neben Aßweiler sind dann eben noch die Nachbarorte Bettweiler und Durstel besonders reich an Gespenstersagen aller Art.

25. Die geraubte Braut und Stammutter der Familie Jacquillard von Durstel und dem Steinbacher Hof.

Die Familie Jacquillard, die in Durstel und auf dem benachbarten Steinbacher Hofe in der alten Grafschaft Saarwerden sich dann niederließ, stammt von Hugenotten ab.

Zur Zeit, als sie noch im Innern von Frankreich weilte, sollte in derselben eine Hochzeit gefeiert werden. Allein, als der Zug sich soeben nach der Kirche hinbewegte, kam ein reicher katholischer Nebenbuhler des Bräutigams mit einer Schar von Bewaffneten und raubte die Braut.

Nachdem sie sich nun lange Zeit geweigert hatte, dem frechen Räuber ihre Hand zu reichen, wußte derselbe sie durch Schmeicheleien und Drohungen und endlich, indem er vorgab, ihr ehemaliger Bräutigam sei gestorben, dahin zu bringen, daß sie seine Gattin wurde. Er bezog mit ihr eines seiner Schlösser, allein, er starb bald darauf, nachdem er sie zur Erbin aller seiner Güter eingesetzt hatte.

Die junge Wittib hatte ihr Trauerjahr eben vollendet und ihre Gedanken waren immer auf ihren ehemaligen Bräutigam, ihre erste und einzige Liebe, gerichtet.

Da kam eines Tages ein fremder Bettler ans Hoftor und hielt um einen Trunk frischen Wassers an.

Die junge Witwe sah ihn vom Fenster herab und, nachdem sein Begehren vernommen war, gebot sie, ihm einen Becher Wein zu reichen. Er setzte ihn dankend an die Lippen und ließ, nachdem er getrunken, einen goldenen Ring in den Becher fallen, mit der Bitte, man solle ihn der edlen Frau übergeben.

Als diese darin ihren Brautring erkannte, den sie einst dem Geliebten am Hochzeitstage geschenkt hatte, eilte sie in seine Arme und nahm ihn zu sich in's Schloß.

Nun verkaufte sie alle ihre Güter, heiratete ihn und verließ mit ihm das Land, um in andersgläubige Gebiete zu ziehen.

Sie kauften sich so in Durstel und in der Umgebung an, und ihre Nachkommen sind die bis auf den heutigen Tag weitverbreiteten und geachteten Familien der Jacquillard.

26. Die „Heilwog" in der Neujahrsnacht.

In Durstel glaubt man, daß der sehr reichhaltige Dorfbrunnen am Neujahrsmorgen großen Segen bringe, es käme nur darauf an, das erste Wasser, die H e i l - w o g zu bekommen. Deswegen stehen viele schon nachts um 12 Uhr am Brunnen, um ihr Vieh zu tränken und für sich und die Ihrigen Wasser zu holen.

27. Der Tieffenbacher Wald.

Im Tieffenbacher Wald treiben dämonische Mächte ihr unheimliches Spiel. Namentlich gilt das von einer Stelle, das wüste Loch genannt, wo nachts weiße Pferde umherlaufen, welche denjenigen, der sie besteigt, in weite, öde Gegenden entführen. Auch eine gleichfalls mit Schimmeln bespannte Kutsche ward daselbst schon gesehen; ein Mann aus Aßweiler, dem einmal einkam einzusitzen, ward sofort in sein Dorf zurückgebracht.

Um die ersten Jahre dieses Jahrhunderts sah ein Bursche aus der Umgebung, der mit seinen Schwestern durch den Wald ging, ein Paar Handschuhe an einem Zweige hängen. Nachdem es ihm gelungen war, dieselben herunterzuwerfen, steckte er sie zu sich. Aber alsbald kamen die drei Personen ohne nur zu wissen, wie, vom rechten Wege ab, verirrten sich immer weiter, obgleich sie sonst im Wald vortrefflich Bescheid wußten. Nur nach langem Suchen, Kreuz- und Querläufen gelangten sie endlich gegen Abend, völlig erschöpft, aus dem Gehölz heraus. Ferner will man öfter bei angebrochener Nacht im Walde ein wunderbares Gemisch von fernen Tönen gehört haben, die wie eine in hoher Luft hinziehende Musik erklangen. Das Landvolk bringt gewöhnlich auch diese sanften Klänge auf Rechnung des sogenannten „Wüthenheeres" und demnach der wilden Jagd. —

Vor langer Zeit gingen auch einmal drei Männer von Aßweiler nach Volksberg. Als sie im Tieffenbacher Wald an das sogenannte „wüste Loch" kamen, sahen sie auf einer lichten Stelle wieder die Pferde im Grase weiden, ein weißes, ein schwarzes und ein braunes. Sie waren alle drei aufgesattelt. Da sagte einer der Männer: „Kommt, wir wollen drauf sitzen". Als sie auf sie zugingen, erhoben alle drei Pferde ein lautes Lachen, flogen in die Luft und verschwanden.

28. Die Sage von der versunkenen Stadt und das Heidenkirchlein mit seiner Buche.

Westlich von dem Dorfe Volksberg, auf einem von dem Spielersbach umflossenen Hügel, der von schönem Hochwald bedeckt ist, soll eine Stadt versunken sein. Es liegen da auch noch die Reste einer Umwallung in Trapezform und man will darin eine solche eines ehemaligen Lagers erblicken. Der Volksmund aber nennt die Stelle die versunkene oder verlorene Stadt und will wissen, daß in dieser Gegend es auch wohl dumpf und hohl klänge, wenn Pferde über die Heide traben, daß oft auch der Boden weiche und das weidende Vieh in tiefe, unterirdische Höhlen hinabsänke.

Nordwestlich, abwärts am Spielersbach liegen dann die Trümmer einer kleinen Kapelle, die von dem Volke das Heidenkirchlein genannt wird, sie ist wahrscheinlich die Kirche des eingegangenen Dorfes Biersbach (Birsbach).

Früher wuchs innerhalb der Kapelle eine mächtige,

alte Buche und wiegte sich über den Trümmern im Winde. Aber sie ist leider von unverantwortlicher und so vieles an Naturdenkmälern wohl ohne jede Not aus materiellem Eigennutz und angeborener Vernichtungswut zerstörender Menschenhand dann gefällt worden. Sie aber war ehedem wie ein Heiligtum geachtet, denn bei ihr pflegten einzelne Pilger zu beten und Opfergaben in den Stamm zu legen.

29. Die Glocken vom Heidenkirchel und die Geisterprozession.

Man sagt noch heute: „Mr gehn in's Nassau", wenn man an die Heidenkirche will, die bei Speckbronn und Ratsweiler liegt. Dort ist früher die Grenze gelaufen zwischen Lothringen und Nassau-Saarbrücken.

Der alte Müller von der Werkermühle ist einmal in die Christmette gegangen. Es war alles so feierlich und ruhig wie die ganze heilige Weihnachtsnacht. — Von den Dörfern der Umgebung hat er darin von weither die Glocken herüberschallen hören. Und wie sie nachgelassen haben, ist er gerade drüben an der alten Heidenkirche durchgegangen. Jetzt, auf einmal fangen da wieder Glocken an zu läuten.

Eine — zwei — drei — vier Stück. Die haben getönt so schön! Es ist einem aber unheimlich geworden. Die ganze Nachtstimmung und die Glocken dazu, die er nicht kennt und von deren Schall er nicht weiß, woher er kommt! — Jetzt ist ihm aber heiß beigefallen, das sind die geisterhaften Glocken von der Heidenkirche, die auch seine Voreltern schon früher wohl gehört haben wollten. Sie liegen dort im Tal in zwei tiefen Löchern. Da hinein sind sie versenkt worden von den Leuten des alten, verschwundenen Ortes Biersbach. Die aber haben sie retten wollen vor den bösen und andersgläubigen Schweden.

Und noch eine ganze Weile hat der alte Müller staunend diese klangvollen Glocken gehört. Der Walter hat als Zwanzigjähriger mit Kameraden drei Wiesbäume aneinander gebunden und in die Löcher versenkt, um die Tiefe zu messen. Er kam damit aber nicht auf den Grund, trotzdem ein Wiesbaum bei 5,5 Meter lang war.

Und eine Frau von Speckbronnen hat immer von der Geisterprozession erzählt, die nachts von der alten Heidenkirche um den Kopf (Berg) herum ins Tal hinunter bis zur Talesmühle an die Kapelle zieht. Sie geht aber nur an Bußtagen und immer nachts um zwölf bis ein Uhr. Und es ist eine richtige Prozession mit Meßdienern und Kreuz und Leuten hintennach. Man hat sie immer so gut gesehen, wenn der Mond geschienen hat. Aber seit Pius IX. soll sie niemand mehr erblickt haben. Denn der hat ja die Geister überhaupt vorerst gebannt, daß sie nicht mehr erscheinen müssen. Papst Pius IX. hat es gut und auch wieder schlecht gemacht. Ein mancher würde heutzutag mehr glauben, und die Welt wäre nicht so miserabel, wenn man alles noch sehen würde wie früher. Pastoren wollen nichts wissen von Hexen. Sie glauben aber daran, nur zeigen sie es nicht. Sie wollen alles Böse aus der Welt schaffen. Wir leben so mit den alten Toten. Wir sehen sie nicht, aber wir spüren doch, daß sie da sind. Seit die Eisenbahn geht, sieht man überhaupt weniger Geister.

Wo aber die Paleskapelle (Pauluskapelle) steht, war früher die Kirche von Heidenheim. Mit allem darum ist sie einst zerstört worden. Und nur der Taufstein von ihr steht noch vor der Kapelle.

30. Der Spitzstein und der Breitenstein.

Südlich von Volksberg steht hart an der Straße, die über Puberg nach Lützelstein führt, ein obeliskartiger, noch ausgehauener Spill- oder Spitzstein, ein echter keltischer Menhir, von etwas über 2½ Meter Höhe und einem Umfang von zehn und einem halben Fuß am Fußgestell. Der Stein selbst erhielt erst später eine christliche Bedeutung, indem man auf einer Seite desselben, ähnlich wie bei seinem Kameraden, dem Gollenstein über Blieskastel, eine Nische ausschlug, um darin eine Statuette der Muttergottes anzubringen. Das Muttergottesbild ist jetzt verschwunden. In die Höhlung aber werden noch jetzt von Vorübergehenden Kupfermünzen gelegt. Nordwestlich von Volksberg, unweit des Forsthauses Colonne, auf der Straße, die abwärts das Tal nach Wimmenau führt, steht ein ähnlicher, aber weit höherer und breiterer Menhir, der Breitenstein, auch Zwölfapostelstein genannt. Ehemals war er noch höher. 1787 wurde jedoch in Folge eines Gelübdes eines Holzhändlers der obere Teil leider abgehauen und auf den Stein ein Kruzifix gesetzt. Eine Inschrift führt die Namen der Apostel auf.

Nach der Sage des Volkes haben ihn in alten Zeiten die Riesen hierher gestellt. Auch soll an ihm Melanchthon auf einer Durchreise dem Volke gepredigt haben.

Dieser Breitenstein, der zwischen Götzenbrück und Meisental an der alten Römerstraße selbst steht, soll der Sage nach, ein alter Grenzstein sein und er sei der Göttin Breda heilig gewesen und ein Druidenstein aus der Keltenzeit.

Auch das Lothringer Kreuz und die Zahl 1609 ist an ihm angebracht. Und so mag man ihn, wie vielleicht schon zu Urzeiten, auch zur herzoglich lothringischen Herrschaft als Grenzstein wieder benutzt haben, zumal ja gerade bei Volksberg einmal auch die nassausaarbrückische Grenze zog.

Es gehen noch viele Sagen um diesen Stein. So soll ein Geist in ihm wohnen, der ihn vor dem Umfallen beschützt. Es sollen einmal Männer mit einem Fuhrwerk gekommen sein, die den schönen Stein für Bauzwecke holen wollten. Sie sollen Stricke um ihn gelegt haben, um ihn mit zwei Ochsen umzuziehen. Aber als diese damit anfangen wollten, flog eine weiße Taube aus dem Stein. Das soll der Schutzgeist, wie man annimmt, eine Fee gewesen sein. Sofort wären die Stricke zerrissen, so daß die Männer wieder unverrichteter Sache von ihrem schändlichen Vorhaben ablassen mußten. Und gerade diese Sage zeigt wieder einmal, wie das einheimische Volk selbst eine derartige Pietätlosigkeit und materielle Einstellung einer solchen Selbsthilfe beurteilt und verächtlich empfindet und derartiges verdammt, gerade auch solchen Kultur- und Naturdenkmälern gegenüber. Dazu gehört auch das Mangeln einer natürlichen Ehrfurcht vor altem Pflanzenwuchs und damit jede menschliche Pflanzenschändung.

31. Die blaue Blume.

In früheren Jahren weidete auf dem Schloßberg in Lemberg ein Junge sein Vieh. Es war schon gegen die Lemberger Kirmes hin und sehr kalt, und nirgends war mehr eine Blume zu sehen. Auf einmal aber erblickte er am Rande des Schloßweihers eine große blaue Blüte; so groß und hell leuchtete sie wie der Morgenstern, so daß sie bis auf den Berg hinauf strahlte. Da ließ der Hirtenknabe sein Vieh im Stich und lief eilends hinunter, die Wunderblume zu pflücken. Als er sie in der Hand hielt, verwandelte sie sich alsbald in einen goldenen Schlüssel, und ein kleines graues Männlein, nicht höher als eine Hand stand auf einmal neben ihm. Das winkte freundlich und er ging ihm nach. Und sie kamen in den Wald an einen großen Felsen. An den klopfte das Männchen, und der Fels tat sich auf, und sie standen vor einem großen goldenen Tor. Da probierte der Junge den Schlüssel und siehe da, er paßte und das Tor ging auf wie von einer geheimen Hand und dahinter lag ein weiter Saal.

Darin aber saßen zwölf Männer im goldenen Harnisch um das Herdfeuer herum und hatten so lange Bärte, daß sie in den Boden gewachsen waren. Das aber waren die Ahnen der Grafen von Bitsch, die zuerst auf dem Schlosse in Lemberg gehaust hatten. Weil sie aber so grausam waren gegen ihre Untertanen, mußten sie nun für immer Buße tun in dem unterirdischen Felsenschloß.

Der Junge aber wußte, was das Feuer dabei zu bedeuten hatte. Er ging hin und holte sich von der Glut. „Nimm dir und nimm dir genug", sagte der Zwerg. Dann war er verschwunden. Im gleichen Augenblick aber kam ein furchtbarer Sturm und blies die Flammen aus. Da war alles dunkel genug. Ein lauter Krach ließ sich hören und der Boden senkte sich unter den Füßen des Jungen. Da stand er denn wieder am Schloßweiher und wußte nicht, was mit ihm geschehen war. Nun suchte er sein Vieh. Das war in den Wald hinein und er fand es schließlich am Pumposebrunnen, dessen Wasser das beste weit und breit sein soll, an dem früher einmal eine Römerstraße vorbei zog und bei dem allerhand heidnische Götter-Bilder in den Felsen gehauen sind.

Wie er aber dann den Berg hinaufging, zog es ihn bald in die Erde. — So schwer waren seine Taschen. Da faßte er hinein und hatte sie voller Goldstücke. —

Die geheimnisvolle blaue Wunderblume aber wurde nie mehr gesehen. Nur Lichtchen tanzen in dunkeln Nächten um den Schloßweiher. Und das sollen die Geister der alten Grafen sein.

32. Der wilde Jäger bei Waldhambach im Funkenstrom.

Zur Zeit, als das Zugvieh zur Herbstzeit fast ganze Nächte auf der Nachtweide zubrachte, zeigte sich der wilde Jäger öfters im Bann von Waldhambach. Anfangs entstand auf der Erde ein feuriger Klumpen, der in die Höhe stieg und weiter Funken ausstreute, die sich immerfort vermehrten. Die ersten Funken fingen an zu bellen und zu lärmen. Dieser tausendfache Funkenstrom wurde durch einen gewaltigen Wind brüllend und tobend durch den Bann getrieben bis zum Grünenwald, wo er plötzlich erlosch.

Auch sonst sind die wilden Jägersagen in dieser Gegend besonders häufig wie überall um die Saar, jedoch bringen sie zumeist keine neuen Züge neben dem immer wiederkehrenden „Hutata"-Rufen. In Hirschland sah man diesen Naturgeist und alten Heidengott auch wie er mit zwei Hunden dreimal durch ein auf der Kohlmatt gerade angezündetes Feuer der Weidebuben ritt. Auch in Euweiler hörte man ihn im Kleinwald. In dunkeln Herbstnächten kommt er auch aus dem Mettinger Forst. Er trägt ein grünes Kleid und einen großen Schlapphut auf dem Kopf. Auch hier ist er von zwei Hunden begleitet und seine Rufe: „Hüdada" sind bis in's Dorf hörbar.

In Adamsweiler hat man auch wieder, wie öfter, einen wegen seiner Strenge unbeliebten Oberförster Entel nach seinem Tode in ihn hineingedeutet, der durch das Kerbholz, wie im Leben auf seinem Fuchs reitet. Man hört auch hier deutlich seinen Jagdruf und wie der Fuchs mit seinen Hufen an die Bäume anschlägt.

33. Berg und Thal.

Das Dörfchen Berg zwischen Bockenheim und Drulingen liegt merkwürdigerweise tiefer als sein Nachbardörfchen Thal. Einst soll das, wie auch ganz natürlich, aber anders gewesen sein. Allein die Bewohner beider Orte waren mit ihrer Lage nicht zufrieden. Die von Berg seufzten und klagten, daß sie so hoch hinaufsteigen müßten und dem Wind und Sturm im Winter, der Dürre im Sommer, ausgesetzt wären. Die von Thal aber murrten und jammerten dagegen, daß sie so tief

hinabzugehen hätten, unten im Gebüsch versteckt lägen
und von Wassersnot gar oft heimgesucht würden.

    „O Herre Gott, o Herre Gott!
    Du weißest wohl, was ihnen Not. —
    Ein's Tag's sind sie erwacht:
    Die Berger stehen auf im Thal,
    Die Thaler auf dem Berg zumal!"

34. Die weiße Jungfrau
in der römischen Villa von Mackweiler
als eine saarländische Loreley.

Am Ostende von Mackweiler im Saarwerden'schen liegen auf einem Hügel die Grundmauern einer römischen Villa mit erhaltenem Bade. In mondhellen Nächten sieht man hier eine wunderbar schöne Jungfrau umherwandeln.

Ihr goldiges Haar ist aufgelöst und umhüllt ihre ganze Gestalt. Dreimal geht sie gewöhnlich um das alte Gemäuer, setzt sich dann auf die Trümmer und singt traurige, klagende Weisen. Wer diesem Gesang lauscht, bleibt bis zum andern Morgen, wie gebannt auf dem Platze stehen und vergißt alles um sich. Und so hat denn die Jungfrau von Mackweiler ganz loreleyartige Züge.

35. Der unterirdische Gang von der römischen Villa
und die Kriegsankündigungen.

Von der römischen Villa in Mackweiler soll ein unterirdischer Gang bis zur evangelischen Kirche führen. Bei einem früheren Umbau dieses Gotteshauses konnte man deutlich die Spuren einer Doppelmauer sehen. Dieser Gang aber war in Zeiten der Gefahr eine Zufluchtsstätte für die Bewohner der Villa.

Nach dem Glauben der Bevölkerung hört man am Vorabend eines Krieges oder einer andern, bahnbrechenden geschichtlichen Begebenheit ein lautes Jagen und Laufen in diesem unterirdischen Gang.

36. Das kristallene Schloß
und die kristallene Salzfee von Diemeringen.

Am Salzwasser bei Diemeringen stand früher ein kristallenes Schloß. Darin wohnten fromme Schwestern, die mit keinem Manne reden durften. Auch war ihnen das Heiraten verboten. Nun lernte eine von ihnen einen jungen Mann kennen und verliebte sich in ihn. Da sie aber einander nicht heiraten durften und nicht voneinander lassen wollten, stürzten sich beide fest umschlungen in ein tiefes Loch am Salzwasser. Sie schwammen dreihundert Meter unter der Erde bis in einen Brunnen an der Hauptstraße. Dieser aber warf sie tot an's Land. Von nun ab war das Wasser dieses Brunnens untrinkbar und er wurde zugeworfen.

Von dem Schlosse aber erzählt man sich, daß es in der Nähe des Sitzes der Wild- und Rheingrafen zu Diemeringen gestanden habe, wo früher auch einmal eine Heil- oder Kuranstalt gewesen sein soll. Es wurde, nebst Stadt und Festung, durch die Armee des Marschalls Turenne zerstört. Die Leute erzählen, eine weiße Jungfrau, glänzend wie Kristall, die Salzfee, habe die Belagerer nachts von diesem Schlosse aus so lange geneckt, bis sie ihr Lager auf dem entgegengesetzten Hügel „der Schanze", jenseits der Eichel, aufgeschlagen hätten.

Gefährliche Seuchen kommen unter's Vieh, wenn dieses den Boden zerstampft, auf welchem die kristallene Salzfee noch jetzt ihren Umzug hält. Sie verschwindet oft plötzlich im größten Salzquell, taucht wieder auf, geht an den zweiten und von dort zum dritten am Fuße des Würzgartens und wandelt sodann ruhig längs dem Salzgraben hin, der durch den Schloßgarten, Pfarrgarten und hinter den Häusern der Würzgasse sich hinzieht.

37. Herr von Bokisch und der Schwan.

Im „adeligen Eck", so heißt ein Teil der Vorstadt von Diemeringen, lebte vor Zeiten ein Herr von Bokisch, ein ebenso reicher als tapferer und wohltätiger Ritter, der auch in allerlei geheimen Künsten wohl erfahren war. Aus den Lineamenten der Hand wußte er jedem das Horoskop zu stellen, und vor seinen Augen lag die Zukunft unverhüllt da. Den Armen reichte er den nötigen Pfennig und den Kranken spendete er heilende Mittel, so daß sein gastfreies Schloß stets mit Notleidenden aus der Nähe und Ferne erfüllt war.

Eines Tages kündigte er seiner gleich ihm edlen und wohltätigen Gemahlin seinen nahe bevorstehenden Tod an. Da begann dieselbe zu weinen und zu klagen: „Was wird denn aus mir und allen Hilfsbedürftigen werden?"

Er tröstete sie auf's beste und sagte: „Drei Tage nach meinem Tode wird sich ein weißer Schwan im Schlosse einstellen, den pflege und halte wohl, so wird es euch an nichts fehlen."

Herr von Bokisch starb, und, wie er es vorausgesagt hatte, erschien drei Tage nach seinem Tode ein schöner, weißer Schwan mit glänzendem Gefieder, der einen wehmütigen Gesang ertönen ließ und von Stund an bei der trauernden Wittib verblieb.

Später wurde sie aber des Tieres überdrüssig und gab ihn einer Magd mit der Weisung, ihn nach Aßweiler zu den herrschaftlichen Schwänen zu bringen. Der Schwan ließ es geschehen, wandte nochmals einen wehmütigen Blick nach der undankbaren Gebieterin, und noch lange hörte man sein klagendes Lied aus der Ferne herübertönen.

In Aßweiler verschwand er jedoch gleich den ersten Abend und ward nie wieder gesehen, obgleich man seinen Gesang noch manchmal hörte. Frau von Bokisch aber verfiel in Schwermut und verarmte nach und nach so sehr, daß sie bis an ihr Lebensende von den milden Gaben der benachbarten Edelleute erhalten werden mußte.

38. „Der Hopp kommt".

Vor dem Obertore von Diemeringen liegt ein großer Feldgarten, in welchem vorzüglicher Hopfen, hier Hopp genannt, gepflanzt wird. Wer sich mäuschenstill und unbeschrien zwischen elf und zwölf Uhr in der Christnacht an den Ort begibt, der sieht fingerlange, frische und saftige Hopfensprossen aus dem Boden hervorbrechen. Die Leute sagen dann: „Der Hopp kommt". So wie es aber im Dorfe zwölf geschlagen hat, gehen die Sprossen wieder in die Erde zurück. Je schöner und zahlreicher sie waren, um so reicher wird die zukünftige Ernte.

39. Das Dorftier von Diemeringen als Kriegsanzeiger.

In Diemeringen erscheint in der Regel einmal im Jahre ein Hund mit langen schwarzen Haaren und herabhängenden Ohren. Die Leute nennen ihn das Dorftier. Wenn dieses geisterhafte Tier aber in einem Jahre zehnmal kommt, so gibt es Krieg.

40. Die katholisch gewordene Fürstin Sophie Erdmuthe von Nassau-Saarbrücken.

Der Fürstin Sophie Erdmuthe von Saarbrücken, der geistvollen Freundin Diderots und der Encyklopedisten in Paris, soll nach der Volksmeinung im Saarbrücker Schlosse einst ihr verstorbener Gemahl, Wilhelm Heinrich von Nassau, erschienen sein, und dies sei die Veranlassung zu ihrem Übertritt zur katholischen Kirche gewesen. Bevor sie es tat, ließ sich der lutherische Inspektor Bartels bei ihr in ihrem Witwenschlosse in Lorenzen melden, an dem man noch heute trotz des Verfalls in der geschmeidigen Dachgestaltung die aus-

5. Das nassau-saarbrückische Wittwenschloss in Lorenzen mit der Dachgestaltung unter F. J. Stengel um 1750

schmückende Hand und den Einfluß des großen Saarbrücker Barockmeisters Stengel wie auch sonst im und um den Ort wahrnehmen kann. Der Pfarrer wollte sie in ihrem Entschluß beeinflussen, doch die Fürstin ließ ihn nicht vor. Nun wartete er geduldig, bis der Wagen aus dem Schloßhofe fuhr, um sie zur katholischen Kirche zu bringen; da trat er ehrerbietig an den Schlag und machte ihr nochmals desfallsige Vorstellungen, sie aber sagte: „Ich habe nun den Grund gefunden, an dem mein Anker ewig hält". Als sie zum ersten Mal nach ihrem Übertritt wieder ihren Sohn Ludwig, den nun regierenden Fürsten, besuchen wollte, soll sie nicht in das Saarbrücker Residenzschloß hineingelassen worden sein. Und als sie ihm sagen ließ, die draußen stände, sei doch seine Mutter, soll er ihr haben sagen lassen, für sie habe er keine Kirche in seinen Landen.

41. Der Priester im Schlosse zu Lorenzen.

Im Jahre 1793 wurde die Fürstin Sofie Erdmuthe, die Witwe des so bedeutsamen Fürsten Wilhelm Heinrich von Nassau-Saarbrücken, aus ihrem Schlosse Lorenzen durch die französischen Revolutionäre vertrieben. Das Schloß wurde zum französischen Nationaleigentum erklärt, aber dann doch an verschiedene Bürger verkauft, da der Staat bald die Unrentabilität für ihn einsah, die Unterhaltungskosten scheute und merkte, daß ihm nur Steuern dabei verlorengingen. So konnte er die tönenden Schlagworte nicht verwirklichen, wie sie in solchen unruhigen Zeiten leichtlich propagiert zu werden pflegen.

Die neuen Schloßbewohner merkten aber bald, daß es in ihrem nunmehrigen Besitze nicht so ganz geheuer war. Von Zeit zu Zeit kam ein Priester mit einem grossen Schlapphut auf dem Kopfe die Wendeltreppe im Turm herab und setzte sich ein Weilchen auf die unterste Stufe, wo er plötzlich verschwand. Manche wollten ihn auch mit einer Kerze in der Hand gesehen haben. Noch in neuerer Zeit bemerkten Kinder, die noch bei der Dunkelheit im Schloßhof spielten, jemand mit einem Licht die Wendeltreppe herunter kommen. Sie wußten aber, daß der Mann, der dort wohnte, gerade nicht zu Hause war. Darum erschraken sie, als sie das Licht sahen, und liefen davon. — Ein großer, schwarzer Mann in schwarzem Mantel und mit einem breiten Schlapphute soll auch auf dem Wege von Lorenzen gegen Bitsch-Rohrbach in der Abenddämmerung spuken.

42. Der Poltergeist im Lorenzer Schloß.

Kaum war die Fürstin von Nassau-Saarbrücken aus dem Schlosse von Lorenzen vertrieben, so ließ sich dort ein Poltergeist hören.

Zwischen zwölf und zwei Uhr des Nachts klopfte es auf dem Speicher, als ob einer Holz spaltete. Manchmal rasselte es auch in der Küche, daß man meinte, alles Geschirr zerbräche, wenn man aber dann nachsah, war alles heil und so ging es ganz ähnlich zu, wie man das von dem Saarbrücker gespenstigen Hofjäger in der St. Johanner Faßstraße erzählte.

An andern Tagen vernahm man wieder leise Tritte und ein feines Geräusch. Sobald man aber auf den Speicher kam, hörte und sah man nichts mehr. Und dieser Poltergeist soll dann auch dem Schlosse noch bis in die Neuzeit treu geblieben sein.

43. Die Nachtwäsche am Brunnen.

Vor einer Reihe von Jahren waren einige Männer von Lorenzen noch spät in der Nacht in einem Hause beisammen. Da hörten sie um 12 Uhr, daß jemand am oberen Brunnen Wäsche machte. Aber sie hörten die Wäsche nur einmal klopfen. Das kam ihnen sonderbar vor. Darum schauten sie zum Fenster hinaus. Der Mond schien gerade hell. Alle drei Brunnentröge aber waren mit weißer Leinwand gefüllt. Und eine Gestalt ging in das Haus unten am Brunnen. Die Männer kehrten gleich darauf nach Hause zurück. Da war die Wäsche verschwunden.

44. Das erlöste Dorftier zu Bütten.

In Bütten ging einmal eine Frau des Nachts an den Brunnen, um zu waschen. Da sah sie ein großes, weißes Tier mit schwarzen, feurigen Augen. Die Leute nannten es das Dorftier. Die Frau sagte zu ihm: „Tritt ein bißchen näher, daß ich dich besser betrachten kann!" Da kam das Tier oder Muhkalb näher und die Frau streichelte es. Dann sprach sie zu ihm: „So, jetzt geh wieder hin, wo du hergekommen bist!" Da ging das Tier weg und hat sich nicht wieder sehen lassen.

45. Das Gastmahl im Rahlinger Schloß.

Eine Frau aus Bütten, die aus dem Schlosse von Rahlingen stammte, erzählte, daß einer ihrer Verwandten einmal krank lag. Da er sich ziemlich wohl fühlte, schickte er seine Pflegerin zu Bette. Als es Mitternacht geschlagen hatte, stand in dem Krankenzimmer auf einmal ein langer Tisch mit allerhand Speisen und Getränken wohl besetzt. Nach und nach füllte sich der Saal mit Männern, die sich um den Tisch setzten, und das Mahl lautlos verzehrten. Danach verschwanden sie ebenso still, wie sie gekommen waren.

46. Der feurige Mann im Eicheltal gegen Domfessel.

Im Wiesental bei Lorenzen kann man des nachts manchmal einen feurigen Mann sehen. Gewöhnlich schwebt er mitten im Tal am Eichelbach hin und her. Einst stand ein Mann von Lorenzen noch spät in der Nacht in seinem Garten, der an die Eichel grenzt. Da sah er, wie der feurige Mann sich auf den Wiesen gen Domfessel zu schnell hin und her bewegte. Lange schaute er ihm zu. Aber auf einmal kam der feurige Mann mit rasender Schnelligkeit bis an die Gartentür, als ob er in den Garten wollte. Totenblaß lief der Lorenzer Mann in seine Wohnung und erzählte, was er soeben gesehen hatte.

47. Die Hexe von Heimeldingen und ihre abendliche „Meierei".

Vor etwa fünfhundert Jahren wütete im Eicheltale in der Bockenheimer Saargegend eine grausame Pest. Ganze Ortschaften starben aus, so unter anderm auch Heimeldingen, in dem nur eine einzige Frau übrig blieb. Diese ging zur Winterzeit jeden Abend nach dem eine halbe Stunde entfernten Völlerdingen, um bei Bekannten ihre Ansprache zu haben, d. h. zu „retschen", zu „meien" oder zu „stüwwe" und so dabei auch in der „Kunkelstube" zu spinnen. Um zehn Uhr kehrte sie jedesmal zurück, nie aber war im Schnee die Spur ihrer Füße zu sehen, denn sie war eine Hexe und ritt auf ihrer Kunkel durch die Lüfte nach Haus.

48. Der schwarze Mann von Oermingen.

In der Krämergasse zu Oermingen sieht man häufig einen großen schwarzen Mann mit hohem Zylinderhut. Von einem Hunde begleitet, durchwandert er die Gasse in nächtlichen Stunden, dann und wann auch schon in der Abenddämmerung und verschwindet zuletzt in einem Hause der nahen Herrengasse. In diesem Hause aber ist ein Grabstein aus dem 16. Jahrhundert eingemauert, der besagt, daß hier ein gewisser Peter Wirtz von Kriegshorden „erschunden" und begraben worden sei. Ein noch 1900 lebender früherer Eigentümer dieses Hauses hat es verkauft, weil er keine Ruhe darin finden konnte und sich lieber ein anderes erworben.

49. Sagenhaftes aus Wolfskirchen, Pisdorf und Zollingen.

Man sagt, Wolfskirchen habe seinen Namen daher, weil in dem großen Gebüsch, wo heute seine Kirche steht, vordem das Lager einer Wölfin mit ihren Jungen gewesen sei, die man erst verjagen mußte, ehe man die Kirche dahin baute.

Andere erzählen wieder, in der früheren, kleinen Kirche, die vor 1789 an der Stelle der jetzigen stand, hätte eine Wölfin einmal Junge geworfen.

Ein alter Weber, der außerhalb des Dorfes Pisdorf wohnte, ging einmal in einer mondhellen Nacht um 2 Uhr in den Ort, um Hanf zu hecheln. Als er an den Kirchhof kam, lief ein kleines Ferkel über die Straße. Das konnte er nicht erhaschen, mußte ihm aber immer wieder nachlaufen. Vier Stunden hat es ihn so genarrt; als der erste Schlag der Morgenglocke ertönte, griff er noch einmal danach und glaubte es schon zu packen. Doch, siehe da, er hatte nur eine gute Hand voll Pferdemist. Das Ferkelchen war spurlos verschwunden.

Eine Frau aus Zollingen gab sich auch mit solchen Hexendingen ab und zeigte sich öfters in der Mühle zu Saarwerden als schwarze Katze, nach der der Müller vergebens schoß, da ihn ihr auffälliges Gebaren beunruhigte. — Nun riet man ihm, ein Silberstück zusammenzuklopfen und dann die Flinte einmal damit zu laden. Als er mit dieser Ladung dann nach der Katze schoß, rannte sie mit einem furchtbaren Schrei davon. Am nächsten Morgen aber hatte die Frau in Zollingen eine Schußwunde am Arme und der Spuk in der Mühle hörte auf.

50. Der letzte Graf von Saarwerden und die Melusine.

„Zu dem letzten Grafen von Saarwerden, genannt Johann, ist auf ain zeit eine solche Fraw (wie die Melusine) aber die maß schön, unversehentlich kommen, als er einsmal zu Saarwerden gebadet und sich hernach in ein Bett zu ruw hat nidergelegt, hat sie sich auf des Grafen begern abgezugen, zu ime ans bett gelegt und ein gude weil bei ihm blieben. Sobaldt er sie aber von irem wesen anfahn zu fragen und dessen ain wissen haben wollen, do ist sie so geschwindt, daß er nit wissen mügen, wo sie hinkommen, wider von ime abgeschaiden. Wie man sagt, hat der Graf nachmallen bekennt, das ime kein schöner oder holdseliger Weibsbild sein tag nit zu sehen worden."

51. Der Bettag in der Grafschaft Nassau-Saarwerden und der Graf mit den zwei Gattinnen.

Alte Leute erinnern sich noch, daß ihre Väter erzählten, wie vor der großen Revolution, als die „Grafschaft" noch dem fürstlichen Gesamthause Nassau-Saarbrücken gehörte, am Mittwoch bis zum Mittage die Arbeit ruhte. Es war Mittwoch der sogenannte Bettag, es wurde Gottesdienst gehalten und alles feierte. Der Gebrauch soll daher stammen, daß einst ein Graf von Saarwerden ein ähnliches Geschick hatte, wie der Graf von Gleichen. Auch er lag im heiligen Lande in harter Gefangenschaft verstrickt. Wie dieser wurde er durch die Liebe einer vornehmen Türkin befreit und erhob diese in der Heimat zu seiner zweiten rechtmäßigen Gattin. Aus Dankbarkeit gegen Gott ließ er in seinen Landen den Mittwoch als Dank- und Bettag feiern.

52. Der reiche Graf von Nassau-Saarbrücken.

Der tapfere Ritter Hans Marx von Eckwersheim, Herr zu Bilstein, hatte unter Straßburg's glorreichem Banner, den Sieg der Eidgenossen gegen Karl den Kühnen von Burgund vor Nancy's Toren mit erfochten. Mit eigner Hand nahm er den Grafen Ludwig von Nassau-Saarbrücken, den man nur den reichen Grafen von Nassau nannte, gefangen, und, ein gutes Lösegeld erwartend, schleppte er ihn auf sein festes Schloß Bilstein, in einem Seitentale des Weilertales.

Aber Herr Marx stand im Solde der Reichsstadt Straßburg und deren Rat sandte den klugen Ammmeister Peter Schott mit einem Fähnlein Reisiger, um den Grafen ihm mit Gewalt abzufordern.

Marx saß aber mit seinem erzwungenen fürstlichen Gast am wohlbestellten Imbiß, als der Ammeister mit seinem Trosse unerwartet über die Zugbrücke in den Burghof ritt. Er drang sofort, ohne Widerstand zu finden, in den Speisesaal, so daß ihm der verblüffte Ritter zurief: „Hat Euch der Teufel hereingetragen?" — „Nein, Herr Marx", entgegnete kurz entschlossen der Ammeister, „unser Herr Gott hat mich hereingetragen!"

So mußte sich denn, wohl oder übel, Marx dem unwiderruflichen Begehren der Reichsstadt beugen, die, wie er wohl wußte, nicht viel Federlesens sonst machte und ihren Abgesandten dazu noch samt seinem Gefolge wohl bewirten.

Des andern Tags stiegen sämtliche Herrn zu Pferde, nebst dem Grafen von Nassau-Saarbrücken und dem Ritter, um den Ersteren würdig in Straßburg einzubringen.

Unser Graf von Nassau wurde nun in ein sicheres Zimmer, im dritten Geschosse des Pfennigturmes gesetzt und während 15 Wochen behalten. Endlich ließ ihn die Stadt frei, gegen ein Lösegeld von dreißig, oder gar, wie andere behaupten, von fünfzigtausend Gulden, ohne die Gebühr „für Atzung".

53. Das Gespensterschloß bei Saarunion.

Bei Saarunion erhob sich früher ein Schloß, in dem einer der alten Regenten der Grafschaft Saarwerden seinen Sitz hatte. Die Überlieferer dieser Sage denken zwar zeitlich und örtlich hier an einen Fürsten von Nassau-Saarbrücken, doch liegt es näher, an einen der alten Grafen von Saarwerden, also an einen ihrer Vorfahren und vielleicht doch an das Schloß Altsaarwerden zu denken, das 1670 zerstört wurde, von dem sich aber ein Turm erhielt. Von seiner Grausamkeit wissen noch heute alte Leute viel zu erzählen. Seine Untertanen mußten oft selbst in der Nacht aus den umliegenden Ortschaften kommen, um ihm Frohndienste zu leisten. So störte das Quaken der Frösche aus der nahen Saar den gnädigen Herrn oft im Schlafe. Darum mußten solche Untergebene herbeiziehen, die mit Stangen und Gerten das Wasser zu peitschen hatten, um den nächtlichen Musikanten das Singen zu vertreiben (vgl. dazu aber auch u. a. Nr. 145).

Doch die göttliche Strafe blieb nicht aus. Die Seele des Fürsten fand im Grabe noch keine Ruhe. Schon gleich nach der Beerdigung irrte sein Geist ruhelos in den Schloßräumen umher. Man sah ihn im zweiten Stock des Schlosses zum Fenster hinausschauen. Auch später erschien er jede Mitternacht im Schlosse, trieb hier sein Unwesen und versetzte die Schloßbewohner in Angst und Schrecken. Daher blieb das Schloß lange Zeit unbewohnt.

54. Der unbequeme Mitbürger oder das Lachmännchen von Bockenheim.

Am Ende des 18. Jahrhunderts lebte in Bockenheim ein Mann, der wegen seines bitterbösen Wesens allgemein gemieden wurde. Die Bürger des Städtchens, das man seit der französischen Revolution und seiner Vereinigung mit dem auf der rechten Saarseite gelegenen Orte Neustadt (Neusaarwerden) Saar-Union nannte und im Volksmunde „Bouquenum" und das 1766 gegen Aufgabe wichtiger Rechte und auch mit Landaustausch von lothringischer Seite aus König Stanislas von Polen als Herzog von Lothringen mit seiner Umgebung und dabei auch Altsaarwerden vom Saarbrücker Fürsten abgetreten wurde, beschäftigten sich viel mit diesem Mitbürger, wagten es aber nicht, ihn zu reizen, da er im Geruche stand, geheime Künste zu wissen. Es kam daher keine Trauer auf, als es eines Tages hieß, dieser unbequeme Zeitgenosse sei plötzlich verstorben. Der Pfarrer beorderte die Schulknaben am Tage der Beerdigung vor das Haus, um der Leiche das Geleit zu geben und am Grabe zu singen. Als der Zug sich ordnete, und der Sarg hinabgetragen wurde, sah plötzlich einer der Schüler den Verstorbenen mit seiner Zipfelmütze zum Fenster hinaus schauen und höhnisch lachend ihm zunicken. Auf den Schreckensruf des Knaben sahen alle auf und starrten die Erscheinung sprachlos an, die lächelte, nickte und sprach gelassen in ihrer spöttischen Weise: „Habt wohl geglaubt, ihr wäret mich los, ja soweit ist es aber noch nicht!" Der Pfarrer erholte sich zuerst und rief: „Fort mit dem Sarge!" Und so bewegte sich dann der Zug mit etwas ungewöhnlicher Eile dem Kirchhofe zu, und bald schloß sich die Erde über dem ruhelosen Mann.

Doch sollte er die Ruhe auch jetzt noch nicht finden.

Die Umwohner des Friedhofes beklagten sich bald über fortwährendes lautes Lärmen, das sie auf das äußerste ängstigte. Sie ließen in ihrer Bedrängnis zwei Kapuziner kommen, die bei dem Volke in dem Rufe stehen, alle Geister bannen zu können. Diese gruben den Polterer wieder aus und bannten ihn unter eine Brücke. Aber auch hier neckte und schreckte er die Vorüberziehenden. Er sprang den Bauern, die zum Markte in die Stadt wollten, unsichtbar auf den Rücken und ließ sich als schwere Last bis zur Stadt schleppen.

Nochmals wurden die Kapuziner gerufen und diesmal bannten sie ihn in den tiefen Brunnen seines eigenen Hauses, der dann vermauert wurde.

Von jetzt an ließ er nichts mehr von sich hören. Das Haus, ein weitläufiges Gebäude neben dem Schloß gelegen, kam in den Besitz zweier alter Damen, die dasselbe gern verkaufen wollten. Doch kam kein Verkauf zu Stande, da die Damen zur Bedingung machten, daß der Brunnen vermauert bliebe. Erst nach ihrem Tode ließ der Erbe den Brunnen aufdecken. Der Geist zeigte sich aber im Widerspruch mit der Stadtmeinung nicht mehr.

55. Der Heidenhübel bei Saarunion.

Im Großbrunnerwald bei Saarunion heißt eine Stelle der „Heidenhüwel" (Heidenhügel). Hier soll vor langer Zeit ein Schloß gestanden haben, in dem der Heidenkönig Moraks mit seiner Familie wohnte. Im „Heidenhüwel" liegt er mit seinem Streitroß begraben. Dieser Hügel aber steht mit dem nassau-saarbrückischen Witwenschloß in Lorenzen durch einen unterirdischen Gang in Verbindung.

Einst kam ein Mann von Saarunion in die Nähe, um seine Arbeit zu verrichten. Da begegnete ihm ein Fräulein in uralter Kleidung und forderte ihn auf, am andern Tage um die nämliche Zeit wieder zu erscheinen. Dann werde sie ihn glücklich machen. Hierauf verschwand sie. Der Mann aber wurde vor Schrecken ohnmächtig und blieb fast den ganzen Tag bewußtlos liegen.

Als er wieder zur Besinnung kam, eilte er nach Hause, teilte seiner Frau das Erlebnis mit und bat sie, am nächsten Tage an den Ort zu gehen. Er selbst mußte acht Tage das Bett hüten. Die Frau aber sah am andern Tag das Fräulein im Walde nicht. — In der Halle oben in Saarunion aber wurde früher jeden Abend Feuer gesehen.

Da grub man an dem Platze die Steine heraus und fand viel Geld. Von nun an sah man kein Feuer mehr.

56. Das Haus mit den Totenköpfen.

Neben dem Brunnen mit den Böcken aus der Renaissancezeit hat das alte Bockenheim, dieser älteste Hauptortsteil des zwei Orte diesseits und jenseits der Saar dann vereinigenden Saarunion, noch ein plastisches Wahrzeichen in seinem Haus mit den Totenköpfen.

Das aber steht in der Linsengasse, die diesen originellen Namen ebenso wie eine solche in der Residenz Saarbrücken ehemals führte und zeigt im ersten Stock über jedem Fenster jeweils einen Menschenkopf. Diese Steinfiguren aber heißen im Volksmunde die Totenköpfe. Das Haus aber war in früheren Zeiten der Sitz des Bürgermeisteramtes und dann einer Mädchenschule.

Eines Tages aber sahen zwei Mädchen beim Fegen des Schulsaales plötzlich eine Gestalt auftauchen, die einem Totenkopf ähnlich sah. Sie liefen sofort hinaus. Nach einigen Tagen sahen die zwei Mädchen dieselbe Erscheinung mitten im Unterricht. Auf ihren Schreckensschrei wurde der Totenkopf auch von den übrigen Kindern und von der Lehrerin bemerkt. Nun verließen alle das Haus in der größten Eile. Niemand wagte lange Zeit es mehr zu betreten und zu bewohnen. Zur Erinnerung an jene Erscheinung sollen die Menschenköpfe am Haus angebracht worden sein. — Ein Wahrzeichen der Stadt ist sonst eben der Bocksbrunnen aus der Renaissancezeit mit den zwei Böcken. Außerdem gibt es noch eine Reihe Bürgerhäuser aus der Renaissancezeit bis zum Barock mit Wappen, wie einem mit dem Königshaupt, vielleicht im Zusammenhang mit der im 16. Jahrhundert bedeutsamen Kaufmannsfamilie der Burgundisch und dem Lamm der Karcher. Dazu prächtige Holzschnitzereien aus dem 18. Jahrhundert der Bildhauerfamilie Madersteck, die auch im Bliestal wirksam und tätig erscheint und die das Bockenheimer kath. Kirchenbuch auch 1712/13 Marterstecken nennt.

57. Die Schätze von Willer und die goldenen Schäfchen.

Ganz nahe bei Harskirchen liegt der Nebenort Willer. Ein Mann daher kehrte einst spät am Abend nach Hause. Da bemerkte er an einer Hecke glühende Kohlen. Als er sich danach bückte, erblickte er tief im Boden eine Kiste, die mit Gold gefüllt war. Er nahm sich vor, sie am nächsten Morgen auszugraben. Am andern Tag kam er auch wirklich wieder auf den Platz. Da hörte er plötzlich eine Stimme rufen: „Keinen Schritt weiter, sonst mußt du sterben!" Voll Angst und Grauen kehrte er eilends um und wagte nicht mehr, diesen Ort zu betreten.

Auf solche verborgenen Schätze deuten aber auch goldene Schäfchen hin, die man in Willer manchesmal um die Mitternachtsstunde sieht.

58. Die silbernen Glocken von Willer.

Wer bei niederm Wasserstand die Furt bei Willer überschreitet, dem fällt am rechten Saarufer altes Mauerwerk auf, das aus dem Ufer herausschaut und etwa eine Elle hoch mit Erde überdeckt ist. Es bildet die Reste einer römischen Heerstraße, die aus Südosten kam, an dieser Stelle die Saar kreuzte und dann gen Norden nach Keskastel zog. Die Spuren dieser Straße sowie das gelegentliche Auffinden von Gebäuderesten bei Willer haben wohl die folgende Sage entstehen lassen.

Vor alten Zeiten war Willer eine große blühende Stadt. Die Einwohner waren so wohlhabend, daß sie für ihre Kirche zwei silberne Glocken anschafften, die aller Stolz waren, und mit ihrem schönen, eben silberklaren Geläute die Herzen erfreuten. Da brach wieder einmal ein schwerer unheilbringender Krieg über das damit geplagte Grenzland herein. Der Feind nahte sich und ihm wollte man die silbernen Glocken nicht als Beute lassen, und so versenkte man sie in einem tiefen Brunnen, den man dazu noch verschüttete. Alles andere Wertvolle brachte man auch in Sicherheit. — Die Feinde aber, die so wenig zum Rauben vorfanden, zerstörten die Stadt von Grund aus.

Der Krieg aber dauerte noch viele Jahre. Die alten Bewohner starben weg oder wurden verstreut und nahmen zuletzt ihre Geheimnisse von den versenkten Glocken mit in's Grab.

So ruhen sie denn noch heute in ihrem sichern Versteck und niemand hat sie gefunden, soviel Schatzgräber auch schon ihr Heil damit und mit den Schätzen von Willer versucht haben.

Wer aber in der heiligen Christ- oder Osternacht achtsam über die Fluren der großen zerstörten Stadt schreitet, vernimmt aus der Tiefe der Erde ein wundersam schönes Klingen, es ist das Geläute der versunkenen Silberglocken von Willer.

59. Die fürstlich saarbrückische Ratflasche im ehemaligen Amtsgerichtskeller zu Harskirchen.

Als nach der Teilung der Grafschaft Saarwerden der Fürst Wilhelm Heinrich von Nassau-Saarbrücken die Gemeinde Harskirchen zum Hauptorte der ihm und seiner Unterlinie des Hauses Nassau zugeteilten Gebiete erwählte, wurden in der neuen Hauptstadt schleunigst unter der Oberaufsicht seines Generalbaudirektors F. J. Stengel in Saarbrücken eine Menge herrschaftlicher Gebäude errichtet für den Verwaltungsdienst sowie zur Wohnung der Beamten. Und auch eine auf der Vorderseite reich ausgeschmückte Barockkirche fehlte keineswegs.

Das erste Haus auf der Ostseite der Finstingerstraße aber war damals das Amtsgericht. Hier mußten sämtliche Einwohner der Dörfer des Fürsten ihre Streitigkeiten zum Austrag bringen.

Nun gab es in jener Zeit an diesem Amtsgericht Richter, die sich durch große Weisheit auszeichneten, so daß sie wahre salomonische Urteile fällten. Man staunte und forschte lange vergeblich nach der Quelle dieser erstaunlichen Klugheit. Endlich aber fand man sie. Im Amtsgerichtskeller stand nämlich eine große, merkwürdig geformte Flasche, die mit „Rat" angefüllt war. Vor Beginn der Sitzungen nun stiegen die Richter in den Keller hinab, tranken aus dieser Flasche und holten sich auf diese Weise den Rat zu ihren tadellosen Entscheidungen.

60. Der in eine Flasche gebannte fürstlich nassau-saarbrückische Regierungs-Rat.

Vor alter Zeit wurde Harskirchen von einem hohen Beamten im Namen des Fürsten von Nassau-Saarbrükken verwaltet, der den Titel „Rat" führte. Wegen seiner Strenge und Gottlosigkeit war er aber gehaßt und gefürchtet. Als er gestorben war und man den Sarg zur Tür hinaustrug, wo der Geistliche wartete, erschien der Gefürchtete plötzlich an einem Dachfenster und warf einen Stein nach dem Pfarrer. Von nun an trieb dieser Rat als Unhold im Amtsgericht sein Wesen, ging nachts mit Gepolter darin um und brachte bald diesen, bald jenen Teil des Hauses in Unordnung. Um diese Plage loszuwerden, ließen die Bewohner einen Kapuziner kommen, der den Rat in eine große Flasche bannte. Diese Flasche wurde fest verschlossen und in einen dunkeln Winkel des Kellers gestellt. Seit dem hatte man vor dem Unhold Ruhe.

61. Der einäugige Schimmelreiter mit dem Schlapphut am Zollstock und bei den Seeben.

An der Straße, die von Harskirchen nach Saarwerden über die Wasserscheide zwischen dem Saar- und dem Naubachtale führt, trifft man vier kleine, kreisförmige Weiher an, die einen Durchmesser von zehn bis zwölf Meter, eine Tiefe von ein und ein halb bis zwei Meter haben und wegen des lehmigen Untergrundes sogar im

Hochsommer nicht völlig wasserleer sind. Diese Weiher, die wohl in vorgeschichtlicher Zeit als Feuerstätten und Wohnsitze einmal benutzt worden sind, nennt das Volk „Seebe" oder auch „Merdel", Maren, das Mar oder die Mardellen. Zwei davon liegen am Nordabhange der Wasserscheide, die beiden andern auf der Höhe selbst, auf der sich eine kleine Hochebene ausbreitet, die im Volksmund „der Zollstock" heißt und von der man eine herrliche Aussicht nach allen Seiten hat.

Von diesen historischen Seeben erzählt die Sage folgendes:

In stürmischer Nacht zur Geisterstunde jagt um sie in rasendem Galopp ein Reiter mit wehendem Mantel und großem Schlapphut. Er sitzt auf einem Schimmel und hat nur ein feurig-glühendes Auge mitten auf der Stirn. Seinen Schimmel treibt er mit wildem Geschrei zu immer tollerem Laufe an. Manchmal zeigt sich der Reiter auch ohne Kopf, oder er trägt den Kopf unter dem Arme.

62. Die Spielburg.

Der Spielburgweiher bei Harskirchen soll seinen Namen von einer gleichnamigen Burg erhalten haben. Nach der Ortsüberlieferung hat diese Spielburg in der kreisförmigen Lichtung zwischen dem Harskircher und Bisserter Freiwald gestanden. Die Burg muß eine Wasserburg gewesen sein, denn die Lichtung, die gegenwärtig eine schöne Waldwiese ist, war früher sumpfig und glich den vielen „Seeben", wie sie in der Umgegend häufig vorkommen. Als diese „Seebwiese" einst in einem heißen Sommer völlig austrocknete, fand ein Schreiner auf dem Boden des Sumpfes ganz schwarz gewordenes, aber einmal bearbeitetes Eichenholz, aus dem er noch Möbel verfertigen konnte. Dieser Fund ließ die Vermutung aufkommen, daß man es hier mit dem Standort der ehemaligen Spielburg zu tun habe. Wann und ob diese daselbst stand und warum sie zerstört wurde, darüber weiß niemand Auskunft zu geben. Dem Volke aber ist eine dunkle Erinnerung an die Spielburg geblieben. Das läßt sich an der Sage erkennen, daß zuweilen in dunkler Nacht eine prächtige Kutsche, bespannt mit feurigen Rossen, vom Freiwald her mit Windeseile durch die Luft fahre nach der Altweiler Höhe, wobei man eine gar liebliche Musik vernehme.

63. Die Entstehung der Kirche zu Münster.

In Altweiler, in der Grafschaft Saarwerden, erzählte man sich von dem benachbarten lothringischen Dorf Münster die folgende Sage:

Nicht weit von dem Platze, wo heute das Dorf liegt, wohnte einst ein reicher Graf namens Nicolaus. Eines Tages ging er auf die Jagd nur von seinem treuen Hunde begleitet. Als der Graf an einem Weiher vorbeiging, rutschte er aus und fiel in's Wasser.

Der treue Hund aber erkannte die Gefahr seines Herrn und sprang sogleich in das Wasser. Es gelang ihm auch den Grafen noch an einem Stiefel zu erhaschen und an das Land zu ziehen. Der Graf aber gelobte, dem lieben Gott für diese wunderbare Rettung zu danken.

Bald darauf ließ der Graf einen Esel schwer mit Goldmünzen beladen und ihn dann frei gehen. An dem Ort, wo der Esel zusammenbrach, ließ der Graf dann ein herrliches Gotteshaus nach Art des Straßburger Münsters erbauen. So entstand die Kirche von Münster. Jeder der beiden Türme ist 70 Meter hoch.

Das Grabmal des Grafen Nicolaus und seiner Gemahlin ist in der Kirche zu Münster noch zu sehen. Der obere Teil zeigt beide in Stein ausgehauen auf dem Totenbett. Zu ihren Füßen sieht man einen Hund, der in seinem Maule die Stiefelspitze seines Herrn hält.

64. Der Hoh-Jäger.

An einem Sonntag ging einmal ein Wilddieb von Bissert auf die Jagd. Im Walde starb er eines jähen Todes. Danach fand er keine Ruhe. Er mußte zur Strafe beständig umherirren und hoh, hoh, hoh schreien. Daher wird er der Hoh-Jäger genannt.

Einst waren in einem Hause viele Leute versammelt. Da hörten sie plötzlich draußen den Hoh-Jäger rufen. Sie gingen hinaus und spotteten: „Hoh, hoh, hoh!" Da verfolgte er sie bis an die Haustür. Weil er sie aber nicht einholen konnte, stieg er auf das Dach und warf einen Knochen zum Schornstein hinein. Darauf schrie er:

„Ihr habt mir helfen jagen,
jetzt könnt ihr mir helfen nagen!"

65. Das Feuermännchen.

In der Honau (Wiesental der Saar) bei Bissert, sah man früher in der Nacht ein feuriges Männlein. Von weitem glich es einer Flamme mit einem Schweif. Rief man es an, so kam es mit ungeheuerer Schnelligkeit auf einem los.

Einmal gingen um die Mitternacht zwei Männer von Schopperten nach Bissert. Da sahen sie in der Niedermatt das Feuermännlein. Der eine rief:

„Firmann, Firmann, Haferstroh!
Zeig, wie schnell bisch du do!"

Da kam es herangebraust wie ein Wirbelwind, und sie wichen schnell beiseite. Das Feuermännchen aber drehte sich vor ihnen im Kreise herum und versank dann in den Boden.

66. Der ewige Jäger von Schopperten.

An einem Sonntagmorgen ging einst ein Jäger in den Wald von Schopperten auf die Jagd. Er fing ein lebendiges Häslein und steckte es in seine Jagdtasche. Darauf setzte er sich nieder, um sein Frühstück einzunehmen. Als er so da saß, kam ein anderes Häslein gelaufen und rief:

„Wach auf, wach auf, liebe Schwester Marie!
Jetzt gilt's zu enteilen, jetzt oder nie."

Da kletterte das andere Häslein flugs aus der Jagdtasche, und sie liefen miteinander fort.

Als der Jäger dies sah, sprang er auf und rief: „Dich hole ich ein, und wenn ich jagen muß bis zum jüngsten Tag!" Von nun an mußte er jagen, ohne die Häslein zu finden.

67. Das Römerkastell auf dem Schloßhübel bei Keskastel.

Bei Keskastel erhebt sich hinter der sogenannten Kleinkinderschule, der katholischen Unterklasse, ein kleiner Hügel, den die Bevölkerung „Schloßhiwwel" nennt. Noch um 1900 war er viel größer als heute, ein Teil wurde abgetragen, um einen Weg auszufüllen. Auf diesem Hügel aber stand, nach der Überlieferung, ehemals ein Schloß oder Castell Caesars: Caesaris Castellum. Und hiervon soll der Name Keskastel kommen. Reiche Schätze liegen noch in ihm und auch sonst noch bei Keskastel, so an der „Hanfrees", die sich zeitweilig des nachts als „brennendes Gold" in glühenden Kohlen zeigen, die auch wohl von bösen Geistern bewacht werden.

68. Die Silber-Glocke vom Saaralbener Berg.

Auf dem Albener Berg hing früher in der Dreifaltigkeits-Kirche eine silberne Glocke, die im Schwedenkrieg verloren ging. Die Albener vergruben sie, ehe die Schweden kamen.

Als der Krieg herum war, wußte aber keiner mehr, wo die Glocke lag, denn fast alle Leute waren umgekommen.

Als sie auf dem Bann rund herum suchten, sahen sie ein Wildschwein, das an einer Stelle wühlte. Sie gingen hin, und da hatte das Tier die silbernen Glocken glücklich herausgescharrt. Um zu sehen, ob es auch wirklich ihre Glocke wäre, spannten sie ein blindes Pferd vor

6. Blick auf Saaralben mit altem Stadttorturm und Kirche

den Wagen und es zog die Glocke auf den Albener Berg. Sie hatten auch ein blindes Pferd vor den Wagen gespannt, als sie die Glocke verstecken mußten, um durch dieses den sichersten Ort angezeigt zu bekommen.

Nach einer anderen Erzählung war es ein Gewitterglöckchen, ganz aus massivem Silber. Und man läutete es in der Kapelle auf dem Albener Berg, wenn ein Gewitter kam, das sich dann freundnachbarlich auf den umliegenden fremden Bann verzog, um dort zur Entladung zu kommen, nach dem frommen Spruch: „Oh heiliger Sankt Florian, schon unser Haus, zünd andre an!"

Die so dadurch arg geschädigten Nachbarn aber hätten im Zorn einmal sich des Glöckchens bemächtigt und es vergraben. Doch die Wildsauen kamen und wühlten es wieder aus.

Noch heute aber singen die Kinder beim Glockenläuten, wenn einer stirbt:

> „Ding, dang, do dang,
> Die Bergerglock ischt ingergang.
> S'Wilsau hat se raus gewihlt,
> S'Wilperd hat se furtgeführt.
> Ding, dang, do dang,
> Ding, dong, dong!"

69. Der Frankenkönig Chlodwig in Herbitzheim.

Das katholische Pfarrhaus von Herbitzheim war früher ein Schloß, was man an der Treppe noch erkennen kann. Diese Treppe befindet sich in einem Turm, dessen oberes Teil abgetragen ist. Das Gebäude aber hatte vier Ecktürme.

Die Sage erzählt nun, daß dieses Schloß vom Frankenkönig Chlodwig erbaut worden sei. Chlodwig kam jedes Jahr nach Herbitzheim, um in den Wäldern der Umgebung zu jagen. Die Pferde mußten dann in dem grasreichen Saartale weiden. Wegen dieses Graswuchses soll der Ort den Namen Heribodesheim, d. h. grasreicher Ort, erhalten haben. Daraus sei dann Herbitzheim geworden.

5 Die Sagen der Saar

70. Die Brücke von Herbitzheim und die wundertätige Äbtissin.

Eine Äbtissin des Frauenklosters Herbitzheim, dessen späteres Propstamt zusammen mit dem der Saar-Abtei Wadgassen im 16. und 17. Jahrhundert die Saarbrücker Familie Bruch bekleidete, war so fromm, daß sie von

7. Die Saarbrücke und Kirche von Herbitzheim, einer ehemaligen Benediktiner adeligen Frauenabtei unter Nassau-Saarbrücken

Gott die Wunderkraft erhalten hatte, trockenen Fußes durch die Saar zu dem am entgegengesetzten Ufer gelegenen Weiher Miehlingen zu schreiten. Allein, als sie sich eines Tages durch eine Ungerechtigkeit, die sie an einer Nonne begangen, versündigt hatte, verlor sie die Gabe des Himmels wieder. Sie bereute alsobald ihren harten Sinn und ließ zur Buße die schöne steinerne, mit sechzehn Bogen versehene Brücke, über die Saar bauen, die noch jetzt besteht und die beiden genannten Ortschaften miteinander verbindet.

71. Der König und der niesende Teufel.

Vor langer Zeit wohnte in Silzheim, im letzten Orte der „Grafschaft" nach Saarbrücken zu, wie man dort nur kurz zu sagen pflegte, wenn man vom Saarwerden'schen Besitz redete, ein König mit seiner einzigen, schönen Tochter. Da trat eine große heftige Krankheit auf, die viele Opfer forderte. Man betete und tat Bußwerke aller Art, aber der Krankheit schien dadurch kein Einhalt geboten. Auch der König hatte nach Möglichkeit an den Bußwerken teilgenommen.

Eines Tages kam nun in den Palast des Königs der Teufel, schwarz wie ein Rabe. Nach kurzem Zwiegespräch war der König überzeugt, daß es wirklich der Teufel sei. Der sagte zum König: „Die Dauer der großen Krankheit hängt von mir ab, und ich werde die Krankheit nicht von Euch und der Umgebung nehmen, bis Ihr mir Eure Tochter mitgebt als Sühnegeld." Lange besann sich der König. Doch endlich sagte der Teufel: „Wie ist's, wollt Ihr nicht? Ich werde gehen, bis Eure Tochter tot ist, dann aber wieder kommen, um ein noch größeres Opfer zu fordern." Jetzt siegten Pflicht und Angst über Kinderliebe. Gleich wurde eine Kutsche angespannt, und der König und die Prinzessin, sowie der Teufel nahmen in ihr Platz und fuhren auf Saargemünd zu. Zufällig aber war der König ein leidenschaftlicher Schnupfer starken Tabaks. Man hatte kaum den Ort verlassen, so wollte der Teufel schon auf jede weitere Begleitung verzichten. Doch dagegen wehrte sich der König, da er nach Vereinbarung bis zur „Schieremer" Höhe mitfahren durfte. Immer unruhiger wurde Satanas. Da bot ihm der König eine gute, wohlriechende Prise an. Er aber griff zu, schnupfte und begann nun ein so heftiges Niesen, daß er den Wagen verlassen mußte. Er setzte sich an den jetzigen „Elcherden" auf einen großen Baumstamm und nieste und nieste.

Unterdessen hatte die Geisterstunde aber ihr Ende erreicht. Und plötzlich war der niesende Teufel verschwunden. Da fuhren der König und seine Tochter wieder heim. Und nach kurzer Zeit war auch die Krankheit verschwunden.

72. Der ewige Jude.

In dieser ganzen Gegend an der oberen und untern Saar, an der Blies und im Warndt glaubt man, daß der ewige Jude von Zeit zu Zeit auch hier auf seiner unablässigen Wanderung durchkomme und dann in einzelnen Dörfern zu übernachten begehre. Das war, den Gesichtszügen nach, ein richtiger Jude mit langem, weißem Barte, eingehüllt in einen tief herabhängenden Mantel, der gar bis auf die Schuhe reichte. Auf dem Rücken trug er sein Gepäck in einem großen Tuch verstaut, wie die jüdischen Tuchhändler solches bei sich führten bis zu unsern Zeiten. Er erzählte allerlei Wahres und Unwahres aus der Zeit Christi, von den Aposteln, von Christi Tode usw., so, als wenn er davon ein Augenzeuge gewesen wäre.

In dem einen Orte ließ er sich beschenken, in dem andern Orte verweigerte er es, eine Gabe anzunehmen, mit der Behauptung, daß er diese nicht notwendig habe, da er immer fünf Sous in seinem Beutel vorfinde, wenn er diese auch zehnmal am Tage ausgebe.

Auch nach Wölfingen kam er einmal und zwar in ein Haus, in dem später der Bürgermeister des Orts (um 1900) wohnte und bat um ein Nachtquartier. Man gab es ihm und legte eine Schütte Stroh in eine Stube. Die Hauswirte aber schliefen in dem Raum darüber. Die ganze Nacht haben sie ihn da auf- und abgehen und dabei mächtig stöhnen gehört, morgens aber war er fort, die Streu war unberührt und fünf Sous lagen auf dem Tisch. Und daran hat man erkannt, daß es der ewige Jude war.

Wie Jesus das schwere Kreuz durch Jerusalem getragen hat, da ist er an einem Bäckerhaus vorbeigekommen. Der Geruch von dem frischen Brot hat ihn erquickt. Da hat er ausgerufen: „Glückselig das Weib, das am Karfreitag bäckt." Dann ist er eine Stelle weiter. Da ist eine Frau mit einem Kübel von stinkender Seifenlauge gekommen und hat sie vor Jesus hingeschüttet. Das hat ihm so weh getan, daß er ausgerufen hat: „Unglückselig Weib, das am Karfreitag wäscht." Dann kam er an ein Haus eines Schuhmachers und dort wollte er sein Kreuz ein wenig auf die Erde stützen und ruhen. Wie der Schuhmacher, der ein Jude gewesen ist, das gesehen hat, ist er herausgekommen und hat geschrien: „Da wird nicht geruht, mach nur, daß du weiterkommst." Jesus aber hat ihn mit einem wehmütigen Blick angesehen und gesagt: „Von heute ab sollst auch du nicht ruhen, nicht rasten und nicht sterben können, so lange die Welt steht." Der Jude ist danach fortgegangen, ohne von seiner Frau und seinen Kindern Abschied zu nehmen und so irrt er heute noch in der Welt herum, um auch bei seiner Wanderung von Zeit zu Zeit in das Saarland und nach Lothringen zu kommen.

73. Schilda an der Saar.

Die Settinger, die ebenso wie die benachbarten Didinger im 18. Jahrhundert ehemals noch mit zum Saarbrück'schen gehörten, stehen in dem Rufe, es den Leuten aus Schilda nicht viel nachzugeben. So erzählte man denn von ihnen, sie hätten einst einen Brunnen gegraben, aber nicht gewußt, wohin sie den Grund tun sollten. Und so schmissen sie ihn schließlich in einen anderen Brunnen, so daß er versiechte. Und da hatten sie einmal auf einem Berg „Bellebäm" (italienische Pappeln) gefällt und sie mühsam einen nach dem andern den Berg herunter getragen. Nur der letzte rutschte ihnen aus und so fiel er von selbst in aller Eile den Abhang herab. Als sie sahen, wie gut und praktisch das vor sich ging, schafften sie voll Mühe die andern Stämme wieder hinauf, um sie ebenso auf eine bequeme Art in's Tal rollen zu lassen. Auch die Kirche wollten sie einmal etwas abseits rücken. Und der Dorfmeier legte seine Joppe hin zum Zeichen, bis wohin die verschoben werden sollte. Doch ein Vorübergehender stahl dies Kleidungsstück. Als die Settinger nun an der Kirche auf der andern Seite unter Aufsicht ihres Vorgesetzten mächtig gedrückt hatten, gingen sie nachsehen und, als sie die Joppe nicht mehr fanden, meinten sie, sie sei schon unter der Kirche und der Meier sagte: „Es longt, es isch genunk gerickt!"

Und als sie einmal viel Geld im Gemeinderatssäckel hatten, suchten sie nach einem Platz, wo das sicher wäre und fanden ihn auch in einem Atzelnest hoch oben auf einem „Bellebaam". Dort ließen sie es eine

Zeit lang. Auf einmal sagten sie: „Wir wollen doch einmal nach dem Geld sehen." Und einer kletterte hinauf und fand an Stelle von dem Geld nur Kuhmist in dem Nest. Nun sagten sie: „Wir wundern uns nicht, daß das Geld weg kam! Wir wundern uns nur, wie die Kuh da hinauf auf den „Bellebaam" kam."

Auch erzählte man sich, daß sie einmal einen Kürbis für ein Eselsei gehalten hätten, das der Bürgermeister mit den Gemeinderäten abwechselnd an einem sonnigen Abhang ausbrüten wollte. Und auf den Glauben hatte sie ein Mann gebracht, dessen mit Kürbissen gefüllter Wagen, ein Esel zog, welches Tier die Settinger damals zuerst sahen und bestaunten.

Am 14. Tag, als der Bürgermeister selbst gerade darauf saß, denn das sollte der letzte Bruttag sein, rollte der Kürbis, als sich der Ortsgewaltige einmal etwas hob, um nachzuschauen, den Abhang durch die Reben herunter und scheuchte damit einen Hasen auf. Den hat der Bürgermeister oder Ortsmeier dann für einen jungen, eben von ihm ausgebrüteten Esel gehalten und gerufen: „He, Wuschel (Füllen), hier ist dein Vater, ich bin dein Vater!"

74. Die Saargemünder Geisterversammlung in der Sylvesternacht.

In der Nähe der kümmerlichen Reste des Saargemünder ehemaligen Schlosses steht eine uralte Wirtschaft, überall in der Gegend „Hütte" genannt. Ursprünglich war es das Gesindehaus von dem nahe gelegenen Kastell. Vor einiger Zeit noch zeigte der jetzige Tanzsaal eine prachtvolle Holzausstattung an den Wänden und an der Decke, welche bei der Renovierung des Baues durch den Wiederaufbau beseitigt wurde. Jedes Jahr um Mitternacht an Sylvester, wie die Sage berichtet, findet hier eine Zusammenkunft der Verstorbenen, also der nach Rache suchenden Geister des alten Schloßgesindes, statt und wehe dem, der dieses verschworene Treffen auf irgendwelche Art stören will.

III.

Die mittlere Saar und das Land um Saarbrücken im Kranze von Kohle und Eisen, von Handel und Schiffahrt mit dem Sagenborn des Wallerbrünnchens.

75. Die Römerbrücke mit der silbernen Glocke.

Etwa 150 Schritte oberhalb der Stelle, wo die Blies in die Saar fällt, 20 Minuten südöstlich vom Dorfe Hanweiler, zeigen sich Reste einer uralten Brücke, die die Volkssage für eine Römerbrücke ausgibt. Einst habe sie sich, nur in einem Bogen bestehend, anmutig über den Fluß geschwungen, und auf des Bogens Mitte habe eine silberne Glocke gehangen, die in den Fluß gefallen sei und bis auf diesen Tag trotz wiederholter Versuche nicht habe wieder aufgefunden werden können.

76. Die Rast an der Heilquelle.

Als der römische Landpfleger Pontius Pilatus auf seiner Flucht nach Gallien an die Saar kam, um dann in Pachten Zuflucht bei einem alten Freunde zu finden, der dem dortigen Römerkastell vorstand, soll er, wie der Volksmund in Hanweiler und Rilchingen erzählt, bei der dort bereits sprudelnden saarländischen Heilquelle gerastet haben, um sich seine wunden Füße zu waschen.

77. Das Bambestle und das Krötenloch.

Längs der Römerstraße, die vom Herapel bis zur einstigen Saarfähre bei Wölferdingen führt, wo man über dem Unterdorf die Großblittersdorfer Straße herauf die Melusine vom Herapel in einem feurigen Schweif alle sieben Jahre durch die Lüfte ziehen sieht, liegt halbwegs das sogenannte Bambestle. Das aber ist ein kleiner Wald, in dem sich viele Heidengräber befinden, in denen große Schätze verborgen sein sollen, wie sich das Volk erzählte. Tief gegen die alte Römerstraße hinüber in einer anderen Talmulde findet sich in deren Mitten ein sogenanntes Krötenloch. Von ihm aber geht die Sage, daß die Geister der Urbewohner der hiesigen Gegend in den Sommernächten in dieser Wiese ein Konzert abhalten mit viel Gequake. In den dunkeln Nächten der Winterzeit aber entströmen dem Krötenloch helle Lichtstrahlen, und dann kommen viele Waldteufel und tanzen um dasselbe herum. Es ist schauerlich schön, diese Schreckgestalten beschwänzter Teufel zu sehen. Die Menschen aus unserer Gegend fürchten sich gar sehr davor und getrauen sich des Nachts nicht über die Wiese zu gehen. Auch die Weidbuben meiden mit ihrem Vieh die angrenzenden Weiden.

78. Die Heidenhäuser von Ruhlingen.

„Am Ruhlinger Wege da waren die Heidenhäuser. Man sieht jetzt noch die Mauern und wir pflanzen darauf. Ich bekam einmal ein Ziegelstück von dem Valet de chambre, der dort gegraben hat, und darauf stand „Quintus Saberius", und das war der Fabrikant von den Ziegeln. Und der Herr Huber fand einen silbernen Löffel und Geschirr von den Heidenhäusern, auf die sie beim Graben stießen." Die Römerstraße geht von Wölferdingen gegen Iplingen zu und dort „on der Ipplinger Brick on der Bach, do hon se zu Winterzitt mol drei Schlisselblume g'sihn, und do het's gehäscht, wonn se se genumm hedde, un do hedde se die Schlißle von drei Schleßer gehat".

Die Römerstraße aber geht dann so halbwegs Iplingen in das Feld hinein auf Kadenbronn zu. In Ruhlingen aber war auch noch ein römischer Turm an der Kirche. Der jetzige Pastor riß den Turm ab. Dann fanden sie römische Münzen und legten sie wieder hinein und solche von der jetzigen Zeit hinzu.

79. Die sich drehenden Steine in Kleinblittersdorf.

Auf dem Kappelberg standen früher drei mächtige Buchen, von denen die eine der Wolfsbaum genannt wurde, dabei die Steine, die Hexensteine, die noch stehen. In der Walpurgisnacht tanzen dort die Hexen, und die drei Steine drehen sich herum.

80. Das gespenstige Weinberghäuschen genannt „Die Sorg".

Die alten Saarbrücker Familien hatten, wie früher auch in Saarbrücken selbst an den Südhängen des Nußbergs, Petersbergs und vorab im Kasental in dem bedeutenden „Lukasse Weinberg", dessen Erträgnisse auch bei der frühen „Sektfabrikation" der einst so berühmten Marke „Fleur de la Sarre" dieser alten St. Arnualer - St. Johanner Familie verwandt wurden, auch an den ganzen Südhängen von Kleinblittersdorf ihre Weinberge und Sommervillegiaturen.

Zum Gebiet der alten Lamarche'schen Weingüter (heute in diesem Teil im Besitz der Pasquay), gehört ein geräumiges, schönes steinernes Weinberghäuschen auf der höchsten Höhe, das man auch nach einem früheren Besitzer „Haldy's-Häuschen" nennt. Es liegt so auf einer oberen Terrasse hart am Walde, mit prächtiger Aussicht auf das grünende Saartal. Von altersher führt es den eigenartigen Namen „Die Sorg", wie es so auch in einer französischen Inschrift über der Tür von 1773 genannt wird, die der Chevalier de Hausen aus alter saarländischer Familie um Saarlouis, Dragonerkapitän im Volontärregiment von Austrasien, der damalige Besitzer des Weinberges, hat anbringen lassen.

In diesem Weinbergshaus aber ist es nicht geheuer, es geht in ihm ein früherer reicher Besitzer um, der hier unter diesem Haus seine Schätze begraben hat und nun nicht die Ruhe finden kann und geistert. Schon oftmals haben Blittersdorfer danach gesucht und noch in neuester Zeit hat man gar Grabungen im Keller vorgenommen und dabei auch einen großen Klumpen gefunden, der aber kein Gold war.

81. Das umgeworfene Kreuz.

Uff dem Weg uf (Groß) Bliderschdorf do steht en Kritz, das hon die Lied schun wie dek em Dach ufgericht unn morjens war das Kritz widder umgeworf.

82. Das verschleppte Kirchenbaumaterial.

Im 14. Johrhunnert, do ischt nit wit von Etzlinge ene Kirch gebaut wor, un do ware drei Dörfer, un do hot eh jedes Dorf wille die Kirch hon und do, um de streit ze deile, do hon se di Kirch wille in die Midd stelle von de drei Dörfer, un do ischt nachts das Holz un die Steen immer in dem ene Dorf geween, no hanse mol Nachtwächder do hingestellt, um das Holz ze hiden. Di hon des Morjens awwer dodt gar uf dem Blatz gestonn, wu jetzt die Kirch steht. Do hon all die Lied gemennt, das wär ebbes niet's guddes un hon die Kirch dohin gebaut, wu immer das Holz un die Steen gelä hon un wo se noch steht, in Kerbach.

83. Der Waldgeist
auf dem Wege von Großblittersdorf.
nach Etzlingen.

Frieer vor 100-200 Johr, do ware die Gespenschder, wie jo eh jeder weis, sehr schlimm, do war jo uf dem Weg von Bliterschdorf bis no Etzlinge als en Geischd rum gedabbd, do hon die Lied sich immer viel geferchd. Do war jo e großer schwarzer Mann uf dem Weg uf un ab gong, un wenn do jemant kum ischt un ischt newe on den Weg gong, so hot sich em der Mann uff de Buckel gesitzt un no hot er ne misse draan bis an'r Kritzstoß, donn ischt er mit Lachen un Händbläddchen de Wald nin, do hon die Lied all Ongschd gehot.

84. Die tanzenden Grenzgarden an der Simbach
und der Schmuggel an den Saargrenzen.

In Zinsingen hat im vorigen Jahrhundert der Wirich Hansam gewohnt und in den 40ger Jahren hat er, wie so viele in diesen Grenzlanden, geschmuggelt, in der Zeit als von Saarbrücken aus die vielen Hunde mit ihren schweren ledernen Halsbändern auch nach Forbach und zurück durch einsame Waldwinkel liefen und so selten von den Zollwächtern ertappt wurden. Diese Tiere aber trugen Halsbänder, gefüllt mit dem in Frankreich so gesuchten Schnupftabak in Päckchen, genannt „le petit Müller", den eines der bedeutenden Saarbrücker Großhandlungen in Kolonialwaren, das Haus J. B. Müller, fabriziert hat. Da die klugen Tiere ihr Futter jeweils in Saarbrücken oder in oder bei Forbach fanden, suchten sie so schnell wie möglich ihre kürzesten und verstecktesten Pfade dahin zu durchqueren und sich, so gut es eben ging, vor ihren Feinden, den

Zollwächtern, zu verbergen. So ging das also auf eine schlaue, wenn auch natürliche Weise vor sich, und von Forbach brachten die Hunde wohl wieder andere Ware zurück. Der Wirich Hansadam von Zinsingen aber, konnte noch mehr wie Brot essen und schmuggeln, denn ihm standen allerhand geheimnisvolle Künste zur Verfügung.

Einmal kam er an die Simbacher Mühle wieder mit Schmuggelware. Da nahte sich der Grenzgard und wollte sie ihm abholen. Aber, siehe da, auf einmal mußten die ganzen Zollwächter, sie mochten wollen oder nicht, tanzen. Und niemand wußte, wie das zuging?

Der Wirich Hansam aber ging lachend durch sie hindurch und weiter. Und unterwegs begegneten ihm in Großblittersdorf zwei Männer und denen sagte er: „Wonn ihr uf d'Simbach kumme un dort die Gard donse gesihn, no sah'n, sie solle ufhere mit Donse, die Herre! Sie hon jetzert genunk gedonst, un ich hon min War in Sicherhet."

85. Die Heidenkirche auf dem Halberg.

Die Heidenkirche soll einst die Kultstätte der das mittlere Saartal bewohnenden Heiden gewesen sein. Als die ersten christlichen Glaubensboten ins Land kamen, verwandelten sie dies heidnische Heiligtum, das auch einmal eine dem östlichen Gotte Mythras geweihte Grotte umfaßte, in kluger Anknüpfung in eine Einsiedelei und begannen von dort aus ihr frommes Werk, und selbst die dem Halberg gegenüber gelegene Mutterkirche des hl. Arnulphs verdankt ihren Ursprung einem Einsiedler des Halberges. Zur Zeit der fränkischen Könige aus Mervigs Stamm gehörten die Ländereien an der Saar zum Königreiche Austrasien, dessen Beherrscher in Metz residierten. In der zweiten Hälfte des 6. Jahrhunderts soll König Childebert II. zu seinem Ratgeber Arnold II., Herzog von der Mosel, gehabt haben.

Um eine Sünde zu büßen, die er an der Kirche begangen, legte Arnold sein weltliches Amt nieder, ward Geistlicher und im Jahre 593 Bischof von Metz. Er verließ jedoch später seinen bischöflichen Sitz, begab sich in die sogenannte Heidenkirche am Halberg und richtete sie sich zu einer Einsiedelei ein. Um aber die noch heidnischen Bewohner der Umgegend wirklich zum

Christentum zu bekehren, erbaute er dem Halberge
gegenüber eine den heiligen Aposteln geweihte Kirche,
dieselbe, welche später nach seinem Sohne, dem hl. Arnulph, St. Arnual genannt worden sein soll. Arnold
starb dann im Jahre 608 und ward in der genannten
Kirche begraben. Aber auch der hl. Arnulph, der 614

8. Geschäftssiegel des Kollegiatstiftes St. Arnual aus dem 15. Jahrhundert mit dem Bildnis eines der frühen Gründer und Stifter der Kirche, des Bliesgaugrafen Odaker (um 893)

auch Bischof von Metz geworden war, entsagte 626 seiner geistlichen Würde, hatte sich schon vordem von
seiner Gemahlin getrennt, die im Trierischen Lande in
ein Kloster ging und begab sich selbst in die Einsiedelei am Halberge, am Höhlenberg, wie ihn der alte Hof-
gärtner Friedrich Koellner wohl nannte, der dort bei
seinen Anlagen zum fürstlichen Lustgarten, die Heidenkirche und ganz verfallene Höhle ausgrub und dabei
8 Fuß hohe, leider nicht auf uns gekommene Säulen
fand, auf deren Seiten halb erhobene Mannsfiguren ab-
geschildert waren in langen Kleidern, in der linken

Hand einen Stab haltend, die rechte auf den Mund gelegt und darunter „hieroglyphische Buchstaben" (vgl. dazu aber jetzt auch Nr. 200 Anm.).

In diese Höhlen- und Waldeseinsamkeit zog sich also als Einsiedler der hl. Arnulph zurück, um von dort aus das von seinem Vater begonnene Werk der Heidenbekehrung fortzusetzen. Und da wir die vom alten Koellner uns überlieferten Bildsäulen doch wohl unbedingt als aus dem Altertum stammend annehmen müssen, so scheint er vernünftigerweise nicht alles altheidnische, wie sonst wohl üblich, zerschlagen zu haben. St. Arnulph oder Arnual wählte sich Johannes den Täufer zum Vorbild und erbaute in dem am rechten Ufer der Saar, dem nachmaligen Saarbrücken gegenüber gelegenen Fischerdörfchen eine dem hl. Johannes geweihte Kapelle, wovon der Ort den Namen St. Johann erhalten hat. St. Arnual aber hatte von da ab den merkwürdigen Vorzug, daß es für den zweiten Sitz und demnach die zweite Residenz des Bischofs von Metz geachtet worden ist, was ihm ein besonderes Ansehen weit und breit gegeben hat, das auch nachwirkend so weit ging, daß es sich als freies Reichsstift um die Zeiten der Reformation völlig vom Landesherrn von Nassau-Saarbrücken lösen und unabhängig und selbständig erklären wollte, was freilich mißlang, wenn es sich auch „ein Kaiserliches freies und weltliches Stift nannte" und einen gewissen Schutz von Wien her und dem Kaiser anzunehmen geneigt sein mußte.

86. Alt-Saarbrück
und die Gründung der neuen Stadt.

„Alt-Saarbrück soll gelegen gewesen sein, uff etlicher alter Leute Berichten, in der Gegend des Halbergs, uff derselben Seite zur Saar zu, wo der Halberg angeht, bei den Eichbäumen, so unten und oben am Wege stehen, zwischen der Kieselbach und der Klinke. Dann sich in den Feldern daselbst noch alte Bausteine und Ziegelstücker lassen finden. Es soll auch eine hölzerne Brücke allda über die Saar gewesen sein, woher die Stadt den Namen gehabt Saarbrücken."

„Von der St. Johanner Obermühl ging ein Weg zu dieser alten Stadt Saarbrück, auf welchem der Müller mit seinen Eseln das Mehl in die Stadt lieferte, noch dato heißt dieser Weg der Eselspfad, der bis gegen den Halberg gehet, wo die Stadt gestanden. Unten an der Burg gegen das Dorf St. Johann, ein Fischerdorf, war nur ein großer Nachen zum Überfahren, daselbst war keine Heerstraße, denn der Weg von hier nach Forbach ging durch das Gebück über den Rothenhof und kam erst oben in dem Arnualer Weyer in die viam regiam."

Nachdem dies Alt-Saarbrück im Kriege zerstört wurde, entstand die neue Stadt, begründet von den Ein-

9. Das Renaissanceschloss von Saarbrücken auf dem Saarfelsen um 1615 unter Beteiligung der Baumeister Christman Strohmeyer, später als Hofbaumeister in Heidelberg, und vorab von 1602 ab von Heinrich Kempter aus Vic

wohnern der alten und auch dadurch, daß die Bewohner von drei gleichfalls im Kriege zerstörten Dörfern, die Breitenbach, Tiefental und Habst geheißen haben sollen, sich zur Gründung zusammentaten und so die neue Stadt (unter dem Schutze der Burg) mit besiedeln halfen, so soll denn auch der Bann des Dorfes Habst erst an Saarbrücken gefallen sein, nachdem die Bewohner dieses zerstörten Ortes in die neue Stadt als Bürger aufgenommen waren.

87. Die am Zahnweh verstorbene Gräfin von Nassau-Saarbrücken.

Die Volkssage will wissen, daß eine der Gattinen des Grafen Johann III. von Saarbrücken (1442-1472) am Zahnweh verschieden sei und daß deshalb ihr Monument in der Kirche von St. Arnual zur Seite ihres Gatten, ein prächtiges Kunstwerk aus gotischer Zeit, das um die Backen gewundene Tuch zeige. Es ist das hervorragend künstlerische Hochgrab aus dem 15. Jahr-

10. „Die am Zahnweh verstorbene Gräfin". Nassau-saarländisches Hochgrab in der Stiftskirche von St. Arnual (um 1470) unter niederländisch-burgundischem Einfluss

hundert, das diesen Grafen liegend mit seinen beiden Gattinnen aus den Geschlechtern der Württemberg und der Burggrafen von Antwerpen aus dem Hause Loen und Heinsberg zeigt und besonders zierlich und eigenartig gebildete Engel als Wappenhalter dahinter, das so Einflüsse niederländischer Art aufweist, die auch über Burgund laufen, wobei sich Zusammenhänge mit den herrlichen burgundischen Herzogsgräbern und der dortigen Brunnen-Plastik aus der Chartreuse von Dijon ergeben wollen, aber auch mit Grabplastik von Heinsberg am Niederrhein. So bedeutet gerade dies Werk das bei weitem bedeutendste, bildnerische dieser Art in und um Saarbrücken und ist immer noch nicht genügend in all seinem hohen Kunstwert beachtet, der ihm in der Plastik des ganzen Südwestens und weit darüber hinaus einen besonders ehrenvollen, ja führenden Platz anweist.

88. Der Raub des Kirchenschatzes von St. Arnual und der Graf Johann IV. von Nassau-Saarbrücken.

Am 6. November 1561 brach fremdes Diebsgesindel nachts in die Preß- oder Preiskammer (Pretiosenkammer) der Stiftskirche von St. Arnual ein und stahl aus dem kleinen Gewölbe die Kirchenornamente, darunter St. Arnuals Bildnis von lauterem Silber, zum Teil vergoldet, die zwölf Apostel ebenfalls von Silber, wenn auch nicht so massiv, einen silbernen Engel mit Flügeln und Lichtstöcken, „daran eine Mannsperson genugsam aufzuheben gehabt", einige Monstranzen, unter ihnen eine von 500 Gulden Wert, 18 vergoldete Kelche, ein silbernes Rauchfaß, drei vergoldete Gürtel, zwei goldene Ringe und anderes Kostbare mehr, so daß wir noch nachträglich uns einen Begriff von den einmal im Stifte St. Arnual zu katholischer Zeit aufgestapelten Schätzen machen können.

Bei der Kunde von diesem frevelhaften Raube, der in einer durch die Reformation ohnehin bewegten Zeit dazu geschah, mochte wohl mancher denken, daß nicht nur St. Arnuals Bild, sondern auch sein Geist aus diesem uralten Stift entwichen sei. — Graf Johann IV. von Nassau-Saarbrücken (1554-1574), der letzte katholische Herrscher des Landes, ließ darauf bei den Goldschmieden der benachbarten Städte nachforschen, ob dergleichen Stücke bei ihnen feil geboten seien und erhielt bald nachher von dem Landkomtur des deutschen Ordens in Trier, Jakob von der Fels, ein Schreiben folgenden Inhalts: „Der liebe heilige Mann St. Arnual sei trocken durch die Mosel geschwommen? habe kein Zeichen getan und sich für 400 Thaler versetzt, desgleichen 15 Kelche an einen Goldschmidt verkauft.

St. Arnual sei noch verborgen, man wisse seine Behausung noch nicht, es sei aber nicht weit von Arle (Arlon). Er wolle es bald erfahren, wie die heilige Stadt heiße. Die zwölf Apostel hätten Ihre Gnaden (den Grafen Johann) nicht ganz verlassen wollen und hätten sich in einem Walde verborgen. Sie hätten aber besorgt, wenn sie ihre alten Kleider behielten, würden sie der Gefahr noch mehr erwarten müssen und hätten sie gar ausgezogen und ihre weißen Kleider von sich gegeben." (Die Diebe hatten also die silbernen Überzüge genommen und die Holzstatuen zurückgelassen.)

Als der Graf Johann gleich nach dem Raub in den Wiesengräben hinter dem Stift St. Arnual mit Heugabeln hatte suchen lassen, ob nicht dort etwas von den Dieben verborgen worden sei, haben Ihre Gnaden zu einem Bauer gesagt, welcher mit der Gabel emsig in den Graben gestochen: „Er solle Achtung haben, daß er dem hl. Arnual kein Auge aussteche."

Witz und Humor waren diesem Saarbrücker Fürsten, der schon zwischen Katholizismus und Reformation stand, überhaupt nicht fremd. In der lustigen Adelschronik des Grafen von Zimmern wird von ihm erzählt, daß er dazu auch im Aufschneiden groß gewesen sei. In Ulm habe er einmal im Kreise etlicher Grafen und Herren erzählt, daß er einst bei Koblenz zur Winterszeit, als der Rhein gefroren, mit seinem Gaul auf's Eis gestürzt und eingebrochen sei. Das habe ihm aber weiter nichts gemacht, denn er sei dann eben einfach unter dem Eise auf dem Boden durch den Rhein geritten und glücklich auch am andern Ufer wieder an's Land gekommen.

89. Der Geist von „Daarle", die alte Dorflinde und andere Volkserinnerungen.

In St. Arnual, das man im Volksmund „Daarle" heißt, und durch das die lothringische Sprachgrenze zieht, war einer gestorben. Wie sie seine Totenlade zur Haustür hinausgetragen haben, hat er selbst am Fenster gelegen, ruhig seine Pfeife geraucht und seiner Beerdigung zugesehen. Sein Geist ist auch stets im Haus geblieben, und es ist jetzt abgerissen.

Oberhalb des Forsthauses im Wald zwischen Pflanzgarten und der Försterei soll in römischer Zeit ein Stollen bestanden haben, der in ein Kupferbergwerk führte, — und oberhalb der Wirtschaft zur schönen Aussicht in St. Arnual geht nach der Saar ein kleines Gäßchen und wenn man es durchschreitet und dabei scharf auftritt, erhebt sich ein seltsamer dumpfer Klang. Man erzählt, daß das davon käme, daß in alter Zeit Blei daselbst vergraben oder gegraben worden sei.

Oberhalb der Straße nach Saargemünd befindet sich unter dem so romantischen und bis zu den Vogesen aussichtsreichen Felsenweg ein kleines Seitentälchen im Wald mit einem Wasserfall und hübschen Felsbildungen. Unter dem vorspringenden Felsen soll einst der alte Schierjockel jahrelang gehaust haben und nach ihm soll dies anmutige Tälchen noch den Namen „Schierjockels Klam" führen. Auf dem Platz vor der ehrwürdigen St. Arnualer Kirche aber stand ehedem die uralte Dorflinde und das gab zusammen mit dem Gotteshaus ein ungemein malerisches Bild ab. Dort war der eigentliche Festraum der alten St. Arnualer und so fand unter diesem grünenden Baum auch das bunte Ostereiertupfen der Kinder statt. „Kumm mer gehn unner di Lenn" war eine alte Dorfaufforderung zum gemütlichen Verweilen auf diesem Lieblingsplatz. Und bis 1890 gar standen noch die Reste dieses einst mächtigen Baumes aus grauer Vorzeit, der so vieles gesehen und mitgemacht hatte, bis er nun, hohl und vom Sturm zerstört, schließlich doch zusammenbrach und einging. Daß man es aber bisher immer noch unterlassen hat, ihm einen würdigen Nachfolger heranzuziehen, ist nur bedauerlich! — Denn mit seinen bald 70 Jahren heute müßte auch er schon ganz stattlich und wirksam im Verein mit dem Kirchenbilde sich wieder darbieten und die alte Ortstradition wahren. Doch ist auch heute immer noch Zeit, solch ein Versäumnis nachzuholen.

90. Der Reiter in der Neujahrsnacht.

In dem stattlichen Kunkel-Lukas'schen Hause, nahe beim Eingang durch die Saargemünderstraße von der Stadt her und auf der linken Seite vor der Kaserne, reitet jede Neujahrsnacht um 12 Uhr ein gepanzerter Reiter über den Dachboden.

91. Das Wallerbrünnchen als Heil- und Kinderborn.

Das Wasser dieses uralten, sagenumwobenen Borns, den man schon 1318 den „Wallenburne" nannte, galt als besonders gut und gesund. So mußte jeden Morgen

11. Das Wallerbrünnchen

ein Page vom Saarbrücker Schloß den weiten Weg nach dem Wallerbrünnchen machen, das damals noch einsam und weit vor der Stadt und zwischen ihr und St. Arnual zu liegen schien in einer Nische des Wegs dahin unter altem Baumgewoge und vor dem Winterbergabhang, da der Fürst von Saarbrücken nur dieses Wasser trinken wollte, wenn er aufstand. So sprudelte es denn seit Jahrhunderten klar und hell in einer viereckig-länglichen Vertiefung, zu der eine Treppe hinabführte, stimmungsvoll und von Geheimnissen umwittert.

Aus diesem altheiligen Born kamen denn auch die kleinen Kinder der St. Arnualer, deren Dorfkinderbrunnen er ebenso war, wie der Herrgottsbrunnen und der große Marktbrunnen der Stadtkinderbrunnen für die Saarbrücker und St. Johanner ist.

92. Die gespenstige Katze des Wallerbrünnchens.

Einem Saarbrücker, der einst noch spät von St. Arnual in die Stadt wollte, sprang, beim Wallerbrunnen angekommen, eine Katze auf den Rücken, die er trotz aller Bemühungen nicht herunterschütteln konnte, sie wurde schwerer und schwerer, und er mußte sie tragen, bis sich die ersten Saarbrücker Häuser im Tal zeigten, da war sie plötzlich verschwunden. Auch das in Saarbrücken einst so gefürchtete Drickermännchen soll mit an diesem Brunnen gehaust haben, um ähnlich wie die Katze die späten Wanderer zu ängstigen, daß sie es zentnerschwer tragen mußten, oder es sich ihnen gar beklemmend als Alp auf die Brust legte.

93. Der Hund des wilden Jägers am Wallerbrünnchen.

Früher, als der wilde Jäger auch noch über unseren Städten häufiger seinen Jagdzug abhielt und man ihn, nach Erzählung alter Saarbrücker, deutlich in den Wolken jagen sehen konnte und hörte, wie er den Hunden pfiff und diese ihr Gebell erschallen ließen, kam er von Zeit zu Zeit, auch außerhalb seines großen Zuges in der Walpurgisnacht, an das Wallerbrünnchen herunter, um seinen Hund dort trinken zu lassen. Und wenn dann gerade ein Wanderer des Weges kam, so hetzte er den Hund auf ihn. Dagegen suchten sich nun die alten Saarbrücker noch weit bis in's 19. Jahrhundert hinein zu schützen, indem sie, beim Wallerborn angekommen, diesen Bannspruch hersagten, um den Hund zu beschwichtigen:

"Wallerbrinnche,
Sauf mei Hinnche
Hu, Hu, Hu!"

und in beschleunigter Gangart vorbeiliefen.

94. Die Walpurgisnacht am Wallerbrünnchen.

In der Nacht vom 30. April zum 1. Mai ging es wild am Wallerbrünnchen zu, denn dieser ohne Frage einmal altheidnisch-heilige Quellenort war eine wichtige Etappe bei den dann stattfindenden nächtlichen Geisterzügen und Orgien. Da raste die wilde Jagd unter Anführung des eigentlichen saarländischen ewigen Jägers, zu dem der ehemalige fürstlich nassau-saarbrückische Oberforstmeister von Maltitz dann umgedeutet wurde, zum Wallerbrünnchen, dem manche auch das Beiwort eines Hexenborns beilegen wollten. Das wütende Heer aber tobte in den Lüften vom Dreibannstein, einem verrufenen Ort bei der Wieselsteiner Schlucht, her. Dann zog es über die hohe Wacht und den Feldweg zwischen Petersberg und Nußberg zum Wallerbrünnchen herab unter Windsausen und Windheulen mit Hundegebell, Pferdegewieher, Schießen und Waldhorngeschmetter. Dazu rauschten dann die mächtigen Tannen des Winterbergs schaurig und die alten Linden am Schluß des Tales vor dem Wallerbrünnchen ächzten und stöhnten dem Geisterzug entgegen, ja selbst die uralten Eichriesen, die sich einmal einheitlich um das Hintertal so wirksam in alter Zeit legten, bogen sich voll Schrecken. Dann warf sich der Zug der Saarbrücker Hexen, die auf dem Hexenberg vor dem Grafenhof, unter dem auch der enge Hexenweg zwischen ihm und dem Nußberg zog und die auch auf dessen Kuppe selbst um die 3 späteren Pappeln, mit den ehemaligen so schönen Südweinbergshängen dahinter und dem nachmaligen subtropischen barock-romantischen Park des Nußberger Hofs und dem alten schmalhohen Weinbergshaus der Löwenburg daneben, die den Namen von einem alten Saarbrücker Bürgergeschlecht hatte, sich dazu

noch mit einst erlustigt und getanzt haben sollen, mit wildem Jauchzen, wie besessene Bachantinnen, in's Hintertal herab. Und auf ihren Besen durch die Luft reitend, schlossen sie sich dem wütenden Heer an, das dann nach seinem tosenden Verweilen am Wallerbrünnchen über die Saar nach dem großen Stiefel weiter durch die Wolken zog und damit zum Hauptquartier seines Herrn und Meisters, des wilden und ewigen Jägers, der dann auch zum wichtigsten Sagenberg und Hort um die Saar überhaupt werden sollte.

12. Der Mohrenkönig von der Terrasse des Nussberger Hofs, ehedem im Schlosspark. Vom rheinisch-fränkischen Hauptrokokomeister Ferdinand Diez aus Böhmen (1708—1777) oder seiner nächsten Schule.

95. Das Wallerbrünnchen als Jungbrunnen.

Wenn der Morgen des ersten Mai anbrach, war jeder Gespenster- und Hexenspuk an diesem echten Saarbrücker Sagenborn verflogen. Er wallte und plätscherte so friedlich, kühlend, silbern und traulich in seiner tiefen ummauerten Grube unter den hohen Bäumen am Winterberghang, daß man ihn keinesfalls für ein Zauberbrünnchen halten konnte, das er nun einmal in hohem Maße doch war. Und das wußte nicht nur der Fürst von Saarbrücken und sein Page, der allmorgendlich das wundersam erquickende Wasser zum Schlosse trug, das wußten noch mehr die Saarbrücker Jungfern. Denn das frischklare Wasser des Wallerbrünnchens erhielt nicht nur die Gesundheit, sondern auch Jugend und Schönheit und stand so bei der einheimischen Frauenwelt hoch im Kurs damit eben als ein wirksamer Jungbrunnen!

Am zauber- und heilkräftigsten aber war sein Wasser am frühen Morgen des 1. Mai nach dieser tollen Hexen- und Zaubernacht. Da mußte man so bald wie möglich aufstehen und sich einfinden, wenn gerade die Sonne über dem Halberg aufging, jenem frühheidnischen Höhlenberg. Und so zog man denn vordem noch nächtens dem Hintertal und Winterberg zu, um eben bei Sonnenaufgang an dem Brünnlein zu sein. Auf dem Wege aber und beim Wasserschöpfen durfte beileibe nichts gesprochen werden, sonst war der Zauber dahin, und das köstliche Naß mußte auch in dem Augenblicke getrunken werden, wenn eben gerade die Sonne sich goldenrot strahlend erhob und gewissermaßen auch hier die „Heilwog" gerade floß. (Vgl. Nr. 26.) Und wenn die Saarbrücker Mädchen dann in den tiefen Brunnenspiegel hineinsahen, da stand unten auf dem Brunnengrund das Bild desjenigen, dem sie in demselben Jahre noch angetraut werden sollten.

96. Die Saarbrücker Hexentanzplätze vom Hexenberg und Nußberg.

Wenn man die Spichererbergstraße hinaufwandert, zeigt sich links ein Hügel, der Hexenberg, mit einer ehemaligen Garten- und Wiesenplatte darauf, geraume Zeit vor dem Grafen- oder Rodenhof. Ein Weg führt seitlich hinab zu Tal, der in die Rodenhofer Dell einmündet und zwischen diesem Bergrücken und dem Nußberg tief unten zwischen Gartenhecken sich hindehnt. Man hat ihn ehedem den Denzerpfad nach einer Saarbrücker Familie um 1810/20 genannt, doch das Volk gab ihm lieber den unheimlichen Namen des Hexenwegs. Schöne Gärten reihten sich daran, die dann in Terrassen aufstiegen, so „der große Rothenhofer Garten" der fürstlichen Hofgärtnerfamilie der Koellner, der wohl mit dem gleichen Namens zusammenging, der dann einem Verwandten auch der namengebenden Familie Denzer, dem Eisenkaufmann und Gutsbesitzer Friedrich Christoph Rinck und danach seinen Erben aus dem Handelshause J. A. Mayer, vordem Rinck & Mayer, in der Obergasse gehörte, in dem sich ein schlankes, zweistöckiges und massives Gartenhaus befand mit einem behaglichen Biedermeiersälchen im Obergeschoß. — Seine Bergwiesen über den Terrassen zogen sich dann etwa bis zur Nußberger Besitzung und dem dortigen Berg derselben Familie hinan. Dort aber gegenüber lag ein beliebter Tanzplatz der Hexen auf der Nußbergkuppe, die neben der wohl noch wichtigeren Hexenbergplatte den Saarbrücker Hexen in der ersten Maiennacht zu ihren wilden Belustigungen diente und sie besonders angezogen haben mag. —

Zu Füßen des Hexenberg's aber, an der Spichererbergstraße, liegt ein heute zur Ruine gewordenes Haus, das zu dieser Hexenbergbesitzung gehörte und in dem noch in meiner Jugend zwei alte Jungfern wohnten, die man nur die „Hexebergersch" zu nennen pflegte oder die „Lange vum Hexeberg".

Nun will man wissen, daß also das Tanzvergnügen der Hexen in der Maiennacht sich von diesem Berg auch bis auf die schöne gegenüber und höher gelegene, im Laufe des Mai's ganz golden von Ginsterblüten erstrahlende Nußbergkuppe hinaufgezogen habe, und auf dieser Kuppe und ihrer breiten Platte standen einmal 3 alte italienische und so schlanke Pappeln, von denen nur eine kümmerlich auf uns gekommen ist, da die beiden andern von unvorsichtigen und naturrohen städtischen Arbeitern ohne Not so beschädigt wurden, daß sie gefällt werden mußten. Sie aber führten merkwürdigerweise im Volke die Namen: „Christus und die beiden Schächer!" Und gerade hier soll also auch ein Teil des Saarbrücker alten Hexensabbaths einmal vorgegangen sein, wie er sich dann der wilden Jagd anzuschließen pflegte, wenn die vom Spichererberg und aus der Richtung zum dunkelnden Warndtwald her über das Hintertal zum Wallerbrünnchen und zuletzt auf den Stiefel bei Scheidt brauste.

97. Der Traum vom Schatz auf dem Triller und die Entstehung des Namens.

Eine Frau aus Saarbrücken (Luise Jung, verh. Luxemburger) träumte einst: „Auf dem Triller in Koellners Garten bei den zwei großen „Bellebääm" (ital. Pappeln), also etwas hinter dem heutigen Mausoleum der Familie Röchling und nicht allzuweit von dem Gartenhäuschen, in dessen Wand die Familie Koellner allerhand plastische Erinnerungen aus der Fürstenzeit hat einmauern lassen, läge ein Schatz begraben. Und dies träumte sie dreimal hintereinander. Aber auch dieses Mal hatte die Frau zu viel Angst, den Schatz zu heben, den sie nach ihrer Meinung sicher gefunden hätte, da er für sie durch den weisenden Traum ja bestimmt war. Alte Gartenbesitzer vom Triller wollen wissen, daß sein Name daher käme, daß auf ehemaligem Wüllenweber'schen heute Sauer'schem Besitz an der Fliederstraße einmal ein Trillerkreuz gestanden habe, auf das die Knechte des Grafenhofes, die sich etwas zu schulden hätten kommen lassen, geschnallt worden wären, um so die Trillerstrafe zu erleiden. Auch alle Vorübergehenden hätten dann das wenig liebenswürdige Recht besessen, sie herumzutrillern und anzuspucken. Andere alte Saarbrücker aber nehmen an, daß der Name daher käme, daß die schmalen Heckenwege, die diesen ehemals so anmutigen Gartenberg der Bürger durchzogen, sich, immer wieder begegnend, ihn in einem wahren Irrgarten übereinander wohl umkreist und so umtrillert hätten, und wieder andere wollen den Namen daher ableiten, daß am Pförtchen und so Ausgang aus der alten Stadtumfestigung in der Hintergasse einmal ein abschließendes Dreh- oder Trillerkreuz gestanden habe, das seinen Namen auf den ganzen Berg übertragen hätte. Auch gab es in nassau-rheinischen Diensten im 18. Jahrhundert einmal einen berühmten Hofarzt Dr. Triller, der zugleich ein Poet war und so auch die Welschischen und Stengel'schen Bauten des schönen nassauischen Schlosses Biebrich am Rheinufer besungen hat, eines der Hauptresidenzen des Hauses Nassau-Saarbrücken bei Mainz und seinem einst so berühmten Gartenschloß Favorita gegenüber der Mainmündung, dessen Meister eben auch in erster Linie der rheinfränkische Lehrer Friedrich Joachim Stengel's, der General und Oberbaudirektor von Mainz und Bamberg, Maximilian von Welsch gewesen ist, der eigentliche Vater des blühenden rheinisch-fränkischen Barocks. —

98. Der Zimmermann und der Fürst.

Zu Fürstenzeiten, unter welchem sagt die Sage nicht, soll ein wohlhabender Zimmermann sich ein stattliches Haus im Tal in Saarbrücken, nahe unter dem Schloß, am Triller erbaut haben. Es ist in der schönen Hausgruppe zu suchen, die an der Ecke zur Spichererbergstraße sich ausdehnt und der neuerlichen Kriegsvernichtung gerade des alten Saarbrückens glücklich entgangen ist, von dem so vieles und wichtiges b a l d n u r   m e h r   i n   d e r   S a g e   l e b e n   w i r d, deren Erhaltung und Überlieferung nun um so mehr uns Pflicht ist. —

Dieser stattliche Bau im Tal aber gefiel dem Fürsten, dem es auch sonst am Herzen lag, seine Residenz anmutig genug auszuzieren, so, daß er es für eine seiner Geliebten erwerben wollte. Lebten doch die Fürsten der Barockzeit bekanntermaßen nicht wie die Kapuziner. Aber der bürgerstolze Zimmermeister erklärte, er habe sein schönes Haus nicht als Hurenhaus erbaut, worüber der Fürst so aufgebracht worden sein soll, daß er ihn gefangensetzen ließ. Die Frau und die Kinder des Saarbrückers sollen darauf zu Fuße sich aufgemacht haben, um nach Wien zu ziehen und den Für-

13. Die Stengel'sche Barockresidenz von Saarbrücken mit ihren Terrassen zum Hofgarten herab (Erste Planung 1738)

sten beim Kaiser zu verklagen, und als man lange nichts von ihnen hörte, hieß es, der Fürst habe sie auch auffangen lassen, um den Bittgang zu verhindern.

99. Die weiße Dame im Schloß.

Im Saarbrücker Schloßflügel nach der Saar zu zeigte sich oft eine weiße Dame, die vom Keller bis zum Speicher ging. Der Baumeister J. A. Knipper d. J. baute zu Beginn des 19. Jahrhunderts diesen Flügel wieder auf, indem er in geschickter Weise Biedermeierstil mit den noch vorhandenen Barockresten, wenn auch in vollkommen verändertem und weit genug verkleinertem Maßstab, verschmolz. Seine Frau soll sich aber geweigert haben, darin wohnen zu bleiben, da immer die weiße Dame erschien, und dies wird als Grund angegeben, daß er das neue große Haus mit dem schönen, mit alter Plastik gezierten Terrassengarten in der Vorstadtstraße erbauen mußte, der als Endpunkt der Straße, die von der Ludwigskirche heraufzieht, einen schönen Prospekt ergab. —

Solange die Ruinen des Schlosses noch standen, konnte man oft aus ihnen gespenstige Rufe hören.

100. Die Geister der Schloßkirche.

In der Schloßkirche ist es nicht recht geheuer, in der alten gräflichen und dann fürstlichen Gruftkirche, in der so viele ihre letzte Ruhe gefunden haben.

Da erschien noch im vorigen Jahrhundert oft ein Mann, der auf einem Teller seine eigenen feurigen und so glühenden Augen trug. Er ging auch aus der Kirche heraus, kam durch die Küfergasse und geisterte mit Vorliebe in dem Treppengäßchen nach der Altneugasse zu. Auch zeigte sich oft in der Kirche eine Frau in alter Tracht mit hoher weißer Haube und weißem Fichu (à la Marie-Antoinette) um die Schultern. Bei völlig geschlossenen Türen sah sie so u. a. eine Putzfrau, die die Kirche rein machen wollte, ruhig in einer Bank sitzen. Im ersten Moment glaubte sie, es sei jemand doch in die Kirche gekommen, ging zu ihr hin und forderte sie auf, herauszugehen, da es ja keinen Gottesdienst gäbe, da war sie plötzlich verschwunden.

Auch „das graue Männchen" spukte an der Schloß-

14. Die gothische Schlosskirche von Saarbrücken mit der erst 1743, unter dem Fürsten Wilhelm Heinrich durch den Zimmermeister Paul Bucklisch d. J. aufgesetzten Zwiebelhaube

kirche, das sich einzelnen Vorübergehenden erst um 9 Uhr abends zeigte, mit Ausnahme des Küsters, dem erschien es nie.

101. Die unterirdischen Gänge vom Schlosse aus und in und um Saarbrücken.

Die Volkssage weiß von mancherlei unterirdischen Gängen zu berichten, durch die sich die alten Grafen von Saarbrücken bei Belagerungen hätten retten können. So soll ein Gang vom Schlosse aus unter der Saar durchlaufen, ein anderer soll von der Schloßkirche aus nach St. Arnual gehen, so daß die Grüfte beider fürstlicher Grabeskirchen miteinander in Verbindung gestanden hätten. Wieder ein anderer soll gar unter der Saar vom Schlosse aus nach dem Jagdschlosse Philippsborn (Neuhaus) gehen, dessen Ausgang man noch am Ende des so schön gotisch gewölbten Kellers auf dem Neuhaus erkennen will.

102. Die unregelmäßigen Geliebten des Fürsten Wilhelm Heinrich.

Die Zahl der unregelmäßigen Geliebten dieses um Saarbrücken so hochverdienten Fürsten und bedeutsamen Bauherrn war sehr groß. Dazu gehörten nämlich neben der offiziellen „maîtresse en titre", der Frau von Freithal, die in ihrem anmutigen Rokokopalais am späteren Ludwigsplatz residierte, oder vorher noch der schönen Perlerin, die ein herrlich ausgestattetes Haus neben dem fürstlichen Marstall mit seinem stattlichen Mittelpavillon, der die Mitte der Wilhelm-Heinrich-Straße einmal so wirksam betonte und dessen so elegant geschwungenes Portal sich gewissermaßen auf der andern Seite des Marstalls am alten Kasino, in dieser prächtigen, dann rücksichtslos vernichteten Baugruppe wiederholte, bewohnt hat, auch wohl einfachere Landesangehörige.

Als dieser sympathische und wohlwollende Saarbrükker Regent einmal wieder von einer seiner alljährlichen Reisen von Paris zurückkam, wo er, wie sein Nachbar Christian IV. von Zweibrücken, bei Ludwig XV. und der dort herrschenden klugen Dame, der Marquise von Pompadour, wohl beliebt war, ja in hohem Ansehen stand, hatte er, um diesen unregelmäßigen Liebschaften einen Schabernack zu spielen und seinem Volke etwas zu lachen zu geben, jeder derselben ein und dasselbe blaue seidene Gewand mitgebracht. Jede hielt sich nun für die Bevorzugte, und um das schöne Kleid zu zeigen und den Neid der andern damit zu erregen, zog sie es alsbald an und wanderte damit stolz zur Schloßkirche, als deren Glocken mahnend und rufend am nächsten Sonntagmorgen zu läuten begannen. Und da tauchten plötzlich aus allen Gassen und von allen Seiten her die nämlichen, festlich weitgebauschten Prachtroben blauleuchtend auf, zur großen Belustigung der ehrsamen Saarbrücker Bürger, denen es förmlich blau vor den Augen geworden sein soll.

„Vom ‚blauen Sonntag' aber hat
Man lang noch geredet in der Stadt!"

103. Der in die Flasche gebannte Fürst von Saarbrücken.

In den katholischen Dörfern des nahen Lothringens, so in Wölferdingen und Ruhlingen, erzählt man sich viel von einem lutherischen Fürsten von Saarbrücken, der zum Fenster herausschaute, als man seinen Sarg aus dem Tore trug. Und in seinem Schlosse soll nach dem Tode nachts immer ein solches „roulement" gewesen sein, daß es nur so dröhnte. Ein katholischer Vikar aber sagte damals von der Kanzel, daß der Fürst keine Religion gehabt habe und einen Brunnen hätte bauen lassen mit einem nackten Weibsbild darauf, dem das Wasser gar rückwärts herausgelaufen sei. Und ebenso hätte auch in Saarbrücken ein Pastor gesagt, die Leute sollten sorgen, daß sie nicht der Teufel hole, wie den alten Fürsten, denn er sei in der Hölle, weil er im Leben die katholischen Kirchengüter für sich eingezogen habe. Da ist der junge Fürst dann zornig geworden und wollte vom Geistlichen Beweise für seine Behauptungen. Der nahm seine Bücher und betete und betete und, siehe da, es klopfte an die Tür, der Teufel kam herein und brachte den alten Fürsten und hinterließ einen Gestank, etwas ganz Ungeheuerliches.

Der junge Fürst hielt nun an, daß der Pastor ihn nur wieder fortschaffte. Und man bannte den Geist in eine Flasche und zwei Patres, die Barfüßer in Saarbrücken, sollen diese dann in dem Bunte begraben haben. Das wäre nämlich ein Nebenarm der Saar gewesen. Der Schiffer aber konnte sie bald nicht übersetzen, so schwer war der Geist. Dann brachten sie ihn aber doch hinüber, und seitdem liegt er in dem Bunte begraben.

104. Der vom Himmel beschützte Hofprediger.

Das „Gänsegretl von Fechingen", Katharina Kest, stand noch im Beginn seines Aufstieges, der es zur zweiten Frau des Fürsten Ludwig von Nassau-Saarbrücken, zur Reichsgräfin von Ottweiler und Herzogin von Dillingen machen sollte. Doch war die offenbare Liebschaft, die der Fürst mit diesem klugen, zuerst zur Frau von Ludwigsberg erhobenen Landmädchen noch zu Lebzeiten der regierenden und im Volke äußerst beliebten Fürstin, einer geborenen Prinzessin von Schwarzburg-Rudolstadt, eingegangen hatte, der Geistlichkeit ein Stein des Anstoßes. Aus den Papieren der Familie Rollé in Malstatt, deren Vorfahr Thomas Balthasar Rollé, fürstlicher Hofprediger, Konsistorialrat und Superintendant gewesen war, erfahren wir von einem die Lage damals bezeichnenden Vorfall: „An einem Sonntage erschien Katharina in der Schloßkirche und ließ sich in dem Kirchenstuhl der Fürstin nieder. Rollé rief ihr in heller Entrüstung das Donnerwort zu: „Hure, weiche deiner Fürstin!"

Sie verließ sofort die Kirche, eilte in Wut zum Fürsten, Rache fordernd für den angetanen Schimpf. Ludwig ließ sogleich den Pastor vor sich fordern, willens, ihn mit eigener Hand zu erschießen, zu welchem Zwecke er seine kostbaren Waffen vor sich legte. Die Freunde baten den Bedrohten dringend, dem Rufe des leidenschaftlichen Mannes nicht zu folgen, bis die erste Hitze verraucht sei. Aber mit den Worten: „Ich bin gerufen, ich werde gehen", trat Rollé im Ornat den Gang in's Schloß an, die Bibel als einzige Waffe im Arme. Furchtlos schritt er durch die bleiche Schar der Höflinge. Man öffnete ihm das Gemach des sich beleidigt fühlenden Souveräns, der an einem Tische stehend ihn empfing, die Pistolen vor sich. Der Hofprediger trat dem unverwandt nach ihm hinstarrenden Fürsten näher, er öffnete seine Bibel mit den Worten: „Hier steht es geschrieben, Teufel kratz es aus! Lautlos stand der Fürst einige Minuten, als er begann: Sie sind ein gewaltiger Mann! Ich lade Sie hiermit zu meiner Tafel, folgen Sie mir!" Dann heißt es fromm in der alten Aufzeichnung weiter: „Von seinen Kavalieren gefragt, warum er seinem Vorsatz entsagt, antwortete der Fürst: „Der bei ihm stand, sah mich so seltsam an, ich konnte nicht schießen." Niemand aber hatte einen Begleiter gesehen. Rollé selbst hatte auch keine Ahnung davon, aber er glaubte an den, der seine Engel sendet, wohin er will."

105. Der Hofnarr.

Zu Fürstenzeiten gab es in Saarbrücken einen Hofnarren, der durch seine Späße groß und klein belustigte. Als er starb, folgte eine große Menge dem Sarg, der zu dem damals bei der späteren Dragonerkaserne im Etzel der Vorstadt nach Forbach zu gelegenen Friedhof zog. Wie erschrak man aber, als man dort ankam und an der Kirchhofstür der vermeintliche Tote, den man im Sarge glaubte, stand und die muntersten Weisen auf einer Geige, ohne eine Miene zu verziehen, erschallen ließ, um so zu seinem eigenen Leichenzuge Musik zu machen. Es stellte sich dann heraus, daß das ganze Totsagen wieder einmal nur ein von ihm ausgeheckter Scherz war, wenn in diesem Falle auch kein geschmackvoller. Aber das Stadt- und Hofgespräch war da und seinen Zweck hatte er doch erreicht. Den Sarg aber hatte er mit Steinen angefüllt.

106. Der Pifferjokob.

Der Pifferjokob war ein Original zu Fürstenzeiten. Er wohnte im Tal. Als einst der Fürst vorbeifuhr, hörte er ein wunderschönes Pfeifen, und er sah einen großen Käfig voll der seltensten bunten Vögel am Fenster stehen, wo der Pifferjokob wohnte. Gleich ließ er ihn kommen und kaufte ihm um vieles Geld die Tiere ab. Doch sie wollten und wollten nicht pfeifen. Da ließ er den Jokob in's Schloß kommen und klagte ihm das. Der aber sagte, die genierten sich nur vor seiner Durchlaucht, er möge einen Augenblick hinausgehen, und siehe, kaum war er draußen, da begannen sie allgemach und schöner wie zuvor zu zwitschern und zu pfeifen. Als der Pfifferjokob wieder fort war, war es mit den Tieren dieselbe Geschichte, so daß der Fürst das Interesse an ihnen verlor. Nach längerer Zeit kommt er wieder in das Zimmer, wo sie standen und bemerkte, daß sie all ihre schönen Farben verloren hatten, um als graue, schmutzige Sperlinge traurig da zu sitzen. Da kam es denn heraus, daß der Schalk sie nur angestrichen und das Pfeifen selbst besorgt hatte. Nun ward er wegen des Betrügens des Fürsten zu Spießrutenlaufen verurteilt. Er frug, ob er sich nicht eine Gnade auswählen dürfte, und als der Fürst ihm das bewilligte, bat er so laufen zu dürfen, wie er wolle. Nun lief er immer im Zickzack um die Reihen der Hiebe austeilen Sollenden herum, so daß ihn kein Schlag treffen konnte.

107. Der erschienene Armesünder.

Im Rathaus am Saarbrücker Schloßplatz war oben unter dem Dach das Armesünderstübchen, dorthin wurden die Gefangenen, die den nächsten Morgen hingerichtet werden sollten, des Abends verbracht, um dort ihre letzte Nacht zu verleben! Als um das Jahr 1800

15. Das Saarbrücker Rathaus aus der Stengelzeit um 1750 mit dem ursprünglichen hellen Wiederklang des Turmes auf Front und Platzbild

wieder ein solcher Unglücklicher dort saß und der Rathausdiener ihm des Abends die Henkermahlzeit brachte, sagte er ihm, wenn es ihm möglich wäre, sollte er ihm nach seiner Hinrichtung erscheinen, um mitzuteilen, wie es im Jenseits zuginge. Am nächsten Abend ging der Rathausdiener durch die Gänge, und da stand plötzlich der Hingerichtete vor ihm und sagte: „Als ich kam, da war ich schon gerichtet", und verschwand.

108. Das weiße Kreuz auf dem Schloßplatz.

In das Pflaster des Schloßplatzes war ein weißes Kreuz aus Pflastersteinen eingelegt, ungefähr in der Mitte vor dem alten Bergamt (Prinzenbau oder Erbprinzenpalais) und vor dem ehemaligen Polizeigebäude, das zum Rathaus gehörte und jetzt noch in Ruinen, wie dieses der Auferstehung harrt. Dies Kreuz aber sollte nach der Volkssage den Platz bezeichnet haben, wo 1793 die Guillotine stand und als Opfer der Revolution und des berüchtigten Volkskommissärs Ehrmann die Güdinger Lohmüller und Huppert hingerichtet wurden.

109. Die rettende Gänseleberpastete.

Ein angesehener Saarbrücker Bürger und Bankherr in der Saarbrücker Obergasse (der späteren Schloßstraße) den man den „Père tranquille" nannte, war einst sterbenskrank. Man hatte ihn aufgegeben. Plötzlich zeigte er aber Gelüste, etwas Gutes zu sich zu nehmen und sagte zu seiner, das Sterbebett umstehenden, traurigen Verwandtschaft: „Die Sach muß e Wennung nemme, bringe m'r emool e Gänselewwerpaschded!" In Erfüllung seines vermeintlich letzten Wunsches wurde sie ihm alsbald gereicht. Er aber aß sie mit Behagen, legte sich zum Schlaf herum, aber nicht zum ewigen, sondern er erwachte wieder, frisch gestärkt und wurde sichtlich gesund.

Auch das erzählt man ebenso von einem derartigen, alten Saarbrücker, daß er sich im Fieberdelirium für einen zubereiteten und gefüllten Puter hielt und demnach zu seinen Angehörigen sagte: „Ihr hann mich falsch gestoppd, gucke nure, daß ihr mich wennigdens richtig zunäht!"

Und all das deutet doch auf die ehemalige berühmte und nach dem Westen zu verfeinerte, wenn auch oft komplizierte und nicht ganz so billige Saarbrücker Küche und deren bedeutsame, noch aus dem 18. Jahrhundert und von früher her sogar übernommene Kultur hin, wenn sich solche letzten Wünsche und Delirien einstellen konnten.

110. Die Propstei.

Von den großen und tiefen Kellern der späteren Wirtschaft „Zur Kanone" in der Propsteigasse, also der Stelle, wo sich ehemals die Propstei der reichen Abtei Wadgassen befand, deren Propstamt, also das des Verwalters von Klostergütern im 16. und 17. Jahrhundert, so lange und fast erblich das altheimische evangelische Geschlecht der Bruch inne hatte, führt der Volkssage nach ein unterirdischer Gang, nach dem Deutschhaus, durch den sich Mönche und Nonnen getroffen haben sollen, um ihre Gelage zu halten. Ein behäbiger runder Torbogen von 1718 hatte sich da aus der Barockzeit neben dem eigentlichen Hauptbau von damals noch erhalten. — In diesem Hause zeigte sich aber auch noch im vorigen Jahrhundert häufig ein schwarzer Pudel, der unruhig auf und ab lief. Geistliche, die man kommen ließ, sollen ihn dann gebannt haben. — In dieser Propstei aber wohnte 1546 auch Kaiser Karl V., der spanische Habsburger, in dessen Weltreich die Sonne nicht unterging, auf der Reise von den Niederlanden mehrere Tage, als er durch den hohen Wasserstand der Saar nicht weiterkommen konnte, was die Erbauung der alten Brücke dann sogleich von 1546-49 mit sich brachte. Der Propstei aber war das wichtige Recht gegeben, daß dahin geflüchtete Verbrecher daselbst eine Freistätte hatten, wenn sie sie eben noch erreichen konnten.

111. Der Herrgottsbrunnen und andere Kinderborne.

Aus dem nun leider beseitigten, bereits im Mittelalter volkstümlichen, segenspendenden und inmitten des altsaarbrücker Markt- und Volkslebens laufenden Herrgottsbrunnen in der Saarbrücker Obergasse (Schloßstraße), kamen die kleinen Kinder der alten Landesresidenz, die dort der Storch herausholte und ins Haus brachte oder die auch wohl von den Hebammen, aus denen besonders noch „die ald Grossarde" hervorgehoben war, herausgefischt wurden. Früher überdachte den Brunnen ein niedriges Dach aus Holz, und daran pflegte die Jugend ihre Ohren zu legen, um so die Kinder im Brunnen zu vernehmen, und das Rauschen des Wassers deuteten sie auf ihre Weise. In St-Johann kommen die Kinder von altersher aus dem großen Brunnen auf dem Markte, der bereits als Vorgänger des schönen Barockbrunnens aus der Stengelzeit auch einen plastisch wohlverzierten Ahnen in Renaissanceformen mit einer Mittelsäule und einer anscheinend das nassauische Wappen haltenden St. Johannesfigur darauf besaß, die der damalige Saarbrücker Hofbaumeister Heinrich Kempter, aus Vic in Lothringen, aufgerichtet hatte. Im Ortsteil St. Arnual aber lieferte die Kinder gar das sagenumwobene, altheilige Wallerbrünnchen, so daß wir annehmen müssen, daß derartige Kinderbrunnen besonders ehrwürdige und zumeist vielfach auch wohl ehedem geweihte Quellen waren, deren Beseitigung so stets bedauerlich und wenig segensreich ist und einen Bruch alter Tradition immer darstellt. Hier kommt dann noch dazu, daß der St. Johanner große Marktbrunnen, dieser, auch in seiner Lage, ehemalige Ortsmittelpunkt stets besonders künstlerisch und von Meisterhand entworfen und geziert war, wie er in seinen merkwürdigen, henkelartigen seitlichen Ansätzen nach Fulda und auf seine berühmte Floravase hinweist, die unser Saarbrücker Barockmeister Stengel in seiner Jugend schon so trefflich mitten auf die Treppe der dortigen Orangerie zu setzen wußte. Aber auch der Bildhauer Philipp Mihm entstammt einer fuldischen Familie aus Bremen bei Geisa und war wohl durch solche Beziehungen von Stengel nach Saarbrücken berufen worden. Sonst ist aber auch bei dem ehemals auch so geschickt vom Meister als Straßenzugend- und Stadtmittelpunkt gesetzten, dann leider aus Verkehrsrücksichten versetzten großen St. Johanner Marktbrunnen, das hier einmal von so überreichem verschwundenem, einst für die Saarstädte charakteristische Kunstschmiedewerk zu beachten und dabei, wenn auch bei diesem Werk neben ihnen als Meister Sontag Bickelmann in erster Linie erscheint, doch noch an die kunstreiche Hofschlosserfamilie der Höhr (Hoer) zu denken, in ihrer Art ebenso wichtig einmal für Saarbrücken, wie die Oegg für Würzburg und Rastatt und Lamour und seine Schule für Nancy und Lothringen bis nach Plombières hin, die aber in der großen Revolution von 1793 mehr Glück hatten und nicht so ausgeplündert wurden wie Saarbrücken.

112. Der Kratzgeist in der Obergasse.

„In einem Hause dieser Saarbrücker Obergasse, bei dem sogenannten Herrgottsbrunnen, neben den drei Säulen (Nr. 28 des alten Planes bei Koellner), lebte 1810/1811 eine Familie (Knipper), zu deren Mitgliedern ein Mädchen von beiläufig 10 Jahren gehörte, in dessen Nähe sich in gedachter Zeit ein seltsames Geräusch oder vielmehr ein Gekratze hören ließ, und zwar nur des Abends. Wenn ich nicht irre, war es in der sogenannten Adventszeit, welche in Bezug auf Geister-Erscheinungen bedeutungsvoll sein soll. Dieses Gekratze wurde von den Anwesenden vernommen, mochte das Kind stehen, sitzen oder im Bette liegen, so kratzte es auf dem Boden, am Stuhle oder im Bett. Es ist begreiflich, daß, sobald die Sache ruchbar geworden war, die halbe Stadt zulief, um sich davon zu überzeugen. Man stellte alle möglichen Versuche an, um das Gespenst — denn die Töne konnten nur von einem solchen herrühren — zu vertreiben. Das Mädchen wurde sogar mittelst Stuhl auf den heißen Ofen gesetzt — allein das Gekratze ließ sich auch im Ofen vernehmen, und man vermochte weder den Geist zu bannen, noch die Ursache des Geräusches zu entdecken. Daß das Ganze nicht ein leeres Stadtgespräch sei, davon überzeugten sich bald Männer von Bildung und Urteilsfähigkeit. Es kamen Weltliche und Geistliche, welche recht wohl Betrug von Wahrheit zu unterscheiden vermochten, und Hunderte überzeugten sich durch ihr eigenes Gehör von der Wirklichkeit dessen, was ihnen von andern bereits beteuert worden, sie aber ohne eigene Erfahrung nicht glauben wollten. Das Faktum wurde also allgemein anerkannt, aber ergründet wurde nichts — und endlich verlor sich die Sache, wie sie gekommen war, ohne daß man der Ursache dieses Gekratzes auf die Spur gekommen ist."

113. Das Saarbrücker Muhkalb als Stadttier.

In Saarbrücken ging das Muhkalb des Abends noch im vorigen Jahrhundert durchs „Trägers Gäßche". Am alten Träger'schen Anwesen, der ehemaligen „weißen Daub" (vgl. Nr. 115), die an dieses Gäßchen, die Schloßstraße und Alt-Neugasse angrenzte, war es ein kleines Kalb, nach der Mitte der Gasse hin schwoll es immer mehr an und nahm dann nach der Friedenskirche zu wieder ab bis zur natürlichen Größe. In St. Johann ging es durch die Türkei, als die Türkenstraße noch ein schmales Gäßchen war mit ihren malerisch-schönen gotisch-renaissancistischen Fenstergruppen und Nasen an ihrem Maßwerk, wie das beim ehemaligen Erkerhaus, am St. Johanner Markt noch erhalten ist. Man hörte zuerst das leise Blöken eines Kalbes, dies wurde dann nach der Mitte zu immer lauter, bis es wieder abnehmend am Gerberplatz leise erstarb. Es wurde immer erzählt, die Katholische Kirche habe kein Zehnuhrläuten, weil sich niemand um diese Zeit auf den Turm getraute.

Auch aus einem alten Brunnen in der Mitte der Alt-neugasse soll das Muhkalb wohl einmal gerne herausgestiegen sein, um auch hier größer und größer zu werden, und schließlich Elefantenformen gar und mehr noch an Umfang anzunehmen. Dazu leuchteten seine Augen wie glühende Kohlen in die Dunkelheit der Nacht hinein, und so lief das Untier, schrecklich blökend, auch der Kirchengasse nach der Schloßkirche zu.

Wenn auch das Erscheinen dieses eigentlichen und volkstümlichsten Alt-Saarbrücker Geister- und Stadttieres als Kalb das übliche ist, so konnte es sich doch auch bald als Hund, bald als Kuh, als Esel oder auch als Pferd zeigen. Oft soll es auch als Kalb ohne Kopf gegeistert haben.

Einmal fuhren Straßenfuhrleute aus Klarental, die im vorigen Jahrhundert vielfach Glas- und Porzellanwaren dieser wichtigen, durch den Fürsten Wilhelm Heinrich von Saarbrücken vorab und seine industriellen Bestrebungen im Lande ringsum aufgeblühten Unternehmungen nach Frankreich, Hessen und Baden, in großen hochaufgebauten, oben mit Tuch überspannten Wagen beförderten, auf der Landstraße nach Saarbrücken. Am alten Sensenwerk begegneten ihnen drei katholische

Geistliche im Ornat, die aus ihren Büchern beteten. Sie aber hatten an einer Kette ein Kalb zwischen sich, das sie führten.

Später als die Fuhrleute wieder von der Reise zurückkamen, fragten sie in Saarbrücken nach, was das zu bedeuten habe, und da erzählte man ihnen, das Kalb sei ein böser Geist gewesen, das diese Geistlichen aus der Stadt in die Gegend vom Drahtzugweiher gebannt hätten.

114. Das Drickermännche.

In dem zweiten Haus rechts in der Altneugasse, vom Eingang von der Schloßstraße her, das einmal in langer 200jähriger Folge den alten Saarbrücker Familien Winckelsaß, Baum, Böhler und Rinck in natürlichem Erbgang zusammen wohl noch zeitweilig mit dem damit rückwärts in Verbindung stehenden schmalen Haus mit riesigem Dachstuhl hinter dem Herrgottsbrunnen, das auch schon tief im 17. Jahrhundert wieder eben einem Vorfahren derselben Geschlechter, dem Saarbrücker Stadtmeier Anton Scherer aus Herbitzheim in der Grafschaft gehörte, soll des Abends früher das „Drickermännche" auf der Treppe lauernd gehockt haben.

Das „Drickermännchen", den Alp, stellte man sich in Saarbrücken als ein kleines Männchen mit dickem Kopfe vor, wie es alte Damen lebendig schilderten und steif und fest behaupteten, gesehen zu haben, wenn es sich nachts ihnen auf die Brust gelegt hätte und sie davon wach geworden wären. Erst, wenn es ihnen gelang, einen Laut auszustoßen oder sich etwas zu drehen, war es verschwunden. Und den nächsten Abend beim nachbarlichen „Meien" erzählten sie wohl von ihrem Abenteuer mit dem „Drickermännche".

115. Die Gespenster in der weißen Taube und dem gegenüberliegenden J. A. Mayer'schen Handelshause.

Bei der ehemaligen Marktpforte nach der Vorstadt gegen Forbach zu lagen zwei besonders stattliche, weitläufige und auch wichtige Bürgerbauten. Sie machten also den würdigen Beginn der alten Obergasse und späteren Schloßstraße und damit den Eingang der eigentlichen Stadt aus, wenn man dahin aus Metz und von Frankreich her kam.

Das waren die „weiße Daub", in der einmal im 18. Jahrhundert der Saarbrücker Stadtkapitän Arnold Reuther und seine Nachkommen, eine angesehene Gasthalterei betrieben hatten,, die dann ganz andern Zwekken diente und als Bau und Wohnsitz an die große Grundbesitzerfamilie der Traeger kam, der auch das umfangreiche Waldgut und ehemals fürstliche Jagdschloß Neuhaus gehörte und die auf dem Eschberger Hofesbann ob St. Johann allein 1000 Schafe gehen ließ. Das gegenüberliegende Anwesen aber war der Sitz der ältesten Saarbrücker Großhandlung in Kolonialwaren J. A. Mayer und deren Vorgängerinnen Friedrich Rinck und Mayer und Palm und Fauth. So hat denn dieses Kaufhaus, das dem Namen nach sogar heute noch besteht und dessen Inhaber J. A. Mayer auch 1853 das erste Haus in der St. Johanner Bahnhofstraße erbaute und diese so gleichsam eröffnete, allein schließlich noch mit seinen Haustraditionen in die Fürstenzeit zurückgeschaut, als 1751 das erste Schiff mit Kolonialwaren im Tausch gegen Holländerholz die Saar herauf kam, womit eigentlich unter dem Fürsten Wilhelm Heinrich der Anfang von allem so segensreichen Handel und Wandel weitsichtiger Art an der Saar gelegt worden ist. — Vordem aber hatten schon unternehmende und bahnbrechende Männer, die vor dem Staate die Bedeutung der Vereinigung von Kohle und Eisen und hier sogar noch in Verbindung mit der Schiffahrt erkannt hatten, sich durch Erbpacht in Besitz von den 28 Kohlengruben der Grafschaft Saarbrücken gesetzt und auch sich bei den Eisenwerken mit ebenso eingefügt mit ihrem Hauptunternehmen damals in Geislautern. Das waren Franz Didier-Bouharmont, wohl aus alter Nordlothringer Familie aus Gérouville, die aber frühe schon im Saarland ansäßig geworden war, und so bereits 1704 in Bexbach geboren und danach in Homburg wohnend, Klemens Quien aus Metz, Landhauptmann und Stammvater einer in Saarbrücken hervorgetretenen Kaufmanns-, Bankherren- und Industriellenfamilie, und der reiche Schiffsunternehmer Paul aus Saarlouis, ein Name der dann in Pont-à-Mousson in der Industrie bedeutsam wurde, der aber wohl hauptsächlich den Kohlen- und Eisentransport auf der Saar zu bewältigen hatte und nicht bei allen Unternehmungen dieser Gesellschaft mit beteiligt war, die auch in die Grafschaft Blieskastel und die Pfalz dann z. T. mit übergriff, wo die Didier später auch u. a. die bedeutende Eisenhütte von Eisenberg allein betrieben haben. — Erst als sie die Saarbrücker Unternehmungen mit in Blüte gebracht hatten, lernte der Staat an ihrem Beispiel und frühen privaten Unternehmertum, vieles davon selbst erst für seine Zwecke auszunutzen und hob die Erbpachtverträge dieser Gesellschafter, wohl auch zu Unrecht, aber unter Entschädigung auf und übernahm selbst die staatliche Regie dieser Kohlengruben. — Diese Didier's aber waren auch unmittelbare Vorfahren des oben näher bezeichneten Handelsherrn J. A. Mayer, wie auch so manche andere tüchtige westliche und südliche Unternehmer und Kaufleute. — Ob sie aber in irgend einem Zusammenhang mit der auch in der Eisenindustrie so wirksamen und erfolgreichen Familie de Dietrich in Niederbronn stehen, wäre noch festzustellen. Auch diese kamen wie die Didier aus dem Lothringischen, übersetzten aber ihren französischen Namen im Elsaß in's Deutsche, während die Saarländer ihn stets beibehielten, obwohl bei der Heirat des Franz Didier in Bitsch (1726) in die Familie de Bouharmont, der Pfarrer bei der Trauung ihn auch als Dietrich (Didrig) aufführen will und so bezeichnet. — Und nun zu diesen Saarbrücker Häusern und ihren sagenhaften Ueberlieferungen:

Die weiße Taube war (vgl. auch Nr. 113) nun wegen der darin umgehenden Geister stets berühmt. Man erzählt sich, in französischer Zeit seien Offiziere und Spitzenhändler mit reichen Geldkassen in das Haus gegangen, aber nie mehr herausgekommen. Tatsächlich fanden sich bei einem Umbau um 1840 durch Conrad Traeger, im Hofe Gerippe vor, dabei sollen ein Bandelier und ein Orden gelegen haben.

Die Gespenster aber zeigten sich in mancherlei Gestalt. Am meisten erschien eine Frau in altertümlicher Tracht mit hoher Haube, die plötzlich vor den Bewohnern stand, um ebenso schnell wieder verschwunden zu sein. Auch einer auf der Straße vorübergehenden Dame soll sie sich am Fenster stehend gezeigt haben, wie sie herunterschaute und auch dann wieder eilends verschwunden war. Auch ein baumlanger Mann soll erschienen sein und außerdem wurden die Bewohner von den Geistern geängstigt, durch Geräusch sowohl, wie auch durch sichtbares Herunterpoltern von Gegenständen vom Speicher die Treppen herab. Eine alte Saarbrücker Dame erzählte, daß sie nachts oft plötzlich bei der Hand gefaßt worden sei, und wenn sie ihrer in demselben Zimmer schlafenden Mutter dies zugerufen habe, hätte diese immer geantwortet: „Ei mei Hand iss a gefaßt."

Zwischen diesem Hause und dem gegenüberliegenden um 1735 erbauten und dann nacheinander erweiterten J. A. Mayer'sche Handelshaus, mit all seinem Leben, befand sich also ehemals ein Stadttor und über derselben der Turm und vor diesem die Zugbrücke. Ganz erhalten war der schöne barocke viereckige Wachtpavillon mit Mansardendach und gehörte zu der stattlichen J. A. Mayer'schen Gebäudegruppe. Reste der Stadtmauer und die Torpfosten standen auch bis weit in's 19. Jahrhundert und auf diesen Ueberbleibseln der einst die Stadt schützenden Mauern soll, so lange sie dauerten, nachts ein kleines, altes Frauchen, also doch wohl eine Art von Stadtschutzgeist, gesessen haben, das von 12 bis 1 Uhr die Herrschaft hatte. Auch auf die weiten Speicher des J. A. Mayer'schen Handelshauses sollen sich die Wäscherinnen ungern ohne männliche Begleitung und so wohl mit der eines der starken Auflader der Handlung gewagt haben, wenn es dort Wäsche aufzuhängen galt.

116. Das Haus mit dem Turm und verschwundene Renaissancekunst.

Im Aufgang der Suppengasse von Saarbrücken zum Triller, stand bis zur so unglücklichen neuerlichen Zerstörung gerade der Altstadt, noch ein Haus mit einem runden Renaissanceturm, der ebenso eine schöne, steinerne Wendeltreppe zeigte, wie der reicher gezierte Aufgangsturm zum alten Hagen'schen Adelshof an der Quergasse aus der Schloßstraße in die Küfergasse, der aber besser erhalten und so herstellungsmöglich auf uns auch nach dem letzten Desastre gekommen war. Den grimmsten Verlust aber bedeutet für uns der unwiderbringliche der so überaus wertvollen gotischen und

16. Das Haus mit dem Turm in der Suppengasse vom Triller aus (um 1600) mit dem Stengel'schen Turm der reformierten Kirche im Hintergrund

renaissancistischen, leider auch in den Kunstdenkmälern noch nicht genau aufgenommenen und bestimmten Plastik mit all ihrem lehrreichen Wappenzierrat und kunstvollen Beiwerk, die die so verdiente Sammler- und Historikerfamilien der Koellner aus dem abgerissenen St. Arnualer Kreuzgang in ihren Haushof in der Schloßstraße gerettet hatte, um solche Schätze auf die Nachwelt der oft verheerten und so an Derartigem armen Grenzstadt zu bringen. Und dieser Verlust ist um so mehr zu bedauern, weil er nicht durch Bombenwurf beigebracht wurde, sondern davor glücklich bewahrt blieb, aber dann ohne diese Kunstwerke vorher sorgsam zu bergen, in einer geradzu unverantwortlichen Weise durch die Abraumkranen des Ruinenschuttes dieser Straßenseite herbeigeführt worden ist.

Auch der Renaissanceturm am vom Hagen'schen Stadthof also, gerade der dieses besonders alten saarländischen und sagenumwobenen Uradelsgeschlechtes mit seiner Wendeltreppe und ihrem wuchtigen Knauf war noch verhältnismäßig gut durch alle Kriegsunbill hindurchgekommen, als einziger erhaltener Adelshof in Altsaarbrücken aus dieser Zeit und kann vielleicht so noch in Teilen erhalten werden, die irgend eine passende Verwendung als Einbau finden. —

In dem obigen Renaissancehause in der Suppengasse mit seinem Turm aber war es von jeher nicht geheuer. Früher soll darunter sich ein Keller befunden haben, der nie geöffnet wurde, da es darin umging. Auch ein Gemach im Obergeschoß war noch verrufen. Und noch um 1850 wohnte in diesem Hause eine Frau, die in dem Geruche stand, eine Hexe zu sein. Man nahm sich namentlich in acht, von ihr berührt zu werden, da auf ein auch nur leises Antasten sofort der Arm steif blieb. — Und das mag im Zusammenhang mit einer andern uns so ergänzenden Überlieferung genau stehen, nach dem in dem kleinen Turmgemach die „ald Deller'sche" umgehen sollte, zu dem man auf der Wendeltreppe einst gelangte. Nachts geisterte sie auch die Linsen- und Suppengasse durch und kam ohne Scheu selbst wohl in die Obergasse (Schloßstraße) herab, um die Leute zu ängstigen und so zu verhexen, die sie dann noch antraf, daß sie Magenkrämpfe gar bekamen.

117. Die Tante Tappfuß, das Grafiwelche und der Hahnewacker.

In dem stattlichen Eckhaus der Eisenbahnstraße und der Wilhelm-Heinrich-Straße, in dem einmal der Oberjägermeister von Maltitz, der „wilde Jäger" des Saarlandes, um 1750 wohnte, ja das er selbst 1749 von Stengel bauen ließ, von dem über die weibliche Seite her noch so manche alte Saarländer Familien herstammen und auch industriell verbundene westliche, wie die Binger und über sie die Haldy, aber dann auch ein Zweig der Kiefer und andere mehr, und das dann das Palais der Wild- und Rheingräfin Christiane von Dhaun und schließlich Eigentum der Handlung J. B. Müller wurde, samt dem gewaltigen Garten, der die ganze eine Seite der Eisenbahnstraße dahinter ausfüllte, um mit einem schönen und großen, viereckigen Gartenhause auf der Mauer an der Bleiche zu enden, soll früher eine Frau mit einem Klumpfuß gewohnt haben. — War es nun die Rheingräfin selbst oder wer es gewesen sein mag, genug, man nannte sie in Saarbrücken die Tante Tappfuß. Und als man später bei einem Umbau dieses Hauses, in dem sich auch noch zwei kostbare getäfelte Zimmer aus der Stengelzeit befanden, bei einem Umbau auf Geld stieß, hieß es, dies sei von ihr in Kriegszeiten vermauert worden. Sie selbst zeigte sich nach ihrem Tode oft des Nachts um zwölf in altertümlicher Tracht in ihrem Hause. Vom Umgehen dieser Tante oder Madam Tappfuß wird auch von anderer Seite berichtet, daß sie lautlos zur Geisterstunde in mondhellen Nächten durch die Stuben eines andern Barockhauses aus der Fürstenzeit geschwebt sei und als Mitgeist in diesem noch den alten „Hahnewacker" gehabt hätte, den man zwar nicht sah, der aber im Gegensatz zu ihr, die sich feiner benahm, auf dem Speicher ganz gräulich um Mitternacht rumorte und gar mit Ketten noch dazu rasselte.

Zu alledem ging dann auch noch in einem auf seiner Front hübsch mit einem Säulenportal und offener Verdachung darauf gezierten Barockhause in der Vorstadt, das der Familie Kleber gehörte (dann Böhler) das „Granowelche Grafiwelche" um.

Es zeigte sich als Frau ohne Arm und Beine mit einer großen altertümlichen Haube auf dem Kopfe. Und als Grafiwelche bezeichnete man in Saarbrücken auch wohl gerne kleine und verwachsene Frauenspersonen überhaupt.

118. Schwarzer Hund veranlaßt eine Viehseuche in Saarbrücken.

Nach einem Stadtgerichtsprotokoll von 1623 wurde beim Herrschen bösartiger Viehseuchen der berüchtigte Hirt Meister Theobald Reif von Saarwerden in der Grafschaft berufen, um sie zu brechen. Dieser verlangte zwei Ohm Wein, sott darin im Tal eine Menge Ingredienzen, wie Salz, Muskatblüte, Pfeffer, Ingwer, Enzian, Maria-Magdalenenblumen, Kalmus, Nießwurz, Eberwurz, Lorbeer, Alaun, Theriak und Muskatnuß ab. Diese Mixtur verdünnte er mit Wasser und verordnete die Mischung als Trank für das Vieh. Auch sollte dem Vieh zur Ader gelassen werden. Natürlich ließ die Seuche nicht nach, und der Stadthirt, der zu allem scheel sah, meinte, alles Vieh müsse sterben. Worauf der Grafschafter sich vernehmen ließ, solange der schwarze Hund auf dem Banne herumlaufe, sei kein Glück vorhanden.

Tatsächlich geisterte dann noch um 1850 in der Etzel, wo der alte Kirchhof und später die Dragonerkaserne war, die gerade nicht sehr pietätvoll ihren Reitplatz just auf der Ruhestätte so vieler verdienter Saarbrücker und so auch ihres Barockmeisters Stengel und so mancher anderer, heute hochgeachteter Künstler und Gelehrten von Ruf anlegte, wobei dann so viele glücklich einmal bewahrte und herrlich geschmückte Rokokograbsteine als wahre Musterbeispiele aus kunstreicher Zeit, die sich bis in die Neuzeit erhalten hatten, grausam vernichtet wurden, ein schwarzer Pudel, der eine Kette nach sich schleppte. Um den Spuk los zu werden, ließ man einen Kapuzinermönch kommen, der ihn bannen mußte. Gern nahm man an, daß in diesen Pudel die Seele eines Wucherers aus Saarbrücken gebannt sei oder eines Krawattenfabrikanten, wie man das damals wohl gerne hier im zu Ende gehenden 19. Jahrhundert hieß.

119. Die entweihte Deutschherrenkirche.

Als der Besitzer der ehemaligen Deutschordenskirche dies frühere Gotteshaus als Viehstall für sein Gut benützte, wurde er vor seinem Tode, namentlich zur Nachtzeit, stets von einer großen Unruhe dieserhalb geplagt. Auf den Rat seines Arztes befragte er dann einen katholischen Geistlichen darüber, der ihm riet, die baufällige Kirche wieder herzustellen und sie nicht mehr als Viehstall zu benutzen. Diesem Rate kam er auch nach und von da ab war der Spuk gänzlich von ihm gewichen.

120. Der Schatzgeist mit der Flamme.

Zwei Saarbrückerinnen gingen vor langen Jahren über den späteren Exerzierplatz unter dem Spicherer Berg, als sie an ein Stück kamen, das der Familie Kleber in der Hohlgasse gehörte, bekam die eine Lust, sich eine der darin gepflanzten Weißrüben herauszuziehen. Als sie damit beschäftigt war, rief plötzlich die andere: „Komm weg um Gotteswillen" und als sie weglief und frug, warum sie das gerufen, sagte diese: „In dem Moment, wo Du die Rübe heraus hast ziehen wollen, war neben Dir ein kleines Flämmchen, und das wurde immer größer, und daneben stand ein hoher schwarzer Mann der verschwand, als ich „um Gotteswillen" rief. Wäre nun die Frau, die dies ausgerufen hatte, am nächsten Morgen hingegangen, so hätte sie beim Graben auf dieser Stelle einen Schatz gefunden, den sie durch das Ausrufen des Namens Gottes gebannt hatte. Obwohl sie dies glaubte, ging sie doch aus Angst nicht hin.

121. Der Messinger im Saarbrücker Stadtwald am Schanzenberg.

Im Saarbrücker Stadtwald ist ein Geist „der Messinger" gebannt und am Schanzenberger Walde, da, wo der Weg von der Gersweilerstraße abzweigt, soll er seinen Sitz haben. Hier stand am Waldrand, etwa 20 Meter von der Straße, ein kleines Häuschen, in dem ehemals ein Sonderling namens Messinger wohnte, der sich in ihm den Hals abgeschnitten haben soll. Seitdem ging er darin um und zwar ohne Kopf, kam aber, angerufen oder gereizt, heraus. Wenn man daher beim Durchwandern dieses Waldes auch überhaupt ruft:

„Messinger kumm eraus,
Ich mache's mit Dir aus,"

so soll man rechts und links von unsichtbarer Hand ein paar gewaltige Maulschellen verspüren. Nach anderer Erzählung soll auf den Anruf „Messinger kumm eraus", die prompte Antwort ertönen: „Waart, waart, ich mach es mit d'r aus", und dann sollen wieder die Maulschellen fallen. Der Sohn einer alten Saarbrücker Judenfamilie (Josef Levy in der Hintergasse, den man noch um 1900 den „Unneedig" hieß, weil er einmal vor nunmehr damals schon 80 Jahren und mehr spät nachgekommen war), soll einst in seiner Jugend, als er „Buchele" sammelte, dies ausgerufen haben, und da soll er einen solchen Schlag erhalten haben, daß er den Abhang hinunter in den Graben flog, sein Säckelche mit „Buchele" liegen ließ und davonlief, was er nur konnte.

Nach einer andern Überlieferung aber soll der Messinger auch beim steilen Fels am Sensenwerk und demnach also in der nämlichen Gegend doch gespukt haben.

Dort stand eine alte Saarbrückerin als Kind mit drei Gespielinnen vor der Felswand und da riefen sie voll Mutwillen:

„Messinger kumm eraus,
Stech der Geiß die Aue aus!"

Da aber habe sich der Fels urplötzlich geöffnet und aus einem Höhlenloch sei der alte Messinger herausgesprungen, um sie den Richtweg hinauf nach dem Deutschhaus zu verfolgen, bis auf diesem drei Männer sich gezeigt hätten, worauf der Geist erst verschwunden wäre.

122. Der unvollendete Kirchturm.

Es ging noch um 1880 die Sage, daß zu Fürstenzeiten, als der schon alternde Meister Stengel die herrliche Ludwigskirche schuf, dieses Glanzwerk des evangelisch barocken Kirchenbaues, und gewissermaßen ein Schlußwerk des rheinisch-fränkischen Barocks überhaupt, plötzlich das Geld ausgegangen sei und so der Turm nicht hätte vollendet werden können. So habe er denn mit seinem flachen Abschluß leider stehen bleiben müssen. — Natürlich ist das ein Irrschluß, denn gerade das gehört ja zu den besonderen Reizen des Baues und zum eigenen Stil dieser ausgehenden Kunstepoche, als sie sich dem Klassicismus zuwandte, ist dafür sogar einer der ersten Belege, wenn nicht das erste Beispiel überhaupt in diesen westlichen Gegenden. Aber immerhin hatte diese Sage doch so Fuß gefaßt, daß man allen Ernstes einmal, so um das letzte Viertel des verflossenen Jahrhunderts, eben daran dachte und die Frage erwog, den Turm zu vollenden und die schöne Kirche durch eine hochaufragende, womöglich noch gotisch empfundene, spitze Dachhaube vollends zu entstellen, nachdem man schon die unteren runden Fenster vermauert, die prächtigen Familienkirchenstühle, die ehemals den Raum sinnvoll und so wohlüberlegt abschlossen in all ihrer geschnitzten Pracht entfernt und die einheitliche Farbengebung des äußeren Baues abgelaugt hatte. Und das alles waren traurige Anzeigen des Besserwissens- und sich selbst Bemerkbarmachenwollens damaliger moderner Architekten, die es nicht verstanden, sich der Kunst eines großen vergangenen Meisters unter- und einzuordnen, um sich so selbst als wahre und auch bleibende Baukünstler und Denkmalpfleger zu bewähren.

123. Der Apostel mit dem Buch an der Ludwigskirche.

Gegenüber dem alten Palais des Hofmarschalls und Kavalierarchitekten von Doeben, dann seit 1785 des Hofjägermeisters von Fürstenrecht und schließlich des „Directeur Général des Mines" Claude Savoye-Bassigny, der späteren Herberge zur Heimat, steht in einer Nische an der Ludwigskirche ein steinerner Apostel, der ein Buch in der Hand hält. Die Volkssage behauptet nun, daß er immer, wenn er 12 Uhr Mittag schlagen hört, ein Blatt umwendet. Der verstorbene Herbergsvater Stumm pflegte dies häufig den Handwerksburschen zu erzählen, worauf sich diese um 12 Uhr hinstellten, um das Wunder zu sehen, aber ohne Erfolg.

124. Der große steinerne Kopf an der alten Brücke.

17. Apostelstatue mit Buch an der Ludwigskirche in Saarbrücken von Franciscus Binck aus Wien

Auf der Saarbrücker Seite der alten Brücke, die die Residenz mit dem Vorort und der kleinen Festung St. Johann so wirksam verband, befindet sich noch heute aus dieser Barockzeit an der Quaimauer rechts ein großer steinerner Kopf ausgehauen. Sein weit aufgesperrtes Maul war dazu bestimmt, das schmutzige Wasser aus der Stadt in die Saar zu ergießen. Der Sage nach handelt es sich hier um das Bildnis eines schmutzig geizigen, aber desto reicheren Bäckers und Bürgers zu Saarbrücken, der bei einer Hungersnot das arme Volk schroff von der Tür wies. Als die Fürstin von seiner Hartherzigkeit gehört hatte, verkleidete sie sich als arme Frau, um ihn zu prüfen, und bat ihn so um etwas Brot, worauf er auch

18. Der grosse Kopf des „geizigen Bäckers" an der alten Brücke (um 1750)

ihr mit harten Worten die Tür wies. Zum bleibenden Andenken, zur Strafe und zur Abschrekkung von andern wurde darauf sein gut getroffener Kopf als Wasserspeier für das Schmutzwasser zum verwarnenden Beispiel angebracht. Und den Ausdruck des Geizes hat der alte barocke Bildhauer auch famos zum Ausdruck zu bringen gewußt. Und dies alte Saarbrücker Wahrzeichen hat denn auch glücklich die Unbill des letzten Krieges wohl überdauert, dem sonst so vieles zum jammerbaren Opfer gefallen ist, von dem uns so eben leider heute nur mehr die Sage zu erzählen weiß, deren Erhalt so eben immer wichtiger wird.

125. Die unbotmäßigen St. Johanner.

Die St. Johanner Bürger waren in dem zu Ende gehenden 18. Jahrhundert mit ihrem Fürsten Ludwig über die Bezahlung von Abgaben in Streit geraten. Der Fürst, der sonst beim Reiten nach seinem Lustschlosse Ludwigsberg immer den Weg durch die Stadt St. Johann über den Markt genommen hatte, ritt von jetzt ab, um deren Bürger zu strafen, „newe der Stadt" an der Stadtmauer entlang, um dann in die Vorstadt, die heutige Bahnhofstraße, einzubiegen, ohne den eigentlichen Ort nur mehr zu berühren. Damit hatte er aber das richtige gefunden, das die Bürger in ihrer Eitelkeit traf, und bald wurde so eine Einigung in der Streitfrage erzielt. Zum Andenken daran benannte man später den Weg, den der Fürst genommen, als er „newe der Stadt" vorbeigeritten war, mit dem stolzen Namen Fürstenstraße.

Die Widerspenstigkeit der St. Johanner, den Verordnungen ihrer Vorgesetzten gegenüber, war aber auch früher und später wohlbekannt! Und daß sie nicht leicht zu nehmen waren, geht auch bereits aus einer Äußerung der Fürstin Charlotte Amalie von Nassau-Usingen, der klugen Oranierin und Mutter des Fürsten Wilhelm Heinrich hervor.

Die weiterblickenden St. Johanner hatten es verstanden, nacheinander durch Kauf sehr beträchtliche Waldungen zu vereinen und trieben damit schon frühe einen bedeutenden Holzhandel, gerade auch mit Holland, wie das dann auch das Land Nassau Saarbrücken selbst schließlich in großem Umfang tat und durch Tausch mit Kolonialwaren Saarbrücken zu einem bedeutenden Stapel- und Umschlagplatz machte, von wo vor allem ein eindringlicher Speditionshandel auch nach dem Elsaß, nach Lothringen und der Schweiz von 1751 etwa ab betrieben wurde.

Die St. Johanner aber hatten schon früher anscheinend selbständig und bahnbrechend ihre großen Waldungen nutzbar gemacht und so auch zu Zeiten der Regentschaft obiger Fürstin, wie schon öfters, viel Holz wieder einmal schlagen lassen, und das mit großem Gewinn so verkauft, ohne die Erlaubnis der Regierung in Usingen eingefordert zu haben. Als die aber doch davon Kenntnis bekam, verbot sie der Stadt dies Holz zu liefern, wie abgeschlossen, wodurch sie in nicht geringe Verlegenheit gekommen wäre. Man beschloß nun, einen Deputierten zur Fürstin zu entsenden, um diese Genehmigung nachzuholen, und dazu wählte man sich einen angesehenen und redegewandten St. Johanner Bürger, den Balthasar Groß, aus. — Es war aber um St. Johanni und da wollte der alte Groß zuerst einmal seine Wiesen mähen und zeigte sich auch dem eignen Stadtrat gegenüber widerspenstig! Man beruhigte ihn dann nur damit, daß es die Stadt selbst übernehmen wolle, auf ihre Kosten seine Wiesen abzuernten. Nun zog er dem Rheine zu in das dortige Nassau und brachte das Anliegen vor. Aber die Fürstin wies ihn kurz ab mit dem Vermerk: „daß es von jeher die St. Johanner gewesen seien, die sich immer etwas herausnähmen, was ihnen nicht zukomme und sich überhaupt auf eine ungehörige Weise betrügen, weshalb sie mit denselben auch gar nicht zufrieden sein könne!" Der alte Groß aber ließ sich nicht einschüchtern, sondern erwiderte ganz unbefangen und ruhig: „Durchlauchtigste Fürstin! Bei der Huldigung unserer (Saar) Lande hat man uns die herrlichsten Versprechungen und Vertröstungen über die Verbesserungen gegeben, man hat uns versichert, daß über Saarbrückens Lande **eine neue Sonne aufgehen sollte, und bis jetzt haben wir noch nicht einmal den Mond in seinem ersten Viertel gesehn!**" Diese treffliche Antwort gefiel der klugen Fürstin und sie gewährte alsbald die Bitte der verlegenen Stadt. — Und mit ihrem Sohne Wilhelm Heinrich ging dann wirklich auch die Sonne über dem Saarland auf.

Die St. Johanner aber hatten zudem auch im 18. Jahrhundert den Ruf, den Fremden im Gegensatz zu den Residenzbewohnern von Saarbrücken nicht eben höflich entgegenzukommen und wurden so mit den derben Sachsenhäusern verglichen, auch im Gegensatz zu den polierteren Reichsstädtern des gegenüberliegenden Frankfurts oder zu der deutschen Kaiserwahlstadt. —

126. Lukasse Wies'.

Auf der St. Johanner Seite der alten Brücke liegt links vor dem nun auch im letzten Krieg zerstörten, ehemals so stattlichen Lukas-Koehl'schen Patrizierhaus, wie es 1817 der Baumeister J. A. Knipper, d. J. für den reichen Kaufherrn und Beigeordneten J. C. Koehl-Schmidtborn, auch den Inhaber eines der großen alten Kolonialwarenhäuser, schuf, die so charakteristisch für Saarbrücken waren, eine prächtige Wiese. Trotzdem sie denkbar günstig sich vor dem Hause zur Saar hinzog, so hat man noch niemals das Heu trocken hereingekriegt. Und wenn auch der schönste Sonnenschein vom Himmel strahlte und man begann, die Wiese zu mähen, gleich überzog sich der Himmel, und es fing zu gießen an.

127. Der Marschall Wack.

In der Zeit der Napoleonskriege mußte auch ein Angehöriger der alten St. Johanner Familie Wack, die aus der saarbrückischen Grafschaft Saarwerden, heute in Frankreich und in jenem in's Lothringische vorspringenden Teil des sogenannten „Krummen Elsasses", und so aus Drulingen stammte, mit dem Kaiser in's Feld ziehen! In Drulingen aber gibt es noch heute ein „Wack's Gässel", jetzt „Rue du Colonel-Wack" genannt.

Vor seinem Abmarsch aus Saarbrücken aber sagte er: „Ich kumm entwedder als Leich oder als Marschall widder!" Er kam auch wieder, aber weder als Leiche, noch als Marschall, sondern als der gewöhnliche Soldat, als der er ausgerückt war und hatte so weniger Glück als andere tapfere Saarländer. — Aber ein Unterschied gegen früher war doch vorhanden, er hinkte nämlich stark. Und der böse St. Johann-Saarbrücker Volksmund sagte alsbald, er habe diese Verwundung nicht in der Schlacht, sondern durch einen Bauern erhalten, der ihn beim „Hinkelstehlen" mit der Mistgabel in einen gewissen Körperteil gestochen habe. Wie denn auch sein mag, in Saarbrücken hieß er dann fortan bis an sein seliges Ende „der Marschall Wack".

128. Sanggehanner Maargd- und Stadtgespenschder.

Um de un uff'm Sanggebanner Maargd war es noch niemols nidd recht geheier un juschd. Do iss doch die gudd ald Hebamm Kleine emool wiischd des Naachts verschreckt worre, wie sie do standepe wohin gerufe worre ist, weil se aus'm große Brunne uff sellem Maargd schnell e kleen Kind hat herausfische un wohin bringe solle. (Vgl. dazu Nr. 111.)

Do ist doch jo uff'm Trottwa vor de Heiser no der Wirtschaft zum goldene Faß, wo dunnemols vor e paar hunnert Joor die Sanggehanner nobelicht Famillje Steinkallenfels drin gehuckt hat un später aa emool die „groß Rechlings hinner'm Brunne", e schloo- und schneeweis Kaninche vor ihr herumgehippt, das do nure so gegeischdert hat.

Awwer schlimmer wie das Dier war doch unser vor ernschdennes Sanggehanner Stadtdier, das ald Muhkalb, un das hat jo aa aus der Kappegaß eraus un vun

19. Der grosse Brunnen von 1759/60 auf dem St. Johanner Markt auf seinem ursprünglichen Platz mit der Bebauung dahinter aus der Stengelzeit. Unter Beteiligung des Steinmetzmeisters Ignatius Bischoff. Bildhauerarbeit von Joh. Philipp Mihm aus Bremen bei Geisa im Fuldischen. Das Gerems von Sontag Bickelmann, einem einheimischen Meister aus der Kunstschlosserschule der Hoër (Höhr)

der Kadolisch Kirch her uff selle Maargd enaus geluet un die aarem Leit nur so wichderlich verschreggd, daß se laut uffgekrisch han un dabber un ganz vergelschderd fortgelaaf sin. — Aa in der Freschegaß soll selles Muhkalb des Owends, wenn es recht dunkel worr iss,

120

erumgelaaf sin un in der Faßgaß hat m'r ehemools de „wilde Jaeer" un die „Himmelsgeis" gesin, die in eenem lange Gang newe Jordan's Wirtschaft gegeischderd han.

129. Das unheilbringende Diamantkreuz.

Die alte St. Johanner Familie Bruch, im Stiefel am Markt, besaß ein kunstvoll in Silber gefaßtes, sehr großes Diamantkreuz, das der Sage nach von ihrem Ahnherrn stammen sollte, dem Propste von Wadgassen und Herbitzheim, Thomas Bruch, der in der Reformationszeit den Glauben gewechselt und eine Nonne des Klosters Herbitzheim geheiratet haben sollte, die damit also die Ahnfrau dieses alten Saarbrücker Geschlechtes wäre. — An diesem Kreuze aber soll Unheil gehaftet haben, und wer es trug, hatte unfehlbar Unglück. So ließ man es, um dem zu steuern und weil sich niemand in der Familie mehr damit schmücken wollte, im verflossenen Jahrhundert erst auseinandernehmen und eine Reihe einzelner Schmuckstücke daraus fertigen. An dem großen Brustkreuz aber hing unten noch als Anhänger ein kleineres, das man unversehrt in seiner alten Form und Fassung ließ. — Doch, siehe da, alle unheilbringenden Eigenschaften des alten Prunkstückes gingen nun auf das kleinere Kreuz über und bald wollte auch von ihm niemand mehr etwas aus der Familie wissen.

130. Die St. Johanner Familie Münzer.

Als Thomas Münzer, der berühmte mitteldeutsche Bauernführer und ehemalige Geistliche sein jähes Ende gefunden hatte, flüchtete seine Witwe mit ihren kleinen Kindern heimatlos gegen Westen, wo sie glaubte, besser in ihrer bedrängten Lage verstanden und aufgenommen zu werden.

So kam sie dann auch schließlich nach Saarbrücken und saß dort erschöpft am Schloßberg Rast haltend, da, wo sich ehemals das Haus des um Stadt und Land so verdienten nassau-saarbrückischen Hofarchivars und Registrators Johann Andreae im Beginn des 17. Jahrhunderts und später die Koch'sche Hofapotheke befand. — Und da die Saarbrücker Bürger für ihr Un-

20. Erkerhaus von 1629 in der evangelischen Kirchgasse von St. Johann a. d. Saar

glück wirklich Verständnis zeigten und sie freundlich aufnahmen, fand die Familie in der Folge eine neue Heimat an der Saar. So soll denn der Stamm des Bauernführers und Rebellen endlich nach Saarbrücken gekommen sein, wo er lange in Ansehen in St. Johann blühte, dem Ort auch wohl tüchtige Bürgermeister oder Ratsherrn lieferte und sein Blut an einheimische andere tüchtige Familien weitergab, wie denn auch die Mutter des Hofmalers J. F. Dryander eine Münzer gewesen ist.

Schließlich waren um 1900 nur mehr zwei alte Jungfern des Namens vorhanden, die in ihrem alten Familienbau an der Ecke von Marktplatz und Kappengasse und gegenüber dem ehemals schönen Erkerhaus aus der Renaissancezeit wohnten, das erst die neueste Zeit verstümmelt und dem Moloch der Verkehrsrücksichten ohne Not in seinem letzten noch glücklich erhaltenen, einst so stattlichen, steinernen Renaissanceerker geopfert hat, während es selbst auch der letzte Krieg, nun als einziges Beispiel dieser Art und Zeit, wenn auch derart arg entstellt, geschont hat, und leider auch der hübsche, spätere Bau mit dem Fachwerkerker um 1629 in der evang. Kirchgasse völlig vernichtet ist. —

131. Der Tod des Erbprinzen Heinrich und die Treue an das angestammte Fürstenhaus Nassau.

Der letzte Sproß des eigentlichen Saarbrücker Fürstenhauses, der äußerst beliebte Erbprinz Heinrich, der 1793 in der Revolution sich nur durch einen Sprung aus dem Neunkirchener Schlosse Jägersberg von hoher Mauer vor den Sansculotten gerettet hatte, sollte sein Land nicht als Fürst wiedersehen. Der Form nach, nahm er nach dem Tode seines Vaters den Fürstentitel an, der aber nur für die überrheinischen Besitzungen noch eine Zeitlang von Wert war. Dann starb er infolge eines Sturzes mit dem Pferde in der Nähe des Schlosses Kadolzburg im Ansbachischen im Jahre 1797. — Die Ansprüche auf die saarbrücker Lande fielen damit an Carl Wilhelm, den Fürsten von Nassau-Usingen, dessen rheinische Lande er vielmehr selbst geerbt hätte, wenn er länger am Leben geblieben wäre, wie das dann eine Vereinigung dieser saar- und rheinländischen nassauischen Lande vielleicht auch in der Folge noch zusammen mit Luxemburg nacheinander mit sich gebracht hätte haben können.

In Saarbrücken wollte man den Tod des geliebten Fürsten, mit dem viele Hoffnung zu Grabe getragen wurde, lange nicht glauben und es ging die Sage „der Prinz ist nicht tot, er lebet, das sind lauter Spiegelfechtereien. Nun den 16. Mai (1797) glaubt es fast niemand mehr... er ist nicht tot, man weiß sich nicht darin zu richten..."

Aber selbst noch, nachdem die Herrschaft der Revolutionsarmee und dann selbst die beliebtere des Kaisers Napoleon über das Saarbrücker Land längst ein Ende gefunden hatte, wollte die Erinnerung an den liebenswürdigen Prinzen nicht sterben. Ein alter St. Johanner Bürger, namens Kriegenmeyer (Kriegemeier, schon um 1660 in St. Johann), der noch bis gegen 1830 am Markte wohnte, konnte die gute Zeit nicht vergessen, die er und seine Familie im verflossenen Jahrhundert unter seinen Nassauer Fürsten erlebt hatte. So ging er bis zu seinem Tode in alterstümlicher Tracht einher und ließ sich nicht bereden, dem Zopf und dem Puder zu entsagen. Noch als er ganz alt und gebrechlich geworden war, wanderte er jeden Tage in diesem Aufzuge die Mainzer Straße in großer Erwartung herunter, um vor der Stadt emsig auszuschauen. Wenn man ihn dann fragte, wohin er gehe, sagte er: „Unserm Erbprinzen Heinrich entgegen, denn heute kommt er ganz bestimmt zurück."

Dessen letzter Wunsch in seiner geliebten Heimat aber wenigstens und zwar auf dem Halberg unter einer Pyramide und Tannen beerdigt zu werden ist immer noch nicht in Erfüllung gegangen, da die preußische Zeit für derartiges ja kein Verständnis aufbringen konnte. — Auf dem einfachen Denkstein aber sollten die Worte nach seiner letzten Bestimmung stehen: „Hier ruhet die Asche des Fürsten Wilhelm Heinrich zu Nassau, dessen einziger Wunsch es war, das Wohl seiner Untergebenen befördern zu können."

132. Die Milchpantscherin im Flammenmantel.

An der Mainzerstraße wohnte die Lammwirtin, die gerne beim Verkauf den Leuten die Milch wässerte. Als sie starb und die Leidtragenden sich zur Beerdigung eingefunden hatten, erschien sie im Moment, als der Sarg aus dem Hause getragen wurde, den entsetzten Anwesenden am Fenster und rief heraus: „Merkt's Euch gutt, e halwer Schoppe Milch un e halwer Wasser dazu".

Heute noch geht diese Lammwirtin im Kieselhumes um und schreckt die Menschen, an trüben Tagen im metallfarbenen Mantel, bei Sonnenschein in einen flammenden Mantel gehüllt. Auch sonst war das Tal des Kieselhumes beliebt für derartige Verbannungen. Ging da doch auch eine St. Johanner Bürgerin von Zeit zu Zeit als weißes Kaninchen um, deren Namen auch noch genannt wird, ihrer Verfehlungen im Leben halber.

133. Der Maltitz im St. Johanner Stadtwald und als Berggrubengeist.

Im schönen St. Johanner Stadtwald spukt auch in der Kieselhumes und so gerade beim Römerbrünnchen und Heidenkopf noch der alte nassau-saarbrückische Oberforstmeister und Oberjägermeister von Maltitz. Dort muß er mit seinem Kopf unter dem Arm in hellen Vollmondnächten umgehen zur Strafe wegen seiner Hartherzigkeit armen Holzsammlern gegenüber. Bekanntlich ersetzt er auch sonst als wilder Jäger überall in diesem Gau den alten Heidengott Wotan und ist so an dessen Stelle getreten, der als einäugiger Schimmelreiter mit Schlapphut und wehendem Mantel sonst gern noch durch die Lande zieht. — Eine Merkwürdigkeit ist dabei nur, daß man diesen Naturgeist gar unter die Erde bei uns gebannt und ihn in diesem an Kohlengruben reichen Gebiet unter die Berggeister versetzt hat, so daß der Maltitz im Saarland nicht nur durch die Lüfte, sondern auch auf wildem Rosse wohl durch die Gruben rast, wie man das in alten Bergmannskreisen erzählte.

134. Poweiersch Büch.

Ein St. Johanner, seinem Beruf nach ein „Poweier" (Pflasterer), nahm es als starker Mann, der er war, beim Holzsammeln im Schwarzenberger Wald nicht so genau mit den städtischen Vorschriften und trug oft ganze Bäume auf seinen Schultern mit nach Hause. Als ihn einst ein Förster bei einem solchen Holzdiebstahl erwischte, sagte er ihm, daß er ihn aus Rücksicht auf seine Armut und weil er ihn das erste Mal ertappe, noch einmal laufen lassen wolle, „ja", fügte er im Spott dazu: „Ich will Dir sogar noch einen Baum schenken, die Buche da, doch nur unter der Bedingung, daß Du sie auch auf Deinen Schultern nach Hause trägst." Die Buche war aber eine der stärksten und ältesten, die da standen und der gefoppte Poweier machte ein langes Gesicht, während der Förster lachend wegging und die Geschichte zum Besten gab. Von dieser Begebenheit her nannte man die Buche, als Eigentum des Poweiers unter gewissen Umständen „Poweiersch Büch", und der Name war ihr als einem besonders volkstümlichen Baum bis auf unsern Tag geblieben, nachdem sie allbereits der stärkste Waldriese des ganzen Reviers geworden war, bis auch sie, allgemach morsch geworden, auch ganz in der Neuzeit aber erst, ein gewaltiger Sturm geknickt hat.

135. Die versunkene Stadt.

Nach dem Volksglauben ist in dem Walde hinter dem St. Johanner Rotenhofe und so nach der Jägersfreuder Richtung hin einst eine Stadt versunken. — Dieser Rotenhof aber gehörte mit zu den ausgedehnten und so

21. Das Ludwigsberger Schlösschen. Spätwerk von F. J. Stengel um 1768

originellen und frühen, englisch-chinesischen Parkanlagen des Ludwigsberges bei Malstatt, ebenso wie das reizende Schönthal und sein verschwundenes Dörfchen, das der Fischbach einst malerisch durchflossen hat und der großzügige und ehemals so herrliche Dianenhain mit seinen sternförmig ausstrahlenden Wegen um den der Jagdgöttin geweihten Tempel und so wie das Schönthal schon mehr im natürlichen Landschaftsstil, in dem gegen die 90er Jahre hin der so bedeutsame Gartenkünstler F. L. Skell noch den Ludwigsberg weiter wirksam ausgestaltet hat und diesen Landen so auch hierin ein frühes Beispiel gab. —

136. Fürst Ludwig kehrt als Geist auf den Ludwigsberg zurück.

Als der durch die Revolution vertriebene Fürst Ludwig von Nassau-Saarbrücken 1794 in Aschaffenburg gestorben war, wollten ihn viele Landeskinder traurig in dem einst so herrlichen und nun von den Revolutionären verheerten Park des von ihm geschaffenen und besonders bevorzugten Lustschlosses Ludwigsberg sitzen gesehen haben.

Und der Glaube, daß er in und um alte, spärliche Mauerreste, der so zahlreichen und eigenartigen Kleinanlagen dieses einstigen Lustsitzes, sich als Geist zeige, ist selbst heute noch nicht ganz hin. — In Malstatt aber nahm man an, daß der Fürst in mondhellen Nächten unter den alten hohen Bäumen nach seinem verschwundenen Lieblingsschlosse suche. Und alte „Molschder" wollten ihn mit hohem Dreispitz und dunkelm Kapuzenmantel gar gesehen haben, wie er in einem verfallenen mit Schlingpflanzen umwucherten Gemäuer verschwand, das noch in der Gegend des dann angelegten Tennisplatzes ehemals sichtbar war. An dieser Stelle soll auch der unterirdische Gang wieder eingemündet sein, der nach „Molschder" Ansicht vom Schlosse in Saarbrücken aus und unter der Saar durchlief. Und die Ortsjugend suchte auch wohl nach den Fußspuren des Fürsten und wagte sich dabei in die durch das Gemäuer noch gebildete Höhle mit einer Kerze. Wenn ein so wagemuter Junge aber dann die kommenden Schritte seines alten Souveräns zu vernehmen meinte, stob mit ihm die ganze, davor angstvoll lauernde Schar schreiend auseinander.

An der Fischbach beim Ludwigsberg und so eigentlich auch noch in seinem alten weiteren Parkgelände aber soll in der Adventszeit dieser jagdliebende Fürst gar als wilder Jäger noch jagen zur Strafe, weil er einst beim Parforcetreiben Tiere zu Tode gehetzt habe.

137. Der „Paff vun Molschd".

Wer zu Beginn des 19. Jahrhunderts ein Anliegen hatte, der ging zu dem Pfarrherrn von Malstatt, Friedrich Koellner, der alles in sich vereinigte, war er doch Pfarrer von Malstatt, Oberbürgermeister der Städte, dann Friedensrichter und der größte Kenner der Geschichte und der Verhältnisse. So konnte er dann bei allem mit Rat und Tat zur Hand gehen, und wenn einer damals frug: „Was soll ich nur mache, wo soll ich m'r Rat hole", so habe es immer geheißen: „Do geh doch zum Paff von Molschd", so daß diese Redensart sich allmählich in Saarbrücken gebildet habe, wo sie bis auf den heutigen Tag in den alten Familien beliebt geblieben ist.

138. Der Herr mit dem Zylinder von Burbach.

Es ist noch nicht allzulange her, daß man in einem Hause in der Königstraße in Burbach, das erst in neuerer Zeit dazu an Stelle alter Baracken gebaut wurde, des nachts dauernd einen Mann mit Zylinder von oben die Treppe herabsteigen sah, um nach hinten, dem Hofe zu, dann zu verschwinden. Man wunderte sich wohl, kam aber keineswegs auf den Gedanken eines modernen Spukes und sprach auch nicht darüber. Eines Tages kam nun ein junger Konditor, der mit seinen Eltern in den Mansarden des Hauses wohnte, gegen seine Gewohnheit um Mitternacht heim. Wie er nun durch das Hoftor in den Hof trat, kam durch die Haustür, die in den Hof führt, dieser geheimnisvolle Herr mit dem Zylinder, von dem dieser junge sporttreibende Mann nie etwas gehört hatte. Er ging nun an der Erscheinung vorüber, ohne Angst zu haben, weil er sie ja für einen richtigen Menschen hielt. Als er jedoch die

Hand auf die Klinke legte, stellte er fest, daß die Tür, die sich eben noch mit der Erscheinung geöffnet hatte, in Wirklichkeit verschlossen war. Nun freilich wurde der Konditor ängstlich. Er schaute sich um, — da sah er den Mann mit dem Zylinder noch am Hoftor stehen — und durch dieses lautlos rückwärts verschwinden. Erregt eilte der junge Mann in seine elterliche Wohnung hinauf, wo er den Vorfall erzählte. Und jetzt erst erfuhr man, daß ein Mieter im Garten den Herrn mit dem Zylinder seit langem beobachtet hatte. In den alten Baracken aber, die vordem an Stelle des Hauses gestanden, soll es schon immer „gespukt" haben. Und zu allem Überflusse berichteten auch zwei Frauen in Malstatt in der Ludwigstraße, unabhängig voneinander, von denen die eine krank im Bett lag, die andere noch in einem anderen Raum beschäftigt war, daß sie eines Abends einen Herrn mit einem Zylinder hatten bei sich eintreten sehen, der sich verneigte und dann wieder den Weg zurückging, den er gekommen war. Sie verständigten sich sofort und am nächsten Morgen fragten sie auch im Haus, ohne Erfolg nach und erzählten von dieser merkwürdigen Erscheinung (letzteres um 1885 bereits).

139. Das Gespenst an Simons Weiher.

An Simons Weiher bei Gersweiler sollte bei einem alten Weidenstamm im vorigen Jahrhundert ein weißgekleidetes Gespenst gehen, von dem man sich vielfach berichtete. Pfarrer Zickwolf hatte sich einst auf seinem Heimweg nach Saarbrücken verspätet, sah den Geist sitzen und ging couragiert darauf los, wobei er sich fürchterlich an einem Weidenstamm anrannte, bei dem wohl die Lichtreflexe und das alte leuchtende Holz das Gespenst vorgetäuscht hatten, das sich so in diesem Falle in die Natur auflöste und seine Erklärung fand.

140. Der Hollerzopf.

Früher gab es noch viele Pferdebesitzer in Klarenthal, aber auch wohl sonst an der Saar, die die Mähnen der Tiere in den sogenannten Hollerzopf — ähnlich wie Seegras — verknoteten. Man nannte diesen Zopf auch Kunkel oder Klunschel. Dadurch sollten die Pferde vor Hexen bewahrt bleiben. Die Mähne wurde nie geschnitten. Bei vielen wurde auch der lange Pferdeschwanz so verknotet. Die Leute glaubten, die Hexen würden sich auf den Knoten klunschen — schaukeln — und die Tiere blieben vor Unglück und Krankheit geschützt. Diesen Gebrauch fand man noch bis in die 70er Jahre des vorigen Jahrhunderts geübt und auch wohl danach noch. — In dieser Gegend, so gerade auch im Rossel- und Niedtal, erzählte man sich dann auch viel vom Herdenmännchen, das auch eine Art von Schutzgeist der Pferde war und auch wohl ein Lieblingstier unter ihnen hatte, das es besonders pflegte und mit Futter versah. Ja, auch seine Mähne war immer gut gekämmt und in der Mitte aus den längsten Haaren ein Zopf geflochten.

141. Der verrufene Saarweg.

Der Weg von Fürstenhausen nach Wehrden, der dicht an der Saar vorbeiführt, stand früher in dem Rufe, daß es auf ihm nicht ganz geheuer zuginge. Und deshalb mied man ihn des Nachts, denn Leute, die ihn in der Dunkelheit passierten, sollen wohl in die Saar geraten oder auch geworfen worden sein.

142. Die Geister vom Hammergraben der Rossel beim Geislauterer Werk.

Der Hammergraben ist eine Ableitung der Rossel, der früher zum Betrieb des Geislauterer Eisenwerks angelegt wurde. Wiederholt will ein noch um (1935) in Großrosseln lebender pensionierter Bergmann Stimmen aus diesem Hammergraben gehört haben. Arme Seelen, die ihn um Fürbitte anflehten. — Er hat auch seine verstorbene Mutter des öfteren gesehen und mit ihr gesprochen.

143. „Die Purzelmüllersch".

In der Nähe des heutigen Bahnhofes Luisenthal (Straßenbahnhaltestelle Rockershausen) lag eine alte Mühle, die „Purzelmühle". Die Leute aber nannten sie so, weil ihr Müller oft Konkurs gemacht hatte, also „gepurzelt" war. Eine der früheren Müllerinnen stand in bösem Ruf, weil sie immer wieder betrog. Nach ihrem Tode erzählte man sich alsbald, daß diese „Purzelmüllersch" nachts als Gespenst umginge. Die Schwester des Großvaters des Aufzeichners dieser Sage, Frau Lina Kleid, geb. Heinz (geboren 1851), erzählte früher seinem Vater, sie habe, als Kind von etwa 12 Jahren die umhergeisternde Müllerin selbst gesehen! Als sie abends für ihre Mutter noch eine Besorgung machen wollte und dabei über die Brücke eines kleinen Baches mußte, sei das Gespenst in hüpfender Bewegung lautlos über das Wasser geschwebt, weiß und schauerlich vom Mondlicht beleuchtet. Die Mühle stand genau noch an der Straße Luisenthal-Altenkessel am Fronersbachlauf, etwa 100 m weit von der Provinzialstraße Saarbrücken-Trier neben dem Bahndamm und hatte wohl ganz früher auch einen großen Weiher. Eine lange und altertümliche, schmale Stallung ist von dieser „Burzelmill", wie der Ort allgemein noch in dieser Gegend genannt wird, nur noch vorhanden. —

144. Der „Hohberger"
als böser saarländischer Bergmannsgeist.

Auf dem Hohberg zwischen Altenkessel und Püttlingen haust der „Hohberger". Damit hat es nach der Meinung der Neudorfer folgende Bewandtnis: „Beim Abteufen des schon lange außer Betrieb gesetzten Luftschachtes auf dem Hohberg soll ein Aufsichtsbeamter (Steiger oder Fahrsteiger) sich durch auffällig rücksichtsloses und brutales Vorgehen, durch ein nie dagewesenes Antreiberwesen unrühmlich hervorgetan haben. Die Bergleute zitterten, wenn sie seine Ankunft und Nähe gewahrten. Denn kein Mensch konnte es ihm recht machen, kein Arbeiter seine Ansprüche befriedigen. Mit Fluchen und Schimpfen näherte er sich von weitem. Mit Fluchen und Schimpfen feuerte er die Leute an. Fluchend und sich und andere verwünschend verließ er die Arbeitsstätte. Eines Tages, als er noch mehr als gewöhnlich aufgeregt war, vergaß er in sinnloser Wut jegliche Vorsicht beim Hinabsteigen auf der Schachtleiter und stürzte hinab in den grauenhaften Sumpf." Alles Suchen nach dem Körper des Verunglückten blieb vergeblich. Doch in stürmischen Nächten, wenn die Winde heulen, die Donner rollen, Blitze zucken und die Kronen der Bäume ächzen und stöhnen, wandelt der Geist des Hohbergers unter Fluchen und Räsonnieren auf dem Hohberg. Und wer das Unglück hat, zufällig noch zu dieser Zeit dort vorbei zu müssen, nimmt die Beine in die Hand und sorgt, daß er so schnell wie möglich dem Gefürchteten aus dem Wege kommt.

Wenn aber der Grube Gerhard Gefahr droht, erscheint der Hohberger hier einmal auch als warnender Bergmanns- und Grubengeist, dessen Kommen immer Unglück bedeutet. —

145. Die unterirdischen Gänge vom Königshof Völklingen und anderes Sagenhafte.

In Völklingen stand einmal der alte deutsche Königshof Fulgolingas, auf dem 822 bereits Kaiser Ludwig eine Urkunde ausstellte und von dem auch wohl zusammen mit einem vermutlichen Jagdhaus der Saarbrücker Grafen im Warndt in der Nähe des späteren St. Nicolausgotteshauses die deutschen Könige im Verein mit unseren Grafen der Jagd im dunkeln und wildreichen Warndt oblagen.

Von diesem ehemaligen Königshof hat dann das Dorf seinen Namen erhalten. — Aber auch in's Mittelalter hinein besaß Völklingen eine gewisse Bedeutung. Es waren dort schon im 13. Jahrhundert recht wohlhabende Lehnsleute der Saarbrücker Grafen auf dem alten Herrenhof angesiedelt. Um 1320 wird auch ein Mathias von Volcklinga aus einem nach dem Ort genannten Rittergeschlecht in der Abteikirche von Wadgassen beigesetzt, dessen stattliches Grabmal sich lange erhielt, auch wohnten dann dort mit die reichsten bürgerlich-bäuerlichen Leute der Grafschaft Saarbrücken, so im 16. Jahrhundert das Geschlecht Grathwohl und später eine sehr wohlhabende Familie Kunkel, die dann nach St. Arnual zog, um dort in die große Grundbesitzerfamilie der Lukas einzuheiraten, und die Meierfamilie der Frantz, (schon 1632), die auch industriell sich dann hervortat und mit den Bruch im Stiefel in St. Johann und darüber auch mit den „Glaskoehl" sich verband. und auch mit den Schlachter, so daß der kleine Ort dadurch noch lange auch nach der Herrlichkeit seines Königshofes eine gewisse Bedeutung hatte, auch ehe er sie wieder durch die Röchlingsche Eisen- und Stahlverarbeitung erhielt.

Schon 1316 erhob übrigens Graf Johann I. von Saarbrücken den Ullrich von Völklingen nebst Familie in den Stand der Freien und ihn zum Burgmannen von Saarbrücken, der ihn vielleicht auch bei einem gerade beendeten, italienischen Feldzug nach Mailand begleitet und sich da ausgezeichnet haben mag. Verlieh er ihm doch auch die Hälfte des Dorfes Ipplingen bei Saargemünd und die Vogtei zu Geislautern gegen die

.22. Das Völklinger Eisen- und Stahlwerk. Seit 1881 durch das im Jahre 1822 eröffnete Saarbrücker Handelshaus Gebrüder Röchling begründet

Verpflichtung „ein Huss zu buwen binnen der Stat zu Sarbrucken." Denn ihm lag auch daran, wohlhabende oder tüchtige Bewohner der Umgegend vom Land in seine städtische Residenz zu ziehen.

Noch heute deutet der Name „Hoffstatt" auf die Stätte hin, auf der vermutlich der Königshof lag und im nahen „Schulzenfeld" sollen sich auch unterirdische Gänge davon hinziehen, nach denen die Ortskinder noch 1910 lebhaft suchten und von denen so manches sagenhafte Gerücht umging. — So soll auch in dieser Gegend, da wo neuerdings das Wohnhaus des Kommerzienrats Hermann Röchling erbaut war, ehemals ein als Hexenhaus verrufenes Anwesen gestanden haben.

In der Flur „Im Etzel" aber hat, wie die Sage wissen will, gar der Hunnenkönig Attila (Etzel) einmal Hof gehalten. Und damit mag die Sage noch unbewußt auch an den ehemaligen Königshof anklingen. — Daß es aber auch im Mittelalter noch eine stattliche Unterkunft in Völklingen für die Landesherrinnen gab, beweist das Völklinger Weistum von 1422, das den Bauern die Verpflichtung auferlegte, die Frösche mit Rutenschlagen auf das Wasser zum Schweigen zu bringen, wenn die Gräfin Elisabeth von Nassau-Saarbrücken, eine geborene Prinzessin von Lothringen und zu ihrer Zeit bekannte Romanübersetzerin und so Schriftstellerin aus dem Französischen, dort zur Sommerzeit ihr Hoflager einmal aufschlagen wollte. Und das war durchaus keine Grausamkeit und Willkür solcher Regenten, wie man später wohl gerne annahm, sondern ein allgemein geübter Gebrauch in dieser frühen Zeit. (Vgl. dazu u. a. auch Nr. 53.) —

Bekanntlich soll dann auch das rätselhafte Sagenweib, das überall um die untere und mittlere Saar noch haust, die Melusina vom Helleringer Schloß her und vom Herapel, über den Forbacher Kreuzberg, alle sieben Jahre einmal als feuriger Drachen fliegen, um sich dann gerade nach Völklingen zu in den Lüften hinzuwenden, und demnach der Rosselmündung zu, in deren ganzem Flußtale sie noch umgeht. — Im weiten Umkreis um den Herapel überhaupt soll sie so, eben alle sieben Jahre, gesehen worden sein, was in dieser ganzen Gegend stets behauptet worden ist. Eine Erscheinung vom 20. Oktober 1839 wird noch besonders belegt. Damals flog das Untier vom Herapel zum Helleringer Schloß.

146. Die Hexe Annipeitsch.

In Hostenbach lebte noch in den achtziger Jahren des vorigen Jahrhunderts eine alte Frau von etwas robuster Gestalt. Sie war Witwe und im Verkehr absonderlich, für viele sogar unnahbar. Der Volksmund, der in Hostenbach für die meisten Einwohner einen Spitz- oder Beinamen hatte, nannte die alte Frau Annipeitsch oder auch Hexe. Wiederholt wollten sie Leute als Rind, Hund oder Katze gesehen haben. Einmal des Nachts um 11 Uhr lief ein Rind die Straße hinunter, als wenn es wild wäre. Gleich darauf kam die Annipeitsch aus entgegengesetzter Richtung und frug die Leute, ob sie ihr Rind nicht gesehen hätten. Ein anderes Mal war es mit einem schwarzen Hund geradeso. Und keiner im Ort hatte diese Tiere auch nur vorher gesehen. Vor ihr schützten sich die Leute durch drei mit Kreide an die Tür gemalte Marfüße.

147. Die Entstehung des Namens Bous.

Beim Orte Bous soll einmal auf der Flur „Weizenhübel" ein Schloß gestanden haben und hinter der Katholischen Kirche dehnte sich zur Zeit der Frankenherrschaft auf dem heutigen Oberberg eine Burg, in der ein Grundherr wohnte. Daran soll heute noch die Bezeichnung des Ortsteiles „auf der Burg" erinnern. Am „heiligen Born" aber erhob sich einmal eine Bußkapelle. Von einer solchen Bußkapelle soll dann der Ort seinen Namen empfangen haben. Früher aber soll an dieser aus grauer Vorzeit geheiligten Quelle schon ein frommer Mönch gewohnt haben, der von dort das Christentum verbreitete. Und die neubekehrten Heiden taufte er dann mit dem Wasser seines heiligen Borns.

148. Fünf Minuten zu spät hat Griesborn verdorben.

In alter Zeit waren die Bewohner des Saarlandes aufgefordert worden, Vertreter zu entsenden zur Verteilung der Länderein. Zu einer bestimmten Zeit versammelten sich die Abgeordneten des Volkes und nahmen diese Verteilung des Landes vor. Dabei suchte nun jeder Abgesandte die Interessen seines Auftraggebers nach Kräften zu vertreten. Gerade war man fertig geworden, als auch endlich der Vertreter des jetzigen Griesborn keuchend und schweißgebadet ankam. Weil er zu spät eintraf, mußte er mit dem vorlieb nehmen, was übrig geblieben war, und das war nichts als ein hungriger Hang den niemand gewollt hatte. Darum aber sagt man noch heute „Fünf Minuten zu spät hat Griesborn verdorben".

149. Der Geist des Ordensmannes
im Herrenhaus von Wadgassen.

Dicht neben der ehemaligen großen und schönen Barockkirche der Praemonstratenser Abtei Wadgassen, der ältesten Grablege der Saarbrücker Regenten, mit der leider einer der wichtigsten Bauten des 18. Jahrhunderts dem Saarland verloren ist, dehnte sich ein stattliches Bauwerk dieser einst mächtigen Saarabtei aus, das heute als Beamtenwohnung dient. Es ist wenig genug hier übrig geblieben von all den palastähnlichen Bauten dieses Klosters samt seiner einst berühmten Gartenwelt, womit sie in ihrer Gesamtheit selbst auch der herrlichen Benediktinerabtei Mettlach Konkurrenz einmal gemacht hat. —

In diesem erhaltenen abteilichen Haus zeigte sich seit langen Jahren der Geist eines Ordensbruders, der vor 200 Jahren gelebt hat. — Noch um die 20er Jahre dieses Jahrhunderts soll er einer Frau erschienen sein, die in einem der Zimmer geschlafen hat. Als sie erwachte, sah sie den Ordensmann in weißem Gewande, und merkwürdigerweise mit schwarzem Hut und sonst mit schwarzem Vollbart im Zimmer stehen. Aus Angst sprach sie ihn nicht an. Die folgende Nacht schlief ihr Bruder in demselben Zimmer. Auch diesem erschien der Geist in der nämlichen Gestalt. Als der Mann dann einen Stiefel, wenig ehrerbietig, nach ihm warf, verschwand er und wurde seitdem nicht mehr gesehen, so daß man annimmt, daß er nun durch diesen mönch- und geisterungewohnten Wurf erlöst ist.

150. Die Entstehung der Stadt Berus.

Ein illegitimer Sohn des Hauses Lothringen soll, der Sage nach, Schloß und Stadt Berus gebaut haben. Er zeichnete sich so durch seine körperliche Schönheit, durch seinen Adel und seine Taten aus, daß er sich den Namen Bellus Ramus (schöner Zweig) erwarb, den er der von ihm gegründeten Stadt beigelegt haben soll.

151. Die hl. Oranna von Berus
auch als Fürsprecherin friedlichen Ausgleichs
zwischen Frankreich und Deutschland.

Die hl. Oranna soll die Tochter eines schottischen Königs sein, die im 7. Jahrhundert mit ihren Brüdern Wendelinus und Fiakrius samt ihrer Freundin Cyrilla unserer Saargegend zuwanderte. Nur Fiakrius blieb an der Marne haften. Aber St. Wendel ging nach Tholey und begründete St. Wendel und wurde der überall verehrte und sympathische Schutzpatron der Haustiere. Oranna aber ließ sich mit ihrer Freundin auf einer lieblichen Saarhöhe nieder, wo das lang entschwundene Dorf Eschweiler einmal stand inmitten der schönen Beruser Landschaft. Heiligmäßig lebten sie in einer Hütte, die sie sich erbauten, wirkten viel Gutes, und dort wurden sie auch nach ihrem Tode gemeinsam beigesetzt und eine Kapelle über ihrem Grab errichtet. Die Kirche aber sprach sie heilig und ließ Ende des 15. Jahrhunderts unter allem Prunk ihr Grab öffnen, um damit die ehemalige Wirklichkeit dieser heiligen Jungfrauen darzutun. Und wiederum mehr als 250 Jahre später wurden ihre Gebeine erneut nun erhoben und in feierlichem Zuge in die Veste Berus und in deren Pfarrkirche gebracht, da Eschweiler vollkommen verschwunden und die Grabkapelle zerfallen war. — Die Landleute unserer Gegend aber wollen es besser wissen als die Legende. Sie sagen, ihre hl. Oranna sei die einheimische Tochter eines lothringischen Herzogs, der sie von seinem Hofe verstieß, weil sie schwerhörig war, so daß sie sich mit ihrer Freundin in diese Einsamkeit des Landes zurückzog. Besondere Fähigkeiten hätte sie, die Ohrenleiden zu heilen, wie sie ihr eigenes denn auch behoben habe. Sancta Oranna wandelt sich eben um in die heilige Ohr-Anna, eine junge Zauberin, wenn auch in Wirklichkeit die Sache umgekehrt war und aus dem Klang ihres ungewöhnlichen Namens die Ohrenlegende sich wohl erst gebildet hat. Doch auch eine andere Verwendung hatte sie noch, da bei Wallfahrten die heiratssüchtigen Mädchen, die kein Ohrenleiden hatten, vor ihrem Grab brav und innig den schönen Spruch aufsagten und es wohl heute auch noch hie und da tun werden:

„Heilige Orann, bescheer mir einen Mann!
Keinen der sauft, keinen der rauft!
keinen mit einem roten Bart, denn das
ist keine gute Art."

Das mag denn eine letzte Erinnerung an die rothaarigen Kelten dieser Gegend noch sein, die den Ruf der Rauhheit über zwei Jahrtausende nicht verloren. Am Grab aber pflegte man auch eiserne Reifen (Kronen) aufzuhängen (vgl. Nr. 276). Hier aber wohl auch mit zur Abwehr von Kopf- und Ohrenkrankheiten und zum Gedenken an die Wallfahrt. Die heilige Oranna wurde die Schutzpatronin des noch deutschsprechenden Lothringens, ja man will wissen, daß sie auch eine Fürsprecherin für die Verständigung zwischen Frankreich und Deutschland sei, um hier ihre schöne und besondere, friedliche Ausgleichsaufgabe zu haben.

Das heutige Grabmal aber, der 1719 von der Oranna-Kapelle, also der alten Kirche des abgegangenen Dorfes „Eswilre" überführten Oranna, zeigt in seinem Aufbau die Heilige, die in der erhobenen Hand ein großes Ohr hält. Es ist ein Werk eines der Saarbildhauerfamilie der Guldner.

IV.

Ensheim und der Sagenberg des Stiefels mit ihrer Umgebung.

152. Der Mönch im Hopgarten.

In alter Zeit, als die Wadgasser Mönche in Ensheim waren und den reichen Besitz der Abtei Wadgassen dort bewirtschafteten, stürzte sich aus dem Mittelbau der alten Propstei ein Mönch von dem dritten Stock herunter. Er geht noch heute im Hopgarten (Hofgarten) um und zeigt sich vor Allerheiligen in der Zeit von 6-8 Uhr, während die Glocken läuten. Kein Ensheimer wäre zu bewegen, in dieser Zeit den Garten zu betreten. Aber auch in dem ganzen herrschaftlichen Bau aus der Zeit der Abtei ist es nicht geheuer, der dann später an die alte Dosenmacherfamilie Adt kam, die aus Frauenberg gegen die Bliesmündung stammt. Oft wollen hier Bewohner des Nachts schleichende Schritte gehört und gesehen haben, wie sich die Türklinke vom verschlossenen Schlafzimmer herabdrückte.

153. Der Einlaß begehrende Praemonstratenser.

Die Propstei von Ensheim war einst eine Art von Sommerresidenz für den Abt von Wadgassen. Länger als ein halbes Jahrtausend wirkten hier die Praemonstratenser und brachten den Ort und seine Umgebung zu schöner Blüte. Und das alles wirkte so nach, daß selbst die reichen Sagen gerade dieser ganzen Gegend in gewissem Sinne noch eine erhaltene Einheit bilden, an deren Weiterleben so doch wohl diese Ordensgeistlichen ihren verdienten Anteil haben, während sich derartige Volksüberlieferungen weit weniger in benachbartem, evangelischen Gebiet so vollkommen erhielten.

Die Mönche trugen ein weißes wollenes Ordenskleid und einen weißen Hut und diese Kleidung mag sich einst recht malerisch in und um Ensheim ausgewirkt haben. — Bis auf den heutigen Tag aber hat sich unter dem Volk die Sage erhalten, daß jetzt noch der Geist des Klosters in Gestalt eines weiß gekleideten Mönches mit umgestülpter Kapuze zur Mitternachtsstunde vor die Pforte kommt, um, an dem Seil des Glöckleins ziehend, Einlaß zu begehren. Nachdem ihm nicht geöffnet wird, soll er, den Kopf melancholisch schüttelnd, still und betrübt weiterwandern, um nach einigen Nächten wieder zu erscheinen.

154. Das Graumännchesloch.

Vetter Lorenz, der Köhler, saß eines Abends im Wald vor seiner Hütte im Escherstal bei Ensheim. Sein kärgliches Mahl war schon verzehrt, aber der Rest, den sogenannten „Gottesteil", hatte er wie gewöhnlich zur Seite gestellt. Da steht ein Männlein vor ihm und bittet um eine kleine Erfrischung. Es war ein seltsames Wesen, es reichte dem Köhler kaum an die Knie, hatte einen gewaltigen Kopf mit eisgrauem Barte und funkelnden Augen, darauf eine Zipfelkappe, um die Schulter einen Schnappsack, die Hand hielt einen dicken, knolligen Stock. Der Köhler willfahrte und führte seinen seltsamen Gast endlich zur Ruhe. In der Nacht wird Lorenz geweckt. Das Männlein, eine Kienfackel in der Hand, führte ihn bergab und bergauf bis an den Grenzstein des Bischmisheimer Bannes. Hier gab sich der Führer als ein Zwerglein aus dem Gumberstein zu erkennen und sprach: „Grabe hier an dieser Stelle hinunter und verwerte das unscheinbare Gestein!" Mit einem „Glück auf!" war der Kleine verschwunden. Der Köhler machte es also und ward ein grundreicher, vielbeneideter Mann. Der Abt des Klosters Wadgassen, „dem das Recht auf alle Mineralien unter der Erde auf Ensheimer Banne" zustand, wollte das Schürfen nunmehr auf eigene Rechnung betreiben. So aber wollten es die Zwerge nicht. Der Abt ließ graben und graben und statt des erwünschten Gewinnes erhielt er nichts als lauter leeres, taubes Gestein...

Die aufgegrabene Stelle aber erhielt den Namen Graumännchesloch.

155. Die Donnerkeile.

Auf den Bännen von Ensheim und Bischmisheim treten häufiger Steinbeile, -waffen und -werkzeuge zu Tage, während sich auf dem Reppersberg ob Saarbrücken bisher nur eine vorgeschichtliche Steinwaffe ohne Stielloch vorfand. Das Volk nennt sie hier wie anderwärts Donneräxte oder Donnerkeile. Man hegte dabei die Vorstellung, der niederschlagende Blitz bestehe aus einer harten und festen Steinmasse, und diese dringe so tief in die Erde ein, daß sie erst nach vielen Jahren durch eine unbekannte Kraft, mittelst welcher sie jedes Jahr mehrere Klafter sich erhebe, auf die Oberfläche zurückkehre und in diesen verschiedenen Formen zum Vorschein komme. Die Landleute schreiben diesen Steinen eine geheimnisvoll wirkende Kraft zu und streichen damit besonders die Euter der Kühe, wenn solche im Zustande der Entzündung sind. Auch an der unteren Saar, so in der Merziger Gegend, mißt der Volksglaube den hier oft gefundenen Donneräxten einen hohen Wert bei. Er wirft sie hier mit den Meteorsteinen fälschlich zusammen, und glaubt auch, daß diese Donneräxte, die Werkzeuge der Urbewohner, vom Himmel fallen und bis sieben Klafter in die Erde geschleudert werden. Durch den Fall erhielten sie erst ihre Schärfe. Alle sieben Jahre kämen sie wieder an die Oberfläche. Sie sollen das Haus, in dem sie aufbewahrt werden, gegen Blitz schützen, allerlei Krankheiten heilen und überhaupt Glück bringen. Man pflegt die Steine daher auch bei Erbschaften zu zerschlagen, damit jedes Kind einen Anteil an diesem Haussegen erhalte. Im Birkenfeldischen und damit auch nach dem Hochwald zu werden sie als „Brauchsteine", also auch zu geheimnisvollen Heilungen und Besprechungen verwandt und als doppelt wertvoll gilt eine Donneraxt, die unter einer alten Eiche gefunden worden ist. Das Donnerkraut aber wächst auf Pützen (Ziehbrunnen) und Kinder bekommen es an der unteren Saar, wenn sie an Krämpfen leiden, aufgelegt (vgl. auch Nr. 347).

156. Die drei Wiesenfräulein.

Früh vor Tagesanbruch mähte am Siedelwald bei Ensheim ein Bauer auf seiner Wiese. Da vernimmt er auf einmal ein liebliches Klingen wie Stimmen der Vögel, zugleich traten aus dem Nebel drei Jungfrauen des zartesten Alters hervor, in langen weißen Gewanden und tanzten einen wunderseltsamen Reigen. Die eine trug einen silbernen Halbmond auf der Stirn, wie einst die alte Heidengöttin Frau Luna oder die Göttin der Jagd. Plötzlich krähte der Hahn auf der benachbarten Mühle, und im Nu war die liebliche Erscheinung verschwunden, jedoch mit einem Gelächter, daß es dem Bauer schier graute. Später sah man an jener Stelle die sogenannten „Hexenringe", die zur Herbstzeit auf Anger und Wiese vorkommenden Kreise von großen und kleinen Pilzen, dort in der Gegend „Hundsfischt" oder „Bovist" genannt.

157. Der Moldermichelsgeist.

Auf dem Bergrücken von Aßweiler nach Ormesheim zu ist es besonders in der Gegend der Dawos Hütte (einem heute zu Ommersheim gehörenden Weiler) unheimlich. Soll doch hier im Bettelwald der Hunnenkönig Attila an einem noch unbestimmten Ort in einem goldenen Sarge beigesetzt worden sein. Und deshalb gab es nicht wenig Leute, die schon hier nach Gold gesucht haben. Dieser Ort wurde noch im vorigen Jahrhundert bei Nacht allgemein gemieden. War jedoch einmal jemand gezwungen doch nächtens durchzugehen, dann setzte sich von der Ritterstraße an, einem Waldwege und ehemals wohl einer römischen Straße, die sich über den Höhenrücken quer durch den Wald zieht ein schwerer Geist auf die Schulter, der ihn nicht verließ, bis er zum Moldermichelsgarten kam, der am Dorfende des eine Stunde entfernten Heckendalheim liegt. Ob der Geist der des verstorbenen Moldermichels oder gar der des Hunnen auf dem Berge ist, steht nicht fest, jedenfalls hat er manche geritten, die aber, wie man heute noch erzählt, nur ungern von dem „schweren Erlebnis" berichteten.

158. Das Pferd ohne Kopf bei „Nußweiler" und „Lindweiler".

Viel erzählt man sich auch vom „Nußweiler Bann", einer Gemarkung der Heckendahlheimer Bauern. Darin sollen, wie in der benachbarten „Lindweiler" Gemarkung, ehemals wieder zwei reiche Dörfer gestanden haben, Nußweiler im Schatten seiner mächtigen alten Nußbäume und ihm gegenüber Lindweiler, das voll prächtiger Linden grünte. Und beim Dorf Ommersheim erhebt sich auf einer Höhe auch noch der Nußweiler Hof, dem man, obwohl erst 1870 erbaut, doch diesen uralten Namen zur Erinnerung gab. Der „Nußweiler Bann" aber liegt auf der linken Seite der Kirkelbach, das Ensheimer „Geerlen", ein unheimlicher düsterer Wald von dunkelnden Tannen, auf der rechten Seite. Von Nußweiler also herauf kommt an bestimmten Tagen ein Pferd ohne Kopf gegen Heckendalheim zu. Auch sitzt ein Reiter darauf, der jedoch nicht zu erkennen ist. —

„Eine Bauersfrau von Heckendahlheim erzählte mir auch noch unlängst von einem sonderbaren Erlebnis, das sie auf Nußweiler als kleines Mädchen hatte. Sie war damals an einem Sonntagmorgen mit den Kühen auf der Weide, als plötzlich von Nußweiler herauf die „Proforschjagd" angesaust kam. Sie hörte deutlich in der Luft ihr lautes Hundebellen, das Pferdegetrappel und „Hjüh" rufen. Die ganze Jagd kam auf sie zu, die Kühe jagten mit „peelricht" aufgerichteten Schwänzen davon, doch da war die „Proforschjagd" schon über sie hinweg. Ihr Vater, das war mein Großvater, war höchst erstaunt daheim, als er plötzlich die Kühe den Hanfberg herabrasen sah und konnte keine Erklärung finden, bis seine Tochter atemlos und halb zerschlagen auch zu Hause ankam."

159. Der heimkehrende Dorfschatz des Gänsegretel's von Fechingen.

Die Fürstin Katharina von Nassau-Saarbrücken, als welche sie in Saarbrücken vollkommen anerkannt und tituliert worden ist, der das Volk den populären Namen des „Gänsegretel's von Fechingen" gegeben hat, war von einfacher, ja dörflicher Herkunft und stammte aus der Familie Kest (Köst) von Fechingen. In ihrer Jugend war ihr von einer Zigeunerin geweissagt worden, daß sie einmal einen Witwer heiraten würde, der sie zur ersten Frau im Lande machen würde. — Als das alles noch weithin war und sie ein einfaches Dorfmädchen gewesen ist, obwohl sie von Jugend an etwas Hoheitsvolles stets hatte, soll sie in Fechingen einen Schatz auch, wie die anderen Mädchen, gehabt haben, d. h. einen Bauernburschen, den sie gerne sah. Der sei dann auf Wanderschaft gegangen und als er davon nach Jahren in das Land erst zurückkam und sich auf das Wiedersehen mit seinem alten Schatz gefreut habe, kam er in Saarbrücken in der Nähe des Schlosses vorbei, aus dem gerade ein fürstlicher Hochzeitszug herauszog. Als der Bauernbursche gefragt habe, wer da Hochzeit halte, habe er dann zu seiner Betrübnis erfahren, daß die Braut das von ihm einst so geliebte Mädchen sei, das nun zu seiner Landesherrin emporgestiegen war. — Mit dieser Sage mag dann auch die Tatsache im Zusammenhang stehen, daß der französische Fürst Montbarey, der Vater einer als Erbprinzessin in Saarbrücken einziehen sollenden Tochter, einst mit seinem Sohn auf den Ludwigsberg zu Gast kam, um die Hochaufgestiegene zu demütigen. Um das zu erreichen, hatte der Sohn als seinen Lakay einen Vetter der Fürstin angenommen, der im Rufe stand, einmal zu Dorfzeiten eben ihr Schatz gewesen zu sein. Damals wurden die Herrschaften auch noch neben dem fürstlichen Dienergewoge von ihren eigenen Leiblakayen besonders bedient. Und so stand bei der Tafel auf dem Ludwigsberg dieser Vetter hinter dem Stuhle des Prinzen, während genau gegenüber sie selbst mit dem Fürsten Montbarey saß. Sie wurde aber keineswegs verlegen, hob zuletzt die Tafel auf und ging unbefangen um sie herum auf den Prinzen zu und fragte: „Nun, wie sind Sie mit meinem Vetter Philipp zufrieden, denn ich interessiere mich sehr für sein Fortkommen." Worauf von soviel Klugheit und Überlegenheit gedemütigt die Franzosen nun auch zu ihren Bewunderern gehörten.

160. Die Geister der Täler um Brebach und Fechingen.

Im schönen Wiesental zwischen Brebach, der Halberger Hütte und Fechingen liegt eine Sandsteinhöhle, in der das „weiß Fraache" wohnte. Schräg gegenüber liegt ein Wasserwerk, wo früher eine Mühle war. Dort bedroht der „Mann im eisernen Mantel" die abends aus dem Wirtshaus heimkommenden. In Fechingen selbst fand ein Bauer beim Graben in der Felswand hinter seinem Hause Gräber und darin die Überreste eines Mannes, einer Frau und eines Kindes. Der Mann sei der „heil'ge Drachen" gewesen. Die ehemaligen (wohl heidnischen) Umwohner hätten die Familie erschlagen. Die Fundstelle führt den Namen „am Drachenstein", wie es der Volksmund will, ebenso wie er den Fechinger Gemeindewald Sitters „Hermesbüsch" heißt. — Mit den Sagen des obigen Tales mögen ergänzend wohl auch diese Überlieferungen zusammenhängen: Im Herrenwald zwischen Fechingen und Bischmisheim geht der „Boley" um, in einen blechernen Mantel gehüllt. Wenn nun des Nachts ein Wanderer am Walde vorbeigeht und so durch das Wog- und Wischbachtal schreitet, tritt dieser Waldgeist aus seinem Revier heraus, hält ihn an und frägt, wohin er wolle. Kann er ihm dann nicht schnell und befriedigend Antwort geben, so nimmt er ihn mit sich in seinen Herrenwald. — In demselben Wog- und Wischbachtal, wurden ehemals nicht weniger als 4 Mühlen betrieben. Von ihnen waren die Talmühle und Heringsmühle im 18. Jahrhundert im Besitze der Familie Buschbacher-Müller, deren Ahnfrau Anna Maria Speckbacher aus altem Tyroler Geschlecht, als Witwe Valentin Buschbachers von der Heringsmühle und Thalmühle 1732 Michael Müller von der Ehlinger-Widdersheimer-Mühle (geb. um 1680) und Enkel des Henrich Müller, Müllers in Ehlingen, heiratete, so daß die Müller aus dem nahen Bliesgau selbst und so von der Erfweiler-Ehlinger Mühle im schönen Mandelbachtale einmal dahin kamen, um dann auch auf der Sulzbacher und Dudweiler-Mühle zu erscheinen. In diesem Wog- und Wischbachtal aber geht ein gespenstiger Müller noch heute um. Die Bischmisheimer wollen nämlich hier immer ein „weißes Männchen" gesehen haben, das an den Höhen des Wogbachtales, wie sie sich auf der rechten Seite von Muntzinger's Mühle (heute Wasserwerk) nach der romantischen Talmühle hin ziehen, geisterte.

161. Die drei Jungfrauen.

Vor vielen hundert Jahren kamen drei Jungfrauen in die Gegend von Erfweiler-Ehlingen. Sie wohnten an verborgener Stelle im Walde. Nur des Sonntags ließen sie sich sehen und kamen im feinsten Schmuck zur

Kirche, sprachen aber mit niemand. Auch wußten alle im Dorfe, daß man sie nicht anreden dürfe. Da konnte einer nun seine Neugierde nicht bezwingen und fragte die seltsamen Kirchgängerinnen nach ihrem Herkommen. Darauf verschwanden jedoch die drei Jungfrauen für immer.

Einmal aber war man ihnen nachgegangen und da sah man, daß sie vom nahen Kreuzacker herkamen, um dort auch zu verschwinden. Es stand da aber ehemals eine heidnische Villenansiedlung, die man seinerzeit ausgrub und da meint man, daß es die frommen Töchter eines römischen Gutsbesitzers gewesen seien. Auch der Turm und die Grundmauern der alten Erfweiler Kirche, die sie besuchten, sollen der Sage nach, noch aus römischer Zeit stammen.

162. Der Bauer mit den roten Strümpfen.

In der Gegend des Weges, der von Fechingen aus nach Bliesransbach führt, liegen zwei Bannbezirke, die die Namen Bönningen und Friedrichingen führen. Da geht nun die Sage, auf Friedrichingen und dem gegenüberliegenden Bönningen hätten in alter Zeit Dörfer gestanden, also ebenso wie auf Nußweiler und Lindweiler (vgl. Nr. 158), die später durch Krieg zerstört worden wären. In Bönningen habe ein Bauer gelebt, der habe sieben Paar Strümpfe besessen und darunter ein Paar leuchtend rote. Der hätte nun täglich damit der Reihe nach gewechselt und jeden siebenten Tag die roten angezogen. So hätte dann derselbe immer genau gewußt, wann es Sonntag gewesen. — Mit den roten Strümpfen geschmückt, hätte er sich dann allemal morgens nach Friedrichingen begeben und so hätten auch die dortigen Ortsbewohner erfahren, wann der liebe Sonntag gekommen.

163. Die Wassernixe von Eschringen.

Bei Eschringen in tiefer Waldeinsamkeit war ein grundloser Wassersumpf, Seerosen erblühten in schneeweißer Pracht darauf in Fülle. Des Schultheißen bildschönen Sohn zog es häufig dahin. Er hatte von der geheimnisvollen Wasserjungfer vernommen, welche tief unten wohne im kristallnen Palaste. Als er einmal wie-

der dort war, da regte sich eine der Seerosen, aus den
Blättern des Kelches tauchte ein wundervolles Wesen
empor, halb Kind und halb Jungfrau, und winkte ihm
verlangend entgegen. Er streckte die Arme nach ihr
aus und versank mit ihr in der Tiefe. Groß war die
Trauer im Dorfe. Des Jünglings Pflegevater, der Ritter
Boos von Waldeck, kam mit seinem Hauskaplan, um
durch dessen Beschwörungssegen den See zu entzau-
bern. Darauf ergriff der Ritter sein Schwert und hieb
eine der schönsten Seerosen ab. Mit dem Schlag ent-
strömte Blut dem abgehauenen Stengel und ertönte
zugleich ein durchdringender übermenschlicher Schrei
— die Wassernixe war tot.

164. Der Lorenzenborn.

Bei Eschringen steht die St. Lorenz-Kapelle, in einer
Nische hinter dem Altar bewahrte sie des Heiligen Bild.
Unten bei der Mühle sprudelt der Lorenzenborn. Hier
lebte vor Zeiten mit ihrer Enkelin eine alte Wittib. Von
dem übernächtigen Spinnen war die Arme fast erblindet. Einmal in später Mitternacht fand ein halberstarr-
tes altes Mütterlein bei ihr Herberge und Erquickung.
Des Morgens bestrich die Fremde der Kranken die Augen und riet ihr, sich siebenmal des Tages zu waschen
mit frischem Wasser aus dem Born bei der Mühle. Die
Großmutter genas wie durch Wunder. Als eines Tages
das Mägdlein mit dem Kruge wieder zum Brunnen gekommen, fuhr es erschrocken zurück, denn aus der
Tiefe des Wassers schaute ein Antlitz es an, so hold
und so freundlich wie das eines Engels, und diese
Erscheinung wiederholte sich ihm bei jedem Gange an
den Brunnen. Man untersuchte den Quell und zog aus
dem Schlamm heraus das Bild des hl. Laurentius und
brachte es zur Kapelle. Und so war der Brunnen ein
Heilwasser für vielerlei Leiden geworden. Hatte doch
diese alte fromme Heiligenplastik einmal in dem
Lorenzkirchlein selbst gestanden und war von wilden
Kriegshorden in das Wasser des Borns geworfen worden, während man vor ihnen das silberne Glöcklein,
das einmal auf dem Turme hing, beim Finkelrechweg
in die Tiefe eines sumpfigen Baches versenkte. Dort
ruht es noch immer und der Sumpf ist verschwunden,
und niemand weiß die genaue Stelle mehr, wo das Glöck-

lein liegt. Doch alljährlich in den Tagen des Maies, wenn zu Abend die Betglocken läuten und in der hl. Adventszeit hört man den Silberton seines Läutens wie aus weiter verlorener Ferne. Alles Suchen nach ihm aber war bisher vergeblich. — Ein alter Klosterbruder der Wadgasser hat aber gesagt: „Sobald in der Gemeinde des Dorfes die altererbte Zwietracht zu schwinden beginnt, hebt sich das Glöcklein um einige Fuß und wird endlich am Festtage allgemeiner Versöhnung auf der Oberfläche erscheinen."

165. Die Einführung der Kartoffel.

Ein Bauer von Bischmisheim soll der Volkssage nach im Jahre 1696 die ersten „Grumbeeren" (Grundbieren) in einer Schachtel von Frankfurt am Main mitgebracht und dem Pfarrer Beltzer-Winckelsaß davon mitgeteilt haben, der sie nach und nach vermehrte, um sie derart im Saarland einzuführen. Nach einer anderen Nachricht aber brachten die ersten Werkleute des 1685 gegründeten Dillinger Werkes, die zumeist aus der Gegend von Lüttich kamen und teils wohl aus der Soumagne, wie so manche Eisenleute unserer Gegend, bereits diese Frucht mit und verbreiteten sie. Dabei waren denn auch Familien wie die Lamarche, Godebille (Gottbill), Fléon und andere, von denen die beiden ersten auch später noch in Verbindung mit Eisen und Kohle im Hochwald, um Saarbrücken und in Lothringen hervortraten. Und überhaupt kamen gerade aus dem Lütticher und Eupener Land zu uns an die Saar und in den Hochwald so manche Eisen- und Stahlpioniere. Frühe schon die alten Hüttenherren des Abentheuer Werkes im Hochwald bei Birkenfeld, die Eisenschmidt, die als „Welsche" im 16. Jahrhundert dorthin gelangten und vielleicht auch ihre Vorgänger und Ahnen schon, die Helleisen, die dann auch im 17. Jahrhundert im Bauwesen von Wallerfangen erscheinen, die de Hauzeur aus Hoser bei Lüttich und um 1650/60 schon die Houart (Houy) aus Eupen, als Hüttenbeständer auch von Neunkirchen und später die Gouvy aus Goffontaine, auch im Lütticher Land, unter Fürst Wilhelm Heinrich, die in der Einführung der Stahlindustrie frühe schon förmlich hier bahnbrechend zusammen mit diesem Saarbrücker Fürsten wurden, so daß das Saarland und diese ganze Gegend doch in mancherlei diesem wallonischen Gebiet verbunden bleiben und dankbar sein muß. Aus der Soumagne kamen auch drei Brüder de Bouharmont um das ausgehende 17. Jahrhundert nach Bitsch, die Vorfahren der dann als Unternehmer bedeutsamen saarpfälzischan Eisen- und Kohlenfamilie Didier in Homburg, Kaiserslautern und Eisenberg wurden, die später, auch noch zur Napoleonszeit, die ganze Kaiserstraße entlang von Kaiserslautern über Landstuhl bis Homburg im wichtigen und wie erblichen Postmeisteramt so lange saßen und sehr bedeutende Grundbesitzer waren. (Vgl. auch Nr. 115 und 329 Anm.)

166. Der Däiwel als Wildsau.

Ä Bouer aus'm Gau is emol mit'me Waan voll Kohle de Staffel enuff gefahr. Säi Buw hat om Waan gehuckt, er selwer is näweher gang. Ach, war daß'n aaremselig Fahreräi! Wo heecher als se enoff komm sin, wo raulicher als's gang hat un miderlätscht wollts ball gar nimmeh gehn. Do fangt der Bouer aan se fluche: „Ä Himmelheilig Kreizmilljoonedunnerkäil soll so ä Gefehrts verschlaon. Do sidd m'rsch widder." —

„Bergenunner helfe alle Heilige drigge,
Bergenoffer awwer kä Däiwel!"

Das lätscht Wort war noch nit se gudds aus'm Moul gewään, do rauschts in de Hecke, ä pechschwarzi Riesewildsau springt erous, schießt unner de Waon un is wie's Gewidder mit dämm verschwonn. Wammer dänne Bouer sällemols gestoch hätt, hätt'r nit geblut, so verschrock war er. Awwer männen'r, er hätt sich gänn! Nit om's Verrecke! Päär on Waan sin fleede, hat'r gedenkt. On der Buw? — „Ganz egal", saad'r: „Had der Däiwel die Fuhr geholt, kann'r aach de Bowwe holle!"

Wie 'r jetzde off die Ääwening (Ebene) komm is, ei!, do steht die Fuhr als wenn nix passiert wär on säi Buwwe kaut seelevergniegt ann're Bodderschmeer.

Säit der Zäit hat der Bouer 'm Däiwel kä Vorwurf meh gemacht. Awwer jedesmol, wanner die Geschicht vonn der Wildsau verzellt hat, hat'r zum Schluß immer gesaad: „Siehnersch, ihr Läit, der Däiwel is nit so schwarz als wie m'rne an die Wand moolt!"

167. Der „Schlappe".

Zu den besonders noch volkstümlichen Geistern überall um Ensheim und den Stiefel gehört auch der „Schlappe" (Schlapphut). Das ist ein schwarzer Mann mit einem Schlapphut und fliegendem Mantel, der vorab am Ausgang des St. Ingberter Waldes auf dem Wege nach Ensheim zu geht. Er begegnet dem Wanderer auf der Berghöhe im Nebel, springt ihm auf den Rücken und reitet ihn bis zum Ensheimer Hof, wo er verschwindet. Aber auch auf der Straße von Eschringen nach Fechingen zeigt er sich gerne am „Paffenbrünnchen" und am „Scheppchen", einem Walde an der ehemaligen bayrisch-pfälzischen Landesgrenze. — Bis zum „Paffenbrünnchen" ließ er sich hier wohl tragen. Auch den Leuten, die frühmorgens in die Stadt auf den Markt gingen, erschien dieser schwarze Mann oft. Dann ging er neben ihnen her vom Scheppchen bis zum Pfaffenbrunnen, wo er verschwand, aber ohne ihnen je etwas zu leide zu tun. Dann wird auch noch von seinem Erscheinen auf dem Mühlenweg von Heckendalheim nach Ensheim von anderer Seite berichtet, also von der Gemarkung „Hahn" beim Trieschhofe, und demnach ebenfalls dem heutigen Ensheimer Hof, wo er wohl gerne bis zur Gemarkung „auf dem Ensheimer" die Vorübergehenden in den Abendstunden reitet. Bei Tage hält er sich hier in der dunkeln, tiefen „Hohnerklohm", insbesondere bei den großen Felsen beim Ausgang zur Kirkelbach auf. Und schließlich spukt er dann noch in der „Schnapphahner Dell". Frauen aus Rentrisch scharrten hier einmal Laub im Walde und gingen dann, die gefüllten Laubtücher auf dem Kopfe durch die Schnapphahner Dell wider dem Dorfe zu. Da „trabbte" es hinter ihnen, wie wenn jemand raschen Schrittes nachkäme. Sie blieben stehen und sahen sich um, aber kein Mensch war weit und breit. Als sich dasselbe Spiel noch ein paarmal wiederholte, bekamen sie es mit der Angst zu tun und liefen schreiend auf die St. Ingberter Straße hinunter. Die Alten daheim aber meinten, das käme öfter vor, das wäre der Schnapphahn gewesen. Hier scheint es also, als ob der Schlapphut, der einerseits Züge des wilden Jägers trägt, mit dem gefürchteten Stiefeler Raubritter und Schnapphahn Reppert vor allem zusammengeworfen wäre, einem der vielen Schreckgespenster des Stiefels eben, neben dem Riesen Kreuzmann und dem Maltitz, und so wilden Jäger, der hier sein Hauptquartier auf diesem sagenreichsten Berg des ganzen Saarlands im weitern Sinne aufgeschlagen hat. Dazu kommen denn noch die auch zu ihm und der wilden Jagd wohl gehörigen gespenstigen Pferde ohne Kopf und zum Ausgleich auch, einige gute Geister, wie der reiche Ritter Heim und seine liebliche Tochter, das wohltätige Stiefeler Burgfräulein im Kranze von Rosen und seinen goldenen Schlüsselblumen und dem herrlichen Burggärtchen, dazu Elfen und Feen, um das eigenartige Bild um diesen ganzen Wunderberg herum immer vollständiger zu gestalten. — Und alte Keltendenkmale wie die Chriemhildespil von Rentrisch und „Hänsel und Gretel" beim lieblichen Grumbachtal blicken von seinen Füßen zu ihm herauf und vereinigen sich mit den grotesken Felsbildungen auf seinem Gipfel zu einem wahrhaft romantischen Ganzen. —

168. Der wilde Jäger des Stiefels.

Vom großen Stiefel, dem Rodensteine des Saarlandes, zieht das wütende Heer, voran der wilde Jäger, ein gewisser Freiherr von Maltitz, der allenhalben im Umkreise noch spukt. Sein Jagdbereich erstreckt sich vom Stiefel und Staffel über das Scheidter-, Sulzbach- und Köllertal bis in das Prims- und Haustadter Tal und die Kinder schreckt man bis auf den heutigen Tag mit dem Rufe: „O wei, der Malditz kummt!" (Bei Dudweiler aber gibt es noch einen Malditzeberg und auch noch ein Malditzebrünnchen im Saarland, in der Nähe von Fischbach, einsam und abseits, im Walde gelegen, und auch hier nahm man wohl gerne an, daß der wilde Jäger seine Meute trinken ließ.)

Im Scheidter- und Sulzbachtal ist Maltitz aber nicht nur Anführer der im Herbststurm durch die Wälder und Felder brausenden „proforschen Jagd", er erscheint auch zu anderen Zeiten, und sogar am hellen Mittag, als langer hagerer, steinalter Förster. Gewöhnlich sitzt er dann in seiner Förstergestalt bewegungslos auf einem Grenzstein am Waldesrand, bis ihn die Leute, die auf dem Felde arbeiten, entdecken und sich zuraunen: „Der Maltitz, der ewig Jär, do owwen am Wald huckt'r!" Ehe sich die Leute aber nur recht umsehen, ist er wieder verschwunden.

169. Die geheimnisvolle Kutsche, der barocke Geistertanz und der unheimliche Jäger.

Zwei St. Ingberter, die 1865 noch lebten, waren eines Tages auf dem höchsten Punkt des Stiefels mit Holzlesen beschäftigt, da gewahrten sie eine mit vier Rappen bespannte Kutsche, die in sausendem Galopp unter Hufschlag und Gerassel auf dem Wege zum alten Schloßplatz gleichsam dahinflog. Dort angelangt, hielt sie plötzlich still und die beiden Holzmacher hatten Muße, mit staunenden Augen alles genau anzusehen. Diese Kutsche aber war sehr groß und nach einer noch nie von ihnen gesehenen geschweiften Art gebaut, dunkelgrün lackiert und reich verziert mit Silberbeschlag. Vorn auf dem Bocke saßen in dunkelblauen, mit Silbertressen besetzten Röcken ein Kutscher und ein Bedienter, beide mit hohen Bonapartehüten und demnach Dreispitzen aus der Rokokozeit wohl. Hinten am Wagen aber standen in grünen Uniformen, mit goldenen Litzen besetzt, zwei Personen, die man als Leibjäger ansehen mußte. Federbüsche zierten ihre runden, einseitig aufgekrempelten Hüte. Wunderschön geradezu waren in Bau und Haltung die vier mutigen Rappen, und ihr ganzes Geschirr und Schnallenwerk erglänzte von gleißendem Silber. Beim Anhalten der Kutsche sprang der Bediente rasch vom Bock, ebenso die beiden Jäger von ihrem Standbrett. Der Kutschenschlag öffnete sich und es stiegen heraus, in gravitätischer Haltung und mit achtunggebietenden trotzigen Mienen vier wunderschöne Damen mit gepuderter Kopffrisur und in seidenen hellblauen Kleidern, die am Oberkörper eng anlagen, während der Rock auffallend weit war. Blendend weiße Strümpfe schauten darunter hervor und zierlich geformte Schuhe von blauem Saffian schlossen die Füßchen ein. Jede der Damen trug eine schwere goldene Kette um den bloßen Nacken.

Zugleich stiegen aus der Kutsche vier Herren, deren

Alter man nicht genau bestimmen konnte, weil sie gepuderte Kopffrisur trugen wie die Damen. Nur soviel war zu bemerken, daß ihre Gesichtszüge eine regelmäßige Schönheit hatten. Mürrisch und ernst traten sie heraus und verbeugten sich gegen die Damen, die das mit zierlichen Verneigungen erwiderten. Die Herren trugen blaue Fräcke mit langen Schößen, hochgelbe Westen, weiße zierlich gefaltete Vorhemden, schwarze Halsbinden, blendend weiße, bis unter die Knie reichende Hosen, weiße Strümpfe und Schuhe von schwarzem Glanzleder mit silbernen Schnallen.

Da wurden die Mienen der acht Personen mit einem Male heiterer, nachdem sie freundliche Blicke gewechselt hatten, reichten sie sich die Hände, bildeten einen Kreis und begannen in dieser Stellung einen Tanz, der nach und nach rascher und schließlich so schnell wurde, daß man kaum mehr ihre Gestalten unterscheiden konnte.

Dieser Reigen mochte ungefähr zehn Minuten angedauert haben, als plötzlich am südöstlichen Hang des Stiefels in gemeßenem Schritte ein alter Mann heraufkam, dessen Kleidung sogleich einen Jäger erkennen ließ. Aus dem bartlosen grauen Gesicht blitzten zwei stechende Augen, auf dem Kopfe trug er den niedern runden Hut, der auf einer Seite aufgekrempelt und mit wilden Vogelfedern besteckt war. Mit einem Worte: es war der unheimliche Jäger, der Maltitz, der sich lautlos eingestellt hatte.

Bei seinem Herannahen flohen die Tanzenden wie der Wind auseinander und huschten rasch in die große Kutsche. Der Bediente und die Jäger sprangen nach geschlossenem Kutschenschlage blitzschnell auf ihre Sitze und in sausendem Galopp raste die Kutsche gleichsam wie im Fluge davon. Mit scharfem Blick sah der unheimliche Jäger dem flüchtigen Gefährte nach bis nach wenigen Sekunden das Gerassel verhallte, worauf er plötzlich verschwunden war. —

Der höchste Geist und Heidengott hatte also die Kleinen Geister vertrieben, ein höchster Hofbeamter der Fürstenzeit die kleineren Hofschranzen! — Holzsammelnden Leuten soll das eigenartige Schauspiel schon oft auf dem großen Stiefel zuteil geworden sein.

170. Der Elfentanzplatz.

Von der malerisch-eigenartigen Felsbildung des Riesentisches auf der Höhenplatte des Stiefels, also einer großen Steinformung, dazu selbst nicht unähnlich einem Stiefel, die auf einem schlanken Felsklotz schwebt, erzählt man sich die liebliche Sage, daß unsere Vorfahren darauf einst Elfen tanzen sahen. Und auch heute noch sollen sie in Mondnächten dafür empfänglichen Augen sichtbar sein.

171. Der Riese Kreuzmann.

Am großen Stiefel, dem kegelförmigen Berge bei Ensheim, heißt eine Felsenplatte der „Riesentisch". Hier hauste vor Zeiten der fürchterliche Riese „Kreuzmann", welcher Menschen einfing und sie verzehrte. Ehe er mit seinen wilden Gesellen auf Raub auszog, wurden die Schwerter und Messer an einem Riesenwetzstein geschliffen, wie er noch heute bei Rentrisch steht. Mit dem geraubten Gute füllte Kreuzmann seine Vorratskammer, als solche dienten ihnen die Höhlen im Innern des Berges. Seine Gefangenen brachte er auf dem Zweispitz, einem gewaltigen Felsen, den er zugleich als Tisch benutzte, seinen Götzen zum Opfer. Menschenfleisch soll seine Lieblingsspeise gewesen sein. Er war aber so stark, daß er die ältesten Waldbäume wie Hanf ausriß und Felsenstücke heben konnte so groß wie kleine Häuser, wie man es eben noch an seinem Riesentisch sehen kann, den er sich an die Seite des Stiefels oben auf gegen das Mühltal hinsetzte. Den im Tal ergatterten Menschenvorrat, soweit er sich denselben noch aufsparen wollte, sperrte er in einen hölzernen Käfig ein, bis er Hunger bekam. Darin sollen dann die Unglücklichen so geschrien haben, daß es weithin schallte, worauf er voll Bosheit meinte: „Ei, wie schön meine Vögel pfeifen." Zur Mahlzeit aber nahm er sich dann einen oder auch gleich mehrere Menschen heraus, briet sie auf der Felsenebene, an deren Ende sein Tisch stand, gar, um sie dann auf diesem zu verspeisen.

Lange Zeit trieb er es so, bis sich endlich die Talbewohner ermannten und entschlossen, ihn umzubringen. Man wollte ihn nach einer Mahlzeit, nach der er gewöhnlich einige Tage fest schlief, ausräuchern, schleppte Stroh, Reisig und Gehölz um seinen Turm und zündete es an, um ihn im Schlafe zu ersticken. Doch er hielt den eindringenden Rauch, von dem er wach wurde, nur für dicken Waldnebel. Immerhin er stieg in seine Nase hoch, so daß er gewaltig nießen mußte, wovon, wie bei einem Erdbeben, der Boden weithin erzitterte und die Erdenwürmer erschreckt den Berg herabstoben. — Und als der Riese aus seinem Turm heraustrat, um frische Luft zu schöpfen, sah er erst, was sie angerichtet hatten und wurde fuchsteufelswild. Das nächste beste, was ihm unter die Hände fiel, war sein großer Wetzstein, an dem er ja die Messer zum Schlachten seiner Opfer gerade auch scharf zu machen pflegte. Den schleuderte er den Feinden nach und sau-

23. Der Stiefelfelsen oder Riesentisch bei Scheidt

send fuhr er durch die Luft zu Tal, weit über die Menschlein hinweg auf's Rentrisch, bohrte sich dort mit der Spitze in die Erde, wo er noch heute neben dem Bache, zum Wahrzeichen des Ortes geworden, zu sehen und zu bestaunen ist. — Nun wollte Kreuzmann den Berg selbst eilends hinablaufen, um mit Baumstämmen seine Gegner zu erschlagen, stolperte aber, doch etwas von dem Rauch mitgenommen, über einen Fels und fiel betäubt hin. Kaum aber sahen das die bis dahin angstvoll sich verkriechenden Menschen, als sie neuen Mut faßten.

Und die beherztesten unter ihnen liefen alsbald hin, um ihn vollends tot zu schlagen. Dann legten sie ihn in eine tiefe Bergmulde, auf die sie Stein auf Stein wälzten, bis sich gar ein kleiner Berg da wieder erhob. Und darunter liegt er heute noch und man nennt ihn immer noch das Riesengrab.

172. Die Sage vom Ritter Heim.

In jenen fernen Zeiten, als noch die Bewohner unserer Gegenden Heiden waren, sollen auf sieben der höchsten Berge des Landes, nämlich auf dem Hohenoder Großen Stiefel auf der Gemarkung von Ensheim, auf dem Roten- oder Schafskopfe (1538 „Heitenberg" genannt), dem ersteren gegenüber auf der Gemarkung St. Ingbert, auf dem Berge, worauf das fürstliche nassauische Jagdschloß Neuhaus lag, auf dem Hölsberge bei Biesingen, auf dem Höcherberge bei Neunkirchen und noch auf zwei anderen nicht mehr bekannten Punkten, sieben christliche Ritter gewohnt und unter sich, gegen die feindlichen Angriffe und Überfälle der Heiden, ein Bündnis zu Schutz und Trutz gemacht haben. Auf den hohen Warten ihrer Burgen sollen sie lange Stangen aufgestellt, an dieselben große Pechkränze befestigt und dieselben zur Zeit der Not angezündet haben, um die Verbündeten so zur Hilfe herbeizurufen.

Die Sage nennt nun als den damaligen Herrn des Stiefeler Schlosses den Ritter Heim. Dieser Ritter soll sehr reich und namentlich Eigentümer aller Ortschaften der ganzen Umgegend gewesen sein, deren Namen nach seinem Namen sich auf „heim" endigen, wie Ensheim, Bischmisheim, Ommersheim, Ormesheim, Bebelsheim und andere mehr. Einer seiner Verbündeten habe

Weiler geheißen und sei Herr aller Ortschaften gewesen, deren Namen auf „weiler" ausgehen. Ritter Heim, heißt es weiter, habe eine Tochter gehabt, welche aus innerem Antriebe sich mit Erlaubnis ihrer Eltern in das damals schon bestehende Kloster oder Stift St. Arnual habe aufnehmen lassen, aber nicht lange danach gestorben sei und auch in der Stiftskirche begraben liege.

Nach dem Ableben seiner Tochter sei auch der Ritter bald gestorben und habe seine Frau allein auf dem Hohen Stiefel zurückgelassen. Nicht lange soll sie aber daselbst nach ihres Gemahls und Kindes Tod mehr geweilt, sondern alsbald ihre Leute abgeschafft haben und nach Saarbrücken zum Grafen Weilburg gezogen sein, um bei diesem den Rest ihrer Tage zu verleben, doch habe sie auch hier die ersehnte Ruhe nicht gefunden und sei nach Verlauf eines Jahres ebenfalls in das Kloster St. Arnual eingetreten. Als aber auch sie nach mehreren Jahren sich ihrem Ende nahe gefühlt, habe sie den Bischof von Bischofs- oder Bischmisheim zu sich an ihr Sterbelager bescheiden lassen, um demselben ihren letzten Willen zu verkünden.

Dieser sei alsbald angekommen, habe das Testament der Gräfin eigenhändig niedergeschrieben und bei sich verwahrt, worauf letztere endlich ebenfalls gestorben und neben ihrer Tochter begraben worden sei.

Diesem Testamente habe das Stift St. Arnual seine ursprünglichen großen Reichtümer zu verdanken. Der Graf Weilburg habe den Großen und Kleinen Stiefel auf der Gemarkung der Gemeinde Ensheim, diese Gemeinde aber alle auf ihrer Gemarkung liegenden Waldungen, mit Ausnahme der beiden erstgenannten Distrikte, und die Gemeinde Bischofsheim, den Grumbacher Hang, den Hochwald und noch mehrere andere auf ihrem Banne liegenden Waldungen und außerdem noch schöne Weidgerechtigkeiten in einem großen Teile der Ensheimer Waldungen erhalten. Wirklich übte auch die Gemeinde Bischmisheim solche Gerechtigkeiten auf dem Banne Ensheim bis gegen Ende des vorigen Jahrhunderts aus.

Von diesem Testamente erzählt die Sage ferner: Als in späteren Zeiten die Reformation Eingang gefunden, habe der Bischof von Bischofsheim flüchten und in der Eile alle seine Papiere zurücklassen müssen, weil man ihm nach dem Leben getrachtet habe. — Nicht lange nachher habe sich eine Gelegenheit ergeben, wo die besagte Gemeinde von diesem Testamente Gebrauch habe machen müssen.

Der damalige Graf von Saarbrücken, welcher nicht habe begreifen können, wie es gekommen, daß eine Bauerngemeinde so schöne Waldungen besitze, habe die Gemeinde Bischmisheim in ihren Rechten angefochten, dieselben auf jede nur erdenkliche Weise geschmälert und unter allerlei nichtigen Vorwänden derselben ein Stück Wald um das andere entrissen. Dagegen habe Bischmisheim protestiert und es endlich vor dem Reichskammergericht zu Speyer zum Prozeß kommen lassen, der aber durch die Sachverwalter des Grafen immer in die Länge gezogen worden, bis endlich die Stadt Speyer gegen Ende des 17. Jahrhunderts abgebrannt sei, wobei mit dem größten Teile des reichskammergerichtlichen Archivs auch das von der Gemeinde Bischmisheim produzierte Testament nebst anderen Beweisstücken vernichtet worden sei. Die Gemeinde habe hierauf zu Wetzlar ihren Prozeß verloren.

Als der Abt des Klosters Wadgassen, unter welchem die Propstei Ensheim stand, dieses gesehen, habe er das nämliche Spiel mit der Gemeinde Ensheim getrieben und derselben zu Wetzlar einen Prozeß an den Hals geworfen, den dieselbe in den wesentlichen Punkten wegen Mangels an schriftlichen Beweisen gleichfalls verloren habe. So sei dieser Gemeinde nach der Hand der Kleine Stiefel, den sie sich früher erworben hatte, vom Kloster wieder entrissen und an den Fürsten von Saarbrücken verhandelt worden, und ebenso auch die andern durch das Testament erhaltenen Waldungen.

In Wirklichkeit war denn auch die Gemeinde Ensheim mit dem Staate noch vor einigen Jahren (um 1840) in einem Rechtsstreit befangen, welcher schon länger als vor hundert Jahren angefangen, aber zu keinem Ende geführt worden war. Als jedoch in neuerer Zeit der Gegenstand des Prozesses geteilt wurde, gewann die Gemeinde Ensheim den Prozeß gegen den Staat (als Rechtsnachfolger der Abtei Wadgassen) und damit eine Grundfläche von fast tausend Nürnberger Morgen Landes.

173. Das Schloßfräulein vom Großen Stiefel.

Auf dem Raume des ehemaligen Schloßgartens der alten Burg auf dem Großen Stiefel zeigt sich bisweilen das Schloßfräulein, die fromme Tochter des guten Ritters Heim, des Gründers der Burg und des Wohltäters der ganzen Umgegend, der wie König Dagobert unter ähnlichen Verhältnissen von seinen Bauern einmal gerettet worden ist.

Wenn phantastische Nebel aber über den Berg hinziehen, heißt es, das Schloßfräulein suche seine Rosen. Von seinem glückbringenden Walten folgende Sage: In den Weiler Sengscheidt (Ensheimer Gemarkung) kam vor Zeiten ein vornehmer Fremder, sein zweijähriges Töchterlein in den Mantel gehüllt und fand freundliche Herberge bei den redlichen Leuten, wo er auch sein Leben verbrachte. Der Hirt des Ortes war dem Kinde besonders zugetan. Am Tage vor Weihnachten sah er im Schloßgarten oben auf dem Stiefel einen wundervoll blühenden Rosenstrauch, der als wahres Weihnachtswunder dem sagenhaften Berge entsprungen war. Er brach einige Rosen, schenkte sie dem Kinde, das wand sich ein Kränzlein daraus und bewahrte dieses als ein Glückszeichen von der Schloßjungfrau in seinem Kasten. Das Kind erwuchs zur holdseligsten Jungfrau und ward die ersehnte Braut des Grafen von Saarbrücken. Am Hochzeitstage holte sie ihre Rosen hervor und siehe — es war ein Kranz von lauter Gold und funkelndem Edelgestein.

174. Der Schloßgarten auf dem Großen Stiefel.

Die Burg auf dem Großen Stiefel war längst schon zerfallen, und wildes Gestrüpp wucherte über den ehemals so herrlichen Schloßgarten dahin. Da kam ein Mädchen aus einer nahen Ortschaft an die Halden des Berges, um würzige Waldbeeren für die Mutter zu suchen, die krank und siech daheim in der ärmlichen Hütte lag.

Trotz aller Mühe konnte das Kind, das immer weiter den Berg emporstieg, nichts finden. Als es die Höhe erreichte, sah es aber mit Staunen, in der Nähe des Schlosses statt niedrigen Gesträuchs und einer verwirrten Pflanzenwildnis einen gar herrlichen Garten mit köstlichen Blumen und Früchten. Seine Verwunderung aber wuchs noch mehr, als sich eine stattliche Frauengestalt in prächtigem Gewande näherte. Die Erscheinung winkte alsbald der Kleinen, die zögernd und furchtsam in den Garten folgte. Dort wurde ihr bedeutet, das Körbchen mit den schönsten und würzigsten Beeren zu füllen. Dann aber brach das Burgfräulein die schönsten Rosen ab und gab sie dem Dank stammelnden Kinde in seine Schürze, bis sie nichts mehr fassen konnte. Hierauf gebot sie dem Mädchen alles der Mutter zu bringen.

Die war schon in Sorge ob des langen Ausbleibens und fürchtete, daß ihrem Liebling im wilden Forst ein Leid geschehen sei. Um so froher war sie daher, als das Kind geschmückt und beschenkt und voll von dem seltsamen Erlebnis heimkehrte. Von den saftigen Beeren aß sie voll Behagen und fühlte sich sofort erfrischt und von neuem Wohlsein erfüllt. Mit den Rosen aber schmückten sie ihre ärmliche Stube. Aber als sie am nächsten Morgen erwachten, strahlte diese von eitel Gold, in das sich die Rosen des Burgfräuleins verwandelt hatten. Voll Dank eilten sie den hohen Stiefel hinan. Aber es war alles wie sonst, der herrliche Garten voll Blumen und Beeren war unter wilden Hecken verschwunden und begraben.

Aber Glück und Segen zogen von nun ab mit den Gaben der gütigen Fee bei ihnen ein. Das Mädchen erblühte zur lieblichen Jungfrau, deren Schönheit weithin bekannt wurde. Und so fand sich ein Ritter aus der Umgebung als Freier ein und führte sie als Burgfrau auf sein Schloß, aber nie erfüllte Hochmut ihre Seele.

175. Die vergessene Schlüsselblume.

Vor alten Zeiten stand auf dem Großen Stiefel ein prächtiges Schloß und nach seiner Zerstörung sah man noch die Ruinen davon aus dem Boden ragen. Insbesondere schauten die Umwohner oft nach dem Türlein, das in ein Gewölbe führte und stets verschlossen war. Gar viel wurde von ihm erzählt, daß es einen Raum hinter sich berge, der ganz mit Reichtum und Pracht angefüllt sei. Da war einmal ein armer Schäfer, der fand einst am Abhang des Berges eine Schlüsselblume von lauterem Golde. Gleich dachte er an das Türlein, brach die Blume und eilte zur alten Pforte. Sie ließ sich auch mit der Zauberblume öffnen und er trat ein. Wie staunte er, als er in einem großen hellerleuchteten Saale stand, in dem unermeßliche Schätze sich häuften. Von der Habsucht gepackt, stopfte er sich alle Taschen voll, machte dann daß er herauskam, aber vergaß in der Eile die Hauptsache, den goldenen Blumenschlüssel. Und das merkte er erst, als er im Freien stand. Rasch wollte er zurück, da brauste es aber wie ein Sturmwind aus dem Berg ihm wehrend entgegen, donnernd schloß sich die Pforte und nahm noch einen Absatz seines Schuhes mit weg. Dennoch eilte der schwer Beladene freudig, wenn auch mühsam zu den Seinen. Als er aber nachschaute, waren nur Steine in den Taschen. Denn er hatte das Beste vergessen, die goldene Wunderblume! —

176. Die goldgelben Schlüsselblumen vom Stiefelhang.

Am Südabhange des Großen Stiefels, unterhalb der spärlichen Burgtrümmer, wächst sehr zahlreich die schöne Waldschlüsselblume. Früher als an anderen Orten öffnen sich dort ihre gelben zartduftenden Blüten. — Vor langen, langen Jahren, an einem Vorfrühlingstage, als noch der Schnee ringsum in den Rinnen und Schluchten des Berges lag, erging sich hier eine Jungfrau. Kummer und Leid bedrückten ihre Seele, denn ihr Bräutigam, ein flotter Jägersbursche, hatte sie verlassen, da es ihr an irdischem Gute fehlte, und dafür eine reiche Bauerntochter gefreit. In der stillen Waldeseinsamkeit des Waldes weinte sie sich aus, denn sie hatte niemand mehr auf Erden, dem sie ihr Leid klagen konnte.

Da fiel ihr Blick auf den wunderbaren Flor der gelben Schlüsselblumen am Wunderberg. Eine Blume pflückte sie sich und wollte damit dann wieder abwärts gehen. Doch der Blumen- und Frühlingszauber des Stiefels ließ sie nicht los, sie mußte immer mehr davon nehmen, pflückte weiter und weiter und darüber vergaß sie Kummer und Leid. Schon dämmerte der Abend herauf, als sie mit einem mächtigen Strauße in ihrem Hüttlein ankam. Müde begab sie sich zur Ruhe, indem sie ihre Seele Gott und seinen heiligen Engeln befahl.

Am andern Morgen war ihr erstes, nach den Blumen zu sehen. Doch was sollte sie erblicken? Alle die gelben duftenden Blütensterne hatten sich in der Nacht in pures blinkendes Gold verwandelt. Das Blumenwunder vom Stiefel war wieder einmal geschehen und sprach sich herum, so geheim sie es auch hielt, doch jedermann gönnte der Braven ihr Glück.

So zog sie dann später nach einer nahen Stadt, wo sie die Frau eines angesehenen Bürgers wurde und mit ihrem Reichtum viel Gutes stiftete. Der ungetreue Jäger aber hatte bald das erlangte Vermögen verpraßt und fand einen bösen Tod im Walde.

Jedes Jahr aber pflücken seitdem junge und alte Menschenkinder von den schönen Schlüsselblumen am „Stiefel", allein sein Wunder, das dazumal geschah, haben der geheimnisvolle Berg und seine Geister bisher noch nicht wiederholen lassen wollen.

177. Die Sage vom Raubritter Reppert.

Nach dem Aussterben des Geschlechtes des Gründers der Burg auf dem Hohen Stiefel stand dieselbe geraume Zeit öde und verlassen, so erzählt die Sage, und war endlich dem Verfalle nahe. Da ließ sich plötzlich ein fremder Ritter mit seinen Mannen in derselben nieder, nachdem er die lange verlassenen Räume wieder in einen wohnlichen Zustand versetzt hatte. Er war unter dem Namen Reppert bei dem Volke bekannt, welches ihn auch den Schnapphahn nannte, da er die ganze Gegend umher durch seine Räubereien unsicher machte. Ein enges, finsteres Tälchen, gebildet durch Ausläufer des Stiefelberges, oberhalb dem Dorfe Rentrisch, im Krämerschen Walde, dicht an der Kaiserstraße, hat beim Volke den Namen „Schnapphahns Dell" erhalten, da Reppert dort gewöhnlich auf die vorüberziehenden Reisenden lauerte, um sie zu berauben.

Das Dorf Rentrisch bestand damals noch nicht, und in der Nähe stand eine von den Untergebenen und Helfershelfern des Ritters bewohnte und betriebene Waffenschmiede und die sogenannte Brudermühle am Bach, der das damals einsame Tal bewässerte. Die Stelle aber, wo heute das Dorf Rentrisch steht, war von den Reisenden weit und breit gefürchtet. Mit Zittern und Zagen sahen dieselben schon aus der Ferne nach der Warte des Stiefeler Schlosses, die über die mächtigen Eichen und Buchen hinausragte, und suchten gewöhnlich, den Hungertod in dem Raubneste Repperts oder Beraubung durch denselben fürchtend, in eiligster Flucht an Schnapphahns-Dell oder über das „Rennertriesch" hinwegzurennen, weshalb auch diese Stelle und das dann daraufstehende Dorf heute noch „Rentrisch" genannt wird. — Denn „Rennt rasch" hieß es wohl bei den oft reichen, hier vom Süden nach Norden auf der Handelsstraße zwischen Italien und den Niederlanden ziehenden Kaufleuten, wenn sie in diese verrufene Gegend kamen.

Lange Zeit machte Reppert so durch sein Unwesen das Land unsicher, und der Volksmund erzählte an langen Winterabenden dann oft schauerliche Geschichten aus dem Leben dieses Raubritters so auch diese:

Einst war er in einem andern Tälchen, weiter abwärts, auf der Lauer, als eine Jungfrau des Weges daherwandelte, welche Tauben nach Saarbrücken in die Schloßküche tragen wollte. Sie soll aus dem Dorfe Scheidt und sehr schön gewesen sein. Der erste Blick auf sie erweckte in dem Herzen des Ritters eine wilde Leidenschaft und die Begierde, die Jungfrau um jeden Preis zu besitzen. Dem Gedanken folgte die Ausführung auf der Stelle. Wie ein hungriger Geier auf seinen Raub, so stürzte sich Reppert auf die nichtsahnende Jungfrau und entführte die vor Schreck in Ohnmacht gesunkene auf seinem schnellen Rappen in sein Bergschloß, wo die Unglückliche zu einem traurigen Leben wieder erwachte. Sieben Jahre hatte er sie gefangen gehalten und während dieser Zeit drei Kinder mit ihr gezeugt, diese aber jedesmal vier Wochen nach ihrer Geburt erwürgt, weil es Mägdlein und nicht Knaben waren. Die Leichen der armen Kleinen hängte er in dem Burghof an einer Stange auf und ergötzte sich, wenn dieselben mit der Zeit durch Wetter und Wind zu Skeletten geworden waren, bei übler Laune durch Spiel mit dem Geknöchel.

Plötzlich warf ihn eine böse Krankheit auf das Siechbett. Je länger er aber auf demselben verweilen mußte, desto übellaunischer und mißtrauischer wurde er. Überall fürchtete er Gift und Verrat. Seinen Leuten gab er die strengsten Befehle, niemanden weder ein- noch auszulassen. Bei Nacht verwahrte er den Burgschlüssel unter seinem Haupte. Von Arzneien wollte er, aus Furcht durch dieselben vergiftet zu werden, nichts wissen. Mehrmals bat die Gefangene, ihr doch seine Erlaubnis erteilen zu wollen, nach Saarbrücken zu einem Heilkünstler gehen zu dürfen, um von demselben unter ihren Augen ein Heilmittel für ihn zubereiten zu lassen. Reppert gab dies jedoch lange nicht zu, weil er fürchtete, sie werde ihn an seine Feinde verraten und nicht wieder zu ihm zurückkehren. Als indes aber die Schmerzen der Krankheit je länger je ärger wurden, blieb ihm endlich keine andere Wahl. Ehe er ihr jedoch die Erlaubnis, zu gehen, erteilte, ließ er seine Gefangene bei allem, was ihr heilig war, schwören, ihn nicht zu verraten, sondern mit dem Heiltranke zu ihm zurückkommen zu wollen. Sie schwur und ging und hätte nun frei hingehen können, wohin sie wollte, wenn sie nicht geglaubt hätte, ihren Schwur halten zu müssen. Sie vertraute sich jedoch dem Pfarrer von St. Johann, den sie seit Kindheit kannte, an, und klagte diesem ihren Kummer und ihr Elend. Dieser sprach ihr Mut ein, tröstete sie und versprach ihr zu helfen. Er hieß sie in seiner Wohnung warten, worauf sie das weitere vernehmen werde. Indessen eilte der Pfarrer nach Saarbrücken und zeigte daselbst alles dem Grafen an. Schnell wurde nun Beratung gepflogen, wie diese Gelegenheit am besten zu benutzen sei, um Reppert ohne viel Blutvergießen zu fangen. Nachdem man über das beste Mittel einig geworden war, ließ man drei Flaschen des wirksamsten Schlaftrunkes, der zugleich schmerzlindernd war, in der dortigen Hofapotheke anfertigen. Der Pfarrer, in seine Wohnung zurückgekehrt, händigte dem Frauenzimmer die Flaschen mit dem Auftrage ein, diesen Trank ihrem Ritter zu reichen und dessen Wirkungen zu beobachten. Sobald er schlafe, solle sie den unten am Berge harrenden Kriegsknechten ein Zeichen geben und sodann das Weitere erwarten.

Zeige Reppert jedoch Mißtrauen gegen den Trank, so solle sie kühn einen Becher voll davon trinken, solches werde ihr nicht schaden. Wie der Geistliche vorausgesetzt hatte, so kam es auch wirklich. Reppert trank nicht eher, als bis die Gefangene zuvor einen Becher davon ausgeleert hatte. Da er zwei Flaschen schnell nacheinander gierig verschlang, erfolgte auch die Wirkung rasch darauf. Er schlief alsbald so fest ein, daß der lauteste Trompetenschall ihn nicht erweckt haben würde. Auf das verabredete Zeichen, welches gleich darauf gegeben wurde, drangen die harrenden Kriegsknechte auf das Schloß ein, überrumpelten den seit der Krankheit des Gebieters ohnehin schon mutlosen Troß des Ritters ohne Mühe und knebelten diesen selbst im Schlafe, warfen ihn noch schlummernd in einen Karren, um ihn nach Saarbrücken zu führen. Als er aber so in die frische Luft gebracht worden war, erwachte er plötzlich und sah, daß er jetzt ein verlorener Mann sei. Im Triumphe führte man ihn in die Stadt, wo ihm bald sein Urteil, „vom Leben zum Tode" gesprochen und er demgemäß bald nachher enthauptet wurde. Was aus dem Frauenzimmer geworden sei, davon meldet die Sage ebensowenig wie davon, wohin die im Verborgenen aufgehäuften Schätze Repperts gekommen. Die Burg ward zerstört und liegt seitdem in Trümmern.

178. Die Krimhildespill.

Unterhalb des Stiefels bei Scheidt und in Rentrisch ragt an uralter Straße der mit dem geheimnisvollen Namen aus Nibelungenzeiten begabte Krimhildespill oder auch im 16., 17. u. 18. Jahrhundert wohl „Grimolde Pfeil" genannte Stein auf. Das ist eine viereckige Spitzsäule aus keltischer Zeit, die etwa fünf Meter über die Erde und ungefähr ebenso tief in dieselbe reicht und deren Alter man wie das des Gollensteins ob Blieskastel, auf 4000 Jahre schätzt. Ein unvorsichtiges Graben und Suchen unter ihm hat ihn leider seitlich geneigt. Bis zu ihm ging ehemals das Geleitrecht der Grafen von Nassau-Saarbrücken, auch für ziehende Kaufleute und Lombarden, die vom Süden in die Niederlande auf diesem wichtigen Handelsweg begehrten. Davon ist 1354 in einer Urkunde bereits die Rede, in der der Stein schon „Chrimhildespil" genannt wird. Dieser von so manchen Geheimnissen umwitterte Spillenstein soll dann eben der Sage nach dem auf dem großen Stiefel hausenden Riesen Kreuzmann als Wetzstein gedient haben, wenn er seine

24. Die Chrimhildespil von Rentrisch

Schwerter schliff, oder seine Messer schärfte, mit denen er seine Menschenopfer auf dem „Riesentisch", jener eigenartigen Felsenbildung auf dem Gipfel seines Berges schlachten wollte. Auch erzählt man, daß er ihn einmal in Wut vor seinen Verfolgern und vor seinem jähen Ende vom Stiefel ihnen nach noch zu Tal geworfen habe, wobei er sich hier in Rentrisch dann erst in die Erde eingebohrt habe. —

Aber auch eine noch nicht recht faßbare Sage von Spinnerinnen, wohl in Verbindung mit Feenhand, bringt man mit unserer Krimhildespill zusammen, wie öfter bei derartigen Denkmalen der Urzeit, wie sie mit ihrer Spindel- oder Kunkelform zusammenhängt und so daher ihren Ursprung hat.

179. „Herr Rapp und seine Frau."

In dem stimmungsvoll „in der Seng" in einer niedern Felswand und in eine Nische darin eingehauenen Zweigötterbild eines seitlichen Waldtales vor Sengscheidt, das man ehemals auch „im Sengelter" nannte und das sich gegenüber des Sagenberges vom Stiefel auf seiner Rückseite, also noch in einem Seitental des so lieblichen Grumbachtales befindet, will das Volk „Herrn Rapp und seine Frau" oder „Hänsel und Gretel" erkennen und benennt es mit diesen Namen. Ehemals trug es am Kopf auch die Buchstaben I R und die Jahreszahl 1711 eingehauen, was heute alles vollkommen ausgewittert ist. Im späten 18. Jahrhundert aber benannte man dies keltische Heiligtum, mit Bezug auf den hier in dieser Gegend und um Ensheim so begüterten Abt von Wadgassen, den Abtsfelsen. — Der Hüttenherr des Halberger wichtigen Werkes „Rudolf Böcking & Co", der Geheimrat Rudolf Böcking, der diese alte fürstlich nassau-saarbrückische Hütte gewissermaßen neu begründet und mit seinem Schwager Karl Stumm betrieben hatte, ließ dies heidnische „Sacellum" bei Sengscheid, als es noch etwas besser erhalten war, glücklicherweise in Gips abformen, denn er war ein saarländischer Industrieller, der neben seinem Gewerbe auch einmal Sinn für Kultur und Geschichte besaß und ihn auch bewiesen hat. —

180. Die Geisterpferde ohne Kopf.

In der Hirtenwiese, einem Waldwiesentälchen zwischen Rentrisch und Sengscheidt, zeigt sich in manchen Nächten das so unheimliche „Pferd ohne Kopf". Meistens läßt es den einsamen Wanderer unbehelligt seines Weges ziehen, besonders, wenn es allein ist. Sind aber mehrere oder gar viele solcher Pferde beisammen, was auch vorkommt, dann stellen sie sich dem Wanderer in den Weg, ja sie versperren ihm unmittelbar den Durchgang und verwehren ihn ihm. So mußte z. B. ein Bauer aus Sengscheidt — der „alt Kruwwel selig", war's —, als er einmal nachts auf dem Heimweg von Rentrisch an die Hirtenwiese kam, einfach wieder umkehren, denn die Pferde wollten ihn partout nicht durchlassen. Großjokobs Jakob hat ihn dann mit der Laterne ohne Anstoß bis ans Sengscheidter Feld gebracht.

181. Der „Heljebrunnen" bei St. Ingbert.

Am „Kapellenberg", vor dem alten Friedhof der Stadt St. Ingbert, ist eine Stelle, die heißt man „Am Heljebrunn". Hier sprudelte früher eine muntere Quelle in einer ziemlichen Vertiefung, zu der man auf mehreren Stufen hinabsteigen mußte, also ganz ähnlich wie bei unserm sagenumwobenen Stadtborne, dem Wallerbrünnchen zwischen Saarbrücken und St. Arnual. Vor einer Reihe von Jahren wurden beide Quellen ohne jede Not in unverantwortlicher Weise leider so zugeschüttet, daß nun keine Spur mehr von ihnen und ihrem Wassersegen vorhanden ist und die Erinnerung an diese uralten und heiligen Brunnen, die in einem Falle selbst die Keimzelle des Orts bedeuten, auf dessen Bann sie lagen, bald wohl auch geschwunden wäre, wenn nicht ihre Sagen mahnend und tadelnd zugleich weiter lebten.

An diesem St. Ingberter „Heljebrunnen" aber, inmitten eines wilden und waldreichen Tales, so geht die Sage, stand einst die Klause des Glaubensboten Ingobertus oder Ingebrecht, der aus Irland in hohem Alter herübergekommen (um's Jahr 587), hier den Heiden predigte und ein Leben in Einsamkeit, Gebet und frommen Betrachtungen führte. Er stand im Rufe großer Heiligkeit und wirkte viele Wunder weit und breit, so daß die Leute nur so herbeikamen, um sich als gläubige Christen um St. Ingoberts Klause anzusiedeln. So entstand schon zu seinen Lebzeiten ein größerer Ort. Gegen das Jahr 600 soll der Heilige gestorben sein.

Zu seinem steten Andenken aber nannten unsere Altvordern die Niederlassung Sankt Ingbert, und die Quelle, wo er weilte und wirkte „Heljebrunnen", d. h. Heiligenborn. — Es ist aber dennoch anzunehmen, daß der Heilige sich schon an einem, den Heiden bereits ehrfürchtigen Orte gerade ansiedelte und diese Quelle bereits vordem schon ein ihren Göttern geweihter Ort und Wunderborn war. —

182. Die St. Ingberter Heidenhöhle.

Am Südosthang des Rotenkopfes bei St. Ingbert, gegen das Waldtal und auch gegen den ehemaligen barocken reichsfreiherrlich Esebeck'schen Lustsitz Geiersnest zu, befindet sich ziemlich versteckt hinter Steinen und Gebüsch das sogenannte „Häareloch" (Heidenloch), eine niedrige, vielleicht dreißig Meter lange Felsenhöhle. Dort sollen in alter Zeit die Heiden gewohnt haben. Einen mächtigen Felsblock wälzten sie zu ihrem Schutz vor wilden Tieren und Verfolgern vor den Eingang und da liegt er noch heute.

Zur Feuerung hatten sie einen Kamin, einen viereckigen Schacht, in die Decke gehauen, den sie im Notfall durch einen genaupassenden Stein verschließen konnten. Dieser Kamin lag gerade über dem Vorplatz, der als Küche diente und dahinter tat sich erst mit schmalem Eingang eine Höhle mit ihren weitverzweigten Gängen auf, von denen einer sogar bis nach Kirkel geführt haben soll und in ihr konnten sich die Heiden so sicher fühlen.

Es waren harmlose Leute, wie es scheint. Und auch nach ihrem Tode verblieben ihre Seelen in der Höhle. Als gute Geister kehrten sie, wie sonst auch die Heinzelmännchen, zur Nachtzeit bei den nachbarlichen Dorfbewohnern ein, besonders zu Hassel und wohl auch zu den Rohrbachern und verrichteten die unvollendet gebliebenen Arbeiten, so daß es am Morgen nichts mehr zu tun gab. Nun aber sind die Heidengeister schon lange ausgeblieben und die Leute müssen ihre Arbeit selber tun.

Auch jetzt noch weiß das Volk von den vielen Gängen im „Hääreloch" zu erzählen und der Besucher desselben soll nur dann den Ausgang sicher finden, wenn er am Eingang der Höhle einen langen Faden befestigt, den er gut in der Hand behält, um sich daran zurückzutasten.

183. Hungerpfuhl und Wildfrauenhaus.

In der Nähe von St. Ingbert bei der Spieser Mühle befand sich bis zu Anfang des 19. Jahrhunderts ein großer Waldteich, dessen Spiegel zu gewissen Zeiten sank und stieg und je nach seinem Stand den Bewohnern Hunger- oder Fruchtjahre anzeigte, weshalb er seit den ältesten Zeiten der „Hungerpfuhl" hieß. Nahe dabei im sogenannten Schlangental war eine geheimnisvolle Stelle. Dort stand „der wilden Frauen Hauß", wie ein St. Ingberter Weistum von 1567 ausdrücklich erwähnte. Heute scheint die Sage vergessen. Aber noch ist dort ein kleiner Trümmerhaufen zu sehen, in welchem man 1897 bei näherer Untersuchung Glasstücke und Gefäßreste römischen Ursprungs fand.

V.

Der Warndt und der Sagenberg
des Herapels.

184. Der Warndtmann.

An der nordöstlichen Grenze des Warndts zwischen Wadgassen und Forweiler waren im Jahre 1888 mehrere Mädchen im Walde mit Kulturarbeit beschäftigt, darunter auch die Frau des Aufzeichners dieser Sage. Fest und steif behauptete diese immer wieder, daß plötzlich ein ganz großer Mann, wie es keinen in der ganzen Gegend gab, vor ihnen gestanden sei, mit einer großen Papierrolle unter dem Arm und einem breitrandigen Hut auf dem Kopfe. Stumm sei er dagestanden und keines der Mädchen sah ihn kommen oder fortgehen. Der Förster Petry, dem die Mädchen damals gleich davon Mitteilung machten, sagte: „Das war der Warndtmann". Von Überherrn bis Lauterbach soll sein Revier sein und es gab früher hüben und drüben Menschen, die ihn gesehen und gehört haben wollen. In der Advent- und Fastenzeit soll er sich besonders bemerkbar machen, auch als Landmesser, indem er des Abends aus dem Walde rief: „Wo soll der Markstein hin?" Ein Mann aus Friedrichsweiler soll einmal gerufen haben: „Stell ihn hierher!" Und drauf sei es durch die Baumkronen gesaust, als käme ein großer Markstein angeflogen. Der Mann lief natürlich vor Schreck ins Haus und hat niemals mehr auf den Ruf des Warndtmannes geantwortet.

185. Die Napoleonsknödel.

Endlich lichtete sich der Warndtwald. Der Kaiser sprengte seinem Stabe voraus, legte die Hand vor die

Augen und besah das liebliche Dörfchen mit der Eisenhütte vor ihm, Geislautern unweit Völklingen, von woher das Glöcklein der Kirche zu Mittag läutete. Und schon ritt Napoleon auf die unweit am Wege vor dem Dorfe stehende Trifteiche zu. Dann befahl er dem Ganzen zu halten. Die Eiche spendete prächtigen Schatten und erquickliche Kühle, während die Rossel rauschte. Und dem Kaiser und seinen Offizieren war es, als dufte es hier nach den herrlichsten Speisen. Weiß Gott! es werden wohl die Gerüche der Mittagsmahlzeiten aus dem nahen Dorfe gewesen sein. Und so befahl er, alsbald hier unter der Eiche das Mittagessen zu bereiten.

Lang war ja der Ritt von Metz her, den ganzen Morgen und sehr anstrengend. Und alle hatten nun Hunger und so loderten bald kaiserliche Biwackfeuer am Strassenrand. Unter der Eiche aber saß der Kaiser, studierte die Karten und wartete auch auf das Essen.

Im Dorfe ward es kund, der Kaiser der Franzosen und damals auch ihr eigener, esse unter der Trifteiche zu Mittag. Und groß und klein kam alsbald herbeigelaufen, ihn zu sehen, der leutselig sich auch mit den Geislauterern unterhielt. Endlich verlangte er aber nach dem Essen und sein ganzes militärisches Gefolge mit ihm. Da mußte man feststellen, daß man sich noch gar nicht schlüssig war, was man denn kochen solle.

Der Kaiser aber wußte Rat. Durch Umfrage ließ er feststellen, was die Leute von Geislautern denn vorhin zum Mittagessen hatten, als es so gut duftete. Und man höre und staune, die meisten hatten Knödel, däftig, teigig-knatschige Mehlknödel gegessen, eines der bekömmlichsten und billigsten saarländischen Gerichte.

Fieberhaft begannen nun die Köche zu rühren und zu schöpfen und zu kochen. Daß die Knödel auch wohl und ortsähnlich gerieten, sprangen ein paar beherzte Frauen hilfsreich bei. Mit Speck wurden sie geschmelzt und hohe Platten voll wurden auf die kaiserlichen Feldtische unter der Eiche gestellt.

Der Kaiser schmunzelte und lachte vergnügt nach der Mahlzeit. So gut hatte ihm schon lange nichts mehr geschmeckt. Und vergnügt befahl er den Aufbruch und Weiterritt gegen Rußland. — Lang hieß dann die Eiche an der Warndtstraße „Knödeleiche". Nach Napoleons Tode aber taufte man sie Kaisereiche, wie der alte Recke auch heute noch im Volksmunde heißt. Die zur Eiche aber hinführende Ortsstraße, die schönste und größte Geislauterns heißt noch heute die „Knödelgasse"... Auch sonst ist diese Gegend noch besonders reich an sagenhaften Napoleonserinnerungen. So nennt das Volk eine Stelle zwischen Großrosseln und dem neuen Walddorf auf der Höhe droben unweit vom Wege „Napoleonsstock". Und hier soll der Kaiser dann auf seiner Flucht von Rußland her durch das Saarland auf seinem Schlitten und nur noch mit ein paar Getreuen, gerastet und ein oder zwei Stunden auf faulem Stroh an dieser einsamen Waldstelle geschlafen haben. — Auch an der Straße Großrosseln-Karlsbrunn, da, wo der Weg von der Ludweiler Ziegelei im Warndtfeld einmündet, heißt der Volksmund einen Waldwinkel gegenüber dem ehemaligen Saatkamp „Napoleons Eck". Nach der Ortssage soll der Kaiser auch einmal dort mit seinem Stabe gerastet haben. Die in ihrem alten Gewäld fesselnde Stätte habe ihn veranlaßt, die Initialen des Namenszuges seiner Gemahlin Marie-Luise in Jungkiefern hineinpflanzen zu lassen. Tatsache ist, daß am Napoleons-Eck sich eine Reihe von mächtigen Kiefern mit Stammumfängen bis zu drei Metern vorfand, von denen die an jener Ecke um 1890 noch stand. Zu der gleichen Zeit bezeichnete an einer Waldecke des Weges St. Nicolas-Merlebach ein Holzkreuz die Stelle angeblicher Kosakengräber aus dem Jahre 1814.

186. Der Schwan auf dem Warndtsee.

Vor vielen Jahren, als noch der ganze, einmal so weit größere Warndt ein riesiger Urwald war, gab es da, wo jetzt noch der Warndtweiher ist, einen See, der von dunkeln Baumriesen umgrenzt war. Bis in die zweite Hälfte des vorigen Jahrhunderts erzählten die Alten von diesem Warndtsee eine Sage, die heute fast ganz vergessen ist. Demnach gab es auf diesem schönen und einsamen Waldsee einen großen weißen Schwan, den aber nur wenige Menschen zu sehen das Glück hatten, weil der Weg zum See gar beschwerlich war. Einmal kam ein junger Jäger im Verfolg eines Hirsches an den See und sah den herrlichen Schwan in der Mitte schwimmen. Der Schwan wäre ihm als Jagdbeute noch lieber gewesen, wie ein Hirsch mit einem Geweih von

sechzehn Enden und darum beschloß er bei sich, den
Schwan lebend oder tot in seinen Besitz zu bringen.
Eine Waffe, mit welcher er den Schwan hätte erreichen
können, besaß er nicht und einen Kahn gab es nicht.
Er wollte darum sein Glück im Schwimmen versuchen,
denn er war ein guter Schwimmer. Als er seine Kleider
abgelegt hatte und im Begriffe war, ins Wasser zu
springen, trat ihm ein Zwerg entgegen, so groß wie
ein zweijähriges Kind und mit einem Bart so lang,
daß er siebenmal um den Leib geschlungen war und
sagte: „Laß ab, Fremder, von deinem Begehren. Im
Wasser lauert der Tod für dich und nie ist der Schwan
durch dich zu erlösen. Es gibt nur alle sieben Jahre
eine einzige Stunde, in der der Weg zum Schwane frei
ist. Suche und wähle diese Stunde. Hast du sie gefunden,
so will ich mit dir im Bunde sein. Nennen kann
und darf ich diese Stunde aber nicht. Der Schwan
wiegt am Ende jede Mühe auf und sollte es ein siebenjähriger
Kampf sein. Also suche und wähle die richtige
Stunde. Damit war der Zwerg verschwunden, und mit
ihm der Schwan. Sieben Tage und sieben Nächte saß
der Jäger an derselben Stelle und spähte auf den See
hinaus, denn er wollte noch einmal den Schwan sehen,
ehe er sich von dem See trennte. In der Morgendämmerung
des siebenten Tages vernahm er einen wunderlichen
Gesang vom See her, doch er konnte nichts
sehen. Um die Worte dieses Gesangs besser zu verstehen,
legte er sich dicht an den See, die linke Hand
im Wasser. Nun hörte und verstand er folgenden Versreim
des Gesanges:

„In der Walpurgisnacht bin ich unbewacht,
Doch erst zur Sonnenwende reich mir deine Hände.
Nimm Walpurgiskahn, der am Gestade ruht,
In der Walpurgisnacht in deine sich're Hut,
Wenn dann zur Sonnenwend die großen Feuer lohn
Reich mir dann die Händ und führ mich im Kahn
[davon."

Dem Jäger drang der Schwanengesang ins Herz, aber
so viel er auch ausspähte, den Schwan sah er nicht.
Jedes Jahr in der Walpurgisnacht lag er am See auf
der Lauer und spähte nach dem Walpurgiskahn und
nach dem Schwan, aber immer vergebens. Erst in der

siebten Walpurgisnacht fand er einen schmucken Kahn am Gestade des Sees versteckt unter einer großen Erle. Sofort bemächtigte er sich desselben, zog ihn an einer andern Stelle ans Land und bedeckte ihn mit Zinnkraut. Er selbst legte sich als Wache daneben. Wie ein Orkan brauste es manchmal in den Baumkronen und wie von einem Erdbeben wurde das Wasser des Sees aufgewühlt, aber der Kahn blieb unentdeckt und von Walpurgis sah der Jäger nichts. Er wäre auf seinem Wachtposten vor Hunger gestorben, wenn nicht der ihm ja wohlwollende Zwerg seinen Vorrat an Lebens-

25. Der Warndtweiher

mitteln immer wieder ergänzt hätte, doch auch diesen sah der junge Jägersmann nicht. Als endlich die Sonnenwende da war, konnte er kaum den Abend erwarten, um den Kahn ins Wasser zu bringen, doch als hoch oben in den Baumkronen ein rötlicher Schein das Aufglühen der Sonnenwendfeuer auf den Bergeshöhen ankündigte, war seine Zeit gekommen. Den Schwan hatte er in den sieben Jahren nicht wieder gesehen, aber der Schwanengesang lag ihm immer noch im Blute und er glaubte fest daran. Also fuhr er in die Mitte des Sees. „Schaue dich nicht um", sprach eine liebliche Stimme hinter ihm, als er die Mitte des Warndtsees gerade überfahren hatte, „sondern rudere der Sonne entgegen. Erst wenn du festen Boden unter deinen Füßen hast, magst du rückwärts schauen." Der junge Jäger tat, wie ihm gesagt wurde. Als er sich dann umdrehte, stand eine schöne Jungfrau vor ihm und auf dem See schwammen die Federn eines Schwanes. „Erlöst", sagte das Weib und sank dem Jäger vor Freude in die Arme. „Für mich erlöst", sagte der Jäger und küßte sie.

187. Die versunkene Stadt Grünegraut und der Räuberführer Lips Tullian.

Bei Ludweiler links am Wege nach Karlsbrunn zu liegt im Walde unter alten Buchen eine Stätte, die der Volksmund Grünegraut (Grünekraut) nennt. Hier soll in alter Zeit eine wehrhafte und schöne Stadt gestanden haben, die untergegangen ist. Weshalb aber weiß niemand. Rundum sieht man noch Vertiefungen im Boden, wo die Häuser gewesen sein sollen und unter Erhöhungen sollen sich Mauerreste befinden. Grünegraut aber ist die Stätte, an der selbst im frischen grünen Walde das Grauen herrscht. — In Grünegraut hauste einst der mächtige Räuberanführer Lips Tullian, der ängstlichen Leuten heute noch hier schwer bewaffnet erscheint. Gehen die Buben dahin Habichte fangen, so bewaffnen sie sich erst mit Stöcken und Steinen, weil sie fürchten, der Lips Tullian würde ihnen begegnen. Viele Leute aber sahen ihn schon mit langem Bart, breitem Hut und Gewehr. Er muß einst den Warndt, von hier aus drangsaliert haben, denn in Großrosseln schreckt man noch heute unartige Kinder mit dem Rufe: „O weh, ich trag dich zum Lips in's Grünegraut".

188. Die Königswiese im Warndt.

Zwischen Emmersweiler und Karlsbrunn liegt eine schöne Waldwiese. — Eine alte Frau ging spät nachts hier entlang und fürchtete sich, warum wußte sie nicht. Als junges Ding war sie sonntags des nachts auch öfters hier entlang gekommen und das war in lieblichen Mai- und geheimnisvollen Sommernächten an der Seite des Liebsten oder mit den andern Dorfmädchen, wenn sie von der Kirmes heimgingen. Damals aber war alles hier ganz still. Diese Nacht aber, in der die Frau so alleine war, rauschte der Wald so seltsam, es knackte im Gebüsch, als trabten Reiter daher, laute Rufe erklangen und überall brauste und sauste es.

Gehetztes Wild keuchte in Todesnot und das alles hörte sich an, wie die wilde Wotansjagd in den Lüften, von der ihre Großmutter wieder in jungen Jahren so viel erzählt hatte. Und da bog sich auch das Gestrüpp am Waldrande auseinander und ein stolzer Ritter in Harnisch und Schild sprengte auf die Wiese. Der aber zuckte seine im Mondschein blinkende Waffe und gab einem, von ihm gejagten Hirsche den Fangstoß. Dann ritt das Gefolge hinten nach und umringte den so stattlichen Reitersmann. Sein langer bis auf die Brust herabwallender Bart aber brannte rot wie Klatschmohn. In grünen, blauen und roten Überwürfen auf der Rüstung hielten die Ritter da. Und jetzt blies es Halali und ein Ritter sprach: „Hochedler Kaiser! Im Namen der gesamten Ritter- und Jägerschaft spreche ich, der Gaugraf von der Saar, Euch das Jägerglück zu." Und da bedankte sich der also Angeredete auf das huldvollste und der stolze Zug setzte sich in Bewegung und ritt von der Wiese herunter auf die Straße gen Völklingen und Saarbrücken zu.

Jetzt erst erkannte die alte Frau Kaiser Friedrich Barbarossa, den sie den Rotbart nennen, an seinem langen brennenden Bart. Und sie wußte, daß sie einst als kleines Kind schon ähnliches von den Alten gehört hatte und da fiel es ihr ein, daß sie ja an der alten Königswiese des Warndts stehe, auf der die alten Kaiser des heiligen Reichs in vergangenen Tagen einmal mit den Großen des Saarlandes, auch vom Königshof Völklingen oder der Burg von Saarbrücken aus ihrer Jagdleidenschaft frönten im alten, damals unermeßlichen, dunkeln Königsforste des Warndts.

189. Die „Gäschel".

Ein markanter Baumrecke des Warndt ist die stattliche, heute über vier Meter Stammumfang messende und wohl über 300 Jahre alte Eiche, in der Talsenke nahe St. Nicolas am Wege von Großrosseln. Der Volks-

mund benennt sie nur „Die Gäschel". Ein Bauer von
St. Nicolaus, kam einst mit seinem Sohn hier vorbei,
als jene Eiche als Jungbäumchen eben die Stärke eines
Peitschenstockes hatte. Der Junge wollte die Jungeiche
unbedingt zu einem „Gäschelstecken" schneiden. Doch
wehrte ihm der vernünftige Vater das mit dem Bemerken, daß die ranke Jungeiche einmal ein ganz besonderer Baum werden müsse. Diese erhielt dann aus
jenem Anlaß den Namen „Gäschel", den sie noch heuto
trägt.

190. Die Hexenbuche im Warndt.

Das schwere Gewitter, das am 1. Juni 1934 über dem
Warndt niederging, hat einem alten Wahrzeichen des
Hexenglaubens ein jähes Ende bereitet. Eine viele hundert Jahre alte Buche, genannt die „Hexebiech", stand
auf der östlichen Grenze des Warndtwaldes in der Nähe
von Großrosseln. Der Zahn der Zeit hatte sie aus-
gehöhlt, so daß bequem zwei Männer in dem Hohlraume Platz zum Stehen hatten und gar mancher hätte

26. Im Warndtwald

bei starkem Regen in derselben Schutz gesucht, wenn nicht ihr Name „Hexebiech" gewesen wäre und abgeschreckt hätte. Der das Gewitter begleitende Sturm hat sie umgelegt und nach Jahren würde sie ganz vergessen sein trotz den Sagen, welche die alten Rosseler mit ihr in Zusammenhang brachten, wenn nicht Sagensammlungen wie die vorliegende, sich ihrer annähmen, um sie so weiterleben zu lassen und das Volk daran zu erinnern. —

In ihrem Schatten sollen die Hexen des Warndts ihre Versammlungen abgehalten und ihre Tänze aufgeführt haben. Von ihr aus will man die Zauberinnen in Gestalt von Hunden und Katzen, von Schweinen und Igeln gesehen haben und in dem Hohlraume wurde sicher so mancher Hexentrunk bereitet. Der dreibeinige Hase hat gar manchmal um sie die Runde gemacht und mancher Jäger hat nach ihm geschossen, ohne den Baum oder den Hasen auch nur zu treffen. Dafür fand dann der Jäger sein Schrot in seiner Jagdtasche oder auch nicht selten im Fell seines Hundes. Ein gegen Hexen gefeiter Mann soll dann vor Jahren drei Marfüße in die Rinde des Baumes geschnitten haben und seit dieser Zeit wurde der Baum von den Hexen gemieden, aber dafür hatten die Großrosselner Wöchnerinnen und Säuglinge zu leiden. Nicht selten fand man in den Betten und Wiegen Vogelfedern und in der Haut der Säuglinge die steckengebliebenen Federkeile. Auch dieses Übel hat in den letzten Jahren nachgelassen, so daß es den Anschein hat, als wären mit der Hexenbuche auch die letzten Hexen verschwunden.

Weitere Hexenwahrzeichen und -Stätten um den Warndt sind dann noch die bekannte, so mächtige Hexeneiche bei Oberhomburg, die Felsen „dem Bock seine Kanzel" im Eselbach, auch bei Oberhomburg, der Hexentisch bei Kochern, „die Bettlade mit den sieben Treppen" bei Roßbrücken und der Hexenberg bei Saarbrücken.

191. Der Riesenhahn von Lauterbach.

In Lauterbach wurde ein Mann allnächtlich durch überlaute Hahnenschreie aus dem Schlafe geweckt. Aufwachend sah er stets einen riesigen Hahn mit brennroten Schwanzfedern durch das Schlafzimmer hüpfen.

Seine Bemühungen, das Tier zu fangen, blieben erfolglos. Eines Nachts riß ihn wieder der grelle Hahnenschrei aus dem Schlummer. Wutentbrannt rief er ein dröhnendes „Der Teufel soll dich holen!" und konnte tatsächlich den Hahn erwischen. Flugs setzte er ihn in einen großen Marktkorb, steckte diesen mit dem gespensterhaften Inhalt in den abgestreiften Bettbezug und verschnürte das Bündel sorgsam. Dann kleidete er sich rasch an und eilte damit zum Pfarrhaus. Im Beisein des Pfarrers löste er die Hülle, aber von einem Hahn war nichts mehr zu sehen. Seitdem blieb die Erscheinung verschwunden.

192. Der Wiselstein und seine Geister.

Im alten Grenzlandgebiet zwischen Alemannen und Franken, dort, wo auch die Landesscheide zwischen Nassau-Saarbrücken und Lothringen lief und einmal eine Römerstraße dicht vorbei führte, erhebt sich der Wiselstein (Wieselstein). Dicht am Warndtwald steht er nordwestlich von Merlenbach (Merlebach). Das ist ein naturgewachsener Felsblock aus Buntsandstein, der eine Höhe von etwa acht und eine Breite von ungefähr vierundeinhalb Metern im Geviert hat. Der untere, fast senkrechte Teil ist, wie man an den zahlreichen Meiselspuren erkennt, von Menschenhand in verschiedenen Zeitepochen bearbeitet worden. Durch diese Bearbeitung erscheint der früher schon überragende Felsblock um ein wesentliches höher. — Die Leute aber sagen, der Wiselstein sei im Laufe der Zeit gewachsen. Bei Alberschweiler im Saarquellengebiet erhob sich ehemals ein ebenso hoher Stein und ein noch höherer steht bei Meisental, der „Apostelstein" genannt. Und dann sind hier im Zusammenhang die „Chrimhildesspil" bei Rentrisch, der „Gollenstein" von Blieskastel, die „Spille" bei Zabern und der „Spitz- oder Spilstein" bei Volksberg aus unserm weitern Saargebiet zu nennen. Und aus dem nahen Luxemburgischen der „Krenkelstein" und der „graue Wak". — Von Interesse ist es, daß der Wiselstein vordem auch, wie der Rentrischer Stein noch heute, „Chrimhildespil", so noch 1533, genannt wird, also Spindel der Chrimhilde, während heute dieser Name vollkommen in Vergessenheit kam, wenn das nicht doch auf einer Zusammenwerfung mit dem Rentrischer Stein beruht. Aber auch der Gollenstein bei Blieskastel, der Spitzstein bei Bitsch sollen neben dem Rentrischer Spillstein ehemals und bis zum 15. Jahrhundert diesen geheimnisvollen Namen getragen haben. Und das könnte in eine nibelungenhafte Zeit zurückreichen, als eine Königin von Austrasien Chrimhilde hieß. Ob er nun ein altes Grenzzeichen, wie diese ganze Steinreihe doch vielleicht auch mit war, ob er, wie man annimmt, wie diese auch dem Götterkult der Kelten und ihrer Druiden verbunden war, worauf auch seine Sagen zu weisen scheinen, oder ob beides ineinanderläuft, das sei hier dahingestellt. Seine Lage allein gibt zu beiden Vermutungen, schon allein eine gewisse Berechtigung, liegt er doch an der alten natürlichen Durchgangsstraße zwischen Rhein und Mosel, die sich an dieser Stelle gerade mit der Römerstraße Metz-Saarbrücken deckt. Und unmittelbar dabei wirkte einst das Quellheiligtum des sagenumwobenen Heiligenborns (heute Sainte-Fontaine) und vor allem ein so wichtiger Knotenpunkt wie der Herapel, der weithin „bezüglich seiner Bedeutung und seiner Bodenurkunden auf alle andern geschichtlichen und vorgeschichtlichen Plätze in dieser Umgebung seine Schatten wirft."

Dieser Wiselstein des Warndts aber ist von alters her von Waldesgeistern umwittert. Unheimliche männliche und weibliche Gestalten, Waldmännchen, Feen und Hexen kamen zu gewissen Stunden aus dem finstern Warndtwald zu dem Wiselstein und führten unter wildem Geschrei ihre Tänze auf. Manchmal hörte man auch den wilden Jäger. Und manche haben ihn sogar dort beim Wiselstein gesehen mit seinem Jagdzug, und sie hörten das Hundegebell, den Peitschenknall, den Hörnerklang und den Ruf „Hu ta ta ta!" Ja, aus dieser Richtung nach Forbach und dem uraltmächtigen Wald- und Jagdgebiet des Landes zu, dem Warndt, soll gerade auch die wilde Jagd des saarländischen Maltitz in der ersten Maiennacht über die Ebene unter dem Spicherer Berg und die Hohe Wacht durch das Hintertal zu solch wichtigen und sicher auch altheiligen Sagenorten, wie dem Wallerbrünnchen zwischen Saarbrücken und St. Arnual und zuletzt gar dem Stiefel bei Scheidt und Rentrisch, dem Hauptquartier dieses saarländischen ewigen Jägers, tosen, während dieser Maltitz selbst merkwürdigerweise, wie sonst im ganzen Land, mit dem Warndt nicht in einer Sondersage bisher verknüpft erscheinen will. —

Auch der Werwolf, auch Bärwolf genannt, soll noch besonders am Wiselstein gesehen worden sein, der auch sonst im Warndtwald sein Wesen in dunkler Nacht treibt, so am Totenmann und am Bruch. Dann fiel er wohl einsame Wanderer an, sprang ihnen auf den Rücken und konnte nicht abgeschüttelt werden. —

193. Der Suppenweg.

Von Freimengen nach dem nahen Merlenbach (Merlebach), beim Rosseltal, führt der Suppenweg. Der hat seinen Namen davon, daß die Merlebacher Frauen in der Zeit, als ihr Ort noch zur Grafschaft Nassau-Saarbrücken gehörte, jeden Tag auf diesem Wege mit ihrer Mittagssuppe nach Freimengen kamen. Dort war nämlich das Salz sehr billig, in Merlenbach dagegen teuer. So würzten sie ihre Suppen also in aller Eile in Freimengen und begaben sich geschwind damit auf den Heimweg. Seit jener Zeit hat der Suppenweg seinen originellen Namen behalten, der in Altsaarbrücken übrigens noch in der „Suppegaß" ein Gegenstück hat.

Salz und auch Tabak sollen deshalb in Freimengen so billig gewesen sein, weil der Begründer, Graf Peter Ernst von Kriechingen 1602, der es längs der damals noch ziemlich erhaltenen Römerstraße erbaute, am alten Heerweg also, der da zum so wichtigen Knotenpunkte des Herapel einmal führte, um die Siedler anzulocken, die seine „freie Gemeinde" bevölkern sollten, sie von solchen drückenden Abgaben los und ledig sprach. Aus der „freien Gemeinde" soll sich dann der Name Freimengen gebildet haben.

194. Der Heiligenborn.

Der Heiligenbronn, auch Gutenbronn und heute Sainte-Fontaine genannt, auch bei Merlebach am Warndtrand, war schon sehr früh bekannt und heilberühmt. Schon die Ureinwohner, die Kelten, und später die Römer, sollen den Quell benutzt haben und tranken gern von seinem köstlichen Naß. Es soll Kalk und Eisen enthalten. Man hatte dort zu Ehren der Göttin Diana, der Beschützerin der Tiere und des Waldes, einen Tempel erbaut und alle Tiere sollen geschützt gewesen sein, die im Warndtwalde bei diesem Heiligtum lebten.

In damaliger Zeit wurde diese Jagdgöttin im Mai besonders gefeiert. Aber der heilige Fridolin soll deren Götzenaltar gelegentlich einer solchen Feier gestürzt und an dessen Stelle eine kleine Kapelle errichtet haben. Die wurde im 30-jährigen Kriege wie so vieles auch zerstört, später aber wieder aufgebaut. (Vgl. dazu auch Nr. 262.)

195. Das diamantene Auge.

Ein Holzhauer im Kiehwald hatte Durst und ging an eine Quelle. Da sah er über ihr eine ganz in weiße Gewänder gehüllte Jungfrau, die in der Stirnmitte einen buntstrahlenden Diamanten trug. Das aber war ihr Auge. Und es leuchtete so hell, daß der Mann arg erschrak und sich hinter einem Baume barg. Wie sich die Jungfrau nun bückte, um an der Quelle zu trinken, vergaß sie den Diamanten sorgsam aus ihrer Stirn zu holen und so fiel er ihr in den tiefen Wasserborn. Und da sie nun blind war, fand sie ihn nicht wieder. — So tastete sie sich dann von Baum zu Baum bis zu einem großen Waldfelsen, in dem sie verschwand. Nun trat der Holzhauer auch an den Quell, um zu trinken; er kniete sich an ihn, um das Wasser mit der hohlen Hand heraus zu schöpfen. Und plötzlich sah er es vom Boden des Borns nur so hell und farbenschillernd heraufblitzen. So fand er dann den funkelnden Edelstein. — Den brachte er der Burgfrau von Varsberg (Warsberg), denn er meinte, sie sei die schöne Frau gewesen, die er gesehen hatte. Sie aber schenkte das Edelgestein ihrem als Sieger aus hartem Kampfe heimkehrenden Gatten.

196. Sagen um Schloß Warsberg (Varsberg).

Die Herren von Warsberg (Warnesberg) aus jenem uralten Geschlecht im ehemals ja weit umfangreicheren Warndtwald, waren von jeher Saarbrücken und seinen Grafen als Lehnsleute und Räte verbunden, aber auch mit der mit ältesten Burgmannen- und adeligen Stadtsippe, den Herrn von Saarbrücken, nahe verwandt, ja eines Geschlechts, die ebenso wie sie den Vornamen Boemund im Mittelalter bevorzugten. Und schon im 13. Jahrhundert hatten diese Warsberger aus dem Hause Saarbrücken einen Trierer Kurfürsten und Erzbischof in Boemund I. hervorgebracht.

Nun war auf ihrer Warndtburg ein tiefer Brunnen, der Schloßpütz, der auch noch vorhanden ist. Von ihm erzählt das Volk, er sei 80 Meter tief und man könne bis 25 zählen, wenn man einen Stein hineinwerfe, dann erst schlage er auf seiner Wasserfläche auf. Das ist aber auch wieder der althergebrachte Sagen- und Kinderborn für die ganze Gegend und so beziehen alle Dörfer ringsum die Burghöhe daher ihre kleinen Sprößlinge. Auch ein mächtiger Turm ist noch vorhanden mit überdicken Mauern. In diesem „Tour" saß einmal ein Bischof von Metz lange Zeit gefangen, so daß niemand mehr wußte, wo er hingekommen war, als er verschwand und heimlich von den Warsbergern gefangen genommen wurde. Endlich, als dieser Turm einmal gedeckt und ausgebessert werden mußte, gelang es dem geistlichen Würdenträger mit einem Dachdecker Fühlung zu nehmen, der seine Botschaft gen Metz brachte, so daß man ihn wieder gewaltsam befreien konnte. In der Schloßkapelle aber, die linksseitlich vor der Burg in hellem Steingefüge im Vorhofe auf der Mauer ruht, und deren heutiger, gothisierender Bau wohl aus der neueren Zeit der französischen Besitzer der Barone Stoffel de Varsberg oder des Marquis de Lignier stammt, während die alten Reichsfreiherrn von Warsberg bis in neuester Zeit noch in Österreich lebten und auch an der Nahe in Martinstein und am Neckar in Steinach begütert waren mit seiner so stattlichen Burgenreihe, deren Erbschaft dann auf die Freiherrn von Dorth auf diesen Burgen über Neckarsteinach eben kam, will man früher des Nachts ein gespenstiges Licht gesehen haben. Das aber brannte hell um Allerheiligen. Auch hörte man da oft ein großes Lärmen, als wenn das ganze Gebälk eingestürzt sei. Wenn man aber am Morgen nachsah, war alles in bester Ordnung. (Vgl. dazu auch Nr. 223, 232, 248, 382.)

197. Die Salzquelle zu Kochern.

Das Dorf Kochern beim Rosseltal liegt am Fuße des alten Sagenberges des Herapel. Wie die Sage will, haben die Salzquellen ihm den Namen gegeben. Und nach ihrer Entdeckung durch römische Soldaten vom großen Herapeler Militärlager suchten diese sie auszunutzen und um Salz zu gewinnen, so auszukochen, jedoch ohne Erfolg. Aber davon sollen sie die „Kocher" genannt worden sein und der Ort dann so danach auch seinen Namen erhalten haben.

Eine der Salzquellen aber sprudelt noch in der Nähe des Pfarrhauses. Ihr eigentlicher erster Entdecker aber, eben ein römischer Soldat vom Herapel, war ein leidenschaftlicher Jäger und jagte in den dichtesten Waldungen um seinen Standort. Dabei erlegte er auch einmal einen Hirsch, der jedoch waidwund noch im Dickicht verschwinden konnte. Er fand ihn auch tot bei einer Quelle. Neben seiner Beute ließ sich dann der Waidmann nieder und trank aus dem klaren Born und alsbald fand er, daß er einen Salzbrunnen entdeckt hatte. Auf dem Herapel verbreitete sich so die Kunde davon. Aber alle Bemühungen der Römer, aus dem Wasser Salz zu gewinnen, blieben eben ohne Erfolg.

198. Die Kehl und der heilige Philippus.

Die Alten sagen, der heilige Philippus wäre auf einem Berg hier bei Kochern erhängt worden und da hätte sich der Berg vor Abscheu gesetzt, so daß jetzt ein Tal da sei, wo früher der Berg gestanden. Dies Tal aber heißt die Kehl.

199. Die heilige Helena und der Herapel.

Nach dem Stiefel ist der Herapel der bedeutsamste Sagenberg in der Nähe von Saarbrücken. — Von altersher ist es ein beliebter Ausflugsort der saarbrücker Jugend, die dort in den vom Pfluge aufgerissenen Feldern, und heutigen Tages wieder besonders, altrömische Münzen sucht und findet, auch wie sie bisweilen ein Maulwurf mit an das Licht aus dem darin anscheinend unerschöpflichen Boden herausstößt. — Solche, aus der Zeit des Kaisers Konstantin, des Sohnes der frommen Kaiserin Helena, finden sich vielfach noch. —

Die heilige Helena, die Mutter dieses Kaisers Konstantin des Großen, die das Kreuz Christi in Jerusalem fand, soll nämlich auf dem Herapel gewohnt haben, als sie von ihrem Manne verdrängt wurde und auf dem Berge noch eine große und prächtige, römische Veste lag. Der Sohn soll sie dann erst wieder in die Kaiserliche Residenz von Trier zurückgeholt haben, als Trier eben die zweite Hauptstadt des römischen Weltreiches neben Rom war, das der Sage und der Inschrift vom dortigen roten Hause nach 1300 Jahre vor Rom ja bereits gestanden hätte. Am Fuße des Herapels liegt die der Kaiserin zu Ehren genannte und bei ihrer Anwesenheit einmal wundersam entstandene Helenenquelle, zu der die Leute von weit und breit kommen, um Wasser zu holen, mit dem man den Kindern die Augen auswäscht. Dabei steht ein Kapellchen, von dem die Leute erzählen, daß es uralt wäre und seltsame Heiligenfiguren hätte. Dahin gehen heute noch gerne die Kinder, um „Griffelspitzen" zu suchen. Das ist eine fremdartig hier wachsende, rauhe Schilfart, an derem schneidigem Geblätt sie ihre Griffel besonders gut schärfen können. — Eine zweite Sage aber weiß über diese Kapelle oder Grotte und den Aufenthalt der frommen Kaiserin ganz anders zu berichten: Als die hl. Helena nach Trier ging, um dorthin den hl. Rock Christi zu bringen, kam sie an der Schloß- und Burgveste des Herapel vorbei. Es war gerade Nacht. Gerne hätte sie daher oben übernachtet. Aber das Tor wurde ihr nicht geöffnet. In einer Höhle an der Festungsmauer brachte sie die Nacht zu. Bei ihrem Aufbruch am Morgen geschah ein Wunder. Aus ihrem Lagerort quoll eine klare Quelle hervor. In Trier angekommen, erzählte die fromme Frau das Verhalten der Insassen vom Herapel. Der Kaiser erzürnte darüber und ließ die Burg sofort zerstören. Die Quelle aber sprudelte weiter und ist die heutige Helenenquelle. In ihrer Nähe erbaute man ein kleines Bethäuschen, das die ersten Christen zu einer Kapelle umgestalteten und den Born Helenenquelle benannten.

200. Die Königin Hera als Städtegründerin von Herapolis.

In grauer Vorzeit herrschte einmal über die Lande um die Rossel eine jugendliche Königin, von seltener Schönheit erstrahlend. — Vater und Mutter hatte sie frühe verloren und zudem waren ihre älteren Schwestern, von denen eine Mazurina hieß, von durchaus bösen Geistern in damals unwirtliche Gegenden, wie sie dem väterlichen Stammschlosse entgegengesetzt lagen und so in die Richtung nach Saarbrücken und St. Avold zu entführt worden. Ja, sie hatten sie dann so auf die Kuppe des spätern Forbacher Schloßberges und in die Gegend des nachmaligen Helleringer Schlosses gebannt. An Örtlichkeiten also, die stets mit dem Herapel in unentwirrbare Beziehungen zum Teil, der Sage nach, gesetzt zu werden pflegen. —

Die so allein übrig gebliebene Königstochter erbaute nun auf dem ihr besonders ans Herz gewachsenen Berg, der die Stammburg ihrer Ahnen schon trug, eine prächtige, von vielen Türmen und festen Mauern umwehrte Stadt, die man nach ihrem Namen und zu ihren Ehren „Herapolis", das ist Stadt der Hera, auch benannte, ein Namen, der dann dieser denkwürdigen Höhe auch bleiben sollte. — Bei ihrer Geburt aber waren drei wohlgesinnte Feen erschienen, dabei merkwürdiger Weise wieder auch eine mit dem farbenschillernden Namen Melusine, um die Prinzessin mit Wundergaben auszustatten. Allerdings hatten sie daran die strikte Bedingung geknüpft, erst nach Ablauf des 21. Lebensjahres in den Ehestand zu treten! Und diesem Vorbehalt blieb auch Hera völlig ergeben trotz aller Anträge, wie sie ihr Reichtum und ihre Schönheit mit sich brachten und schließlich war es nicht mehr weit, daß der gegebene Termin sich erfüllte. —

Ein fremder Königssohn aber befand sich unter den Freiern, der besonders hartnäckig in seiner Begier sich zeigte, als Sieger aus solchem Wettstreit um sie und ihre Schätze hervorzugehen. Aber er ersah bald, daß gerade er keinerlei Erfolg und Aussicht für seine Person auch nur hoffen konnte. Eine sinnlose Wut erfaßte ihn alsbald, so daß er mit all seiner Macht die stolze Festung Herapolis berannte, um die Brandfackel in all ihre Pracht zu werfen. Ja, er ging noch weiter in seinem Rachegefühl und beschwor finstere Mächte und Unholde der Tiefe, mit denen er verbunden war. Und auf das Geheiß eines dieser Bösen wurde die unglückliche, so jugendlich schöne Königin in eine häßliche Kröte verwandelt, vor der sich die Erde öffnete, um sie mit all ihren Schätzen 10 Klafter tief in den hohlen Bergabgrund des Herapel fallen zu lassen. Daß ihr aber die Schätze blieben und dem Missetäter doch verloren gingen, geschah ohne Frage noch mit Hilfe der ihr wohlwollenden Feenwelt samt weiteren, alles mildernden Verheißungen für die Zukunft.

Dort sitzt sie nun im Höhlenschlund, glotzend und wartend als die häßliche Kröte und zwar auf der Deichsel eines mit ihrem Gold und Edelgestein schwer beladenen Wagens. Aber jeden Abend erscheint sie in dieser geifernden Tiergestalt, um zur Quelle des Herapel zu hüpfen. Und da schaut sie nach dem von den Feen verheißenen mutvollen Jüngling emsig aus, der sie erlösen kann, wenn er mit dreifachem Kuß ihr widerliches Krötenmaul berührt, um sich damit die schöne Königin mit all ihren Schätzen zum Ehgemahl zu erobern. —

201. Prinzessin Melusina vom Helleringer Schloß und vom Herapel.

Im Rosseltal, das seine Gewässer gegenüber von Völklingen in die Saar wirft, und weit darüber hinaus, wird folgendes erzählt: Vor vielen Jahrhunderten residierte auf dem Helleringer Schloß ein mächtiger Herr, der Rosselgaugraf. Er war Vater einer überaus schönen und eigenartigen, wenn auch rätselhaften, ja unheimlichen Tochter, der Prinzessin Melusina. Sie lernte einen Prinzen aus berühmtem Geschlecht kennen, verlobte sich mit ihm und heiratete ihn auch. Vor der Hochzeit nahm sie ihm das Versprechen ab, daß sie in der Nacht vom Samstag auf Sonntag in jeder Woche für sich allein sein dürfe, und ihr Mann müsse eben alles vermeiden, um zu erfahren, wo sie dann bleibe. Der war damit auch zufrieden und schwor es ihr zu. —

So lebten sie glücklich zusammen. Aber nach vielen Jahren plagte den Prinzen dennoch die Neugierde. Er ging seiner Gattin in der ausbedungenen Nacht nach und hörte sie in einem dunkeln Gang der Burg, und da sah er durch einen Mauerspalt, daß sie sich halb Fisch, halb Mensch in einer sprudelnden Quelle badete.

Das Glück der beiden war nun vorbei, nachdem er ihr den Treueschwur so gebrochen hatte. Sie flog als Drachen nach der Burg Herapel. Dort verwandelte sie sich in eine mächtige und häßliche Kröte, die im alten Burg- oder gar Stadtbrunnen auf ihren Erlöser wartet. Der aber soll wieder ein schöner Jüngling sein, der sie durch dreimaliges Küssen in dieser scheußlichen Gestalt befreien könnte. Alle sieben Jahre aber fliegt sie als Drachen nach den Gewölben des Hellringer Schlosses, um sich dort wieder zu baden. Im ersten Kriegsjahre des letzten Weltringens, da ist sie noch als Drachen von Helleringen über den Kreuzberg von Forbach geflogen und hat sich gegen Völklingen herübergedreht. Der feurige Schwanz kann ungefähr drei Meter lang gewesen sein, und der Drachen einhalb Meter. Dabei gab das alles einen Glanz von sich, aber in zwei Minuten war der weg und der Drachen schwarz.

Von einer Fee Melusina, aus noch früheren Tagen, geht aber auch hier die Sage, daß sie das Schloß auf dem Felsberg bei St. Avold baute, um den Bewohnern Schutz zu gewähren und sich ihnen wohltätig zu zeigen. Das schenkte sie einem verwandten Prinzen, der diesen Schutz der Bewohner des Rosseltales übernehmen sollte. Das tat er aber nicht, sondern bedrängte sie schwer, und darüber ergrimmte diese Melusina so, daß sie das Schloß mit all seinen Herrlichkeiten, die sie geschaffen, vernichtete und einen Fluch über diesen untreuen Prinzen aussprach, einen Fluch, der dann auch dem kommenden Rossel-Gaugrafengeschlecht anhaften blieb. —

202. Melusina — Mazurina fliegt als Drachen vom Herapel nach Helleringen.

Einst mähte ein Bauer im Heumonat das Gras seiner Wiese im Rosseltal in der Nähe des Helleringer Schlosses. Da sah er einen Drachen durch die Lüfte ziehen und zum Kellerloch in das Schloß hineinfliegen, das war die verbannte Prinzessin Mazurina vom Herapel, die seit dem Eidbruch ihres Gatten ja zur Kröte oder gar zeitweilig zum Drachen sich verwandelt haben sollte. — Und die Namen Melusina, Mazurina und Hera, wie auch Herapel und Helleringen, gehen seltsam verwirrt durch die Sage des Volkes. — Durch seine Neugier ermutigt, stieg der Mann in den Keller, um sich das Untier näher anzusehen. Der Drachen aber war im Bade. Und furchtlos redete der Bauer das Tier an. Da sprach der Drache: „Zu erlösen bin ich, die Stunde ist aber leider noch nicht gekommen. Es wird einmal eine außergewöhnliche Eichel herunterfallen. Daraus wird ein mächtiger Baum ersprießen. Wenn er einstens gefällt ist, wird sein Holz zu einer Wiege verwendet werden. Das Kind, dem diese Wiege als Bett dient, ist der Held, der mich aus meinem verzauberten Wesen erlösen wird!" Darauf verschwand das Untier. Die Schätze aber, die in den Höhlen und Gewölben des Herapel noch immer schlummern, fallen dann diesem Erlöser zu. Und hie und da kommt etwas von ihnen zu Tage. Und die Saarbrücker Jugend sucht eben oft gerade auch heute noch danach und findet auf freiem Felde immer wieder schöne römische Münzen, auch aus der Zeit des Kaisers Konstantin und der Kaiserin Helena, dieser Schutzgeister des Herapels. Und immer wieder werden mir solche zum Ansehen oder zur Bestimmung wohl gebracht, so daß gerade dieser Berg mächtig die Phantasie der Jugend anregt. —

203. „D'r Hunneberch"
und die Belagerung des Herapels.

„En alter Mann von Bivingen hat m'r die G'schicht verzehlt. Die Hunne honn uf dr Surwis bei Bivingen geläh, wo domols ä groß Wasser gewehn isch, un se honn Dah for Dah ihr Pär geschwämmt. Se hon wille de Herapel met siner Feschdung ongriffe unußhungere. Awer all ihr Versuche ware umsunscht. For de Herapel zur Iwergab ze zwinge, honn se ville s'Wasser, wu durch e unnerirdisch Lädung von Girlingen her bis uf de Herapel gong isch, abschniede. Awer die Lädung hon se nit kinne finne, wu de Herapel met Wasser versorscht hat. Do hot de Owerscht e Lischt erfunn. Er hat sinem Esel drei Dah long kenn Wasser gen. Un alle Dah isch 'r uf d'Heh vom Herapel g'fiehrt wor. Om dridde Dah isch dr Esel gonz pletzlich uf ähner Stell stehn geblieb un hat vor Durschd de Bodde ufgeschärrt. Jetz hat mr die Rohrn von der Wasserlädung gesiehn, un m'r hat's Wasser von der Feschdung abgeschniet, un in kurzem isch se besiecht gewähn. Heit häscht noch der Gewänn, wu selemols de Hunne gelät hon, un von wu se selemols de Herapel ongegriff honn, de Hunneberch... Mr find noch hie und do so sunnerbar klänt Huwise (Hufeisen von den Hunnenpferden) in dr Gechend."

27. Blick von der Saarbrücker „Hohen Wacht" auf den Höhenzug v«m St. Arnualer Stiftswald über Spichererberg zum Forbacher Schlossberg gegen Herapel und Warndt

204. Der Forbacher Schloßberg.

Blickt man in Saarbrücken von dem Nußberg oder der Hohen Wacht nach Süd-Westen und Lothringen zu, so zeigt sich da ein herrlicher, noch lange nicht genug geschätzter, wahrhaft ideal-klassischer Bergzug, wie er sich, vom laubbewaldeten St. Arnualer Stiftsforstrücken anhebend, in weichem, südlichem Schwung am Spichererberg abrundet, von dem sich dann Bergrücken auf Bergrücken kulissenhaft und in wirksamem Wechsel zwischen Wiesen und Wald vorschichtet, bis das Ganze im Forbacher Schloßberg und in einer für das Saarland eigenartigen rundlichen, isoliert vorspringenden Kuppe, eben dem Forbacher Schloßberg, ausklingt. — Und dieser heroisch-schöne Bergzug bildet, namentlich vom hohen Schwarzenberg auf dem jenseitigen Saarufer aus gesehen, die überragende Krone und den Abschluß des ganzen, in eine grünende Berg-Waldwelt eingebetteten Saarbrücker Stadtbildes nach dem Südwesten zu, über dem dann zum Schluß noch die Höhen um den Herapel wie ein erster Gruß der Vogesen blauen, dem Stammgebiet des heimischen Flusses. — Und deren Kette kann man selbst bei klarem Wetter, so vom St. Arnualer hochromantischen Felsenweg, auch am Stiftswald, deutlich erspähen.

Unter diesem Forbacher Schloßberg aber ist alles unterhöhlt bis zum Herapel, wie das die Sage will. Und wer da hineingeht, kommt nicht mehr heraus. „Es ist aber einer doch einmal hineingegangen mit einem Licht. Und das Licht ging sofort aus und er kam nie wieder." — Soll doch ein unterirdischer Gang überhaupt auch noch aus der Römerzeit von diesem Schloßberg bis zu dem Herapel führen. — „Es war auch einmal eine Gräfin, die wohnte auf diesem Schloßberg ob

Forbach. Und da waren auch zwei adelige Herren, die sie freien wollten. Dann gingen die zwei auf den Säbel in ihrer Eifersucht und dabei fiel gerade der Graf, den sie liebte. Da kam der andere und wollte sich an sie heranmachen. Und sie flüchtete durch einen unterirdischen Gang in die Kreuzkapelle. Und dort ist sie auch gestorben und hatte ihr Gebetbuch in der Hand. Dann sind Geistliche gekommen und wollten es ihr aus der Hand nehmen, und das ging nicht. Nur einer bekam es heraus. Und so liegt sie beerdigt vor dem Muttergottesaltar."

205. Der Nonnen-Brunnen an der Kreuzkapelle.

Oberhalb Forbach liegt stimmungsvoll am Waldberghang, wie er sich seitlich des vom St. Arnualer Stiftswald und dem Spichererberg gegen den Forbacher Schloßberg wendenden schönen und abwechslungsreichen Berggefüge an seinem Ende zurückzieht, die gotische Kreuzkapelle. Bei ihr aber liegt ein tiefer Brunnen. — Und dahinein sind einmal von Forbach aus Angst vor den Schandtaten der andersgläubigen Schweden, flüchtende geistliche Schwestern im 30-jährigen Krieg hineingesprungen. Und daher hat der Brunnen auch seinen Namen erhalten. Jede Weihnacht aber, um 12 Uhr, zeigen sich noch diese Nonnen und singen: „Großer Gott wir loben Dich!"

206. Die „goldene Bremm".

Der Bremmerhof hat seinen Namen von dem Ginster „de Bremme", die in dieser ganzen Gegend und bis auf den Nußberg über Saarbrücken herauf noch in besonders üppiger Fülle wuchsen und noch wachsen. Der Name die „goldene Bremm" aber soll aus der Zeit herrühren, da der älteste Sohn des Bürgerkönigs Louis Philipp von Frankreich, aus dem Hause Orléans, seine Braut, die Prinzessin Helene von Mecklenburg, an dieser Grenzstelle 1837 abholen und in ihrem neuen Lande zuerst begrüßen ließ. Am 24. Mai war sie in Saarbrücken angekommen und empfangen worden, hatte in der Post, unter ständiger preußischer Militärmusik in der Wilhelmstraße, soupiert und war am nächsten Tag mit dem Geleite sämtlicher Saarbrücker

Offiziere, von 18 Trompetern und 70 Husaren, samt den Zivilbehörden, feierlich an die Grenze eskortiert worden. Als sie dort im Monat Mai eben ankam, war gerade die Blütezeit der „Bremme". Die Triumphbögen, die Masten, die hohe Festtribüne für die Zuschauer, auf der auch die Saarbrücker Damen saßen, alles war mit Ginster wirksam umwunden, so daß die Prinzessin entzückt ausrief: „O du schöne goldene Bremm!" Von da ab soll dann die Häusergruppe dort diesen Namen auch geführt haben. Eine zeitgenössische, in Saarbrücken erschienene Lithographie zeigt das alles und den ganzen Empfang der mecklenburgischen Fürstentochter mit den Prachtzelten und Militärovationen, was damals ein großes Ereignis auch für die Saarbrücker Bürgerschaft eben gerade bedeutete, so daß in meiner Jugend noch viel davon von einheimischen Teilhaberinnen dieses Empfanges die Rede war, von dem Geschirr, das in 89 Kisten aus Paris kam, den 30 französischen Köchen, die das Frühstück im Freien vorbereiteten, von dem Donner der Geschütze des begrüßenden französischen Militärs, den empfangenden bourbonischen Herzögen von Broglie und Choiseul, von der Großherzogin-Mutter von Mecklenburg-Schwerin und dem abschiednehmenden Oheim, dem Großherzog von Sachsen-Weimar samt den donnernden Rufen: „vive le roi" und „vive la princesse Hélène". — Aber auch von einem deutschen Abschiedslied der Saarbrücker Trompeter, das in all den Geschützdonner noch wirksam hineinklang! — Und es war auch die Rede davon, wie prächtig sich die Kronprinzessin in ihrem neuen Lande und in dem eigens für sie errichteten Toiletten-Prunkzelt in eine rosa Robe geworfen habe mit goldenem Stirnreif und sie dann im großen Empfangszelt die Behörden so graziös begrüßte und ihr 24 junge Lothringerinnen aus Forbach und Saargemünd in weißen, duftigen Kleidern eine Königskrone und Blumen überreichten. Während all dem wogten prächtige Frauenkleider und bunte Uniformen hin und her und eine unabsehbare Menschenmenge zweier friedlicher Nationen drängte sich froh auf und vor den Höhen, um die dann 33 Jahre später so erbittert gekämpft wurde, und die deutschen und französischen Behörden tauschten die Versicherung guter Nachbarschaft aus, die auch damals und noch lange nachher wirklich bestand und ohne unnötige Verhetzung auch bestehen konnte.

Der Bremmer Hausgruppe gegenüber war zu dem historischen Moment eine neue Anpflanzung entstanden, die dann später ein Wäldchen wurde. Und der französische Staat hatte sie dem Besitzer des Bremmer Hofes zum Geschenk gemacht. In dieser Hofes-Baugruppe mit einem rückwärtigen Turm, lag dann das eigentliche Herrenhaus des Bremmer Gutes, das der Familie des berühmten, aus Sachsen stammenden französischen Ingenieurs Kind aus Paris gehörte und ihm stets zum sommerlichen Aufenthalt diente. Er hatte bei einer frühen Tätigkeit bei den De Wendel, auf der Stieringer Hütte, wo er damals bereits bahnbrechende hüttentechnische Erfindungen machte und viel in Saarbrücker Familien verkehrte, diese liebliche Gegend kennen und lieben gelernt und sich hier dann angekauft, und war auch haften geblieben, als er in Paris immer mehr zu bedeutendem Reichtum und Ruhm kam, welcher Stadt er seine ersten artesischen Brunnen erbohrte, worauf ihm Napoleon III., der auch in der Familie verkehrte, dankbar ein schönes Palais auf dem Boulevard Haussmann schenkte. Der Kaiser hatte sich sogleich, als wider alle Voraussagungen französischer Ingenieure, das Wasser mit Macht ausgetreten war, ja Paris in diesem Teil förmlich überschwemmte, im Hause Kind zum Familien-Frühstück ansagen lassen, an dem auch von Saarbrücken noch meine damals um 1860 jahrelang in Paris, in ihrer Jugend zur Ausbildung befindliche Mutter teilnahm. Dem Bad Mondorf, in Luxemburg, bohrte und entdeckte Kind dessen Haupt-Heilquelle schon 1846/47, die heute noch nach ihm so auch, wie es nur recht ist, den Namen „la Source Kind" trägt. — Mit seiner kultivierten Gattin Lupida, gebore-nen Manin, aus einer französisch-mexikanischen Familie, hatte er das Herrenhaus auf der goldenen Bremm höchst reizvoll mit wertvollem, teils auch gerade aus altem Saarbrücker Besitz erworbenem, antiken Mobiliar, Brokatstoff des 18. Jahrhunderts und altmeißener Porzellan ausgestattet, und auf einer Truhe in der Diele lag ein ungeheuerer mittelalterlicher Eisenschlüssel. Der Sohn Alfred war dazu ein talentvoller Maler, der mit Vorliebe Landschaftsmotive aus dieser anmutigen

Umgebung, so herbstliche Getreidefelder neben Blumenstücken, schuf und dessen Atelier rückwärts in die Felder schaute. Ein geschmackvoller Terrassengarten zog sich auf der gegenüberliegenden Landstraßenseite nach Forbach zu hin, auf dessen oberem Absatz es zu meiner Freude in der Jugend sogar an einem Weiher Möven gab. War doch diese Familie seit alters her auf das nächste befreundet mit der meinen mütterlicherseits. Und nahe Beziehungen gingen so von der goldenen Bremm und von Paris in das alte Handelshaus in der Saarbrücker Obergasse am Tor nach Forbach zu, hin und her (vgl. Nr. 115) und dann auch nach St. Johann, und noch zu meiner späteren Jugend waren sonntägliche Wagenbesuche auf der Bremm besonders beliebt und für mich auch interessant und anregend in vielem. — Das kam wohl auch mit daher, daß der deutsche Teil des Bremmer Guts- und Landsbesitzes schon weit früher Eigentum meines Urgroßvaters, des ursprünglichen Eisen-Kaufmanns und Gutsbesitzers Friedrich Christoph Rinck in Saarbrücken (geb. 1784) war und danach über seine Tochter auch dem von ihm ja nach 1815 mitbegründeten Hause J. A. Mayer und damit der Familie „Rinckemayer" gehörte, wie man sie in Saarbrücken nur volkstümlich nannte. Aber auch dieser Teil ging dann käuflich, schließlich nach 1870, in den Besitz dieser so befreundeten Pariser Familie über, die das Gut auch ein Menschenalter als Sommeraufenthalt nutzte, bis sie es dann der immer unsicherer werdenden Grenzverhältnisse halber an die Brückmann veräußerte, die dem St. Johanner Beigeordneten und Brauherrn August Klein verschwägert waren, um sich selbst ein Schloßgut in der Nähe von Nancy zu erwerben. — So ist denn die goldene Bremm (la Bremme d'or) zweimal in das Licht der Geschichte getreten. Einmal als sie beim Empfang der Kronprinzessin von Frankreich der Sage nach von ihr erst den Namen empfing, das andere Mal, als in den ersten August- und Kriegstagen von 1870 ihr Name so vielfach während der Schlacht von Spichern in aller Munde war. —

VI.

Das Köllertal und Primstal dem Hochwald zu mit dem Sagenberg des Litermont.

207. Der Maldit im Köllertal.

Der Maldit, Maltitz oder gar Freiherr von Maltitz, Baldix, Maldix und Maldiß (alle Benennungen leben im saarländischen Volk) war gräflicher Ober-Rüdenmeister in alter Zeit. Als Oberaufseher bei den gräflichen Treibjagden zeigte er sich besonders hart und streng gegen die Bauern, die beim Treiben helfen mußten. Das geringste Versehen im Dienst, die kleinste Nachlässigkeit und Trägheit wurden mit schweren Schlägen und hartem Gefängnisse gestraft, doch endlich traf auch ihn die Rache. Als er an einem Sonntag wieder die Bauern zum Frondienst aufrufen ließ und sie zum Treibjagen oben am Heidenhübel aufstellte, weil er eine Wildsau in diesem Forste eingekreist hatte, da erklang drunten im Tale die Glocke von Kölln, die die Angehörigen zur Messe rief. Flehend baten ihn mehrere der Bauern, sie doch nur heute vom Frondienst loszulassen, doch Maldit mit seinen Jagdgesellen verlachte sie nur, und als gar ein alter Mann ihm ernste Ermahnungen zurief und ihn an Gottes unausbleibliches Strafgericht zu erinnern wagte, das ihn für solche Sabbatschändung treffen werde, da entbrannte sein Jähzorn. Wütend drang er auf den Alten ein und versetzte ihm mehrere Schläge mit dem Saufänger oder der Saufeder. Da entstand plötzlich eine so gewaltige Windsbraut, daß die ältesten Bäume des Waldes erzitterten, aus dem dunkeln Forst hervor brach eine mächtige Wildsau, stürmte auf Maldit zu, unterlief ihn, so daß er rittlings auf ihren Rücken zu sitzen kam und verschwand ebenso plötzlich, wie sie erschienen war. Man sah noch, wie Maldit vergebliche Anstrengungen machte, von dem Rücken des Tieres herunterzukommen, doch wie mit eisernen Ketten angeschmiedet, saß er fest und wurde im Fluge dahingeführt. Seitdem zieht er als wilder Jäger durch die Lüfte mit seinem Jagdzuge und seiner Meute. Gesehen und gehört hat man den Maldit zum letzten Mal vor dem Kriege von 1866. Da zog er von dem alten Schloß in Püttlingen aus nach der damals noch in Ruinen liegenden Burg Philippsborn (Neuhaus) und demnach von seinem Friedens- zum Kriegsitz. — Auch aus Püttlingen wird das in der Weise bestätigt, daß Maldix, wie man ihn hier auch wohl gerne nennt, wenn man ihn vom Schlößchen aus zum Neuhaus reiten sah, stets Krieg oder Not mit sich brachte. So habe man ihn auch deutlich 1864 vom Jagdschloß Bucherbach aus in Püttlingen über den dortigen so sagenhaften Hexenturm durch die Lüfte nach dem Neuhaus ziehen gesehen. Und wenige Tage danach sei dann der Krieg gegen die Dänen ausgebrochen. — Alte Köllertäler versicherten, ihn wirklich durch die Wolken reiten gesehen und die Hunde bellen gehört zu haben. Und wenn sie vermeinten, daß die wilde Jagd einherbrause, dann warfen sie sich platt auf die Erde und ließen sie über sich ziehen in der Meinung, sich so vor dem Maldit zu retten. —

Sein Name ist magisch, man spricht ihn nicht gern zur Nachtzeit aus. — Auch bei Schwarzenholz will man den Maltitz in stürmischen Nächten noch oft gehört haben mit dem Bellen und Heulen seiner Hunde, dem Wiehern seiner Pferde, unter Kommandorufen, Schüssen und Kettengerassel. — In Püttlingen aber gibt es noch heute den Schimpfausdruck „Schäler Malditz", also schäl von Schielen. — In Großwald bei Altenkessel lebte dazu noch 1900 eine sehr alte Frau, die auch selbst die wilde Jagd gesehen und gehört haben wollte. In einer stürmischen Herbstnacht hantierte sie noch spät in ihrer Küche herum, als ihre Mägde schreiend und zitternd hereinstürzten und schrien: „Mir bleiwe kä Minutt meh im Stall, nä, Jesses, nä!!" Im selben Moment aber hätte in der Luft ein Brausen und Sausen wie von tausend Stimmen angefangen und als alles vor die Tür gelaufen sei, hätten sie deutlich gesehen und gehört, wie die wilde Jagd über sie hinweggezogen wäre mit dem verfluchten Maldit (Maudit).

208. Die Langäpfel in der Weihnachtsnacht.

In einer hl. Nacht ging einst eine Mutter mit ihrer Tochter durch den Mühlengarten der Meyersch Mühl zur Püttlinger Kreuzkapelle. Erstorben, erfroren lagen Wiesental und Anpflanzungen. Kahl standen die Bäume, alles war öd und leer. Auf dem Rückwege sahen die zwei, daß der Langäpfelbaum im Garten auf einmal frisch und grün, voller Laub und Äpfel hing. Und der ganze Boden lag dicht bedeckt voller Früchte, mitten im harten Winter. Sie rafften sich einen drallen Schoß voll und eilten freudestrahlend über diese unerwartete

28. Die Kreuzkapelle von Püttlingen, wieder aufgebaut 1720

Weihnachtsgabe heim. Am andern Tage aber stand der Baum wieder so kahl da wie zuvor. Jedoch die glücklichen Beterinnen zeigten allen Nachbarn freudestrahlend die wunderschönen, so lieblich duftenden Langäpfel, die ihnen die Christnacht beschert hatte.

209. Die Hexen im Püttlinger Hexenturm.

In alter Zeit, als der Hexenturm noch ein wichtiger Teil einer stattlichen Wasserburg war, hatten ihn die

Hexen zu ihrem Tummelplatze erkoren. Jedes Jahr in der ersten Maiennacht versammelten sie sich, während die Ritter schliefen, im Turm und stießen plötzlich ein schauerliches Geheul aus. Auf Besen ritten sie zum Turm hinaus und setzten sich gemeinsam rundherum auf dessen Zinnen. Erst hielten sie großen Hexenkonvent ab und führten nachher wilde Tänze um diesen altersgrauen Bau auf, bis des Tages Leuchten sie vertrieb. Später wurden sie gar in den Turm selbst nach ihrem Tode verbannt, wo sie noch heute ihr unstetes Dasein seither fristen und wo man in der Hexennacht im Schloßgarten diese dahin vertriebenen Unholdinnen der gesamten Püttlinger Umgegend wohl gerne neckte, um dabei jedesmal drinnen im Turm ein tausendfaches Wimmern und Klagen zurückzuhören. Ein Pütz im Hexenturm aber war der Püttlinger Kinderbrunnen, und ein sagenhafter unterirdischer Gang sollte durch eine eiserne Tür bis nach Engelfangen zu der Burg Bucherbach, dem einst gräflich nassau-saarbrückischen Mittelpunkte des Köllertals führen. — Um den Hexenturm aber schlangen sich viele Sagen, die die alten Püttlinger bewegten und ihre Phantasie anregten und auch nicht verfehlen, das noch bei den heutigen Einwohnern dieses sagenreichen Ortes zu tun. — Noch heute schreckt man so die Kinder mit der Drohung: „O weh, du kommst in den Turm", und das mag auf die Zeit hindeuten, als der Hexenturm noch als Gefängnis benutzt wurde oder gar unter ihm das Burgverließ war. —

Die Burg scheint 1341 durch den Ritter Johann von Forbach erbaut zu sein. 1345 war sie fertig, weil dieser danach auch als Herr zu „Warnesberch" (Warsberg) erklärt, daß er mit seinem Sohn dem Erzbischof von Trier gegen Montclair diene und ihm auf seinen Burgen Warsberg und Püttlingen Enthalt geben wolle. — Letztere war eine Wasserburg und glich so ganz der von Bucherbach, mitten im Wiesental vom Köllerbach umflossen. Nur einer der Ecktürme steht noch, eben der Hexenturm. Souveräne Rechte hatten dann an diesem Ort vor allem aber die lothringischen Grafen von Kriechingen und zuletzt auch ihre Erben, die Grafen von Wied-Runkel, bis es schließlich ganz an Nassau-Saarbrücken noch kam, dem 1766 auch die Lehensherrschaft von Frankreich abgetreten wurde. —

210. Die strahlende Mutter Gottes von Püttlingen.

Auf dem „Totenmann" in der heutigen Bengeserstraße in Püttlingen, ging in einer späten Maiennacht eine Bauersfrau hinaus auf den dunkeln Hof, um Backholz zu holen, da sie am Brotbacken war. Da sah sie, wie von dort her, wo heute die Liebfrauen-Kirche steht, etwas hell schimmerte und strahlte. Der leuchtende Schimmer aber wurde zum himmlichen Glanz und kam immer näher. Die Frau ließ da ihr Backholz fallen, um geblendet die Hände über die Augen zu halten. Da stand sie wie erstarrt vor Freude, denn sie sah, wie eine überirdische, große Gestalt immer näher kam, in der sie die Muttergottes recht wohl erkannte. In langen, hinter ihr schleppenden Kleidern, wandelte sie majestätisch an ihr vorüber durch den Garten hinunter zur Weiherbach. Allerliebst lächelte das Kindlein von ihrem Arme herab. Die Frau betete und buk nachher ihr Brot. Als später dort genau, wo die Mutter Gottes herkam, die Liebfrauen-Kirche erbaut wurde, erzählte die Frau recht oft und freudig, wie die strahlende Mutter Gottes mit dem Kinde auf dem Arm ihr um Mitternacht begegnet sei.

211. Der Altenmurer Dorfbüttel.

Vor der Püttlinger Kreuzkapelle stand vor Jahrzehnten noch ein riesiger, uralter Feldbirnbaum. Unter ihm soll einst das Haus des Dorfbüttels von Altenmuren gelegen haben. Nur allzu streng hätte er seines Amtes gewaltet und im 30-jährigen Kriege sei er mit seinem Hause spurlos verschwunden. Nur sein Sohn rettete sich in die nahen Wälder. Er überstand auch Pest, Hunger und Krieg, siedelte sich später auf dem Kreuzberg im neuen jetzigen Püttlingen an und hinterließ eine große, gesunde Nachkommenschaft, die noch den Spitznamen „Büttels" im Dorf tragen. Solange der alte Feldbirnenbaum stand, zeigte sich der Altenmurer Büttel in dunkeln Herbst- und Winternächten späten Wanderern unter dem Baum. Zuletzt sah ihn im Jahre 1890 ein Hirtenbube, der eine verirrte Kuh spät abends suchte und vor lauter Furcht nun ohne Kuh heimlief.

212. Pastor Hintgen läßt seinen Feind gebannt auf der Straße stehen.

Vor weit über 100 Jahren amtierte in Püttlingen der Pastor Hintgen. Er stand im Volke im Rufe, mit übernatürlichen, geheimnisvollen Kräften ausgestattet zu sein. Kräften des Geistes und der Seele. War er doch Spiritist, Hellseher, Wahrsager und Geisterbeschwörer. Erst hatte er wenig Feinde im Dorf. Es hieß in seiner Heimat Luxemburg, hätte er deren unzählige besessen und nur deshalb hätte er sich nach Püttlingen versetzen lassen, dem der Bischof einfach alles zumuten zu können glaubte. Wohl verstand sich Hintgen auch auf's Quaksalben und Wundenheilen für Mensch und Vieh, was man ihn auch recht gern und oft tun ließ. Da er aber sonst in seiner gar nicht so übergroßen Pfarrei gerne auf Ordnung, Zucht und Sitte hielt, was ihm in Verbindung mit seinem strengen Blicke bald den Spitznamen „der Streng" einbrachte, fingen immer mehr Püttlinger an, sich gegen ihn aufzulehnen. Oh, die Püttlinger waren schon mit den Nassau-Saarbrückern fertig geworden, hatten sich schon mißliebige Schulmeister vom Halse geschafft. Und so begannen sie nun auch gegen Hintgen zu kämpfen und zu stänkern. —

Aber der kluge Pastor erkannte seine Feinde nur zu bald. Einem nach dem andern sagte er in's Gesicht, was er aus jedes Einzelnen Gedankengängen ablas. Viele getrauten sich nun nicht mehr überhaupt noch feindlich gegen ihren Dorfgeistlichen zu denken, geschweige denn, etwas über ihn herzureden. Einer aber, der sich nicht geben wollte, ging eines Morgens zur Derlerstraße hinauf. Von weitem kam Pastor Hintgen die Straße herunter und sah seinen Feind durchdringend an. Der blieb plötzlich stehen, ohne daß er es wollte und konnte beim besten Willen nicht mehr vom Fleck. Er wollte die Glieder bewegen, sie hingen wie Blei an ihm, sein ganzer Körper war wie zu Stein erstarrt, Hintgen hatte ihn festgebannt. So stand er denn auch noch, als der Pastor schon auf der Köllerbachbrücke ging und auch noch am Abend. Da liefen mitleidige Leute in's Pfarrhaus und berichteten, in der Nähe des großen Nußbaumes, bei Altmeyer's Haus, stände ein Pfarrkind männlichen Geschlechts und wäre wie Stein und tot. Sprach der Pastor: „Nun er hat jetzt lang genug gestanden", machte das Kreuzeszeichen zum alten Pfarrhaus hinaus und sprach ein paar fremde Worte dabei. Nach kaum 5 Minuten ging der so Gezüchtigte schon am Pfarrhaus vorbei und kehrte heim zu den Seinen. Und noch manchen seiner Feinde ließ Pastor Hintgen mitten auf der Straße stehen, so lange es ihm beliebte.

213. Flug der Püttlinger Glocken nach Rom.

In der Karwoche, wenn sich am Gründonnerstag, abends vor den Püttlinger Kirchen die Klapperbuben versammeln, machen die Glocken sich heimlich im Gestühle von selber los und treten einen weiten Flug an. Gleich Vögeln steigen sie hoch in die Lüfte und schwingen sich davon, weit, weit und hoch über die Alpen, bis sie in der ewigen Stadt, fern im Süden ankommen, um den päpstlichen Segen zu empfangen.

Hier halten sie sich dann verborgen bis zum Ostermorgen.

Während dieser Zeit aber klappern die Buben mit ihren althergebrachten Holzinstrumenten an ihrer Statt. Die Kinder stehen am Gründonnerstag Abend vor der Kirche herum und schauen immerfort in die Höhe, sie würden den Glockenflug so gerne auch mal schauen. So viel erzählen die Großeltern davon und sie berichten, wie sie in ihrer Jugend gesehen haben, wie die Glocken der alten Kirche St. Sebastian immer vom Berg herüber, längs die Marienkirche geflogen wären. Und von dorther seien sie dann am Ostermorgen wieder heimgekehrt, schon froh summend, singend und klingend, ja vorläutend, noch ehe sie im Turm ihrer Kirche wieder angelangt waren. Dann aber hätten die Klapperbuben ihre Klappkästen heimgetragen und hätten lang an den Seilen gehangen. Und das jubelnde Osterklingen der alten Glocken sei so jungfräulich schön gewesen, wie das ganze Jahr über kein Geläute aus ihnen gekommen sei. Und nachher sind die Buben hinaufgestürzt in den Glockenstuhl und hätten die vielerlei Sträußlein und Blümlein bewundert, die die Menschen des Südens und der Alpen ihnen auf ihrem Wege angesteckt hätten: Edelweiß, blauer Enzian, Veilchen, Rosen und Blüten der Mandeln und Apfelsinen. Nach Ostern aber hätten sie dann wieder ihren alten gewohnten Klang bekommen.

214. Das Sommerberger Irrlicht und die Bergleute.

Zwei Engelfanger Bergleute gingen hoch über die Stey von Von-der-Heydt herkommend mitten in der Nacht von ihrer Schicht heim über den Sommerberg. Es war so dunkel, daß sie die Hände vor den Augen nicht sahen. Da kam ganz plötzlich drunten aus dem Erdbachtale ein helles Licht herauf, blieb aber in respektvoller Entfernung von den späten Wanderern. Und Einer sagte da: „Das Licht da unten könnte uns recht gut den Weg erhellen!" Schon war es im Nu da, ganz ungerufen, nur auf den laut ausgesprochenen Wunsch hin. Und es leuchtete brav den zweien über den Weg bis in's Dorf hinunter und bis sie in Engelfangen an der Haustür des ersten ankamen. Keiner sprach ein Wort dabei, bis es verschwand. Trotzdem also dies Irrlicht ein guter Geist gewesen sein muß, wagten es die beiden Bergleute nicht, so oft sie auch noch in späten dunkeln Nächten dasselbe Licht sehen mochten, es anzurufen. Eine unwillkürliche Scheu vor der geheimnisvollen Flamme hielt sie davon ab.

215. Die Frösche von Burg Bucherbach und die Gräfin Elisabeth von Nassau-Saarbrücken.

Wenn die Gräfinnen von Saarbrücken im Mittelalter zur Sommerzeit auf ihren Landschlössern weilen wollten, so gerade auch die Gräfin Elisabeth, die lothringische Herzogstochter, bekannt wegen ihrer literarischen Arbeiten und so Romanübersetzungen aus dem frühen französischen Ritter- und Königstum, die das Wasserschloß Bucherbach, das noch heute in seinen Ruinen mit einem Teil seiner charakteristischen Ecktürme aus dem Wiesental bei Kölln aufragt, allen andern zur Sommerfrische vorzog, wurden sie beim Schlafen sehr durch das Gequake der Frösche in den umgebenden Bächen und Weihern gestört. Da mußten denn die Bauern des Nachts mit Ruten und Weidenzweigen solange das Wasser peitschen, bis die Tiere Ruhe gaben und das jeweils wiederholen, damit ihre Herrin auch Schlaf finden konnte (vgl. Nr. 53 und 145). Dieser Lieblingssitz der in ihrer Art eben als eine früheste Schriftstellerin in deutscher Sprache bekannten Gräfin Elisabeth von Nassau-Saarbrücken, deren monumentaler Steinsarkophag († 1456) mit ihrem liegenden Bildnis in schwerfaltigem Gewand, noch an hervorragender Stelle im Chor von St. Arnual sich erhielt, war ihr übrigens auch als Witwensitz zugesprochen worden. — Auch unterirdische Gänge soll es noch geben, die von dem Schlosse Bucherbach auslaufen, in denen sich früher seine Bewohner bei Feindesnot retten konnten, sei es in's Freie oder gar in andere feste Sitze oder Kirchengrüfte, wie man das ja von so vielen saar-

29. Die Ruine der nassau-saarbrückischen Landesburg Bucherbach im Köllertal

brückischen Schlössern erzählt. — So soll von Bucherbach einer nach der einmal ähnlich eingerichteten Wasserburg von Püttlingen gezogen sein und als in den Bauernkriegen gegen die Landesherren der von der Sage verklärte angebliche Anführer dieser Landsleute, der Wendelsepp von Hirtel, die Burg Bucherbach belagern wollte, bekamen die eingeschlossenen gräflichen Mannen und Beamten durch diesen Gang unterirdische Hilfe.

216. Das Grubenmännchen vom Krupschacht.

Auf dem Mauerschutt, wo einst Schachtturm und Fördermaschine des Krupschachtes standen, zwischen Ritterstraße und dem Pfaffenkopf, inmitten dichten Waldes, herrscht nachts oft ein emsiges Treiben. Dann kommen ganz kleine, graue Männlein aus einem Gewölbe mit zierlichen, brennenden Öllampen oder Grubenlaternchen im Munde hängend und beginnen mit den Händen zu graben. Nahen aber Menschen, so fliehen sie wieder eilig in die Tiefe. Es sollen dies die guten Grubenmännchen sein, die einst den Bergabladern auf der Halde dahier nächtens, dieweil dieselben in der Umgegend Zechgelage abhielten, die Wagen kippten, so daß sie sich morgens getrost von der Schicht abmelden konnten.

Aus Gram darüber, weil die Grube und Halde nun schon Jahrzehnte still liegen, erscheinen diese unsere saarländischen Bergbauzwerglein nun jede Nacht und suchen die verschwundene Arbeitsstätte. Jedes Jahr aber an Pfingsten kommen sie sogar während des Tageslichtes.

Der alte Wißer von Püttlingen ging am Pfingstmontag mittag, würzige Walderdbeeren suchend, da vorbei und überraschte 13 dieser Grubenmännlein an Zahl. Jedes davon hatte Bergkittel und Bergmannsmütze an, und trug den messingnen Meterstock und die blinkende Grubenlampe ordnungsgemäß in Händen. Vor Wißer liefen sie nicht fort. Und das Obersteigermännlein sagte sogar: „Einmal jährlich kommen wir am Tage hervor, um Blumen zu brechen am lieblichen Pfingstfest. Damit schmücken wir dann unsere sonst düstere Grubenbehausung. Helfe du alter Bergpensionär uns nur dabei, gelbe Blumen zu pflücken. Und für jedes Sträußlein, das du windest, wirst du später im Schachtmauerwerk eine kleine Belohnung finden."

Der alte Wißer brach nun Blume auf Blume und wand Strauß um Strauß. Als er aber dem letzten Männlein sein Pfingstblumensträußchen reichen wollte, waren alle die guten Berggeister verschwunden. —

Nun scharrte er den Mauerschutt auseinander und fand bald ein blinkendes Goldstück. Und jeden Tag grub er folglich so ein gleißendes Goldstückchen frei. Und 12 waren es schließlich glücklich geworden. Ein dreizehntes fand er aber nie, so lange er auch graben ging.

Jedes Jahr an Pfingsten stehen ausgediente Bergleute hier und warten auf die wohltätigen Grubenmännlein. Aber nur ihr ängstliches Flüstern vernehmen sie aus dem kleinen Backsteingewölbe. Sie wagen sich nicht mehr hervor, weil der alte Wißer sie an alle Leute verraten hat. Aber manches Goldstück soll doch hier schon gefunden worden sein. —

217. Der Rösselbrunnen.

Unter dem südöstlichen Abhange unter dem Dörfchen Ritterstraße in unmittelbarer Nähe von Ruinen, denen das Volk den Namen Ritterschloß beigelegt hat, quillt der Rösselbrunnen hervor. In ihm liegt ein goldenes Kalb — oder nach anderen Überlieferungen sitzt in ihm ein verzauberter junger Ritter auf goldenem Roß, auf dessen Erlösung ein Ritterfräulein im nahen Ritterschloß wartet, die sich zeitweilig samt dem Schloß zeigt und offenbart. — Einst hatte eine Frau, die vor jenem alten Mauerwerk stand, vor ihren Augen plötzlich ein schönes Schloß erblickt, und aus einem Fenster hing eine goldene Kette herab, und sie erfaßte die Kette, um sie herabzuziehen. Doch die Kette wurde länger und länger und wollte gar kein Ende nehmen. Während die Frau so zog, kam eine Bekannte zu ihr, die sie fragte, was sie da mache. Und als sie ihr antwortete: „Ich ziehe eine goldene Kette herunter, siehst du sie nicht?" da waren Schloß und Kette augenblicklich verschwunden.

218. Die Försterin von Fürstenrecht als weißes Kaninchen.

Im Dorfe Großwald bei Altenkessel geisterte früher des öfteren ein großes weißes Kaninchen. Wenn man es sich dann genau ansehen wollte, siehe da, so war es verschwunden, saß aber plötzlich wieder an einer ganz anderen Stelle ganz ruhig da. Im Forstland, auf dem Pfaffenkopf, also auf diesem Berge in der Nähe des Ortes, aber meinte man, man solle um Gottes Willen diesem Geistertier nichts zu tun versuchen, sonst würde etwas Schreckliches geschehen. Die Leute im Dorfe erzählten sich dagegen stets, das weiße Kaninchen wäre in Wirklichkeit die Frau Försterin von Fürstenrecht, die eine Hexe wäre oder gewesen wäre und in dieser Gestalt umginge. —

219. Die sieben Eichen.

Das Volk erzählt, daß Napoleon I., als er die Heerstraße des Köllertals durchfuhr, die vom Rastpfuhl bis Malstatt-Burbach gen Heusweiler und Lebach zieht, an der Stelle, wo jetzt die sieben Eichen stehen, ausstieg und sich die Gegend besah. Auch sollen hier Kosaken beerdigt worden sein. Man gibt auch an, daß diese Baumgruppe zuerst 1807 auf Befehl des Kaisers angepflanzt worden sei, zur Erinnerung an seinen Sieg bei Jena und Auerstädt, um symbolisch diese Jahreszahl im Baumwuchs für später zu dokumentieren. Nach der Saarbrücker bestimmten Tradition aber sollen sieben Eichen zum Gedächtnis an die Geburt des Königs von Rom gepflanzt worden sein und an die festlichen Stunden, die dann damals am 9. Juni 1811 Stadt, Munizipalität, Bürgerschaft und Kirche von Saarbrücken zu Ehren solches Ereignisses in aller Einigkeit doch verlebten und veranstaltet haben, da man eben aus der kaiserlichen Verbindung mit der Deutschen Kaiserstochter Ruhe und Frieden nun erhoffte. Diese 7 Eichen aber stehen an der Straße nach Riegelsberg dort, wo der Bergmannspfad nach Von-der-Heydt abzweigt.

220. Die scherige Eiche.

Droben auf der Kuppe des Hixberges kreuzen sich zwei alte Römerstraßen, die mitten im Dickicht noch heute Pflasterung zeigen, die das Volk Teufelspowey nennt. Nahe dem Kreuzungspunkt stand am Waldsaume bis zum Jahre 1884 eine mächtige Eiche. In Manneshöhe teilte sich der gewaltige Stamm in zwei Äste, die gerade emporstanden und daher hieß der Baum die scherige Eiche. Sie war das Wahrzeichen der Gegend und noch heute heißt der Schlag nach ihr, und eine neue, ähnliche wird wieder gezogen. Abends beim Herdfeuer erzählte man sich nun, daß in der Mitternacht des ersten Mai, wo alle Geister ihr Wesen treiben, aus dem alten Stamm ein feuriger Wagen herausfuhr, der dreimal die Runde um das dahinterliegende Eichenküppchen machte, um dann wieder in dem mächtigen Stamm zu verschwinden.

221. Der alte „Wanlschder" von Bietschied.

Um den in der französischen Revolution und danach vorab als Holzhändler und Saar- und Rheinflößer nach Holland ganz außerordentlich reich gewordenen Gutsherrn von Bietschied, Heinrich Wahlster, schlingen sich im Volke bereits allerhand sagenhafte Überlieferungen, hat er doch von jeher die Phantasie des Volkes in seiner Ungewöhnlichkeit beschäftigt.

Seine Familie sollte aus Sachsen stammen und ehemals adelig gewesen sein, während sie in Wirklichkeit ohne Frage echt Köllerthäler Herkunft und wohl ein altes Jägergeschlecht ist, dessen Entstehung des Familiennamens mit dem „Mann aus Wahlschied", also dem Wahlschieder oder zusammengezogen „Wahlschder" (Wahlster) zusammengeht, wie man denn einen Malstätter einen „Molschder" zu nennen pflegt. Seine Mutter aber war eine Pflug aus der alten Saarbrücker Bürgerfamilie. Seine Gattin stammte indessen aus einer reichen Holzhändlersfamilie des Schwarzwaldes. —

Der alte Wahlster aber lebte wie ein Fürst, erbaute sich das schöne Gutshaus auf Bietschied mit dem zu Tale ziehenden Terrassengarten und seinen romantischen Anklängen. Auch noch ein kleines Lusthaus war auf seinem Gutsterrain und die reichen Stuckarbeiten in beiden Bauten sollten allein 60.000 Livres oder Franken gekostet haben und von eigens aus Paris kommen gelassenen Künstlern verfertigt sein. So war es denn der einzige, künstlerisch so reich ausgestattete Empirebau in dieser Saargegend. — Heinrich Wahlster brachte nacheinander einen ungeheueren und wahrhaft fürstlichen Gutsbesitz zusammen. Bei Saarbrücken gehörte ihm so auch u. a. der Eschberger Hof, der Grafen- oder Rothenhof und die 450 Morgen großen Saarwiesen, dem Flusse entlang. Auf dem Eschberg ließ er noch im Nachklang an fürstliche Schäferspiele des 18. Jahrhunderts seine Schafe aus marmornen Krippen und aus vergoldeten Leitern fressen. Zur Kaiserkrönung Napoleons I. soll er, mit einem massiv goldenen Degen geschmückt, in Paris geweilt haben. Und auf Bietschied begründete er auch ein z. Zt. berühmtes Gestüt, aus dem sich die französischen Marschälle und hohen Offiziere mit Vorliebe ihre Schlachtrosse besorgten. Ein wunderschöner, wie gemeißelt in Marmor in seinen edlen Formen dastehender Schimmelhengst war in diesem Gestüt, für den ihm König Louis Philipp von Frankreich vergebens 30.000 Livres geboten haben soll, doch das Jahr danach stürzte er, brach ein Bein und mußte so notgeschlachtet werden. A la Daumont pflegte der Gutsherr von Bietschied, vierspännig mit Stricken geschirrt, in die Saarstädte aus seinem Köllertal zu fahren, dem damals ein Wahlster zur Kaiserzeit auch als Maire vorstand. Auch im Arrondissements-Rat war die Familie vertreten. Auch die Hausherrin der Bickelmann auf der Sprenger-Mühle im Köllertal war damals eine Wahlster, und deren Tochter heiratete als reiche Erbin den Saarbrücker Kaufherrn J. C. Koehl-Schmidtborn, den Beigeordneten der Städte von 1815 und 1817 Bauherrn des schönen Patrizierhauses am rechten Eckpfeiler der St. Johanner Brückenseite. Mit dem herrschsüchtigen und wohl auch rücksichtslosen Bietschieder Verwandten und Vormund soll es aber gerade dieser Heirat wegen bedeutende Differenzen finanzieller Art gegeben haben. Heinrich Wahlster machte große Reisen, war häufig in London und Paris, wovon das Volk allerhand galante Abenteuer zu berichten hatte. Und schließlich starb dieser, in seiner Art zweifellos sehr begabte, ja geniale und erfolgreiche Saarländer, der Sage nach, auf einem auch ihm gehörigen Schlosse bei Zweibrükken an der „Lauskrankheit". — Der alte Saarbrücker Hofmaler J. F. Dryander aber hat ihn uns in einem Ölgemälde um das beginnende 19. Jahrhundert überliefert, wie er zu Pferde stolz seinem Rentmeister Rebenack Befehle erteilt, während ein junger Verwandter Pflug im Hintergrunde auftaucht, und dort Holzflöße auf der Saar als Ursache des neuen Reichtumes gen Holland ziehen. — So ähnlich also, wie derselbe Maler, aber weniger kavalierartig als gut derb-bürgerlich, einen andern reichen Holzhändler aus der St. Johanner Familie Koehl mit seinem Meisterknecht Servaas beim Holzhandel dargestellt hat. —

222. Der römische Schatz im „Spiß" bei Holz.

Bei Holz im Gemeindewalde zwischen den Ortschaften Holz und Camphausen liegt das Waldgebiet „Spiß". Hier soll ein römischer Schatz aus Kriegszeit noch unter vom Waldboden verdeckten Mauerresten verborgen liegen. Allerhand Kostbarkeiten: Gold, goldenes Geschmeide und Gerät. Früher erzählten die alten Leute, daß derjenige Glück hätte und auf die richtige Stelle des Waldbodens stieße, der einmal Gelegenheit hätte, einen Hahn zu beobachten, der irgendwo im „Spiß" 12 Stunden lang ununterbrochen an ein und derselben Stelle auf dem Boden scharre. Vielleicht lege dieser Hahn dann schon selber etwas zutage, zum mindesten aber müsse der glückliche Beobachter selber nachgraben und dann den Schatz heben.

So oft die armen Holzer auch noch Hähne bei dieser oder jener Gelegenheit mit in den Wald früher genommen haben sollen und im „Spiß" laufen und scharren ließen!, 12 Stunden bemühte sich hier kein Hahn in solcher Weise auf derselben Stelle. Wunderselten höchstens einmal eine Stunde! Und wie oft grub man auch hier schon und glaubte die Stelle entdeckt zu haben. Doch nie, nie war sie es. Enttäuscht ging man stets wieder von dannen. Doch niemals verlor das Volk seinen Glauben an den römischen Kriegsschatz im „Spiß".

Im Jahre 1899 aber fuhr ein alter Bauer aus Holz mit seiner schwerbeladenen Holzfuhre quer durch den „Spiß". Tiefe Spuren zogen die Räder durch den lockeren Waldboden. Endlich blieben die Pferde samt der Fuhre stecken. Und plötzlich gaben die 2 Hinterräder nach und sanken bis zur Achse tief in ein gähnendes Loch. Erst gegen Abend hatte man mit vieler Männer Hilfe das Gefährt wieder frei. Im tiefen Loch aber gewahrte man römisches Ziegelgestein und fand bei Durchsuchung der Erde Gold- und Silbermünzen aus römischer Zeit, die der auch anwesende Holzer Gendarm Sassen für den Staat an sich nahm. Seither aber fand man nichts mehr in dem „Spiß", aber die Mär vom Schatz wurde durch einen solchen Fund nicht schwächer und auch die vom 12 Stunden scharrenden Hahn und ist immer noch im Dorf lebendig.

223. Der Raubritter von Mehlenbach und Franz von Sickingen.

Auf dem Banne von Numborn lag einst auf einer kegelförmigen, aus dem Tal aufsteigenden Berghöhe die Burg Mehlenbach. Der nach dem Schlosse benannte Ritter soll zur Klasse der Raubritter gehört haben. Er habe, um vor Nachstellungen gesichert zu sein, seinem Streitrosse die Hufeisen umgekehrt aufschlagen lassen, damit man, wenn er in das Schloß hineingeritten, glauben sollte, er habe dasselbe eben erst verlassen. Einst hatte er am Tage des hl. Martin sich zu Tische gesetzt, um zu speisen. Als die Haushälterin ihm eine gebratene Gans auftrug, äußerte er: „Wenn Fränzchen von Sickingen wüßte, daß ich da eine Gans äße..." Und kaum hatte er diese Worte gesprochen, als Franz von Sickingen schon vor ihm stand, den Wehrlosen zu Boden streckte und die Burg sofort zerstörte. Infolge eines geheimen Einverständnisses hatte die ihres unfreien Lebens überdrüssige Haushälterin die Zugbrücke herab- und das Fränzchen hereingelassen. — Es scheint, als ob die ehemalige Burg Mehlenbach (Mühlenbach) um 1350 erbaut sei und zwar von dem Wäppner und dann Ritter Gottfried von Saarbrücken, Sohn des Joffrid aus dem Geschlecht der Edelherren von Saarbrücken, der ein Bruder des Erzbischofs Boemund von Trier war. Das Geschlecht soll mit dem Trierer Domdechant Baumolt von Molenbach im 15. Jahrhundert ausgestorben sein. 1362 nannte sich der Saarbrücker Burgmann Heinrich Mul nach der Burg. — (Vgl. über das wichtige Saarbrücker Stadtgeschlecht, das nach dem Ort den Namen führte mit dem vermutlichen Stammvater Ritter Marsilius von Lisdorf und Hemmersdorf um 1183 und von dem eine Reihe bedeutsamer Landesfamilien abstammt, das aber natürlich nicht mit der Regentenfamilie von Saarbrücken verwechselt werden darf, auch u. a. Nr. 196, 232, 248, 382.) Zu Beginn des 17. Jahrhunderts lag die Burg Mehlenbach (Mühlenbach) bereits lange in Trümmern, die aber damals doch noch stattlich waren. — Nur eine Belagerung von 1352 ist bekannt.

224. Der Adel der Einwohner von Kirschhof.

Bei den Einwohnern von Kirschhof im Köllertal bei Heusweiler geht die Sage, daß die ganze Bewohnerschaft begründeten Anspruch auf den Adelstitel besäße.

225. Der Vogelbrunnen.

Einst, es war an einem heißen Sommertag, weidete ein Schäfer im Wiesental am Rande des Hellenhausener Waldes seine Schafherde. Die Tiere bekamen Durst, aber nirgendwo in der weitern Umgebung war Wasser zu finden. Da flog plötzlich eine Taube herbei, setzte sich in einiger Entfernung in der Wiese nieder und pickte und scharrte unaufhörlich an ein und derselben Stelle. Das aber fiel dem Schäfer auf und er ging auf die Taube zu. Als er in ihre Nähe kam, flog sie auf und davon und war bald nicht mehr sichtbar. Aber an der Stelle, wo sie gepickt und gescharrt hatte, sprang eine silberhelle Quelle aus der Erde hervor, an der die Schafe ihren Durst stillten. Später legte man dort einen Brunnen an und nannte ihn den „Vogelbrunnen". Der ist heute noch vorhanden. Bis 1876 aber wurde an der Vogelsborn-Kapelle dabei am zweiten Sonntag nach Ostern das Vogelsbornfest gefeiert.

226. Der Wendelsepp von Hirtel.

Bei den ·Bauernunruhen im 16. Jahrhundert suchte ein ehemaliger Hirt, der Wendelsepp von Hirtel, im Köllertal die Bauern der ganzen Gegend in heimlichen Versammlungen für die Sache zu begeistern. Er war einst wegen eines Mordes aus seiner Heimat geflüchtet, kam nach Süddeutschland und lernte dort die Führer der Bauern kennen, und bekam so den Auftrag auch an der Saar die Bewegung zu schüren. Auf der Eichen-kuppe im Köllertale fanden von Zeit zu Zeit nachts Zusammenkünfte der Bauern-Vertreter statt. Im Mai 1525 sollte der allgemeine Aufstand vor sich gehen. Die Elsässer Bauern, die Zabern erobert hatten, bedrohten Lothringen und das Land an der mittleren Saar. Da rüstete der Herzog von Lothringen, der Graf von Saarbrücken und andere ein großes Heer aus. — Im Köllertal und an der Saar erhoben sich zur selben Zeit nun auch viele Bauern, doch fand auch hier die Empörung ein trauriges Ende. Im Mai war der Wendelsepp mit einer großen Anzahl dieser bewaffneten Bauern vor dem gräflich-saarbrückischen Hof zu Heusweiler. Sie nahmen ihn auch ein, plünderten alles und legten Feuer an. Von da zogen sie nach dem festen Wasser-Schlosse

Bucherbach bei Engelfangen im Schutze seiner vier mächtigen Eck- und Rundtürme. Hier war ihr Vorgehen bereits bekannt und man konnte nichts ausrichten. Hilfe kam dem Schlosse von mancher Seite zu und so wurden die aufständischen Banden zersprengt. Eine Reihe ihrer Dörfer und Weiler im Köllertal wurde auch zerstört und verbrannt und so erwuchs dieser alten Fruchtkammer des Saarlandes nur Not und Elend anstatt erhoffter Freiheit.

227. Der goldene Schlüssel.

In Eiweiler, auf dem zum Edmund Geißler'schen Anwesen gehörigen Gartengrundstück, an dem in längst vergessenen Zeiten eine Heeresstraße vorbeiführte, soll einst ein prächtiges Schloß gestanden haben. Im Jahre 1890 stieß man beim Pflügen auf kunstvoll zugehauene, gewaltige Steine. Schließlich fand man einen Schlüssel aus purem Golde. Mit ihm soll die Tür eines Prunksaales dieses Schlosses geöffnet und geschlossen worden sein. Er wurde an das Trierer Museum abgegeben, in dem er heute noch zu sehen sein soll.

228. Die listige und treue Burgfrau.

Eine Viertelstunde nordöstlich von Reisweiler liegt der Schloßberg. Seinen Namen hat er von einem in alter Zeit hier befindlichen Schlosse, dessen Standort nurmehr durch einen Haufen Steine bezeichnet wird. Es sollen aber noch unterirdische Gewölbe vorhanden sein. Bei der Anlage von Kohlenmeilern fand man altertümliche Hufeisen und andere Gegenstände, die nicht mehr erkenntlich waren. Der Volksmund erzählt, daß man zu gewissen Zeiten an der Stelle das Ticken einer großen Wanduhr vernehme...

Das Schloß war von einem Bruder des Burgherrn vom Litermont bewohnt, der kriegerisch und fehdelustig war.

Seine edle Gemahlin warnte ihn ohne Erfolg vor seinen Raubzügen. Selten war er im Schlosse. Tag und Nacht durchstreifte er mit seinen Knappen die ganze Gegend.

Lange Zeit hatte er so das Land unsicher gemacht. Endlich, nach so mancher vergeblicher Belagerung, wurde doch seine Burg plötzlich umringt und trotz heftiger Gegenwehr eingenommen.

Als die Gegner eindringen konnten, fanden sie aber nur die Burgherrin vor, die um Gnade bat und allein begehrte, daß man ihr gestatte, ihr Liebstes auf ihrem und ihres Hundes Rücken fortzuschaffen. Das wurde gewährt.

Nach einer Weile erschien sie wieder, ihren Gemahl auf dem Rücken tragend, den Hund an der Seite, der ein Säckchen mit Geld im Maule hielt. Als die feindlichen Ritter dieses sahen, verließen sie auf der Stelle das Schloß, ohne auch nur das Geringste mitzunehmen. Der Burgherr aber stellte sein Raubwesen ein und lebte glücklich und friedlich bis an sein Ende.

229. Der Deutschordensritter und die Wahlschieder Bauern.

Es war im 30-jährigen Krieg, da kam gerade während des Gottesdienstes am Sonntag ein Ritter in's Dorf, dessen Pferd lahmte. Er hatte einen großen, schwarzwallenden Mantel um und wollte noch am selben Tage nach Saarbrücken zur Deutschordenskomturei auf dem dortigen Deutschherrenhaus. Nun herrschte er die aus der Kirche kommenden Bauern an und befahl dem Schulzen sogleich, ein gesundes und kräftiges Pferd für ihn zu beschaffen. Aber niemand wollte ihm Gehör schenken. Man hatte ja kaum noch etliche Ackerpferde zum Bestellen der Felder und wie viele hatten die Schweden ihnen geraubt. — Da wurde der Deutschordensmann wütend und folgte den seiner Meinung nach halsstarrigen Bauern auf den Friedhof, wo sie nach dem Gottesdienst an den Gräbern ihrer Verstorbenen beteten und ohnehin am Sonntag schon sowieso von einem Viehtausch nichts hätten wissen wollen. — Drohend zog er sein blankes Schwert. Ein Wort gab das andere, im Nu war man in dieser unruhigen Zeit aneinander, und die Bauern gerieten schließlich so in Zorn, daß sie den fremden Ritter erschlugen. — Auf der Stelle, wo er fiel, an der Friedhofsmauer, begruben ihn die Wahlschieder schließlich in einem Steinsarge. — So ging die Sage also weiter von diesem Ereignisse durch die Jahrhunderte. 1902 nun fand man beim Ausschachten zum Bau der neuen Kirche viele alte Gräber. Und alle Gemeindemitglieder halfen bei diesem Gott wohlgefälligen Werk mit. Nahe der Mauer stieß da der Nicolaus Wonn auf einen außergewöhnlich großen, alten Steinsarg. Nur schwer und mit aller Gewalt war sein schwerer Deckel zu heben, der aus zwei länglichen Hälften bestand. — Da sah man denn langgestreckt in ihm einen Toten liegen, der aussah, als wäre er noch gar nicht so lange hier bestattet. Er hatte einen mächtigen schwarzen Mantel an. Nur wenige Minuten sah man dies Bild. — Ein Luftzug kam, worauf die Mumie zerfiel. Nur noch ein kleines Häuflein Staub und ein Totenschädel blieben übrig. Der damals zehnjährige Alfred Wohlfahrt, — denn auch die Dorfkinder waren beigelaufen — hat das Gesehene gut im Gedächtnis behalten. „Grad wie die Dorfsage berichtet" erzählte er: „An der alten Kirchhofsmauer und in einem Steinsarg". Die Wahrscheinlichkeit besteht also wirklich, daß der Tote, der vor einigen Jahrhunderten von den Wahlschieder Bauern in unruhiger Zeit erschlagene Deutschordensritter war. — In Wahlschied aber bestand auch um diese Zeit ein den Burgherren von Kerpen in Illingen, die freie Reichsritter waren, gehöriger herrschaftlicher Hof und eine uralte Kapelle aus der katholischen Zeit, die leider auch im 30-jährigen Kriege zerstört worden sein sollen. — Beziehungen des Ortes zum Deutschorden gab es übrigens von altersher, schon allein dadurch, daß der große Zehnte zur Hälfte an den Deutschorden ging und das Schiff der Kirche dieser zu erbauen und zu unterhalten hatte.

230. Verschwundene Orte und Schlösser um Fischbach und in Quierschied.

Auf der nördlich über dem Dorfe Fischbach liegenden Waldhöhe im Holzschlag Gumpert befindet sich eine unter dem Namen Nondorf bekannte Ruine. Daselbst soll sich von Zeit zu Zeit ein weißes Fräuchen zeigen. — Zum Dorfe Quierschied soll einst ein gräflich nassauisches Jagdschloß gehört haben, das am Quirinsborn lag. Darin war ein tiefer Brunnen zu sehen, zu dem eine Wendeltreppe bis zum Grundwasserspiegel herabreichte, und von ihr glaubte man, daß sie sich in einem alten Bauernhause erhalten hätte, so daß noch um die Jahrhundertwende öfters Leute selbst von auswärts kamen, um diesen alten Schloßbrunnen mit der vermeintlichen Wendeltreppe zu besichtigen.

231. Der Geisterhund auf der Himmelswiese.

Wenn man von Merchweiler nach Gennweiler geht, in der Richtung auf den Merchweiler Kirchhof zu, kommt man am Rand des Dorfes an ein paar Wiesen vorbei. Eine derselben links vom Wege heißt im Volksmund die „Himmelswiese". Man sagt, es gehe da um. Leute, die nachts zwischen 12 und 1 Uhr, zur Geisterstunde, an der Himmelswiese entlang zogen, sahen des öftern einen Hund ohne Kopf über die Wiese rennen. — Bald sprang das zottige Untier empor, bald hetzte es über den Wiesenplan, als ob es hinter einem unsichtbaren Wesen herjage. — Und so jagt noch heutigen Tages dies treue Tier hinter der armen Seele des auch auf dieser Wiese umgehenden Mörders und Nebenbuhlers seines Herrn her, der erst mit einem Pfeilschuß diesen umbrachte und dann todwund von dem Hunde gebissen, doch noch die Kraft besessen hatte, diesem mit einem Beilhiebe den Kopf abzuschlagen.

Der Hund aber hatte einst einem irischen Mönch gehört, der ehedem auf der Himmelswiese das Christentum den Heiden gepredigt hat. Er schenkte ihn einem von ihm begünstigten, jungen Jäger, der nach dem Weggehen des Missionars in dessen Hütte auf die Wiese gezogen war. Und die blutige Tat hatte ein eifersüchtiger Nebenbuhler begangen, der noch im Herzen ganz Heide trotz der Taufe geblieben war.

War doch der irische Mönch gerade deshalb in dies Tal gezogen, um die immer wieder vom Christentum zu ihren alten Göttern sich abwendenden Bewohner endgültig zu bekehren. Denn sie liebten es mehr auf sturmumtoster Höhe an dem unter uralten Eicbbäumen sprudelnden heiligen Born, dem „Götterborn" oder auch „Göttelborn", ihr Sonnwendfest nach altem heidnischen Brauch zu feiern, trotzdem sie dem Namen nach Christen waren.

232. Der in den „Hirschenhübel" verzauberte Ritter von Illingen aus dem Hause Kerpen.

In den „Hirschenhübel", einen Berg zwischen Illingen und Hüttigweiler, ist ein Ritter von der Wasserburg bei Illingen aus dem altreichsritterlichen Hause Kerpen gebannt und verzaubert. — Das soll Johann von Kerpen und Warsberg sein, der in Illingen noch 1432 wohnte und mit einer Tochter des oftgenannten Templerherrn Arnold von Sierck auf Meinsberg und Montclair verheiratet war.

In einer kriegerischen Auseinandersetzung in Lothringen, in die er durch Elisabeth von Lothringen, die bekannte Gräfin von Nassau in Saarbrücken und wohl durch die Sierk'sche Verwandtschaft verwickelt wor-

30. Burg Kerpen bei Illingen (Vorburg oder Toranlage). Stammsitz der Herren von Kerpen und Warsberg. Mit der Kirchengestaltung von Petrus Reheis aus Blieskastel um 1780 im Hintergrund

den war, verschwand er plötzlich, wie der Kaiser Barbarossa auf seinem Kreuzzug. Und wie dieser in den „Kyffhäuser", wurde der Saarländer Reichsritter in den „Hirschenhübel" verzaubert. — Und nie ward er auf Erden mehr gesehen. — Seine Witwe Elisabeth, Frau von Kerpen und Warsberg, sandte nun einst zwei Diener mit einem Auftrag nach Schloß Linden bei Oberthal an die Bliesquellen. — Als die über den „Hirschenhübel" kamen, hörten sie jämmerlich aus ihm heraus seufzen. — Durch einen sich auftuenden Spalt drangen sie ein und fanden im Innern des Berges in einem Gewölbe einen Ritter in voller Rüstung, der in kunstreich geschnitztem Sessel saß. Eine schöne Jungfrau stand unbeweglich neben ihm, um ihm das kummervolle Haupt zu halten. Er aber kam ihnen merkwürdig bekannt vor. — Als sie aber neugierig näher traten, verwandelte sich die Jungfrau alsbald in eine Schlange, die ihnen Feuer entgegen blies, so daß sie voll Entsetzen flohen. Ihrer Herrin teilten sie dann dies Erlebnis mit und die machte sich sogleich auf, um das Geheimnis zu ergründen. Aus der Tiefe des Berges hörte auch sie das Wehklagen an der nämlichen Stelle. Auch vor ihr öffnete sich der „Hirschenhübel" und sie erkannte alsbald ihren geliebten verschwundenen Gemahl. —

Auf ihre Frage an die hütende Jungfrau, ob es in ihrer Macht stünde, ihn ihr wieder zu schenken, bejahte die das, doch knüpfte sie an das Gelingen die Bedingung, daß sie sich ja nicht umsehen dürfe, bevor sie samt ihrem Gatten das Licht der Sonne bescheine. Das geschah also wahrhaft in antiker, wenn auch umgekehrter Art, wie ehedem eben bei Orpheus und seiner Euridyke. —

Und wie damals konnte auch diese saarländische Edelherrin es nicht über sich bringen, so lange zu warten und drehte sich bereits beim Ausgang aus dem Gewölbe in den Berggang um, da sie daran zweifelte, ob ihr auch der Gatte wirklich folge. — Als sie ihn dann erfreut umarmen wollte, verschwand er auf immer, und auch sie starb bald danach vor Kummer und Reue. — Als Denkmal aber dieses Köllertaler Rittergeschlechts ragen immer noch bedeutende Reste ihrer Wasserburg aus dem grünenden Illtal, eine Zehnt-

225

15 Die Sagen der Saar

scheune ist erhalten und Grabplastiken aus der Renaissancezeit stehen noch in der ehrwürdigen Pfarrkirche wie an der stimmungsvollen Bergkapelle. Die Kirche aber ist ein Konglomerat aus so vielen Stilen, bis der Stengelschüler und Blieskasteler Baudirektor Petrus Reheis endlich im zu Ende gehenden 18. Jahrhundert, zusammenziehend, eine anmutige Leistung ländlichen Barocks noch schuf und triumphierend seine geschmeidige Zwiebelhaube in ihrer schnittigen Linie auf den Turm setzte, der jetzt so wirksam aus und zu den Schloßruinen herübergrüßt. —

233. Das Schloßfräulein von Eppelborn.

Im ältesten Ortsteil von Eppelborn heißt ein Straßenzug „Im Schloß". Er erinnert an eine längst verschwundene Wasserburg. Als der 30-jährige Krieg, schlimmer wie anderswo, über unser Saarland zog, blieb die mutige Tochter der Herrenfamilie von Ippelbrunn allein im Schloß zurück, um es nach Möglichkeit zu schützen. Als die wilden Kriegshorden auch dies schöne Schloß auffanden und bestürmten, trug das Edelfräulein alle Kostbarkeiten, wie sie sich in langen Jahren im Besitz ihres Geschlechts an Gold und Silber vorab angesammelt hatten, in ihrer Schürze auf die Brustwehr der Burg und schüttete alles von da in den bergenden Schloßweiher. Die Kriegsknechte aber, um ihre Beute so gebracht, stürzten das mutige Mädchen dem Schatze nach, als sie in die Burg eingedrungen waren. Bei den Eppelbornern aber erhielt sich in der Sage die Tat ihres Schloßfräuleins, und sie wollen wissen, daß es noch heute die Schätze seines Hauses hüte und daß alle Schatzgräber hier elendiglich im Sumpfe noch geendet hätten.

Wenn im Herbst aber die Nebelschwaden aus dieser feuchten Landschaft aufsteigen und kleine Irrlichter über dem Sumpfgelände geistern, heißt es, daß die alte Hüterin des Hauses und der Rechte ihrer Familie jetzt noch sichtbar den Schatz hüte und so bewahre.

234. Das Schloß La Motte bei Lebach.

Das alte Schloß La Motte stand auf dem sogenannten Hahn (Hagen). Es soll aber in dem Hahnengraben versunken sein. Beim Pflügen in dieser Gegend will man

31. Ritterplastik des Grabmals von Johann vom Hagen
(† 1569) vom Meister H. B. v. T. (Trier) in Lebach

Statuen und dergleichen mehr gefunden haben. Später erst wurde das neue Schloß auf dem jetzigen Platz im beginnenden 18. Jahrhundert offenbar durch den Saarlouiser Festungsbaumeister und Unternehmer J. C. Motte dit la Bonté erbaut, der auch der Meister des alten kleinen Schlosses auf dem Saarbrücker Halberg und eines zur Stengelzeit wieder abgerissenen neuen Barockflügels am Saarbrücker Schloß gewesen ist. Von seinem Schloßbau in La Motte stehen heute nur mehr ein Tor und Teile der Wirtschaftsgebäude. Es gehörte dem uralten Geschlecht derer vom Hagen zur Motten, von denen Grabsteine sich noch in der heutigen Lebacher Kirche mit eingefügt zeigen, dabei ein beachtenswertes des Johann vom Hagen († 1569) von der Hand des Bildhauers H. B. v. (Trier), und ein gutes barockes und eigenartiges Grabmal der im Relief knienden Anna Maria vom Hagen, geb. von Eltz-Rodendorf († 1753), das in seiner verhältnismäßig ernsteren Haltung, trotz der späten Zeit noch nicht von der Dekorationsphase des Rokoko erfaßt ist. Das war eine der ältesten und sagenumwobensten Adelssippen des ganzen Saarlands und der dortigen Reichsritterschaft und sie stand bis zu ihrem Ausgehen in hohem Ansehen. Ihre Saarlinie starb 1791 mit dem kaiserlichen Konferenzminister und Hofgerichtspräsidenten, Ritter des Goldenen Vlieses, Johann Hugo vom Hagen zu Wien aus, auf dessen großen Einfluß selbst das Fürstenhaus Nassau die größte Rücksicht, auch bei Rechts- und Landansprüchen zu nehmen hatte. Nach einem Prozeß mit der Schwester des Verstorbenen erbte dann die lothringische Linie der vom Hagen (de la Haye) die Reichsritterherrschaft, von der aber auch der letzte bereits am 1. 4. 1816 auf der Motte selbst gestorben ist.

235. Die Geister-Eibe mit ihrer Ritterversammlung und andere Geistererscheinungen um La Motte.

In der östlich vor dem Torbau des Schlosses La Motte gelegenen Wiese, auf dem rechten Ufer der Theel, steht eine 500 Jahre alte Eibe (Taxus baccata). In mondhellen Sommernächten sollen Geister aus dem Geschlecht der Ritter vom Hagen mit ihren Getreuen sich unter diesem prächtigen und in unserer Gegend in seiner Art so seltenen Naturdenkmal versammeln. —

Überhaupt weiß das Volk zu erzählen, daß die Gegend gerade um dieses Schloß die Heimat vieler Geister sei. So sah ein Fuhrmann, der nachts an ihm vorbeifuhr, zwei feurige Kugeln vom Hasenberg nach La Motte fliegen.

Auch von einer gespenstigen Feuerkutsche mit vier Schimmeln wird berichtet, die in rasender Geschwindigkeit in der Richtung von Jabach nach Lebach durch die „Unterste Wiese" raste, aber unterhalb des Dorfes kehrt machte und ebenso schnell, wie sie gekommen, in der Richtung auf Schloß La Motte verschwand. Und das wollte ein Lebacher Bürger, der noch gar nicht so lange tot ist, auch gesehen haben, als er in einer dunkeln Nacht im Garten hinter seinem Hause in der Mottener Straße stand.

236. Die drei Frauen von La Motte.

In den 60er Jahren des verfloßenen Jahrhunderts an einem 11. Oktober gingen ein Geistlicher, eine Lehrerin und zwei ältere Jungfern — die Namen werden noch genannt — von Lebach nach Hüttersdorf zum ewigen Gebet. Als sie des Abends zurückkehrten und in die Nähe des Hasenberges kamen, unweit des alten Schlosses La Motte, sah eine der Frauen eine helle Gestalt auf sich zu schweben. Die Frau machte den Geistlichen darauf aufmerksam, der, selbst sehr kurzsichtig, sagte: „Das kann nur jemand sein, der sich hier verirrt hat". Kaum hatte er das ausgesprochen, als auch schon die zweite Frau sagte: „Herr Kaplan, da ist ja noch eine Gestalt, und diese ist grau und ganz durchsichtig." Und nach einigen Augenblicken rief auch die dritte Frau, daß sie eine dritte und nun ganz schwarze Gestalt erblicke. Diese drei Erscheinungen schwebten dem Kaplan und den Frauen nach bis ungefähr 150 Meter hinter dem Schlosse La Motte. Da wollten sie plötzlich an den Frauen vorbei, so daß diese deutlich sehen konnten, daß jede von ihnen die erste sein wollte. Als das Schloß nach Lebach zu passiert war, waren auch die Gestalten verschwunden. Der Kaplan frug nun die Frauen, ob sie auch über das schweigen könnten, was sie gesehen hätten; diese bejahten es. Nach einigen Jahren erzählte aber doch eine der Frauen die Erscheinung dem Dechanten, der den Kaplan zur Rede stellte, der die Sache dann zugab. Das Volk will wissen, daß dann der Vorgang im Kirchenbuch niedergeschrieben worden sei.

237. Die Sage vom Lebacher Lonquis.

Der Lonquis war einst, vor weit mehr als 100 Jahren, Amtmann in Lebach. Nach seinem Tod konnte er keine Ruhe finden und zeigte sich in mancherlei Gestalt, vor allem als großer Hund.

An der Tholeyerstraße vor Lebach war eine Wiese, die man den Lonquisgarten nannte, in der Nähe ist eine Brücke, unter der der Saubach durchfließt, die wird heute noch Lonquisbrücke genannt. Dorthin soll der Geist des Lonquis durch einen Geistlichen „verschworen" worden sein. Leute, die des abends spät über diese Brücke gingen, hatten das Gefühl, als ob ihnen jemand auf den Rücken springen würde, sobald sie aber in die Nähe der ersten Häuser von Lebach kamen, waren sie ihre drückende Last wieder los. Dann sagten sie, sie hätten den Lonquis über die Brücke tragen müssen. Ein Mann, der abends von Berschweiler nach Lebach ritt — es ist noch kein Menschenalter her — erzählte, daß sein sehr ruhiges und frommes Pferd in der Nähe der Brücke plötzlich wild schäumte und schnaubte, so daß er aus dem Sattel gar gehoben wurde. Erst als die Brücke passiert war, wurde das Pferd wieder ruhig wie sonst.

Einst sah der Postillon, der damals noch den Postwagen von Lebach nach St. Wendel fuhr, in der Nähe der Brücke über den Saubach, wie eine rätselhafte Gestalt einen Baumstamm quer über den Weg vor den herannahenden Postwagen legte. Die Pferde scheuten, standen still und bäumten sich auf. Dann zogen sie plötzlich wieder an und setzten über das Hindernis hinweg.

Die Insaßen des Wagens aber waren außer sich vor Schrecken und machten dem Postillon die bittersten Vorwürfe. — Der beruhigte sie mit den Worten: „Das sind dem Lonquis seine Streiche!" Dieser Amtmann Lonquis soll selbst ein gebürtiger Lebacher gewesen und in einem Bauernhause an der Lebacher Marktstraße geboren sein, das so um 1925 erst ein Raub der Flammen wurde. In diesem Hause wurde jahrelang eine Gastwirtschaft geführt. Dort trafen sich allabendlich leidenschaftliche Kartenspieler, die bis in die späte Nacht hinein Skat droschen. Einst hörten sie um Mitternacht in dem an das Wirtshaus anstoßenden Stall unheimliche Geräusche, deren Ursache sie feststellen wollten. Sie gingen also in den Stall und sahen dort mit Erstaunen, daß den Pferden der Schweiß am Leib heruntertriefte und ihnen Schaum vor der Schnauze stand. Der Geist des Lonquis, darüber war man sich einig, hatte die Pferde in furchtbarem Tempo geritten. Er soll sich sogar diesen schlechten Spaß noch häufiger erlaubt haben.

238. Die ungetreuen Gemeindeväter von Hüttersdorf und ihr Adventsspuk im Lebacher Wald.

Zwischen den Ortschaften Primsweiler, Hüttersdorf, Bettingen und Lebach erstreckt sich ein großer Wald. Ehemals gehörte der größte Teil dieses Gebietes der Gemeinde Hüttersdorf, und ein kleinerer Teil der Gemeinde Lebach. Nun sollen einmal unredliche Gemeindeväter aus Hüttersdorf am Ruder gewesen sein, die ein beträchtliches Stück, den sogenannten „Mauerschwald", an Lebach verkauften. Den Erlös taten sie aber nicht zu Nutz und Frommen der Bürger in den Gemeindesäckel, sondern sie verpraßten das Geld bei üppigen Gastmählern und Trinkgelagen. Zur Strafe dafür wurden die Pflichtvergessenen nach ihrem Tode an den Ort ihres Frevels, in den Mauerschwald, gebannt, in dessen dunkeln Tannen dem Wanderer oft kleine Lichter begegnen. Das sind ihre des Vergehens halber unruhigen Seelen. Dort sollen sie auch vorab Leute selbst gesehen haben als geisterhafte Gestalten, wie sie auf den Marksteinen saßen, das Haupt gramvoll in den Händen bergend. In der Adventszeit erscholl ihr trauriges Klagen über die Prims hinüber bis in ihr altes Dorf hinein. Dann bekreuzigten sich dort die Leute und sandten ängstliche Blicke zum jenseitigen Primsufer, wo ihre Väter im nunmehrigen Lebacher Wald und so am Ort ihres Vergehens das Fegfeuer abbüßen mußten. Der Volksmund nannte dieses Heulen und Klagen in der Adventszeit seltsamer Weise „Proforschjagd", wohl darum, weil es an den Lärm und das Rufen der Parforcejagden, die früher von den Herren vom Hagen und von Hunolstein, im Lebacher Walde abgehalten wurden, erinnert.

Man erzählt auch von diesen ungetreuen Gemeindevätern, daß sie auf den alten, durch ihre Schuld zu Gunsten Lebach's versetzten Grenzsteinen säßen und zur Strafe gar aus Pferdehufen zechen müßten. Auch böten sie vorübergehenden Leuten einen Trunk daraus an, die sich aber wohl hüteten, das anzunehmen, denn sonst müßten sie sterben, hätten aber den Geist des Anbietenden damit erlöst.

239. Die Schätze unter dem Kaltenstein.

Bei Lebach an der Theel liegt ein hoher Berg, Hoxberg genannt, auf seinem höchsten Punkt ragen zwei riesige Steinblöcke auf, die den Namen „Kaltenstein" führen. Unter diesen Steinen sollen in einer Höhle die reichen Schätze ruhen, die zur Zeit des Heidentums den Göttern geopfert wurden. Als diese dem Christentum weichen mußten, brachten ihre Druiden und Priester den Schatz unter den Steinblöcken in Sicherheit. Jedes Jahr in der ersten Maiennacht verlassen die Zwerge, die im Hoxberg wohnen, ihre unterirdische Welt, kommen unter diesen altersgrauen Steinriesen hervor und feiern ein Fest der Freude. Dann funkelt der Schatz im Glanze der Sterne. Aber für immer an's Licht gebracht werden kann er erst dann, wenn die Glocken der hl. Dreifaltigkeitskirche in Lebach an einem Karfreitag von selbst zu läuten anfangen. Dann werden die großen Steine sich dreimal um ihre Achse drehen und der Schatz geht in den Besitz der Menschen über.

Von den Gnomen des waldbekrönten Hoxberges erzählt sich aber der Volksmund auch noch, daß sie jeweils um die mitternächtige Stunde aus dem Berginnern hervorkämen, um Glockenschlag zwölf den oberen Steinblock der Kaltensteingruppe auf dem untern rund zu drehen, und dann wieder im Berg zu verschwinden.

240. Der Maldix vom Litermont.

Im Haustadter- und Primstal geht von alters her die Sage vom Maldix, dem wilden Jäger, in dem man hier einen Grafen von Saarbrücken erkennen will. Wie die alten Leute dieser Gegend noch heute erzählen, ist derselbe oft mit Dienerschaft zu Pferde und zu Wagen, begleitet von einer Menge von Jagdhunden, von Saarbrücken aus durch die Wälder des Köllertales nach dem Litermont, jenem bedeutsamen Sagenberg rechts des Saartales bei Nalbach, gezogen. — Wehe dem Menschen, der dem unheimlichen Zuge begegnete, in ein paar Tagen war er gestorben! Den Jagdzug des Maldix aber will man auch schon oft in der Luft gesehen und das Hallo der Jäger, Hundegebell, Peitschenknall, Hörnerklang deutlich vernommen haben. In dem Schlosse auf dem Litermont ging es dann allemal wild genug her, so daß sich niemand in die Nähe traute. In sehr dunkeln Nächten war es am schlimmsten, da hörte man das Gejohle der wilden Jagd manchmal stundenweit. — Im Lachwalde, zwischen Saarwellingen und Hülzweiler, traf man wohl auch den wilden Jäger, begleitet hier nur von zwei Jagdhunden und noch ganz altertümlich mit Pfeil und Bogen versehen, wiederholt an. — Dann sprühten aus seinen Kleidern Funken. — Oft ritt er auch ohne Begleitung durch die Luft und ließ sich in der Nähe von Hülzweiler auf die Erde nieder, um sein Pferd in einem früher dort befindlichen Weiher zu tränken, also ganz ähnlich wie seinen Hund am Wallerbrünnchen von Saarbrücken oder seine Meute am "Malditzebrünnchen" im Fischbacher Wald. Kam dann ein Mensch hinzu, so fuhr er unter erschrecklichem Fluche in die Lüfte. Noch heute werden so kleine Kinder eben durch die Drohung „Der Maldix kommt" in Furcht versetzt. Und man schreibt ihm selbst in dieser Gegend allerhand Schabernack zu. Erzählte so doch eine alte Frau aus Saarwellingen, daß sie eines nachts vom wilden Jäger an der großen Zeh gezogen worden sei.

241. Margarete vom Litermont und der wilde Jäger.

In alten Zeiten stand auf dem Litermont eine prächtige Burg. In ihr wohnte die Witwe Margarete vom Litermont mit ihrem schlechtgeratenen Sohne Maldix, der die Jagd mehr liebte als alles. Alle Ermahnungen waren umsonst. Er hatte auch noch einen ebenso gerechten wie frommen Bruder, der mehr auf die Mutter in seinem Wesen gekommen war und der vielleicht auf der Siersburg damals seinen Wohnsitz gehabt haben mag? Auch seine Vorwürfe, ja selbst auch Zwangsmaßnahmen waren vergeblich.

Es war an einem Karfreitage. Die fromme Burgfrau kniete in der Kirche von Nalbach, doch Maldix zog mit seinen Spießgesellen unentwegt zur Jagd.

Kaum aber hatte das Treiben begonnen, traf er einen mächtigen schwarzen Hirsch, den er zu Pferde verfolgte durch Wälder und über Höhen. Plötzlich schwenkte der Hirsch um und sprang den steilen Fels hinab und der Ritter ihm nach.

Tot, mit zerbrochenen Gliedern fand ihn die Jagdgesellschaft, Reiter und Roß in ihrem Blute. Der Hirsch aber war verschwunden. Und wie den Köllertäler Maldit die schwarze Riesenwildsau der Hölle zugeführt hatte, wie in Neunkirchen am Erlenbrunnen der wieder lebendig gewordene, schon erlegte Eber, so besorgte das hier dem Maldix vom Litermont der schwarze Riesenhirsch.

Aber der Mutter brach das Herz und in der Kirche von Nalbach liegt sie begraben. Bei der Nachricht von dem Unfall soll sie aber doch die Worte gesprochen haben: „Besser mein Sohn das Genick gebrochen, als daß ich das hl. Amt versäumt hätte". Wenn er aber im Leben einmal besonders auf Burg Litermont fluchte und tobte und sie es nicht mehr aushalten konnte, soll sie plötzlich oft auf unerklärliche Weise verschwunden gewesen sein. Dann brachte sie sich durch einen nur ihr bekannten unterirdischen Gang von dem Litermont in das Schloß der ehemaligen Herren von Saarwellingen in Sicherheit, bei denen sie so lange Schutz und Schirm suchte, bis auf ihrer Burg wieder besseres Wetter eingekehrt war, oder ihr Sohn gar auf einem Kriegs- oder Beutezug sich, wie so oft, befand. Dann kehrte sie heimlich, wie sie gekommen war, auf demselben unterirdischen Wege zurück, war aber zeitlebens emsig darauf bedacht, das Geheimnis des Ganges ihrem Sohne nicht preiszugeben, der heute, nach Meinung der Saarwellinger, in seinen Eingängen verschüttet ist. Und auch zur Siersburg und Felsmühle sollen solche Gänge geführt haben. —

Seit seinem Ende aber saust der Litermonter Maldix mit glühendem Wagen in der heiligen Nacht vom Litermont über die Saar nach dem Siersberg, der stets in den Sagen mit ihm auch in Verbindung gesetzt zu werden pflegt und wehe dem, der ihm begegnet! Und in der Fastenzeit, in stürmischen Nächten zieht er auch über den Dillinger Wald nach dieser andern alten Saarveste Siersburg in wilder Jagd als Anführer seiner Jäger und Meute. Und niemand wollte ihm auch hier begegnen, denn er brachte noch stets Unglück, wie er also ein solcher Unglücksträger unter den Geistern ist, unter denen es, wie bei den Menschen Glücks- und Unglücksbringer eben gibt, worauf dann auch bei den Südländern der Glaube an den bösen Blick, dem jeder erliegt, sich mit gründen mag. — Über das Rittergeschlecht des Litermont berichtet uns bisher nur die Sage, denn alles sichere Urkundliche fehlt. Die tatsächlich dort bestandene Burg muß indessen schon recht frühe zerstört worden sein. — Ein Hannes de Gerspach, con dit Lietermont, wird indessen 1429 erwähnt, dessen Zugehörigkeit zum Litermont aber noch völlig unklar ist.

242. Erzgräbersagen vom Litermont.

Wer den Litermont nicht nur vom hohen Kreuz aus kennt, sondern ihn kreuz und quer durchwandert, wird besonders in der Düppenweiler Schlucht auf alte, verschüttete Erzlöcher stoßen, von denen die ältesten vielleicht schon bis in die Römerzeit zurückreichen, während die jüngsten noch während des ersten Weltkrieges abgebaut wurden, ja man damals und danach, wie das Volk meint, vieles hier geheimgehalten hätte, um nicht unnötig auf den vermeintlichen Erzreichtum dieses Berges aufmerksam zu machen. Wer aber in dieser Düppenweiler Schlucht das viele Wasser sieht, das dort aus dem Berginnern zutage quillt, kann leicht verstehen, daß ein solcher Erzabbau stark unter diesem Wasserreichtum litt. — Diese Kupfererzfunde haben aber gerade in den Primsdörfern so manche sagenhafte Ausdeutung erfahren. — Auch vom Maldix, der dort im Litermont ja gerade mit seinen Schätzen, in einer eisernen Kiste begraben, ruhen soll, wurde viel gefabelt und so mancher Erzgräber hat danach gesucht. Aber jedesmal, wenn schon im Steingeäder blaue Flämmchen, wie sie über dem Schatze schwebten und ihm das Gold ankündigten, aufzuckten, brach noch eine Wasserflut über die Sucher, und der Stollen stürzte zusammen. —

Es geht aber auch in diesen Erzgräberkreisen gerade die Sage wieder, daß vom Litermont aus ein unterirdischer Gang eben auch zur Siersburg führe. — Und ihre feste Meinung, daß man es vermeide, auch von Hüttenkreisen aus über den Reichtum an Erz dieses sagenvollen Berges zu reden, um das zu verheimlichen und daß man selbst wohl in und vor den 20er Jahren, die Erzlöcher und Halden zuwerfen und mit frischem Rasen habe bedecken lassen, um sie vor fremdländischer Ausbeutung zu schützen, ist ein hübscher Beweis, wie auch jetzt noch die Sage ihre Blüten im Volke unentwegt weiter treibt. —

243. Der lange unterirdische Gang vom Erzbergwerk im Litermont.

Vor Jahren zogen drei Saarwellinger Burschen auf den Litermont, um dort nach den alten Kupferbergwerken zu suchen. Sie fanden auch wirklich einen unterirdischen Gang, in den sie eindrangen. Als sie die Wände mit einer Lampe ableuchteten, bemerkten sie eine Menge eiserner Türen mit merkwürdigen Zeichen, Kreuzen, Hämmern, Kreisen usw. Da der Gang kein Ende zu haben schien, machten sie sich daran, eine dieser Türen aufzubrechen. Aber so viel sie sich auch abmühten, wollte ihnen dies doch nicht gelingen. Da begann einer zu fluchen, aber im selben Augenblick erscholl ein fürchterlicher Donnerschlag, tiefe Finsternis umfing sie, und wie von einer unsichtbaren Gewalt getragen, fanden sie sich wieder vor dem Berge. Von dem unterirdischen Gang aber war nichts mehr zu sehen.

244. Der unterirdische See.

Vom Litermont geht die Sage, daß der ganze Berg „hohl in seinen Eingeweiden“ sei und daß ihn so eben ein unterirdischer See, von weiten südlichen Meeresarmen gespeist, ausfülle, der eines Tages ausbrechen könne, um die ganze Gegend ringsum wie in einer zweiten Sündflut unter Wasser dann zu setzen. —

In diesen unterirdischen See ist der Maldix gebannt. — Sofort nach seinem jähen Ende hat sich der Teufel seiner Gebeine und der Schätze seines Schlosses auf dem Litermont bemächtigt. Er hat das alles in einer festen, wohlverwahrten Eisenkiste geborgen und sie in den See im Berge drin versenkt. Und die bewacht er selbst! — Nur am Karfreitag läßt er den Maldix los, dann saust er aus dem Berg heraus, besonders, wenn Frühjahrsstürme wild einherziehen wollen, und rast mit diesen durch die Lüfte als wilder Jäger. Bis 12 Uhr Nachts hat er Urlaub. Dann muß er zurück in sein nasses Grab, der Berg öffnet sich und unter Donnern und Grollen rast er in seine Tiefe zurück. — So hat der Litermont etwas Unheimliches, und kein Wanderer soll es sich je gelüsten lassen, dort einmal bei Nacht zu rasten oder gar einzuschlafen.

245. Das Teufelsloch auf dem Litermont.

Auf dem Litermont, dort wo einst die Burg stand, ist im tiefen Walde, im Gestrüpp verborgen, das Teufelsloch zu sehen. Es ist rund wie ein Brunnenschacht. Einst ließ sich ein Hirtenbube hinab an den aneinander gebundenen Haltern seines und seiner Kameraden Viehes. Sie waren aus dem nahen Nalbach und der Hinabgeglittene sollte nachsehen, was man in der Tiefe fände. Als er unten war, stieß er auf etwas borstig-haariges und erschrak so sehr, daß er den oben ängstlich nach ihm rufenden Genossen keine Antwort geben konnte. Endlich zog er dreimal hastig an dem Strang und das faßten die droben stehenden Buben als ein Zeichen auf. Mit Leibeskräften zogen sie ihn albald herauf an's Tageslicht. Er aber war kreidebleich und konnte nur sagen, daß er auf den Teufel in eigener Person getreten sei. Schreiend lief er heim, war von nun ab am Herzen krank und starb sehr früh. — Das Teufelsloch aber soll der Eingang auch zu einem unterirdischen Gang gewesen sein, in den Maldix an einer Strickleiter hinabstieg, wenn er sich vor seinem gerechten und frommen Bruder verbergen wollte. —

246. Der Patriarch vom Druidenstein auf dem Litermont.

Im Litermontgebiet ging ein uralter Hirsch mit zwölfendigem Gehörn, von dem es hieß, daß ihn kein Jäger treffen könne und den man deshalb den „Patriarchen des Litermont" hieß. Man sah ihn oft in mondheller Nacht beim sagenumwobenen Druidenstein stehen. Das packte den Ehrgeiz einer Reihe von Dillinger Jägern, die diesen Berggreis endlich erlegen wollten. Denn schon fing man an, sie zu verspotten, schon hieß es: „Sie jagen den schneeweißen Hirsch" und man meinte, dieser Patriarch sei nur ein Hirngespinst dieser Jäger. Aber eines Nachts erlegte ihn doch, gerade beim Druidenstein, ein Jägersmann und man sagte, nun müßten hundert Jahre erst vergehen, ehe wieder ein Jäger auch nur ein Zehnergehörn auf dem Litermont sichte.

247. Der weiße Reiter in Nalbach.

Einst, es soll im 17. Jahrhundert gewesen sein, kam ein ganz in weiß gekleideter prächtiger Reiter vom Litermont hergeritten auf Nalbach zu. Nahe der Dorfkirche kam er auf unaufgeklärte Weise um's Leben. Seither läuten jeden Freitag die Nalbacher Glocken von selber in Erinnerung an den vornehmen weißen Reiter und so für sein Seelenheil. Das Läuten war aber nie so laut, daß es alle Leute hören konnten, nein, es war und ist auch heute noch so leise, daß es nur wenigen manchmal vernehmbar wird. Der weiße Ritter ist so längst tot und sein Tod von Geheimnissen umwittert, wie der des pfälzisch-böhmischen Winterkönigs, aus der nämlichen Zeit, aber in der Sage lebt dieser weiße Reiter und im stillen Läuten fort und fort. Und wie wimmerndes, fernes Klagen aus alten Zeiten klingt dieser Totenglockenschall.

248. Die Kriegswiese.

Nah Saarwellingen liegt die sogenannte Kriegswiese. Auf ihr wurde in alter Zeit erbittert gekämpft und viel Blut soll einst hier in's Gras gesickert sein. Besonders waren es die Ritter von Saarwellingen und diejenigen der Siersburg, sowie die Herren von der Teufelsburg bei Saarlouis und die von Hüttersdorf-Buprich, die hier einander in den Haaren lagen. Stets aber seien die Ritter von Saarwellingen die Sieger geblieben, und darum nennt man diese Wiese nach wie vor dort stolz die „Kriegswiese".

Im 13. Jahrhundert war Wellingen als Saarbrücker Lehen im Besitz der Edelherren Reiner und Boemund von Saarbrücken„ von denen sich eine andere Linie nach dem um 1290 erbauten Schloß Dagstuhl (vgl. Nr. 255 und 196) nannte. — Das mittelalterliche Schloß in Wellingen war eine Wasserburg, von der die Hälfte Nassau-Saarbrücken und je ein Viertel den Herren von Kriechingen und von Rollingen gehörte. —

249. Die Katzenhexen von Saarwellingen.

Wie lebendig in Saarwellingen auch noch der Glaube an Hexen heute ist, beweist folgende Geschichte, die sich vor nicht allzulanger Zeit dort zugetragen hat. — Als eines Abends spät vor dem Hause einer alten Frau verliebte Katzen in stattlicher Zahl ein wildes Konzert anstimmten, riß diese ein Fenster auf und schrie den Katzen zu: „Heeren dr uff se Miauen! Gehn liewer hääm unn flicken auer Männern de Buxen!"

250. Die Geisterschlacht in der Härenstreng.

In der Härenstreng bei Hüttersdorf, wo ehemals das Uradelsgeschlecht der Vögte von Hunolstein einen seiner Wohnsitze hatte, das zusammen mit den vom Hagen in dieser saarländischen Gegend so hervortrat, ist es nicht „sauber". Um die Mitternachtsstunde ist da manches Unheimliche zu sehen, mehr aber noch zu hören. Gespensterhafte Gestalten schweben in der Luft, man hört das Geklirr von Waffen, Räderrollen, Kampfgetöse, Stöhnen und Ächzen. Es ist aber noch nicht vorgekommen, daß die Geister, die da oben ihre Schlacht schlagen, jemals einen Vorübergehenden bedroht oder ihm gar ein Leid zugefügt hätten. — Dicht neben der Härenstreng liegt „Das Naatrech", der Hügel mit der merkwürdigen Terrasse. Als Mitte der neunziger Jahren dort das erste Haus erbaut wurde, fand man verschiedene Gräber aus römischer Zeit, in denen sich u. a. eine Streitaxt und eine Art Orden befanden, die heute noch im Museum zu Trier zu sehen sind. Das

Naatrech war ein kleiner, fester Platz der Römer als Deckung für die beiden Straßen, die sich hier kreuzten. Vielleicht hatte die Besatzung dieses Platzes einmal ihre soldatische Pflicht nicht getan, und zur Strafe dafür muß sie nun kämpfen durch Jahrhunderte hindurch, bis ihre Erlösungsstunde schlägt.

251. Der See mit dem Heiligtum und das goldene Kalb.

Zwischen Bettingen und Michelbach, nah beim Dorfe Goldbach und so auch zwischen dem Schmelzerberge und der Lebacher Anhöhe füllte vor undenklichen Zeiten den Kessel ein See aus. Inmitten ragte die Säule des Müllenknöpfchens hervor, bekrönt von einem prachtvollen Marmortempel, in dem das heidnische Volk ein goldenes Kalb verehrte. Später brach sich der See nach Süden hin Bahn, und es entstand die Prims. Die Felssäule aber blieb stehen, der Heidentempel zerfiel, und das goldene Kalb versank tief mitten in den Rundhügel hinein. Wenn der Wind durch das Tal braust und dichte Finsternis der Nacht das Auge verhüllt, dann tönen aus dem Müllenknöpfchen (Müllenknüppchen) eigenartige Klagelaute und erinnern das Volk daran, daß hier das goldene Kalb verschüttet liegt. Schon mancher grub im harten Felsengestein nach, das ihn aber bald so ermüden ließ, daß er die Arbeit aufgab.

252. Der Birgpeter.

Ungefähr drei Kilometer nördlich von Bettingen, gegen Limbach zu, auf dem linken Ufer der Prims, liegt der „Horst", ein ziemlich großer Hochwald von Eichen, Buchen und Tannen. Er bildet die Bekleidung eines ausgedehnten Höhenzuges der seinen höchsten Punkt in der sogenannten „Birg" erreicht, welcher Name sich von Burg herleiten soll.

Hier stand vor grauer Zeit ein berüchtigtes Raubschloß, der Schlupfwinkel eines der schlauesten Raubritter der ganzen Gegend, des „schwarzen Birgpeters". Jede Belagerung der Burg war noch vergeblich gewesen, und bei all den Untaten vermochte ihn niemand zu fangen. Verfügte er doch über alle Listen der andern Raubritter, die diese wohl einzeln anzuwenden pflegten, um ihre Verfolger irre zu führen, in deren Gesamtheit.

Einmal aber übertraf doch die Schlauheit seiner Feinde seine Vorkehrungen. Und während seiner Abwesenheit untergruben sie den Zugang zu seiner Veste und begannen die Mauern zu durchbrechen. Als er nun von seinem Beutezuge heimkehrte und sie ihn aus einem Hinterhalt überfallen wollten, sprengte er im Galopp auf die Burg zu, stürzte aber mit seinen Mannen hinab, in die verdeckte Tiefe. Manches Roß lag samt seinem Reiter da tot und zerschmettert im Abgrund. Er aber hatte sich mit zwei Genossen doch noch durch einen geheimen Eingang in den Burgraum retten können. Von den Mauern herab wütete er dann gegen seine Verfolger. Aber dem Ansturme derselben widerstanden die ja schon beschädigten Mauern nicht lange. Die Feinde stürmten hinein, fanden aber keinen Menschen mehr. Durch einen unterirdischen Gang, den man erst später entdeckte, waren alle entwichen. Seit der Zeit hörte man nichts mehr von dem schwarzen Birgpeter.

Drei Dinge sind es, die heute noch stummes Zeugnis der Vergangenheit ablegen: Bemooste Trümmer und Steinhaufen, eine enge, schwarze Höhle, in die kein Hund weder gelockt noch gepeitscht hinein will, und seltsame Arten von Veilchen, die hier nicht wild wachsen, sondern nur angepflanzt sein können. Noch heute aber (1950) erzählen sich alte Einwohner von Limbach vom Birgpeter, daß er bei seinen Überfällen auf reisende Kaufleute mit den Rittern vom Litermont gemeinsame Sache gemacht habe. Der unterirdische Gang seiner Burg aber sei so hoch gewesen, daß er ihn, zu Pferde sitzend, habe passieren können. Seinen Ausgang habe er gegenüber der Schartener Mühle gehabt und das sei die Stelle gewesen, die man heute nach einem früheren Bewohner die „Kesslers Löcher" noch nenne. Die „Birg", einen von 3 Seiten unersteiglichen Felskopf über der Prims nannten die Bauern der Gegend schon im 18. Jahrhundert das „Schloß Gebirge". — Auf diesem „Oppidum" = „Refugium", dem Vorläufer einer Burg, wurden bereits 1787 römische Funde gemacht, über die der Oberamtmann von Schaumberg, Moser, berichtete. In Limbach heißt noch ein Flurteil 1 km. östlich der Kirche „Am Heidegraben". —

253. Die rote Katze von Vogelsbüsch.

In Vogelsbüsch, einem weltabgelegenen Dorfe hoch zwischen dem Bohnental und der Prims, lebte einmal ein Bauer, der jeden Morgen mit dem leeren „Streicheimer" aus dem Kuhstall kam, obwohl er kein Knauser war und den Kühen selbst nachts über den Raufen voll Heu und Grummet steckte.

„Das kann nicht mit rechten Dingen zugehen", klagte er einmal einer alten Zigeunerin, die sein jüngstes Kind besprochen und vom „Herzgespann" befreit hatte, „und ich schenke Euch noch einen Taler, wenn Ihr mir sagen könntet, was ich da tun solle." Da gab ihm die Zigeunerin einen stillen Wink, legte den Finger auf den Mund, strich den Taler ein und verschwand.

Am selben Abend kroch der Bauer in den Schweinestall, stellte die Mistgabel neben sich und „linste" stets nach der Hühnerluke, wie ihm die Zigeunerin befohlen hatte. Aber alles blieb ruhig im Stall. Die Schweine schnarchten wie jeden Abend, die Kühe zupften schläfrig das Futter aus den Raufen, und von Zeit zu Zeit gackerte ein Huhn im Schlaf und rückte auf der Stange ein Stücklein weiter.

Als es gegen Mitternacht ging, überfiel den Bauer eine bleischwere Müdigkeit, und er mußte, immer wieder nach dem Gebot der Zigeunerin, einen Essiglappen auf die Augen drücken, um wach zu bleiben.

Zur selben Zeit aber, wo die alte Kastenuhr in der Stube zu zwölf Schlägen ausholte, verdunkelte sich die Hühnerluke, und der Bauer war plötzlich so wach wie noch nie in seinem Leben. Mit aufgesperrtem Mund und angstvollen Augen starrte er in zwei rote, feurige Kugeln, die immer näher rückten, bis sie plötzlich von der hohen Hühnerstange in die Tiefe rollten und verschwanden.

Nun faßte der Bauer die Mistgabel fester und begann mit angehaltenem Atem, zu „lauschtern". Und wahrhaftig — er hörte ein deutliches Schmatzen und „Suggeln", was ihn so erzürnte, daß er mit einem lauten Donnerwetter unter die aufmiezenden Kühe fuhr, wobei er mit der Mistgabel nach allen Seiten stieß und fuchtelte. Da gab es einen Schrei, so schrill und scharf, als werde ein Schwein abgestochen, und doch war ein Ton in diesem Aufschrei, der halb an einen Menschen erinnerte. Als dann dem Bauern ein roter feuriger Schweif an der bleichen Nase vorbei wehte, griff er zu, prallte zurück, und sah, wie ein rotes Katzenvieh feixend und spauzend durch die Hühnerluke schoß und in der dunkeln Nacht verschwand.

„Dummer Narr, jetzt hast du es doch verkehrt gemacht", knurrte er auf und hielt nichts in Händen als eine Schürze. Hätte er den mit Weihwasser besprengten und mit drei Wachskreuzen gezeichneten Holzpfropfen in die Hühnerluke gestoßen, so wäre die Katze ihm nicht entwischt, und er hätte bald bemerkt, welch alte Hexe sich hinter ihr versteckte. So aber trug er die Schürze in die Küche, hielt sie unter die Stallaterne, pfiff ein paarmal hell durch die Zähne und hatte einen Ausweg gefunden. Am Morgen stapfte er in's Nachbarhaus, trat neben die „Schnur" (Schwiegertochter) der alten Bas Kätt, die in keinem guten Rufe stand, und sagte: „Diese Schürze habe ich neben unserer Gartenhecke gefunden. Schau mal nach, ob sie nicht dir gehört." — „Mir gehört sie nicht, aber meiner Schwiegermutter", behauptete die Schnur, und warf sie neben sich auf den Küchenstuhl. — „Reich her, ich will sie ihr bringen", sagte der Bauer und lachte pfiffig. — „Das geht nicht", wehrte die Schnur, „denn die alte Frau liegt im Bett und hat den Kopf mit einem dicken Tuch umwickelt. Sie ist nämlich in der Nacht ohne Licht in den Stall gegangen und hat sich ein ordentliches Loch in die Stirn gestoßen."

„Oder, sie ist in eine Mistgabel gerannt", schrie der Bauer grob und hörte einen unterdrückten Schrei. Da wußte er seins, und die Bas Kätt wußte ihrs. Der Bauer aber brauchte nie mehr über zu wenig Milch zu klagen.

254. Geist durch eine Ohrfeige erlöst.

Eine halbe Stunde von Biel-Bardenbach entfernt, befindet sich ein Kreuzweg, früher in einem finsteren Walde gelegen, den nachts ein Geist unsicher machte. Hier kam vor 100 Jahren und mehr, spät in der Nacht, ein Mann vorbei, der sich auf dem Markte in Wadern gesäumt und einen Schoppen über den Durst getrunken hatte. Hier — am Kreuzweg — traf er auf das Gespenst. „Halt", rief es, „gib mir dein Geld oder du bist des Todes." „Was?", sagte der Bardenbacher, der sofort nüchtern war, und schlug ihm um die Ohren, daß es nur so in das Tal hinein knallte und schallte. Da drehte sich der Geist wie toll herum und jauchzte: „Jetzt bin ich erlöst, schon 300 Jahre habe ich auf diese Ohrfeige gewartet." Dann war er spurlos verschwunden. Auf dem Boden aber lag ein Beutel voll Gold. Der Mann hob ihn auf und brauchte sein Lebtag keine Not mehr zu leiden.

255. Die weiße Frau von Dagstuhl.

Ein Schafhirt, der am Schloßberg zu Dagstuhl seine Herde weidete, wurde oft um Mitternacht durch Klagelieder aufgeschreckt, die aus dem Bereich des nahegelegenen Schlosses kamen. Wenn er daraufhin den Kopf neugierig aus seinem Karren streckte, konnte er in hellen Nächten eine Frauengestalt erkennen, ganz in Weiß gehüllt, die der an das Schloß seitlich angebauten Kapellengruft entstiegen war, behende durch den Schloßpark setzte und sich vor einem Steinkreuz an der Straßenkurve laut weinend niederwarf. Der Schäfer, der wie alle Hirten ein weiches Herz besaß und daher den Jammer nicht länger zu ertragen meinte, trat eines Nachts beherzt zu der Erscheinung hin, da sie wieder schluchzend vor dem Kreuze lag, und grüßte sie im Namen der allerheiligen Dreifaltigkeit. „Ich kann keine Ruhe finden in der Totengruft", sprach sie leise, „und muß nun hier nächtlich irren, weil ich an dieser Stelle einen Mann ermorden ließ. Du kannst mich erlösen", fuhr sie in freudiger Erregung fort, während es den Alten kalt durchschauerte, „du hast ein mutiges Herz gezeigt. Wenn du mir den goldenen Schlüssel aus dem Froschmaul bringst, — im Schloßbrunnen wohnt der Frosch, um Mitternacht zeigt er sich an der Wasseroberfläche, — dann wird alle Schuld von mir genommen, und es weicht der Fluch. Den Schlüssel mußt du aber schweigend nehmen und schweigend überreichen, sonst ist all dein Tun vergebens, und ich muß weiter tragen Ruhelosigkeit und Schmach." Der Schäfer war bereit, nach ihrem Wunsche zu handeln, und getröstet schied von ihm die weiße Frau.

Als in nächster Nacht vom Turm der Schloßkapelle in schweren, dumpfen Schlägen Mitternacht verkündigt ward, saß der Schäfer, seinem Wort gemäß, am

Brunnenrand, willens um alles in der Welt kein Wort zu reden, wenn der Frosch in seine Nähe kam. Mit dem letzten Uhrenschlag teilte sich auch schon das Wasser, und aus ihm stieg das Tier zu ihm herauf, das Maul weit offen, so daß der goldene Schlüssel sichtbar ward. Mutig griff der Schäfer nach dem Wunderkleinod, — als er aber mit dem Maul des Frosches in Berührung kam, blickte ihn das Tier so rätselhaft und eigen an, — mit Augen, groß und feucht, wie Menschenaugen, — daß er erschrak und ihm das Wort entfuhr: „O Gott!" — Gleichzeitig durchfuhr ein Schrei die Nacht — markerschütternd, wie ihn nur tiefstes Elend auszustoßen weiß, und da der Schäfer jäh zusammenfuhr, entfiel der Schlüssel seiner Hand, und der Frosch verschwand damit im Wasser. Vor dem bestürzten Alten aber stand klagend und die Hände ringend die weiße Frau: „Nun muß ich, endlose Jahre durch die Nächte irrend, den Fluch noch weiter tragen, noch reift die Eichel nicht, die den Keim zu jenem Baume in sich birgt, der das Holz zur Wiege meines Retters liefern soll!" Und ihr unseliges Los verwünschend, fing sie an zu stöhnen und zu weinen, daß der Schäfer entsetzt und schrekkensbleich in seinen Karren floh.

Ihre Jammerlaute, die das Tal erfüllten bis zum

32. Schloss und Ruine Dagstuhl

Morgengrauen, ließen ihn jedoch nicht zur Ruhe kommen, und die schauerliche Geisterklage weckte ihn fortan in jeder Nacht, die ihn auf seiner Weidetrift am Schloßberg fand. — Das Schloß Dagstuhl aber war ein Mittelpunkt der Herrschaft gleichen Namens, die der Trierer Kurfürst aus dem ja auch altsaarländischen Hause Sötern im beginnenden 17. Jahrhundert für seine Nepoten mit in's souveräne gehenden Rechten geschaffen und ausgestattet hatte.

256. Die Hexen auf dem Petersberg bei Eiweiler.

Der hohe Petersberg bei Eiweiler, dem Birkenfeldischen zu, ist der eigentliche Haupthexenberg und so „Brocken" nun auch des Saarlandes. Auf ihm kamen in der ersten Maiennacht die Hexen aus dem ganzen weiten Umkreis aus allen Himmelsrichtungen zusammen, zu einem teuflichen Gelage und großen Hexenkonvent. Sie berieten dabei, wie guten Menschen geschadet werden könne. Einsame Wanderer führten sie bei Nacht und Nebel in die Irre, Menschen und Vieh machten sie krank und Fruchtfelder verwüsteten sie durch Hagelwetter. Auf der Folter gestand 1634, als in den Schrecken des 30-jährigen Krieges der Hexenwahn noch besondere Blüten trieb, in dem, dem Petersberg benachbarten Neunkirchen eine vor dem Hochgericht als Hexe angeklagte Frau, daß sie an einem solchen Hexensabbat gerade auf dem Petersberg teilgenommen und danach mit ihren Genossinnen verabredet habe, die junge Saat durch Reif zu verderben. Diesen unheilvollen Gewalten aber mußte mit aller Macht entgegengewirkt werden. Besenstrunke, auf denen die Hexen durch die Luft nach dem Peterberg ritten, wurden in der ersten Mainacht verbrannt, gesegnete Kräuter und Donnerkeile unter das Dach gelegt, am Palmsonntag geweihte Palmen in die junge Saat gesteckt, Gewitter- und Hagelfeiertage eingeführt, und in den Mainächten die Glocken geläutet. Dem Wetterheiligen Petrus zu Ehren wurde der Hexenberg Petersberg genannt, womit man zugleich seinen hohen Schutz genießen wollte und auf seinem Gipfel eine diesem Apostelfürsten geweihte Kapelle errichtet, zu der am 29. Juni gewallfahrt wurde. Auch ein stark besuchter Markt fand da statt. War doch der Berg auch ein Wetterberg, da sich hier wohl die Gewitter zusammenzogen und auch wohl brachen.

Gegen Ende des 18. Jahrhunderts verfiel in der Aufklärungszeit auch diese Kapelle, die Hagelfeiertage werden aber heute noch in der Gegend eingehalten. Und überall, in das Birkenfeldische vorab hinein, „walpern" am Vorabend des 1. Mai und der so sagenvollen Walpurgisnacht noch die Kinder und schwingen, jubelnd angezündete Besen und verbrennen so immer noch damit symbolisch die Hexen. —

Leuchtenden Auges aber erzählen wohl auch noch die 80- und 90-jährigen, wie sie in frühester Jugend in der Walpurgisnacht in feierlichen Fackelzügen über den Petersberg so stimmungsvoll zogen, dort die Hexen verbrannten und mit Stroh umwickelte Räder flammend zu Tal sandten. Womit sich so spät noch ein gut Stück Heidentum in's Christentum nun einmal gerettet hatte, wie auch bei der Opferung beim benachbarten, sogar in der Kirche von Bosen lange erhaltenen heidnischen Bild des Grindmännchens und der Wallfahrt nach dem Grindbrunnen, der bei der Kapelle auf dem Petersberg selbst lag und wo man Kinderhäubchen mit Getreide gefüllt wusch, um sie an den Hecken aufzuhängen und so die Jugend vom Kopfgrind (Fraisen) zu heilen, also ganz ähnlich, wie beim Guten Brunnen bei Börfink, wo das heute noch wohl der Fall sein wird. — Auch um die sonstigen Wasserquellen des Petersberges gehen, hier in Verbindung auch mit einem ehemaligen, vermeintlichen Kloster auf ihm und seinen noch immer wohlbesetzten Weinkellern, mancherlei Sagen. Sie vereinigen sich zumeist im „Eiweiler Bach" und ein Hauptlauf, der „Eifelbach", entspringt eben gerade wieder mit dem „Grindborn".

257. Das Goldfeuerchen bei Sötern.

Der Schneiderhannes von Sötern hatte bei seiner Freundschaft in Achtelsbach etwas lange abendlich gemeit. Erst nach Mitternacht ging er raschen Schrittes die Espenheck hinauf und bald stand er auf der Höhe am Kreuzweg. Einen Augenblick blieb er stehen und schaute in das schweigende Land hinaus. Da fiel's ihm plötzlich wie eine Zentnerlast auf's Herz: Übermorgen sollte er dem Juden 80 Gulden bezahlen und 30 fehlen

noch! Woher nehmen und nicht stehlen? Was nützte
ihn all sein Schinden und Rackern? „O", rief er, „wäre
ich doch einmal so reich wie der Balzer oder das
Mordche! Der Hanarem hat sein Glück hinterm Urtel
gefunden, im Hofborn steckt die goldene „Schees".
Wenn ich nur den richtigen Spruch wüßt? Ach was!
Schnell die Pfeife gestopft und dann heim!" Bald ist
der „Erde Kluwe" geladen. Stahl und Stein sind zur
Hand, aber kein Fetzchen Zunder in der Tasche. Ver-
drießlich wollte er weitergehen, da sprach dreimal laut
und vernehmlich eine Stimme neben ihm: „Greif zu,
greif zu, greif zu!" Verwundert drehte er sich um, doch
weit und breit war niemand zu sehen. Aber was glühte
denn da neben dem dicken Stein am Wege? Da hatte
wahrhaftig das Heidenvolk, das noch vor Nacht hier
lagerte, nicht einmal sein Feuer ausgetreten. Er bückte
sich, scharrte sich eine glühende Kohle heraus und
legte sie mit bloßen Fingern auf den Tabak und zog.
Es brannte nicht. Eine andere her! Wieder kein Rauch.
Nun noch eine dritte, aber dann ist's Schluß. Als auch
die nicht zünden wollte, stülpte er kopfschüttelnd den
Deckel auf die Pfeife und ging weiter. „Hast du zugegriffen und hast du genug?" hörte er hinter sich rufen,
aber diesmal hastig, fast ängstlich: „Gewiß habe ich
zugegriffen und genug habe ich auch", entgegnete er
zornig, „heraus du Bozenmann, wo steckst du?" Er erhielt keine Antwort, glaubte aber vom Dankenberg her
ein spöttisches Lachen zu hören. Am nächsten Morgen
wollte er wie gewöhnlich sein Pfeifchen anstecken. Auf
dem unversehrten Tabak lag ein Goldstück. „Ich war
gestern abend am Goldfeuerchen und wußte es nicht",
zuckte es ihm durch's Hirn. „Wenn ein Haischermann
nichts haben soll, verliert er das Brot aus der Kez.
Greif zu, hatte es gerufen, und ich Esel verstand es
nicht." — So schnell ihn die zitternden Beine tragen
wollten, lief er nach der Espenheck. Da fand er noch
zwei Goldstücke. Das waren die weggeworfenen Kohlen. Aber Gold und Feuer waren verschwunden. Aber
seine Schulden konnte er doch wenigstens bezahlen.
So oft er auch später den Weg ging, das Goldfeuerchen
sah er nie wieder.

258. Sankt Huberts Schlüssel von Nonnweiler.

„Als im Jahre 1604 im Monat Juli Simon Metzlers Hundt verohnraint (verunreinigt) worden undt in der Stadt (St. Wendel) etliche Schweine gebissen, hat man St. Hauperts Schließel zu Nunweiler lassen abholen undt die Saigeschwain insgemein laßen prennen."

259. Der Teufel und die Schatzgräber im Hunnenring von Otzenhausen.

Im Hunnenring bei Otzenhausen soll in einem versiechten Brunnen seit undenklichen Zeiten eine goldene Kutsche vergraben liegen, von der die Sage geht, daß sie keiner in seine Gewalt bekommen kann. Nun gruben doch einst zwei Männer nach ihr. Sie fanden auch wirklich die goldene Kutsche. Schon hatten sie die Deichsel erfaßt, um sie herauszuziehen, da sah der eine von ungefähr nach oben. Über sich erblickte er den Teufel, der an einem Zwirnfaden einen Mühlstein über die Männer hielt. In ihrem Schrecken ließen sie die Deichsel los, die Kutsche rollte zurück und ward nicht mehr gesehen.

260. Die Buchstabenstehler.

Zwischen den Bewohnern der beiden Hochwalddörfer Farschweiler und Otzenhausen soll in früheren Zeiten starke Feindschaft bestanden haben. Sobald ein Bewohner von Otzenhausen einen Farschweiler sah, rief er ihm zu: „Spitzbub! Spitzbub! F-Stehler! F-Stehler! Ihr Farschweiler habt uns ja von unserm Ortsnamen das „F" am Anfang weggestohlen, weil Euer Dorf, früher kein „F" in seinem Namensanfang hatte! Spitzbub! F-Stehler!" — Von Urweiler und Harschberg (Harschbergerhof) erzählt man sich übrigens etwas ähnliches.

261. Der Traum vom Schatz auf der Koblenzer Brücke.

Einem Einwohner des einmal am Hochwald gelegenen Dorfes Alt-Rinzenberg, der den Familiennamen Engel führte, träumte einst drei Nächte hintereinander:

,Zu Koblenz auf der Brück,
da blüht dir dein Glück'

Als er dies seinen Verwandten erzählte, ließen die ihm keine Ruhe, bis er gen Koblenz sich aufmachte, um das Glück zu suchen. Dort angekommen, begab er sich sofort auf die alte Moselbrücke, an der das Kurtrierische Schloß, von Türmen beschützt, stand und ging auf ihr auf und ab, das Glück erwartend, das sich aber nicht einstellen wollte. Schon voll Ärger über die unnötigen Ausgaben und die beschwerliche Reise, wollte er, als es immer später wurde, sich wegbegeben, als ihn ein Soldat, der an der Brücke Schildwache stand, durch das seltsame Gebaren des unruhig hin und hergehenden Bauers aufmerksam gemacht, anredete und ihn frug, was er eigentlich hier suche. „Ach", sagte da Engel, „es träumte mir dreimal hintereinander:

„Zu Koblenz auf der Brück,
da blüht dir dein Glück."

und nun laufe ich schon den ganzen Tag hier auf und ab, aber vom Glück habe ich noch nichts gesehen." Da lachte der Soldat und sagte: „Auf Träume muß man überhaupt nichts geben, da träume ich zum Beispiel immer, in Rinzenberg steht in einer alten verfallenen Zisterne ein Kessel mit Gold, aber soviel ich auch schon gefragt habe, kein Mensch kann mir sagen, wo Rinzenberg liegt, das gibt's ja gar nicht."

Aha, dachte der Bauer, jetzt weiß ich genug, verabschiedete sich schnell und machte sich auf den weiten Heimweg zu seinem fernen und kleinen Dorfe. Und zu Hause angekommen, fand er den Schatz richtig an der bezeichneten Stelle, hob ihn und erbaute weit ab von seinem Wohnsitz, am Eberswalde, nahe bei dem damals weit und breit berühmten Sauerbrunnen, drei überaus massive Häuser und gründete so Neu-Rinzenberg, das unter dem Namen Rinzenberg noch heute besteht und namentlich vor dem 30-jährigen Krieg ein blühender, ja sogar von reichen und unternehmenden Handelsleuten bewohnter Ort war, während Alt-Rinzenberg verfiel und bald völlig eingegangen und verschwunden war!

Heutzutage ist von dem Ort Alt-Rinzenberg jede Spur verloren, doch will man im Volke noch ungefähr die Gegend wissen, wo es stand.

262. Götter am Wiesenquell.

In der Nähe von Morbach und Hochscheid entspringt der Kappelbach, ein klares und helles Wasser, das aus diesen lichten Waldeshöhen bald mit viel Kraft zu Tal geht. Da stand einmal vor vierhundert Jahren eine Kapelle, frommen Betern zum Trost. Aber das Kirchlein zerfiel und auch die Quelle geriet in Vergessenheit. — Jedoch der Ort blieb den Menschen heilig und stets von Geheimnissen umwittert, und eine alte Quellensage ging noch unter ihnen um, doch im Laufe der Zeit immer seltsamer entstellt und undeutlicher geworden, so daß sie zuletzt nicht einmal mehr recht wußten, ob der Quellengeist, der da hausen und geheiligt sein sollte, eine gute Fee oder ein den Menschen unholder Geselle war. Und von einem seltsam geheimnisvoll-verschwundenen Kloster war auch stets im Volksmund die Rede, das an einem der Quellbäche des Kappelbaches gestanden und den merkwürdigen Name „Der heilige Geist" geführt habe, womit man auch bis zur Gegenwart diese Waldgegend bezeichnete, in der es gelegen haben sollte, so daß überall die Quellen von Geheimnissen umwittert waren.

Da kamen in neuester Zeit Menschen und hoben zur Wasserversorgung eines Moselstädtchens die Erde in diesem stillen und so quellenreichen Hochtale aus, und es trat eine uralte von Gräsern überwachsene, von grünendem Moos umwucherte Brunnenfassung zu Tage. Und bei weiterer, sachgemäßer Grabung erschloß sich dann plötzlich jener köstlich-anmutige, heilige Quellenbezirk mit den Grundmauern eines umfangreichen Tempels aus keltischer Zeit. Und das schwere Erdreich gab die herrlichsten Götterbildnisse frei, die der Treverer Göttin Sirona mit ihrem hoheitsvollen Lächeln, mit ihrem weiblich wissenden Blick in ihrem faltenreichen Gewand, mit leichtem Mantel und einem Diadem im lockig gewellten Haar. Als Zeichen ihrer Fruchtbarkeit aber hatte ihr der bedeutsame, einheimische Künstler einmal eine Schlange in die Hand gegeben, die in einem Gefäß ein Ei ausschlürfte. — Damit aber war das Urbild der Volkssage von der guten Fee gefunden.

Mit und neben ihr kamen aber noch Darstellungen des Apoll zu Tage, besonders reizvoll die als ein kleiner lächelnder Gott mit der Leyer, den man hier in römischer Zeit der alten Landes- und Heilquellengöttin in kluger Anpassung vermählt hatte. — Nun wurden also die Geheimnisse und die Anlage dieses germanisch-keltischen, von antikem Geiste beseelten Tempels mit einem Male in all seiner Helligkeit klar, mit der er zwischen den Tannenforsten dieses Hochwaldgebietes zum Hunsrück hin sich dehnte. Und weit vor der heiligen Quelle stand einst der Altar, an dem das Volk seine Opfer brachte. — Von hier schauten die Menschen und Ahnen auch des Hochwaldes, die auch wohl von fernerher und vorab von der Saar und Mosel zu dieser heiligen Stätte wallfahrteten, durch das Tempeltor in das Heiligtum auf die Gottheiten selbst, auf das hehre Paar dieser hoheitsvollen, einheimischen Sirona und ihres römischen Gatten, der lächelnd den frohen Geist der Weinländer an den Flüssen mit seiner Leyer auf die Höhen des waldigen Gebirges heraufklingen ließ, wobei sich so reizvoll, wirksam und segenspendend Süden und Norden miteinander vermählt hatten.

Aber ebenso groß wie die Mysterien dieser heiligen Quelle ist das Wunder der Erhaltung dieses aufregenden, erst ganz in neuester Zeit eben gemachten Fundes. Vielleicht wäre nichts von alledem auf uns gekommen, wenn zerstörende und barbarische Menschenhand, noch durch Kriege verroht, und durch landschaftsvernichtende Industrie gefördert, hier hätte wie so oft, und so auch beim ehemals wohl ganz ähnlichen Heiligenborn im Warndt (vgl. Nr. 194), tätig sein können. Aber so versank alles im einsamen und vergessenen Urwalde, von den Wassern dieser gelobten Quelle bis zum Niederfallen umspült. Und der sorgsame und beschützende Kappelbach trug Sand und Kiesel über seine alten Gottheiten und weiches Moos bettete sich um und unter sie zu einem sorglosen Schlaf in die Jahrhunderte hinein. — Christen knüpften dann an diese dunkelnde, immer aber im Volke mit heiliger Scheu betrachtete Stelle auch wieder klug an, und eine mittelalterliche Kapelle erhob sich aus dem Wiesen- und Waldesgrün, in der man wohl an Stelle der alten Landesgöttin die Mutter Gottes einmal verehrt hat. Und die ewige Quelle sprudelte immer noch neben ihr, bis auch darüber die Zeit und die Kriege hinweg gingen und das Kirchlein verfiel und eben nichts blieb, als eine ungewisse Volkssage, das frische herausquellende Wasser und damit eine vage Erinnerung an einen ehemals heiligen Ort.

263. Die Schweden in Merscheid.

Als im Dreißigjährigen Krieg die Schweden alles auch in diesen abgelegenen Gegenden um den Hochwald in Schrecken setzten, fürchtete man auch in Merscheid ihren Durchzug. Um Plünderungen und Zerstörungen zu vermeiden, ersann man daher eine List. — Alles wurde vorbereitet, um das Dorf schnell mit der besseren Habe verlassen zu können. Wachen wurden ausgestellt, und als die Außenposten eiligst zurücksprengten, um das Kommen der Schweden von weither zu melden, verließen alle das Dorf und begaben sich unter dem Schutze der Dunkelheit auf geheimen Wegen mit dem Vieh in ihr sicheres Waldversteck, nachdem Türen und Fenster ausgehängt waren, und alles möglichst unwirtlich gestaltet war, als wäre der Ort gewissermaßen schon einmal von Feindeshand geplündert. — Nur ein alter Mann blieb zurück, der sich an das Schalloch des Kirchturms stellte, als die Schweden vom Rapperather Weg aus einzogen. Dort stand der Greis mit wirrem Haar und langem Barte, nur von einem alten, schmutzigen Hemd bekleidet. Die Brust hatte er entblößt und den ganzen Körper mit Herdruß und Asche geschwärzt. So stand er oben auf der Brüstung des Schallochs und rief mit heiser krächzender Stimme den eindringenden Schweden zu: „Pestilenz, Pestilenz!" — Nun aber glaubten sie zu wissen, warum das doch noch einigermaßen trotz aller Scheinvorkehrung wohlerhalten aussehende Dörfchen noch nicht eingeäschert war, da der „schwarze Tod" hier seine Ernte gehalten zu haben schien, und sie flohen selbst eilends vor ihm und Merscheid war gerettet.

264. Hagen von Dhronecken und die Nibelungen um den Hochwald.

Auf der Burg von Dhronecken wohnte einst der grimme Ritter Hagen und auf der Burg von Hunolstein seine Genosse Hunolt (Hunold). Nördlich von Hermeskeil nach Dhronecken hin fließt ein kleiner Bach, der in den Dorrenbach mündet und auf der Karte „Hahnenborn" genannt wird, während aber die Volkssage wissen will, daß er eigentlich Hagensborn heiße und daß an ihm der Ritter Hagen einen König erschlagen habe. An der Südseite des Erbeskopfes liegt der kleine Weiler Thranenweiher, wo auch ein König erschlagen wurde und wo dessen Gemahlin einen ganzen Strom von Tränen geweint hat. — Und das tatsächliche Vorhandensein solcher Uradelsgeschlechter gerade hier im Hochwald und auch in dem eigentlichen Saarland, die dort so lange Jahrhunderte wirkten und hervortraten, wie die vom Hagen und von Hunolstein, mag nicht unwesentlich auf das Bilden solcher Sagen eingewirkt haben.

33. Burg Hunolstein

In einer kleinen Waldschlucht bei Thranenweiher aber liegt so eine finstere Vertiefung bloß zwischen Stämmen, Farren und unheimlichem Gebüsch, wie gemacht, um von der Sage umwittert zu werden. Von dem kleinen Abhang fällt der Blick auf ein Steinviereck im Talgrund um den kleinen, stimmungsvollen Waldquell, der hier aus dem Hang perlt. Und den nennt das Volk gar den „Siegfriedsbrunn" und will auch, daß der grimme Hagen gerade hier den jugendlichen Helden Siegfried zu Tode getroffen habe, als er sich zu dieser Quelle kniend neigte, um aus ihr Labung zu schöpfen und so seine allein verwundbare Verse darbot, auf die einst ein Eichenblatt gefallen war, als der ganze Körper sich sonst im Drachenblut hörnte, um so undurchdringlich für Geschosse zu werden. — In einem der sieben Hunsrücker „Haghügel" aber soll der „grimme Hagen" gar beerdigt sein. —

Und dies ganze vermeintliche, eigentliche Stamm- und Heimatland der Nibelungensage im Hochwald ist hochromantisch, voll grotesker Felsbildungen, auf denen die spärlichen Reste der Burg Hagens von Dhronecken ragen und die noch phantastischeren seines Genossen Hunold's und damit die von Hunolstein. Und das saarländische und hochwäldler, und dann auch lothringische Geschlecht dieses Namens, führt heute noch das Hunnenköpflin als Helmzier, im Andenken, daß ihr Ahn Hunold einmal so manchen Kämpen König Etzels mit seinem Schwert gefällt oder er solchen gar das Haupt abgeschlagen hat, als er vereint mit seinem Genossen Hagen donauwärts, der Warnung den Meerminnen entgegen, zog, um dann in Etzels Halle durch Verrat das tapfere Ende zu finden. Der ganze Ort dieses sagenreichen Namens Hunolstein im Hochwald, ist aber nichts anderes als ein Gewirr jäh übereinander getürmter Felsblöcke und Quarzitfelsen, zwischen denen Mauerreste und niedrige Bauernhäuser zerstreut liegen oder malerisch in die Winkel der alten Burgmauer hineingeklemmt sind. — Gegenüber liegt dann das Dörfchen Haag, zum letztenmal im Klange zurückweisend auf den Namen des „Tronjers" und zugleich auch auf den Brunnen oder kleinen Bach oberhalb von Hermeskeil. Die Stätte Malborn aber bei Dhronecken, soll die alte Gerichtsstätte dieser Herren gewesen sein. —

Dies Sagenland der Nibelungen durchzieht dann die Dhron, wie sie eben Dhronecken und Thranenweiher den Namen gibt. Durch romantische Schluchten an eng herantretenden Berghalden vorbei, bis sie auch noch nächst so manchen Orten mit ihrer Namensverbindung noch kurz vor der Mündung in die Mosel, das weinberühmte Dhron benennt, um so hinunter zum Trierer Land zu streben und sich mit den Wassern von Saar und Mosel zu vereinen. Aus dem Sagen-, Wald- und Felsenland der Nibelungen demnach in das Gebiet, das mit Imperium Romanum förmlich getränkt ist, geheimnisvolles Land, Norden und Süden so vereinend, voll

von dunkeln Erinnerungen und rätselvollen Überlieferungen!

265. Der „Bohnenpatt".

In gewissen Nächten im Jahr erscheint ein Geist, der
„Bohnenpatt", der trommelschlagend durch die Wälder des großen Waldlandes ob der Saar zieht. Dann
stehen die auf dem Rückzug von Rußland 1815 hier in
diesen Hochwaldgebieten umgekommenen Soldaten auf
und formieren sich zu Kolonnen, um dem trommel-
schlagenden Führer zu folgen. Leute aus dem Waldland
wollen diesen Geisterzug, der weitab lautlos durch den
Wald zog, öfters (d. h. jedes Jahr) gesehen haben.

266. Der Kinderweiher.

Im nördlichen Saarland liegt der große Lückner, ein
unheimlicher Wald, in dem man sich leicht verirrt.
Von der einzigen Straße, die ihn durchquert, führt ein
schmaler Pfad in's dichte Holz. Die gewöhnlichen Menschen finden ihn nicht. Nur dem Kinderwäschen, das
die neugeborenen Kinder in die Dörfer bringt, ist er
bekannt. Der Pfad aber dringt tief in den finstern Wald
und mündet auf einer Wiese, die auch im Winter selbst
grünen und blühen soll.

Mitten in der Wiese liegt ein runder Weiher. Er
schimmert so weiß, wie frisch gefallener Schnee und
ist mit süßer Milch gefüllt. Am Ufer des Weihers steht
ein uralter Eichbaum. Um seinen Stamm schlingt sich
eine rote Schnur. Sie läuft zu einem silbernen Kahn,
der mit der Spitze zu einer kleinen Insel zeigt. Diese
Insel ist das Schönste, was die Waldwiese birgt. Auf
ihr blühen jahraus, jahrein weiße Lilien und rote Rosen. Unter den Wurzeln der Rosen schlummern die ungeborenen Buben, unter den Lilienstöcken die Mädchen.
Bunte Schmetterlinge umgaukeln die Blüten. Auf dem
alten Eichbaum sitzen allerlei Vögel und singen den
Kindlein ihre schönsten Lieder. Die Meisterin der
Vögel ist eine große Eule. Sie sitzt in einem Astloch und
hat Tag und Nacht die kugelrunden feurigen Augen auf
die Insel gerichtet. Sie beobachtet besonders die voll
erblühten Blumen, denn sie weiß, daß an ihren Wurzeln die Kindlein hängen, die jeden Augenblick zum
Leben erwachen können. Sobald die Eule merkt, daß

eine Lilie oder Rose auf und ab wippt, schwingt sie sich auf in die Luft, fliegt zum Hause des Kinderwäschens, klopft dort an's Fenster und ruft: „Es will wieder eins an's Licht."

Dann läßt das Kinderwäschen alle Arbeit stehen und liegen, ergreift einen kleinen Korb und macht sich auf den Weg. Am Tage findet sie diesen allein. In der Nacht aber fliegt die Eule vor ihr her, und ihre kugelrunden Augen leuchten wie zwei helle Laternen.

Am Weiher steigt das Kinderwäschen in den silbernen Kahn. Er schwimmt von selbst nach der Insel und geleitet das Weiblein zu der Stelle, an der die Blume auf und nieder zuckt. „Nur Geduld, ich bin ja schon da", flüstert dann das gute Kinderwäschen, ergreift die Blume am Stengel und zieht sie behutsam aus dem milchigen Grund. An der Wurzel aber hängt ein strampelndes Kind. Sie schneidet es mit feiner goldener Schere ab, umwickelt die Wunde mit einer feinen Binde, schlägt warme Windeln um den kleinen Leib und packt ihn in den Korb. Wenn dann das Kind seinen ersten Lebensschrei ausstößt, erschauert die alte Eiche bis in die Wurzeln, und die Vöglein zwitschern, als säßen sie über ihrer jungen Brut. „Wohin mit dem Kindlein?" fragt das Kinderwäschen dann die Eule. Diese nennt den Namen der Mutter und geleitet das Weiblein zu dem Hause, in dem sie wohnt. „Uh, uh, leg dich in's Bett, es ist jemand unterwegs!" ruft sie dort der Mutter zu. Diese schenkt der Eule ein Stück Zucker und befolgt gern ihren Rat.

So findet das fröstelnde Kindlein gleich ein warmes Bett, und aus der Mutterbrust strömt süße Milch, die es stärkt und nährt.

267. Grimburgsagen.

Eine der festesten Burgen im Hochwald, aber auch das gefürchtetste Raubritternest, war ohne Frage die Grimburg. Obwohl diese Burg gut acht Kilometer von Steinberg entfernt liegt, hatte der Name Steinberg doch gerade wegen dieser benachbarten Raubrittersitze keinen guten Klang. Die Herren Raubritter hatten dort anscheinend ihre Späher, die die reisenden Kaufzüge ihnen eiligst meldeten. In Handelskreisen hatte sich noch bis vor 100 Jahren etwa der Spruch vererbt:

„Wer glücklich nach Trier will reisen,
Muß Steinberg, Zerf und Greimrat meiden."

Wie die meisten Raubritter, so hat auch den letzten von der Grimburg der Teufel geholt, nach dem Glauben der Hochwaldbewohner. Auch die Schätze der Grimburger stehen, nach der alten Sage, im Schutze des Bösen. Kisten voll Gold und Silber und Edelgestein liegen in dem tiefen Ziehbrunnen und keine Macht der Erde vermag sie zu heben, weil sie von einer großen, schwarzen Tigerkatze bewacht werden. Sobald ein Mann es wagt, am Seil oder an der Kette in den siebzig Meter tiefen Brunnen hinabzufahren, wird er von dem Riesenkater bedroht, der fauchend und kratzend, jedweden zur Rückkehr zwingt. Bis vor hundert Jahren gab es keinen Menschen, der nach der Volkssage, eine Nacht in den Ruinen der Grimburg lebend zubringen konnte. Da soll eine wilde Gesellschaft mit Totenschädel und Gebeinen Kegel gespielt und die Fußböden sollen sich gegen die Gewölbe der Burg gepreßt haben, daß jeder zerdrückt wurde, der den Boden der Grimburg unter sich hatte. Auf der Burg zeigt sich auch von Zeit zu Zeit eine weiße Frau. Wer ihr begegnet, wird von einer bösen Krankheit befallen oder es trifft ihn ein anderes Unglück. Indessen aber hat sie auch einmal einem armen und vielgescholtenen Waisenkind aus der Nachbarschaft Glück gebracht, ist also nicht nur ein böser Geist, wie der lange schwarze Mann, der die ganze Umgegend dieser einsam im Tale der Wadrill liegenden Burg unsicher macht und auch mit einem Raubritter dieser Hochwaldveste in Beziehung gesetzt wird.

268. Sagen um Hundscheid bei Steinberg.

Ein Mann aus Steinberg, Jakob Gouverneur, dessen Kinder heute noch leben und die darum folgendes bestätigen können, will dreimal den Weg von Confeld nach Steinberg gegen Mitternacht gegangen sein. Da mußte er den verrufenen Waldstreifen, der Hundscheid heißt, zwischen Steinberg, Morscholz und Konfeld liegt und etwa ein Kilometer breit und vier lang ist und von dem man annimmt, daß er einmal zur Burg Hundscheid gehört hat, die ob Saarhölzbach am südlichen Hochwaldrücken zur Saar hinab lag, durchschreiten.

Am ersten Tag ging ein schwarzer, großer Hund neben ihm, sobald er den Bereich „Hundscheid" erreicht hatte, bis auf die Grenze, wo er dieses Gebiet wieder verließ. Dabei war ein Gesause in der Luft, das einem gewaltigen Sturmwind glich. Am zweiten Tage war dieser Sturmwind in den Bäumen des Waldes. Es standen auf der linken Seite des Weges an einer Stelle viele Birkenbäume. Der Mann sah, wie diese Birken von dem Sturmwind umgerissen wurden, da es heller Mondschein war. Diese Bäume standen aber am nächsten Tage ruhig an ihrer gewohnten Stelle. Am dritten Tage sah er ein ganzes Rudel Wildschweine und sah auch, wie diese eine ganze Fläche aufwühlten ganz dicht am Wege, aber am andern Tage, als er wieder vorbeiging, sah er von der nächtlichen Zerstörung nichts mehr. Ein vielstimmiges Hohngelächter hörte er jedesmal, sobald er die Grenze von Hundscheid hinter sich hatte. Und heute noch weiß jedes Kind in Steinberg eine kleine Sage vom Hundscheider Männchen, vom Hundscheider Mann oder vom Hundscheider Geist zu erzählen, ein Beweis dafür, daß die Erscheinungen verschieden waren. Heute noch kann jedes Kind das Geistergeheul aus Hundscheid nachahmen, das wie wildes Hohngelächter eben klingt. Und dies „Hundscheider Männchen" ist jedem Kind noch so geläufig oder noch volkstümlicher wie an diesem Ort und in Wadrill das Wort „Der wilde Reinhard" in dem die Seele eines verdammten Bäckers aus Wadern als Geist umging, bis er schließlich an den Selbrunnen in dem Umkreis des Selwaldes gebannt worden ist, wo er noch sein böses Spiel treibt, sein langgezogenes U u u u u u u schauerlich hören läßt, aber dadurch auch der beste Waldschütz geworden ist, der die Holzdiebe fern hält und wohl auch gerne den Jäger als lahmer Rehbock äfft, den niemand treffen kann und dessen Spur kein Hund verfolgt.

269. Der Mutterborn bei Wadern.

Eine Mutter trug ihr krankes Kind meilenweit durch Sonnenbrand und sommerliche Schwüle mit lechzendem Gaumen. Sie wollte in den nächsten größeren Ort zum Arzte, der ihr Kind retten sollte. Unweit Wadern jedoch brach sie völlig erschöpft zusammen, so nahe der Hilfe also. Verzweifelt bat sie die Mutter Gottes um

Rettung, vorab für ihr verschmachtendes Kind. Leblos lag es an ihrer Brust, nur ab und zu ließ ein Röcheln erkennen, daß noch Leben in ihm war und so flehte sie todesmatt um die Hilfe der Gebenedeiten. Vollkommen erschöpft und hilflos drückte sie noch — mit geschlossenen Augen — das Kind an ihr Herz. Da ließ ein feines Rieseln zu ihren Füßen sie die Augen wieder öffnen, und — o Wunder — ein Quell sprang aus dem Boden, so frisch und klar, daß allein der Anblick ihr schon Kraft verlieh. Da trank das Kind sich Leben und Gesundheit aus dem Wunderborn — Kraft und neuen Lebensmut trank sich die Mutter — —

Und weiter sprudelte das köstliche Naß aus der Erde Schoß und man nannte es nach der für ihr Kind sich aufopfernden Mutter den Mutterborn. — Und heute noch stärkt er jung und alt! — Eine ähnliche Muttersage aber umzieht auch das alte Steinkreuz von Oberlöstern, das dafür ein Denkzeichen sein soll. Andere aber betrachten es als über der Ruhestätte des letzten Ortseinwohners im 30-jährigen Krieg errichtet.

270. Das Irrlicht vom Lotterbruch.

Im Lotterbruch, einem sumpfigen Gelände an der Straße Noswendel - Wadern, sind früher nach den Aussagen der Alten öfters Irrlichter aufgestiegen und haben manchen armen Menschen in's Unglück gestürzt.

Kam doch einmal die alte Weißmichelsgoth, Gott hab sie selig, und ihr jüngster Enkel ist heute schon Großvater, spät in der Nacht vom Beichten heim (es war nämlich kurz vor Weihnachten, wo ja jeder Mensch, der „net grad" ein Pferd gestohlen hat, seinen Schutt ablädt, weshalb die Kirche voll war bis in die dunkle Nacht hinein). Draußen war ein Wetter, so dunkel wie in einer Kuh, kein Stern hat am Himmel gestanden. Ja, der Herrgott hat den Regen mit Eimern vom Himmel geschüttet und Tür und Tor aufgeweicht. Wie nun die arme Frau an's Lotterbruch gekommen ist, hat sie da gestanden, wie ein Kind vor einem Haufen Dreck, und nicht aus noch ein gewußt vor Dunkelheit und Feuchtigkeit. O, käm doch jetzt nur ein Licht, hat sie grad gedacht, da stieg unterhalb des Waderner Kirchhofs ein blaues Flämmchen auf und zog auf sie zu. Und die alte Weißmichelsgoth starrte es an wie ein gutes Wunder, sah wie es roter und größer wurde, zitterte ein wenig vor dem Gedanken, ob es auch dem rechten Weg folge, und trippelte, als es an ihr vorübergeglitten war, vertrauungsvoll hinter ihm her. Wie eine Verirrte, die nur ein einziges Sternlein am Himmel sieht und nur nach diesem blickt, strebte sie weiter, achtete weder auf den schaukelnden Rasen unter ihren Füßen, noch auf ein warnendes Brodeln und Bruddeln und blieb nur ein paarmal stehen, um die enge Brust voll Atem zu schöpfen und nach dem guten Mann, der mit seinem roten Laternchen voraus gaukelte, zu rufen. Doch der gute Mann schien keine Zeit zu haben. Immer schneller eilte sein Licht davon, und der Windsturm fuhr zum Laternlein hinein und ließ das Flämmchen zucken und flackern.

Da begann die fromme Weismichelsgoth zu laufen und zu hupfen, bis ihr der Schweiß über die Nasenspitze lief, und spürte, wie sich der Boden um ihre Sohlen heftete und zog und saugte.

„Jesses, Marja, das sind doch nicht die Lotterbrucher Weiher", stammelte das Weiblein auf, aber der „Sog" unter ihren Schuhen wurde so mächtig, daß ihr nun nichts mehr übrig blieb, als dem Lichte zu folgen, mochte es sie hinführen, wohin es wollte. Wenn sie stehen blieb und nicht mehr lief, war sie verloren und schlug der Sumpf über ihr zusammen.

Nach einer halben Stunde spürte die Frau festeren Boden unter den Füßen und keuchte einen steilen Berghang empor, der ihr das letzte Quäntlein Luft raubte. „Guter Mann — bleib doch stehen — ich fall' ja um, — ich kann ja nicht weiter", bettelte sie weinend und jammernd. Nun sah sie plötzlich, wie das Licht über einem schwarzen Walde schwebte, von dem sie bis jetzt noch nichts gemerkt hatte. Vor Schreck stieß sie an einen Baum, schrie, so laut sie noch konnte: „Alle guten Geister loben den Herrn", und brach zusammen. Da tat es einen Knall, daß dem armen Weiblein fast das Trommelfell zersprang, über den unheimlichen Wald zischte eine blaugrüne Flamme und die Frau begann zu beten und rührte sich nicht mehr von der Stelle.

Nach dem sechsten Rosenkranz kam der Dagstuhler Förster durch's dämmernde quatschnasse Holz und fand die Verlassene. Sie lag am Rande des hundert Klafter tiefen Burgbrunnen, sie hat sich nie mehr auf ein unbekanntes Lichtchen verlassen. Nach diesem Vorfall ließ der Herr vom Dagstuhler Schloß den nutzlosen Brunnen zuwerfen, und der Förster säumte ihn ein mit einem festen Geländer.

271. Die Burgfrau von Rappweiler.

Von einer der Burgfrauen von Rappweiler erzählt die Sage dies:

„Als einst die Burgfrau guter Hoffnung war, wurde sie von einer armen, in gleichen Umständen sich befindlichen Frau um eine Gabe angesprochen. Die Burgfrau aber wies in ihrer Hartherzigkeit die Bittende von der Burgpforte mit den Worten: „Du siehst ja aus wie eine Sau, die sieben Ferkel trägt." Die Arme ging fort mit der Verwünschung: „So möget ihr sieben Kinder bekommen." Bald darauf genas die Burgfrau wirklich sieben Söhne. Entsetzt und voll Furcht darüber, daß die Verwünschung der armen Frau eingetroffen, beauftragte sie die Magd, da der Ritter gerade abwesend war, sechs davon im nahen Bache zu ertränken. Auf dem Wege, diesen herzlosen Auftrag auszuführen, begegnete der Magd der heimkehrende Ritter, der sie frug, was sie in dem Korbe trage. „Junge Hunde, um sie zu ersäufen", war die verlegene Antwort. Den Ritter regte Neugier und er öffnete den Korb. Die Magd für sich selber bangend, bekannte nun den Vorgang und den ihr gewordenen Auftrag, worauf ihr der Ritter befahl, die Knäblein bei einem Bauer in Pflege zu bringen, sie selbst solle straflos bleiben, wenn sie über alles schweige. Der Bauer erzog die Knaben, wie wenn es seine eigenen wären. Als dieselben etwa 20 Jahre alt waren und sich zu großen, stattlichen Jünglingen entwickelt hatten, veranstaltete der Ritter ein Fest, zu dem er viele Verwandte und Freunde, so wie auch seine sechs Söhne einlud. Alle Anwesenden waren erstaunt über die Schönheit der Jünglinge. Beim Gastmahl nun frug der Ritter von Rappweiler seine Hausfrau, was die Mutter verdient habe, die sechs ihrer Kinder habe umbringen lassen. Ganz verwirrt gab sie zur Antwort: „Den Feuertod." Der Ritter sagte ihr darauf, wer die fremden Jünglinge seien und ließ dann an der Rabenmutter trotz aller Fürbitten das von ihr selbst gesprochene Todesurteil vollziehen. Von diesen sechs Söhnen aber meint man, stamme das Geschlecht derer von Hundlingen ab, die Vasallen von Montclair waren. Und die Herren von Rappweiler, wie auch die von Weißkirchen führten einen Hundskopf als Helmzier ihres Wappens.

272. Die Teufelsgeiß von Nunkirchen.

Von jeher war die Schindkaul, ein einsamer Waldwinkel an der Nunkirchener Hecke, verrufen, und besonders nach dem Betglockläuten getraute sich niemand mehr, diese Stelle zu betreten. Ein junger Bauer aus Biel aber spottete über die Furcht der Leute und fuhr noch am späten Abend auf sein Kleestück, das dicht an die Schindkaul grenzte. Hart und scharf fuhr seine Sense durch den Klee. Hart und scharf ratzte der Wetzstein über die Schärfe, aber im Walde blieb es unheimlich still. Wenn der Bauer den Kopf hob, hörte er nichts als seinen keuchenden Atem und das ferne Holpern heimkehrender Feldwagen. Nun hatte der Furchtlose den Wagen voll geladen. Er ergriff die Leine und die Peitsche, doch im selben Augenblick, wo er sich auf den Wagen schwang, stiegen die beiden Gäule an der Deichsel in die Höhe, schnaubten, warfen die Ohren nach hinten und schossen davon. Bevor der junge Bauer nur wußte, wie ihm geschah, sprang ihm ein schwarzes Ungestüm auf den Rücken und schrie: „Vorwärts, nun brech den Hals und fahr in die Hölle!" Da stürmten die Gäule noch schneller über Stock und Stein und durch dick und dünn, und der Fuhrmann verlor die Zügel, brach ächzend in die Knie und machte sich fertig zum Sterben.

Als er endlich wieder die Augen aufriß, hatte sich die Pferdeleine um einen Holzapfelbaum gewickelt, und das Gespann stand zitternd und von oben bis unten mit weißem Schaum bedeckt neben dem Schloßkreuz. Zu gleicher Zeit dröhnten die dumpfen Schläge der Bardenbacher Betglocke dem Bauern in die Ohren. Da richtete er sich um und sah, wie eine schwarze Geiß durch die Luft schnob und feurige Funken um sich verbreitete. Mit schlohweißen Haaren kehrte der junge Bauer heim. Er fuhr nie mehr auf die Schindkaul und lag nach acht Wochen im Sarg. Kein Doktor konnte je seine Krankheit ergründen.

Auch Bergleute, die in den 70er Jahren noch zu Fuß zur Grube zogen, sahen die Schindkauler Geiß. „Meinem eigenen Großvater hat sie einmal, während er einen Bannspruch murmelte, die Pfeife und zwei Zähne aus dem Mund geschlagen. Es war eine mit zehn Tierköpfen verzierte Wurzelpfeife, an der sein Herz hing, aber er hat sie trotz langem Suchen nicht mehr gefunden."

273. Sagenhaftes um Weiskirchen, Rissenthal, Bergen, Bachem und Morschholz.

Bei Weiskirchen treten an der Römerstraße Fundamente hervor, die das Volk, wie so häufig in dieser Gegend um die untere Saar, mit einem Tempelherrnschloß zusammenbringt, wie das auch z. B. in Sidlingen bei Merzkirchen der Fall ist. Aber auch sonst in unserm Sagengebiet sollen derartige Templersitze allenthalben bestanden haben, so bei Forbach, an dem Bache zwischen Geßlingen und Lellingen, zu Hessen bei Saarburg in Lothringen, allwo eine ehrwürdige Kirche mit uralten Säulen sich befindet, bei Lörchingen gegen La Neuve-Ville und bei Nittingen an der roten Saar. Und auf der Feldmark von Folkringen heißt noch eine Örtlichkeit gar „Les Templiers". —

Von den Gräberfunden an der Kapelle von Bachem weiß das Volk, daß sie einst zu Riesenleibern gehört hätten. „Auf dem Hahn", einem Berge bei Rissenthal, soll der Sage nach auch ein Riesenschloß gestanden haben. An der betreffenden Stelle liegt noch der von den Riesen vergrabene Goldschatz, der jetzt vom Teufel bewacht wird. Schatzgräber aber wollen ihn schon gesehen haben. Und im Burgwald bei diesem Rissenthal, auf einem hohen bewaldeten Bergrücken, hat auch einmal ein stolzes Schloß gestanden, von unbekannten, besonders reichen Rittern bewohnt, die im 30-jährigen Krieg erschlagen worden seien, und nach deren Schätzen man immer noch im Walde sucht. So sagt z. B. der Lehrer des Dorfes, wenn er am Pfarrhause vorbeigeht, noch heute scherzhaft zum Pfarrer: „Ich gehe in den Kreuzwald spazieren und schaue, ob ich den Schatz nicht finde." Auf dem „Hahn" bei diesem Ort, soll auch noch das goldene Kalb verborgen liegen, ebenso in Bergen in einer Hecke, in Morschholz in einem tiefen Brunnen. Aber nutzlos waren bisher alle Grabungen danach. Und in Bergen haben gar Leute mit einer Wünschelrute nach dem Gold gesucht, das noch ein römischer Soldat, der seinen Hauptmann erschlagen und beraubt haben soll, dort vergraben hat. Aber auch das war vergeblich.

274. Die Sage vom Losheimer „Schöet, Schöet".

Vor mehr als hundert Jahren waren bei der Bannteilung Grenzstreitigkeiten zwischen den Gemeinden Bachem und Losheim ausgebrochen. Die Losheimer behaupteten, daß sich die Grenze vor Bachem hinziehe, wohingegen die Bachemer ihre Rechte geltend zu machen suchten, daß sie weit im Walde unterhalb der steilen Erhöhung verlaufe. Man setzte einen Tag fest, an dem im Beisein der beiden Gemeindevertretungen der Streit geschlichtet werden sollte. Er wurde auch entschieden und zwar zu Gunsten der Losheimer, und das auf folgende listige Weise. Der damalige Vorsteher von Losheim sollte einen Schwur leisten, inwieweit er die bestehende Grenze als zu Recht bestehend anerkenne. Der aber tat folgenden Schwur:

> „Eich stehin of Lushemer Bann
> Und stehin of Lushemer Sand,
> Mei Schöffer ers iewer mir."

Das Urteil war gefällt, die Losheimer hatten den Sieg davongetragen. Der schlaue „Schöet - Schöet", wie ihn der Volksmund nannte, hatte zu Recht geschworen, denn er hatte, bevor er zu Hause wegging, seine Schuhe inwendig mit Sand angefüllt, und zwar mit Heimaterde vom Losheimer Bann und Sand. Darauf stand er also mithin. Und zu allem Überfluß hatte er sich noch seinen Wasserschöpfer, also die Bolle aus dem Trinkwassereimer seiner Küche unter den Hut getan. Als er bald darauf starb, wurde sein Geist in jenen strittigen Distrikt verbannt. Einmal sah ihn eine Frau, die im Walde Holz raffte, in der Gestalt eines dreibeinigen Hasen, dem das linke Ohr schlaff herabhing — ja, er hatte sogar die Kühnheit, sich auf die Holzlast der alten Frau zu legen und sich von ihr tragen zu lassen. Als sie an die wirkliche Banngrenze kam, sprang er mit einem höhnischen Kichern davon. Zuweilen aber, wenn der Herbststurm über die leeren Felder strich und die Kronen der Bäume schüttelte, wollen gute Ohren gehört haben, wie er den vorbeigehenden Bachemern zurief:

„Hätt eich mech net geschummt,
Dann hätt eich gestöhl bis um den
edlen Rund." (Abhang, Böschung.)

275. Der wilde Jäger im Neunhäuser Wald.

Ein Mann aus Losheim besuchte den Beuricher Markt und kaufte dort einen Handwann. Gegen Abend begab er sich auf den Heimweg durch den Neunhäuser Wald. Das ist aber ein sich zwischen Greimerath, Zerf, Irsch, Serrig und Waldhölzbach erstreckendes großes und unheimliches Waldgebiet, das ein Teil des Hochwaldes ist, der sich vor Jahrhunderten vom Rhein über die Saar bis zur Mosel erstreckte. Am südwestlichen Ende des Waldes soll sich auf hohem Berge über der Saar rechts ein Jagdhaus vornehmer Römer erhoben haben, und außer diesem sollen noch acht Häuser in der Richtung nach dem Rheine zu gestanden haben, daher rühre denn der Namen Neunhäuserwald her. Bei Britten aber, im Saarland, ist seine Südspitze. Durch ihn also zog unser Losheimer nach Hause. Es war spät und dunkel dabei geworden und der Mann verirrte sich in diesem ehemals unsicheren, auch immer noch von allerlei Geheimnissen und Unheimlichkeiten umwebten Waldgebiet. Kurz entschlossen legte er sich unter eine Eiche, deckte sich mit dem Handwann zu und schlief ein. Um Mitternacht hörte er Geschrei, Gejohle und Hundegekläff. Voll Angst und Furcht zog er den Handwann über Kopf und Oberkörper, aber die Beine brachte er doch nicht hinein. Als der Spektakel sich in der Ferne verzog, schielte er aus seinem Versteck hervor. Da stand vor ihm ein gewaltiger Mann mit langem, grauen Barte, der ihn aufmerksam besah. Dann sprach dieser erstaunt: „Ich bin nun schon so alt (wie der Westerwald). Dreimal sah ich diese Gegend als Ackerland, dreimal als Niederwald, dreimal als Hochwald. Aber das habe ich noch nicht gesehen, daß ein Handwann Beine hat."

VII.

Das Bliestal mit den Sagenbergen des Schaum-
bergs, Spiemonts und Weiselbergs und den
Klosterüberlieferungen von
Wörschweiler.

276. Der Heilbrunnen bei der Guidesweiler Kapelle und die eiserne Krone.

Einsam liegt im Walde die Guidesweiler Kapelle, auf einer Höhe, von der man Guidesweiler, Obertal und St. Wendel im Tale erblickt. — Älter als sie ist die ergiebige, mit einer kleinen Halle überbaute Quelle neben ihr, genannt der „gute Buren". Sie war im Mittelalter ein Wallfahrtsbrunnen und auch jetzt fehlen die Pilger nicht gänzlich. Das reine Quellwasser galt als Heilmittel gegen Augenkrankheiten. Wer zu dem Brunnen wallfahrtete, trank dreimal aus der Quelle. Dann setzte er die schwere eiserne Krone, die im Kirchlein aufbewahrt wurde, auf seinen Kopf und gab dem geistlichen Bruder oder Einsiedler, der in einem Vorraum der Kapelle wohnte, ein Geschenk. Nachdem er in der uralten Kapelle dann selbst vor den aufgestellten, lebensgroßen Heiligenbildern gebetet hatte, ging er in dem festen Glauben heim, daß er geheilt werde. — Man sagt auch, daß diese Kapelle vom hl. Valentin (dem Patron der Liebenden) selber gegründet sei. Zwanzig Schritte von der Kapelle sprudelt dann die Quelle aus einer Bergwand und vor ihr befindet sich noch ein Stein, der die Wunderkraft haben soll, daß, wenn ein heiratsfähiges Mädchen, das vordem in der Kapelle gebetet hat, auf ihn beim Wasserschöpfen tritt, es bestimmt einen Mann bekommt.

277. Das schwarze Tuch am Geisenhübel.

Am Geisenhübel zwischen Guidesweiler und Oberthal sahen die Leute, die um Mitternacht dort vorübergingen, oft einen Ballen schwarzes Tuch liegen. Ein Schuhmacher aus Oberthal, der mit losen Worten den Zauber auf die Probe forderte, faßte sich ein Herz und wollte das Tuch aufheben und nach Hause tragen. Der Ballen war aber so schwer, daß der Schuhmacher sich überhob, ohne ihn von der Stelle zu bringen und an den Folgen starb. Seither hat man das Tuch nie mehr gesehen.

278. Die römische Töpferei.

Auf dem Gewanne Erdpfuhl des Guidesweiler Bannes, die im Volksmund auch Mehlpfuhl genannt wird, haben Bauersleute beim Pflügen im Laufe der Zeit viele Tonscherben und Quadersteine von einem ehemaligen Bau zutage gebracht. Der Volksmund will wissen, daß hier in römischer Zeit eine Töpferwerkstätte gestanden habe. — Auch das nahe Tholey will man in seinen Anfängen mit einer großen römischen Keramischen- oder Ziegelindustrie in Zusammenhang bringen.

279. Die Wildfrauhöhle.

Am südlichen Hange des Leistberges, bei einer uralten Straße und nahe beim guten Brunnen von Guidesweiler, befindet sich eine Felsgrotte, die im Volksmund Wildfrauhöhle genannt wird. Darin lebte einst eine Waldfrau, die von Wurzeln, Beeren und wildem Honig lebte. Nach ihr ist die Höhle genannt. Noch jetzt geht im Walde ihr unholdes Wesen um und in der Zeit der Heidelbeerernte schüttet das „Wellfraiche" den beerensuchenden Kindern auf dem Heimweg tückisch die Früchte aus oder stiehlt sie. In den nahen Dörfern werden die unartigen Kinder durch die Drohung: „'s Wellfraiche kommt" und mit allerlei merkwürdigen Vorstellungen in Furcht versetzt.

280. Der Edelmannspfuhl bei Bliesen.

Beim Kampfrid, einem Wiesentale zwischen der Raßiermühle und der Göckelsmühle, befindet sich eine gefürchtete bruchige Stelle, die nach dem Volksmunde „drei Wiesbäume tief" sein soll und „Edelmannspfuhl" genannt wird. Die Sage erzählt, daß dort vor langer, langer Zeit ein Edelmann mit samt seinem Roß vom Schlamm in die Tiefe gezogen worden sei und darin den Tod gefunden habe. Roß und Reiter ruhen noch heute auf dem Grunde.

281. Die goldene Chaise im Mumrichsberg.

Im Mumrichsberg (Momrich) bei Theley und Gronig, einem langgestreckten Gebirgszug im Obertal, nahe der Bliesquelle, steht noch eine goldene Chaise, und zwar die des Rixius Varus, verborgen, die so nahe an der Oberfläche liegt, daß ein Hahn die Wagendeichsel freipicken kann. Gefunden wurde der Wagen aber bis jetzt nicht, obwohl die früheren Rötelgräber von Gronig Zeit genug hatten, den Fundort aufzusuchen. — Nach alter Volksüberlieferung wird der Steinwall auf dem Momrich als ein Werk der Riesen angesehen, die Berge versetzten und Felsblöcke von gewaltigem Ausmaße schleudern konnten.

282. Rixius Varus und der Momrich.

Rixius Varus lebte im dritten Jahrhundert nach Christus und war römischer Statthalter in Trier. Auf einer breit angelegten Heerstraße kam er oft nach dem Momrich, auf dem er ein Schloß hatte. Hier suchte er Erholung und jagte in unsern Wäldern. Von hier aus besichtigte er das große Heerlager bei dem nahen Tholey. Dabei vergaß er nicht, die Christen zu verfolgen, wie er es in Trier in blutigster Weise getan hatte. Wer den heidnischen Göttern nicht opferte, den ließ er zu Tode martern. Zur Strafe für seine Grausamkeit fand seine Seele keine Ruhe. Des Nachts irrt er am Momrich umher, läuft in Gestalt eines Jägers dem späten Wanderer über den Weg oder schwebt ihm als Lichtlein voran.

283. Die Varussage vom Schaumberg ob Tholey.

Rixius (Rictius) Varus, der christenfeindliche römische Statthalter in Trier, soll in Tholey mit dem Teufel eine Wette abgeschlossen haben. Er wollte mit einem Sechsgespann im Galopp den Hohlweg hinauf auf den Schaumberg fahren. Dabei sollte der Teufel ebenso geschwind den Weg pflastern, in dem er hinter dem Wagen wieder das gelegte Pflaster wegreiße und vorne erneut vorlege. Die Fahrt begann, die Rosse griffen aus, daß die Funken stoben. Doch der Teufel machte seine Arbeit noch besser. Hinten riß er das Pflaster auf und vorne war stets ein Stück für Pferde und Wagen fertig. Varus verlor die Wette und war nun dem Höllenfürsten mit Leib und Seele verfallen. Er wollte entfliehen, aber der Teufel bannte ihn an den Ort seiner verfluchten Tat.

Der mit den Kostbarkeiten beladene goldene Wagen ist im Wareswalde (Varuswald) nicht allzutief begraben. Die Deichsel ist nach oben gerichtet und der Erdoberfläche so nahe, daß ein Hahn sie wieder bloßscharren könnte, wenn er den Ort wüßte. Doch bis auf den heutigen Tag hat weder ein Mensch noch ein Tier hier die Stelle gefunden, so oft auch noch nach der verschütteten römischen, einst bedeutsamen Stadt im Wareswalde und vielfach mit Erfolg gegraben und gesucht wurde. Ein Pferd ohne Kopf läuft dazu auch geisternd über sie hin. — Aus „Wareswald" ist mit Bezug auf die Sage von der Stadt des Varus, volkstümlich „Varuswald" entstanden und selbst amtlich übernommen worden. Eine große Römerstraße (vgl. Nr. 282) genannt der „Rennweg" (Renstraße = Grenzweg) führt von Trier kommend über Wareswald-Tholey an Neunkirchen vorbei gegen Kloster Wörschweiler. — Im Stennweiler Wald bei alten Bauresten gabelt sie sich, und ein Arm biegt über Stennweiler nach dem Saartal unter dem Namen „Grünlingsstraße" ab. —

284. Rixius Varus als wilder Jäger vom Schaumberg und Varuswald.

In der Umgegend von Tholey, wo auch in den heiligen Nächten die „Proforschjagd" wieder über den Schaumberg und durch den Varuswald zieht und die Geister der alten Schaumburg dabei auch mit am Jagen sind, reitet als ihr Anführer auch sonst in solch stürmischen Nächten, umgeben von rasenden Hunden, Rixius Varus als wilder Jäger einher.

Die in früheren Jahren aus Theley und Umgebung nach den Arbeitsstätten des saarländischen Kohlengebiets wandernden Bergleute hörten oft, wenn sie durch den Varuswald gingen, Rixius Varus mit seinem Gefolge durch die Lüfte ziehen. Einigen beherzten Bergknappen ist er auf ihren Ruf: „Rixius Varus komm!"

auch erschienen. Er zeigte sich dann in wilder Gestalt, mit großen feurigen Augen und drohte die Frevler zu strafen.

Alte Leute wissen zu erzählen, daß er auch als großer Hund die Wälder unsicher mache. Ist er doch oft Leuten, die des Nachts die Wiesen wässerten, als solcher mit feurigen Augen erschienen. Und auch so mancher Jäger traf ihn, wenn er in sternheller Nacht einem dreisten Fuchse auflauerte. So erzählte ein vor noch nicht so langer Zeit (um 1925) verstorbener alter Bewohner des Schaumberges, daß er einmal des Nachts auf einem Pürschgange einen großen Hund antraf, der bis wenige Schritte vor ihm stehen blieb. Obwohl er dreimal nach ihm schoß und ihn sicher getroffen hatte, blieb der Hund ruhig stehen und klotzte ihn mit seinen feurigen Augen an, so daß der Jäger beängstigt nach Hause schlich.

285. Der Geist in der „warmen Stube" des Schaumbergs.

Der Volksmund nennt die Stelle, wo der Schaumberg am Ausgang von Tholey in der Richtung nach Lebach zurücktritt, „Warme Stube". Das ist also ein am südlichen Abhang dieses saarländischen so hohen Sagen- und Hauptberges gelegener Distrikt, der wegen seiner geschützten, natürlichen Lage besonders zur Winterzeit von Wild mit Vorliebe aufgesucht wird. — Dort aber geht allnächtlich ein Geist um. Und dem Wanderer, der um die Geisterstunde hier vorbeikommt, wird es um Kopf und Busen heiß, muß er doch zu seinem Schrecken wahrnehmen, daß die Erscheinung neben ihm hergeht. Nach kurzem Gebet des Wanderers verschwindet sie aber wieder. — Einen nach oben zu spitz verlaufenden Stein an dem oberen Abhang des Schaumberg's hält das Volk für einen keltischen Opferaltar.

286. Die Geistermesse und die nächtliche Beratung wegen Wiedererstehung der Abtei Tholey, wie auch ihr noch verborgener Klosterschatz.

In den Stürmen der großen französischen Revolution fand auch das uralte Kloster der Benediktiner zu Tholey und wohl mit das älteste im Saargebiet überhaupt, ein gewaltsames Ende. Beginnt doch seine Geschichte schon im Jahre 634 mit der ältesten, erhaltenen Urkunde des Mittelalters, die sich auf das Rheinland bezieht, ja die Sage bringt es sogar in seiner Entstehung mit König Dagobert von Austrasien in Bezug oder setzt es auch mit der Legende vom heiligen Wendalinus in Verbindung. Wird es je wieder zu neuem Leben erwachen? Alte Leute erzählen: „Bei Beginn der Geisterstunde erheben sich die in und an der Kirche ruhenden Äbte und Mönche, der Klosterpflicht gemäß, die Mitternachtsmesse zu singen. Geisterhaft huschen die weißen Gestalten zum Chore. Man hört das Murmeln betender und singender Männerstimmen. Nach der Messe finden sie sich zusammen in der ehemaligen Abtswohnung, dem heutigen Pfarrhause, um Klage zu führen und Beratung zu halten über die Zerstörung und den Wiederaufbau der in Trümmern liegenden einstigen Klosterherrlichkeit." Es geht aber auch noch ein niemals verstummtes Raunen um das Land am Schaumberg dahin, als ruhten irgendwo noch große, ungehobene Klosterschätze, die man, als die Wogen der französischen Revolution auch über diese uralte Abtei vernichtend

34. Die Benediktinerabtei Tholey vor dem Schaumberg

zusammenschlugen, doch noch zeitig geborgen habe. Und am Schaumberg glimmt noch heute die Erinnerung an einen altersschwachen Mönch, der das Grauen der Vernichtung seines Klosters überlebt habe, nicht geflohen sei und mutvoll seine Klosterstätte umsorgt und zu retten gesucht habe, was immer noch anging. Der aber habe auch stets den Wiederaufbau der Abtei mit aller Sicherheit prophezeit und dabei versichert, daß die hierzu nötigen Mittel noch vorhanden seien. Wo aber und in welcher Form, das wollte und durfte er erst verraten, wenn die Befreiungsstunde von der damaligen Willkür und Kirchenfeindlichkeit das Mundsiegel lösen sollte. Seine Wünsche und sein Hoffen sollten indessen ehedem nicht so schnell zur Wirklichkeit werden und unerfüllt bleiben und dieser letzte der alten Tholeyer Söhne des hl. Benedikt nahm sein Wissen mit in das Grab und vermachte sein Erbe der stummen Erde. — Und so umrankte denn die Sage die Gestalt des greisen Priesters und seine mysteriöse Botschaft, und bis zur Stunde weht eben dies Raunen davon durch Tholey's stille Gassen von dem vergrabenen Klosterschatz, der irgendwo im verschwiegenen Winkel schlummere, um auf den Zeitpunkt zu warten, bis ihn ein glücklicher Zufall erwecke.

287. Die gespenstigen Benediktinermönche.

Auf dem Schaumberg und im ganzen Schaumberggebiet gehen des nachts zwei gespenstige Benediktinerpater der alten Mauritiusabtei, die viele Tholeyer schon gesehen haben wollen. Es ist noch nicht lange her, da kam ein Bäckerbursche aus Tholey von Sotzweiler her des nachts nach Haus. Plötzlich sah er, wie ihn auf der Straße die beiden Benediktiner verfolgten. Voll Angst lief er schweißgebadet Tholey zu, aber erst als er den Ort erreicht hatte, verließen ihn die gespenstigen Verfolger.

288. Geist eines Offiziers wartet auf den Ruf seines Kaisers.

An der Landstraße von Tholey nach Lebach im Tal der Theel, steht zwischen Sotzweiler und Thalexweiler auf der linken Seite unter einer alten Eiche ein fast verwittertes, steinernes Kreuz. Hierunter ruht ein französischer Offizier, der auf dem fluchtartigen Rückzuge Napoleons I. aus dem winterlichen Osten dort durch das Bajonett eines russischen Soldaten getötet wurde. Allnächtlich soll der Geist des Gefallenen bei dem Kreuz sitzen und auf den Ruf seines Kaisers warten. Auch beim Hoxberg bei Lebach im Gelände „Nauland" soll im Walde ein solcher Offizier begraben sein, der allnächtlich im Februar trauernd auf seinem Grabe sitzt und auch auf den Ruf des Kaisers wartet. Und das sind alles Reste der so besonders zahlreichen Napoleonssagen gerade dieser ganzen Saargegend, der der große Kaiser etwas für ihre Phantasie mitgegeben und hinterlassen hat. — Vor ihm in dieser neueren Zeit war es vor allem unser altes Regentenhaus Nassau, das eindringlich in der Sage nachwirkte und so im Volke haften blieb und aus der Ritterzeit Franz von Sickingen. Was dann später (an Persönlichkeiten) kam, hat so gut wie gar keine Spuren in den Sagen bisher hinterlassen.

289. Der Drei-Marienborn von Marpingen.

Als der 30-jährige Krieg mit seinen unbeschreiblichen Drangsalen und Barbareien gerade von Seiten der Schweden zu Ende gegangen war, hörten Bewohner des Dorfes Marpingen an einer bruchigen Wiese in der Nähe der Kirche oft ein feines Klingen und Singen. Andere Leute hatten an dieser Stelle dagegen ein seltsames Leuchten wahrgenommen. Man untersuchte darauf den Boden und hob aus dem Grunde eine hölzerne Madonnenfigur. Ob ein Marpinger Bürger sie in den Wirren des nicht endenwollenden Krieges hierher gebracht hatte oder rohe Landsknechte sie als ein ihnen wertloses Beutestück los sein wollten, wußte niemand. Die Stelle, wo man die Madonna fand, wurde trocken gelegt, eine Quelle gefaßt und für die Statue ein Holzhäuschen, ein Bildstock, errichtet.

Nun hob die Verehrung unserer lieben Frau von Marpingen an. Der Born mit seinem Heiligtum wurde eine liebgewordene Stätte für fromme Beter aus nah und fern. Er rieselt seitdem sein Heilwasser, das vom Volke mit Vertrauen geschöpft und genutzt wird. Im Volksmund aber wird der Brunnen auch Drei-Marienborn genannt. — Solche Marien-, Mai-, Kreuz-, Heiligen- oder Gutebrunnen sind zumeist verchristlichte, alte, heilige Heidenstätten. Hierzu gehören auch neben vielen andern, auch teils in diesen Sagen mit angeführten, der gute Brunnen bei Leydorff's Mühle zu Ottweiler, daselbst auch der Leimersbrunnen und der Kreuzbrunnen auf dem Banne von Wiebelskirchen, der Göttelborn bei Merchweiler, der Maibrunnen bei der Grube Itzenplitz im Rußhüttertal des Bannes Schiffweiler, der Maiborn oder Marienborn von Wilzenberg Birkenfeld zu, der „gute Buren" bei Börfirk im Hochwald, der Maiborn zwischen Lisdorf und Wadgassen, der Heiligenborn bei Bous, der „Heljebrunnen" von St. Ingbert, der Heiligenborn im Warndt und schließlich auch wohl der so sagenumwobene Hylborn bei Beckingen. Vielfach ließen sich dann auch in christlicher Zeit Einsiedler an solchen Brunnenstätten nieder.

290. Der Geist vom Kreuzwies'chen.

Im Anfang des 18. Jahrhunderts war in einer Schlucht bei Alsweiler eine große Kalkgrube, die Eigentum von drei Brüdern aus Alsweiler war. Die Arbeiter in der Kalkgrube waren meist aus dem Orte selbst und aus umliegenden Dörfern.

„En der domolig Zeit wore do zwe Briider am schaffe aus Alsweller, die han no Thole (Tholey) zu gewohnt. Un die zwei tranke a schun eemol ene üwer de Durschd. Domols bekam selles Kalkwerk an naie Besitzer aus Thole, der hott ach in Thole e Wirtschaft gehatt. On am Samschdag, bei der Lohnauszahlung, muschte se off Thole de Lohn holle gen. On dann honn se de halwe Lohn dort geloß un versoff. Itze, wie die zwen häm senn, on an's Kreizwies'che kumme, do springt jo e Geischd dort uff eemol eraus un dene zwene off de Bockel un lißt sich draan bis an die Hochsteinkaul owerhalb Alsweller, wo se in Schweiß gebad un miid wie e Hond zum Umfälle ankumme sin. On der Soff war aus'm Kopp enaus, on wie et off emol leichter wor es, un sie sich gedraut hann, erum ze luhn, do wor der Geischd wie vom Erdborem verschwonn. Dat wor der Geischd vom Kreuzwiesche."

291. Die Namborner Schweinchen.

Ein Mann aus Namborn, der oft zu später Abendstunde von Guidesweiler nach Namborn ging, erlebte es öfter, daß ihn auf dem Heimwege einige kleine Schweinchen bis in's Dorf begleiteten. Grunzend liefen die drolligen Tierchen in der Dunkelheit neben ihm her, aber unheimlich war es ihm dennoch. In der Nähe des Namborner Friedhofes verließen sie ihn, und wenn er sich dort nach seinen nächtlichen Begleitern umschaute, sah er sie in dem Friedhofstor verschwinden. Es gab auch noch andere Leute, die erzählten, daß auch sie die seltsamen Schweinchen schon gesehen hätten.

292. Die Toteneiche.

Oberhalb des Dorfes Walhausen steht die Toteneiche. Das ist ein prächtig entwickelter Baumriese, noch wirkungsvoller wie sonst, weil er konkurrenzlos auf freiem Felde an einem Weg steht. Dort trug man die Toten vorbei auf dem Wege zum Kirchhof in Wolfersweiler. Einst wurde ein Mann beerdigt, der sehr an seiner Heimat gehangen hatte. Bei der Toteneiche wurde der Sarg geöffnet und der Tote durfte noch einmal nach seinem Dorfe hinabblicken.

293. Die Glocke Karls des Großen zu Wolfersweiler.

Es wird erzählt, daß zur Zeit Karls des Großen in der Nähe von Wolfersweiler ein Königshof gelegen habe. Die heutigen Flurnamen Althop und Hofland sollen noch darauf hindeuten, ähnlich wie in Völklingen der Name Hofstatt auf die Lage eines ebensolchen. Zu jener Zeit stand auf dem Hügel, der heute die „Fels" genannt wird und die evangelische Kirche mit ihrem altehrwürdigen Turme trägt, eine Klosterkapelle. Damit die Mönche die Christen zu Gottesdienst und Gebet zusammenrufen konnten, hatte Karl der Große der Kapelle eine Glocke geschenkt. Dies schließen wir aus der lateinischen Inschrift der großen Glocke oben im Turme. Ins Deutsche übersetzt lautet sie ungefähr: Ich, der einst durch die fromme Freigebigkeit Karls des Großen gegossen, wurde auf Anordnung der Wolfersweiler Kirchspiele im Mai des Jahres 1826 umgegossen.

294. Förster Koetz als wilder Jäger vom Buchwald im Amte Nohfelden und das Irrkraut im Walde von Wolfersweiler.

Im Buchwald, und zwar in dem Wolfersweiler zunächst liegenden Teile, spukt „der Förster Koetz". — Der war in Lebzeiten der Forstmann Johann Martin Koetz aus Wolfersweiler in Diensten des Herzogs von Pfalz-Zweibrücken um die Mitte des 18. Jahrhunderts und sein Revier war der Buchwald, wie er von den Gemeinden Nohfelden, Wolfersweiler, Mosberg-Richweiler und Walhausen umgeben war.

Hier herrschte er unumschränkt und führte ein scharfes und rücksichtsloses Regiment gegen Holz- und Wildfrevel und Viehtrift, um sich so äußerst unbeliebt bei den zweibrücklichen Untertanen des Herzogs zu machen, wenn er auch dessen Interessen bestens vertrat. Er soll aber auch nach der Volksüberlieferung der Gemeinde Wolfersweiler zu Unrecht den halben Buchwald zu Gunsten des Staates und des Amtes Nohfelden abgeschworen haben. Und wenn es auch wohl nicht so schlimm war, so muß doch etwas an der Geschichte gewesen sein, denn 1763 rebellierten auch die Bauern von Walhausen gegen einen ähnlichen Frevel, als sie merkten, daß auf einmal ihre Grenzsteine von der Banngrenze im Wald an den Waldesrand verlegt waren, und sie taten dies mit einigem Erfolg, den sie der Regierung gegenüber zu verzeichnen hatten. — Zur Strafe für das alles fand Förster Koetz keine Ruhe im Grabe und ist verurteilt, das betreffende Stück Buchwald, das er den Landgemeinden entfremdet hat, jede Nacht zu umgehen, eine feurige Kette schleppend, von zwei Dackeln begleitet. Einen schweren Grenzstein muß er auch tragen und schauerlich hallt sein grausiger Ruf: „Hui, hui" durch die nächtliche Stille. Wenn er einem Menschen begegnet, wirft er mit glühenden Kohlen nach ihm. Aber niemals hat er noch einen getroffen. Trotzdem wird von den Bewohnern der „Klötzewald", wie er auch nach ihm genannt wird, zu Nachtzeit gemieden. Auch soll er bei Sturmwind mit seinem Gefolge durch den Wald als „wilder Jäger" jagen, und so vertritt er überall um die Nordgrenzen des Saarlandes herum den eigentlichen wilden Jäger dieses Gebiets, den Maltitz, wenn auch nicht mehr auf Altnassausaarbrückischem Gebiet. Kinder aber warnt man noch heute mit dem Ausspruch: „Wart der Koetz holt dich" und auch alte Holzdiebe mit dem Zuruf: „Paßt auf, daß euch der Koetz nicht holt, der springt euch auf den Buckel!" Und so hat er ganz ähnliche Bestimmung bekommen, wie der Oberförster Entel und der Förster Barthel um Finstingen und die alt-nassau-saarbrückische Grafschaft Saarwerden herum, in die Maltitz seinerseits auch nicht vorgestoßen ist. (Vgl. Nr. 16 und 32.) — Aber keiner dieser Forstgestalten oder ähnlicher Geister, so auch nicht der alte Wengerad um Landsweiler (vgl. Nr. 328), erreicht den hohen Oberjägermeister auch nur einigermaßen an Bedeutung. Er ist so nur mit dem Rodensteiner im Odenwald und allenfalls noch mit dem Lindenschmidt im Elsaß und dem Obentraut im Hunsrück einigermaßen zu vergleichen, übertrifft aber selbst sie noch in der Ausdehnung und festen Beherrschung seines Gebiets, in dem er als Herr der wilden Jagd nächtens zieht.

Am Wege von Wolfersweiler nach Mosberg wächst übrigens auch die „Irrwurz" oder das „Irrkraut". Wer darauf tritt, verirrt sich. Das soll besonders in der Nacht nach den Wolfersweiler Viehmärkten passieren.

295. Seigehannesse Tisch.

Auf dem Dreiberge, einer Anhöhe des Friedeberges bei Hirstein, liegt, von einer dichten Schlehenhecke umgeben, ein großer mit Moos bewachsener Steinwürfel. Der Flurteil, wo er ruht, heißt Pennel. Der Volksmund nennt den Stein „Seigehannesse Tisch", weil nach einer Sage hier vor vielen Jahren ein Schweinehirt von Hirstein, Johannes mit Namen, die Säue des Dorfes hütete und den Stein als Tisch benutzte, wenn er sein Essen verzehrte.

Wenn dieser Felsblock aber es in Hirstein Mittag läuten hört, so sagen die Hirsteiner, drehe er sich dreimal um, und wer es sehen will, mag hinaufgehen.

296. Franze Küppche.

Eine Anhöhe des Metzelberges bei Furschweiler nennt der Volksmund Franze Küppche.

Es wird erzählt, daß der Ritter Franz von Sickingen, als er im Jahre 1522 mit einem gewaltigen Heere von der Pfalz aus und von seinen Burgen Landstuhl und Ebernburg gegen den Kurfürsten von Trier aus dem rheinischen Hause Greiffenklau zog, von dieser Höhe aus das befestigte, damals Kurtrierische Städtchen St. Wendel mit seinen Geschützen beschossen habe. — Von diesem Ereignis her soll die Höhe ähnlich wie eine ob der Landeshauptstadt Trier ihren Namen haben, die auch Franzensknöppchen heißt.

297. Der Reitscheider Mittag.

In jener Zeit, als die Dörfer Furschweiler, Gehweiler, Roschberg und Reitscheid noch zur Pfarrei St. Wendel gehörten, zogen die Gläubigen am Sonntagmorgen zu Fuß in geschlossenem Zuge durch Roschberg über Urweiler zum Dom des heiligen Wendelinus. Vorne ging die Dorfjugend, dann kamen die Frauen und am Schluß die Männer. Ebenso geordnet sollte der Zug auf dem Heimwege sein. Aber die Frauen hatten ihre liebe Not, alle Männer bei der Herde zu halten. Weil denn überall dort, wo der Herrgott eine Kirche gebaut hatte, der Teufel ein Wirtshaus daneben setzte, so entwichen viele Mannsleute zum Verdruß ihrer fromm im Zuge gehenden Frauen in die am Wege stehenden Gasthäuser. Hier blieben sie hängen, becherten tüchtig und oft erst kamen sie „am Abend zum Mittagessen" in ihre Dörfer zurück. Besonders aber die Männer von Reitscheid sollen sich hierin hervorgetan haben.

Von dieser Vätergewohnheit, geht noch ein schwacher Nachhall im Volke um, das denjenigen, der seinen sonntäglichen Frühschoppen über die Mittagsstunde ausdehnt, scherzend foppt mit der Frage: „Machscht du Räätscheder Medaag?"

298. Weiselberg-Sagen.

In uralter Zeit stand auf dem Weiselberg bei Oberkirchen ein Schloß, in dem ein gerechter und gütiger König wohnte. Ein böser Nachbar zog gegen ihn ins Feld, erstieg in der Nacht die Burg und ermordete ihn auf seinem Lager. Ob der ruchlosen Tat verwandelte sich das Bett in einen Felsen, der den Berg krönt. Das Schloß aber stürzte zusammen, rings um den Berg liegen seine Trümmer. Nur das „Königsbett" steht noch oben und kündet den Frevel weit in die Lande.

Zur Erklärung des Namens erzählt eine andere Sage, in dem Berge wohne eine verwünschte Königin in Gestalt eines Hummelweisels. Wer sie erlöse, erhalte von ihr die Schätze des Berges.

Eine dritte Sage noch: Im Innern des Berges steht ein aus Gold und Edelstein erbautes Schloß, in dem ein König wohnt, der ab und zu einmal durch den Königskeller an die Oberfläche kommt. Wer einen Stollen durch das Felsenmassiv bis nach Oberkirchen treibt, wird das Schloß und seine Schätze finden.

Auch der wilde Jäger, der wegen schwerer Untat zu unstetem Umherwandeln verdammt und also auch hier wieder mit dem „ewigen Juden" zusammengeworfen wird, zieht feurig um den Weiselberg. Roter Schein loht dann vom Gipfel. Talwärts bewegt sich das Licht und schreckt den nächtlichen Wanderer. — Ein wildes Steintrümmerfeld umrahmt diesen fast 600 Meter hohen Berg des Saarlandes, dessen höchste Erhebung indessen doch der nahe Trautzberg mit seinen 604 Metern zwischen Freisen und Schwarzerden ist. Im „Steinernen Meer" am Südhang des Weiselbergs erreicht sein umgebender Steinwall seinen Höhepunkt an Wucht und Romantik.

299. Die Geister des Weiselbergs.

Unter dem Blätterdach der knorrigen Buchen des Weiselberges soll gerade mitunter auch der feurige Jäger, welcher, da er den Leib des Herrn geschändet, ruhelos von Ort zu Ort irrt, sein zweifelhaftes Dasein führen und manche holzsuchende Frau durch sein plötzliches Erscheinen und seine stummen Gebärden erschreckt haben. In die mächtigen, sechskantigen Steinsäulen, die auf dem Berge herumliegen, sollen von unsichtbarer Hand geheimnisvolle Zeichen, meist Kreuze, eingeritzt sein. Ein seltsames Licht, das von der Höhe des Berges hinab nach den sumpfigen Wiesen zu geistert, hat schon manchen Wanderer erschreckt.

300. Noes Grab bewahrt Schwarzerden vor der Pest.

In einer Beschreibung des Amtes Lichtenberg aus der Zeit um 1585 heißt es:

„Ferner findet man disseit des wiesengrundts, gleich neben dem vorberurten heidnischen Stein (dem Mithrasheiligtum) über hinter dem Dorf in den gertten ein großen ronden ufgeworfenen graben, gleich einem wahl, darvon berichten die Einwohner zu Schwartzerden, die es auch von ihren Vorfahren also gehoret haben, das ein heidnischer Tempell doselbst gestanden sey, in welchem Noe in einem eisern sarck begraben liege, diesen Noe haben sie zur Zeit der Peste angebetten und im geopfert, welcher sie auch erhoret und sic also bewahret, das, wangleich dieselbe Seuche allenthalben im gantzen Lande umher sehr gewuetet, hat sie doch ihnen nichts schaden können, und sei aus ihrem Dorf niemandts gestorben, aber seithero, daß der Tempel zerbrochen und sie ihn den Noe nicht mehr angebettet, haben sie gleich den andern, ja wohl ehr, herhalten mußen."

301. Die Felsengrotten der drei klugen Frauen.

An der alten Trierer Heerstraße, die zwischen St. Wendel und Baltersweiler von der Landstraße abzweigt und über die Höhe des Grauen Dorn führt, springt seitwärts in der Nähe des Dorfes Mauschbach ein einzelner großer Sandsteinfelsen in das Wiesental vor. Dieser Felsen birgt zwei durch eine Scheidewand getrennte künstliche Grotten, die teilweise verschüttet und eingebrochen sind und so ehedem geräumiger waren. Die Bewohner der Dörfer Mauschbach, Hofeld und Baltersweiler nennen diese Grotten Dachslöcher. Die Grotten sollen in alter Zeit von drei klugen Frauen bewohnt worden sein. Noch jetzt zeigt sich von Zeit zu Zeit an der Stelle eine weiße Jungfrau und alte Leute erzählen den Kindern, daß dort das „wild Fraiche" umgeht. —

302. Der Saunabel von Leitersweiler.

Seit altersher hat Leitersweiler, berühmt sonst auch durch seine herrlichen Buchenriesen, die noch unverletzt als Waldbestand hier einmal vereint sind, sein Spezialgericht, dessen die Bewohner der umliegenden Orte besonders gern gedenken, wenn Leitersweiler seine Kirmes feiert. Das ist an Pfingsten. Dann strömt aus jedem Hause der köstliche Duft von hohen Stößen frischgebackener Waffeln, mit denen die Hausfrauen ihr Dorf zu einer gewissen Berühmtheit gebracht haben.

35. Die Leitersweiler Buchen

Man neidet ihnen diesen Ruhm, denn es wird aus scheinbarer Mißgunst da und dort erzählt, die Leitersweiler Hausfrauen würden ihre Waffeleisen mit einem Saunabel einfetten, der schon seit undenklichen Zeiten an der Dorfkirche hinge. Am Tage vor der Kirmes und am Kirmestage selbst wandere der „Saunawel" von Haus zu Haus. Diejenige, die ihn zuletzt benütze, würde ihn wieder an die Dorfkirche zurückbringen. Wer es aber nicht glauben wolle, der solle nur an diese gehen, dort würde er ihn aufgehängt finden. Dieses seltsame Gerücht wirkte Wunder, denn die Kirmes wurde immer stärker besucht und die Waffeln, in welche die Hausfrauen auch noch besondere Geheimnisse hineinbacken, werden von den Kirmesgästen mit Vorliebe und Behagen genossen.

Die Sache mit den Waffeln hat den Leitersweilern natürlich einen Spottnamen angehängt, denn man nennt sie die „Waffelpäns". Doch soll man sich hüten das laut zu sagen, wenn einer aus Leitersweiler in der Nähe ist.

303. Fürstengräber um St. Wendel.

Bei der „Dicken Eiche" auf dem Bosenberge erhebt sich ein kuppelartiger Hügel, über den die Natur ihren Schleier ausgebreitet hat. Im Volksmund geht die Sage, daß dort in grauer Vorzeit ein edler Fürst seine letzte Ruhestätte gefunden habe. Mit goldenem Kriegsschmuck und Schätzen, mit Weinkrug und Waffen, Prachtwagen und Pferden, habe sein Volk ihn beigesetzt. Zur Mitternachtsstunde, im Dunkel der Nacht, trugen seine Krieger ihn zu dieser Grabstätte am Berge und sangen ihm ihre Klagelieder.

Aus dem dunkeln Waldesdickicht und träumenden Waldweben steigt in den Nächten der Geist dieses Herrschers auf, dessen Leib hier im ewigen Schlaf ruht.

Aber auch im Walde Kaiserborn unweit der Rainstraße, an der Banngrenze der Gemeinden Urexweiler und Marpingen, soll in uralter Zeit ein Volk seinem toten Führer ein vornehmes Grab mit Pferd und Streitwagen bereitet haben. Eine Sage berichtet, daß dort wertvolle Schätze verborgen liegen. Auch soll dort einst ein Schloß gestanden haben. Im Volksmund wird die Stelle „Käserschborre" (Kaiserborn) genannt.

304. St. Wendel als Hirt.

Der hl. Wendel, ein schottischer Königssohn, hatte sich in einer Wildnis des Westerreichs (Westrichs) auf einen Hügel ein Hüttlein aus Baumzweigen erbaut, in dem stimmungsvollen Tälchen, wo jetzt St. Wendels Kapelle steht.

Eines Tages kam ihm die Begierde nach Trier zu den vielfältigen Heiligtümern zu wallfahren. Als er dort bei einem Edelmann Brot um Gottes Willen heischte, fuhr in dieser an, warum er als starker Geselle bettele und nicht arbeite, und trug ihm bei sich den Dienst eines Hirten an.

Nachdem St. Wendel nacheinander seine Säue, Kühe und zuletzt Schafe gehütet hatte, und Gott die Herden segnete und fruchtbarer denn je machte, genoß er immer mehr das Vertrauen seines Junkers, so daß ihn die Mitknechte beneideten und ihm zu schaden suchten. Vielmals trieb er nun seine Herde weit weg, aber er ist, wie groß auch die Entfernung war, allzeit abends bei-

36. St. Wendelinusbrunnen von 1755

zeiten durch Gottes Schickung nach Haus gekommen.
— Oft dachte er an seine geliebte Wildnis, seinen Wald
im Westrich, und als er das eines Tages mit besonderer
Innigkeit wiederholte, ward er samt seinen Schafen
durch die Luft gehoben und in seiner Einöde nieder-
gesetzt, um am Abend auf eben diesem Wege nach Trier
zurückzukehren. Und das wiederholte sich von da ab

täglich. — Dem Ort aber fehlte es an Wasser, und als er in Gottvertrauen seinen Stab in die Erde stieß, kam St. Wendels Born hervor, der noch heute am Montag der Kreuzwoche in feierlichem Umgang von St. Wendel besucht wird und allerlei Unheil von Menschen und Tieren abwendet. Gleich daneben, wo jetzt die Kapelle steht, steckte der Heilige seinen Stab wieder in die Erde und St. Wendels Baum begann zu grünen, als eine hohe Hainbuche, die bis in unsere Zeiten hinein stand. Einst fuhr sein Junker in Geschäften nach Straßburg, und auf dem Heimritt kam er durch diese Wildnis, wo er seinen Hirten mit der Herde zu seinem Erstaunen und Zorn antraf. — Er ergrimmte besonders, weil er am Abend einen Hammel für eingeladene Gäste zu schlachten willens war, und fuhr ihn an: „Du loser Wendel, bist du geckig oder gar rasend, daß du so weit meine Schafe treibst? Hat es denn des Futters nicht genugsam um Trier, daß du genötigt, in diese weite Wildnis zu fahren?" St. Wendel wollte ihn beruhigen und sagte, das Futter schlage hier den Tieren besser an und er solle nur ohne Sorge sein, er sei schon zeitig zurück. — Darauf ritt in rasendem Zorn und aller Eile der Junker den weiten Weg nach Trier, den er kaum zu Pferde ja bis zum Abend fast zurücklegen konnte, und als er in den Hof einritt, war St. Wendel schon da und hatte die Tiere bereits eingetrieben, ob dem sich der Herr höchlich entsetzte und ihn alsbald für einen heiligen Mann hielt, ihm zu Füßen fiel und Verzeihung erflehte. Und der bekehrte ihn alsbald von seinem gottlosen Wandel und kehrte in seine Wildnis zurück, wo er zahlreiche Wunder an Mensch und Vieh tat.

Als bald darauf der Abt von Tholey starb, vernahmen die Mönche eine Stimme: „Erwählet Wendelinum, den Schafhirten, zu Euerem Abt", und so geschah es.

Nach segensreichem Wirken starb er um das Jahr 617, und als er fühlte, daß sein Ende herannahe, ließ er den Bischof von Trier, den hl. Severin, bitten, ihn in sein Gebet einzuschließen, der aber kam eilends herbei, um ihm das hl. Sakrament zu reichen. Und alsbald entstiegen zwei Engel dem Himmel, breiteten ein weisses Tuch über das Bett des Kranken und setzten drei schöne Kronen darauf und knieten, während der Kommunion demütig nieder, um dann zum Himmel aufzufahren. Jetzt erst bekannte St. Wendel dem Bischof seine königliche Abkunft und starb, aber die Wunder hörten nicht auf an seinem Grabe. Und seinem Leben entsprechend wurde St. Wendel der besondere Beschützer von Hirten und Herden.

305. St. Wendels Begräbnis und die Gründung der Stadt.

Nachdem der hl. Wendelinus vor dem Hochaltar der Klosterkirche zu Tholey beigesetzt war, fand man am folgenden Tage das Grab geöffnet und den Sarg auf dem Boden der Kirche stehen. Diese Erscheinung wiederholte sich, nachdem der Heilige wieder bestattet worden, noch zweimal. Daraus erkannte man, daß Wendelinus an einem andern Ort begraben sein wollte. Daher setzte man den Sarg auf einen mit zwei jungen Ochsen bespannten Wagen, und zwei Engel führten das Gespann nach Wendelinus Klause. Hier blieben die Tiere stehen und konnten selbst mit Gewalt nicht weiter getrieben werden. So wurde der Heilige an seinem Lieblingsort begraben. —

Als sich die Mirakel an seinem Grabe mehrten, wurde ein Gotteshaus über ihm gebaut, und um es herum zuerst Hütten für die vielen Pilger errichtet, denen sich weitere Wohnungen hinzugesellten, so daß St. Wendel entstand, das 1327 der Bischof von Trier dem Grafen von Saarbrücken abkaufte und eine Stadt daraus machte, in deren Mitte dem Heiligen zu Ehren er eine überaus schöne Kirche entstehen ließ — den Wendelsdom.

306. Die beiden gebannten Kirchendiebe.

„Es waren einsmals zwen dyeb, die kamen in sant Wendel Kirchen und stalen ein grosz gut vn kamen dar mit aus der stat vnd sy gyengen zwen tag vnd zwuo naecht um die stat in dem wald hin vnd her vnd kvndent nit dar von kômen und man ergriff sy mit dem gutt vnd man fyeng sy da mit vnd hyeng sy an einen galgen also rach gott seinen lieben diener sant Wendel wann er ist seyn grozer Notthelfer."

307. Der erblindete Anführer.

„Es war einsmal ein Herr, der nam eyn Volk an sich / vnd kam bey der nacht zu Sant Wendel in den graben vnd wollt die stat erstigen han vn sy beroupt haben / tzu hand verhengt unser herr Jhesus cristus durch seyen lieben diener sant Wendel, das er erblindet /. Da erschrack er gar übel vnd ruffte den liebe herrn Sant Wendel an, in seinem herczen mit großer andacht und verheyß im eyn ewige gilt (Opfer) tzu geben vnd gelobet im er wolt es werlichen halten, dz er wider gesehent wurd vnd er wolt nymmer mer wider seyn stat thun /! Da erhort in gott durch Sant Wendel willen vnd er wurd wider sehent / da ward er gar froh vnd dancket gott vnd sant Wendel seyner genaden und reyt wider von danne."

308. St. Wendel löscht den Brand des Schlosses von Saarbrücken.

Anno 1566 stand das schöne Schloß von Saarbrücken in hellen Flammen, die unauslöschlich schienen. Der damals noch katholische Graf von Saarbrücken nahm Zuflucht zu des Landes Nothelfer, St. Wendel, und versprach seiner Kirche einen silbernen, wohl vergoldeten Kelch und jährlich ein Lamm als Opfer, wenn er das Schloß retten wolle. Und alsbald erlosch nach seinem Gelübde das Feuer von selbst, so daß weder Schloß noch Stadt Schaden erlitt. „Dieser Kelch ist noch zu St. Wendel, darin man täglich zelebrieret, und steht darin das Wunderwerk mit Buchstaben eingegraben, anstatt des Lammes entrichten aber die Herren Grafen von Nassau jährlich einen halben Gulden."

309. Aus einem alten kurpfälzischen Reisetagebuch von 1526.

Der Kurpfälzische Hofmedicus Dr. Johannes Lange schrieb im Jahre 1526 auf einer Reise nach Granada in sein Tagebuch: „Santh Wendel, 2 Meilen, VII. Aprilis. Eine ziemliche Stat des Bischoffs von Trier, wellicher alldo ist meinem G. Herrn entgegen geritten und seiner Gnaden vil errhe erzaiget. In dieser stat wircket gott durch Sanct Wendel viel wunderzaichen und ist alldo leybtlich begraben und sein erhobener

Körper uff den hohen Altar gestalt. Alldo ist einem Maurer ein stain, mer dan hundert Zentner swar (schwer) uffs haupt durch die Gnade Gottes an (ohne) allen Schaden, gefallen."

310. Die Gans auf dem Wendelsdom.

Wenn ein Wanderer nach St. Wendel kommt, wird sein Auge das wuchtige Dreigetürm des Wendeldoms als ein markantes Wahrzeichen schon von weitem bewundern und er wird dann seine Blicke weiterschweifen lassen und bei näherer Betrachtung auf dem Chorturm an der Nordseite den großen Vogel entdecken, der auf dessen Spitze zierend sitzt. Der Fremde wird dann meinen, der stelzbeinige Vogel sei wohl ein Storch oder gar ein Kranich, aber der angeredete Ortskundige wird den Irrenden belehren und ihm sagen, daß es nur eine Gans sein soll. Der Wanderer aber wird noch einmal emporschauen und sich, was selbst mancher Einheimische tut, den Kopf darüber zerbrechen, wie ausgerechnet eine Gans zu der Ehre kam, auf dem Chortürmchen zu sitzen... Wenn dann die Gans selbst reden könnte, würde sie es verständlich machen, daß sie die Martinsgans geheißen sein will und an die Zeit erinnert, da in St. Wendel der heilige Bischof Martin zusammen mit dem Ortspatron St. Wendelin verehrt wurde. Und weil der Martinstag (11. November) in eine nahrhafte Jahreszeit fiel, in die Zeit, in der auch die altgermanischen Schlachtfeste gehalten wurden, landete hier, wie allerorts so manche feiste Gans auf dem festlichen Tische der Altvordern. — Wenn es nun auch mit den Martinsgänsen eine so prosaische Bewandtnis hat, so umspinnt doch die fromme Legende diesen Vogel, wie ihn die weltliche dadurch so berühmt gemacht hat, daß er einst das römische Kapitol selbst rettete. Diese Legende aber erzählt, daß Gänse auch einmal durch ihr aufgeregtes Geschnatter den heiligen Martinus gar verraten haben, als er sich voll übergroßer Bescheidenheit in einem Stalle versteckt halten wollte, um nur ja seiner Wahl zum Bischof zu entgehen, auf welchen ungewöhnlichen Lärm man ihn hervorholte und eben zum Bischof von Tours machte. Und weil die Gans im Leben des heiligen Mannes doch eine große Rolle spielte, wurde sie der ihm geweihte Vogel. So war es dieser Umstand, der der Martinsgans den Aufstieg zum Chortürmchen des Wendelsdomes ermöglicht hat.

Noch ein anderes Tier, der Krebs an der gothischen Kanzel, zeigt der Wendelsdom zur Erinnerung an den Stifter, den in seiner Frühzeit hier tätigen Nicolaus Cusanus aus der alten Schiffer- und Weinbauernfamilie der angesehenen und reichen Krebs in Cues an der Mosel, der später so hoch als Kardinal, Fürstbischof von Brixen und namhafter Gelehrter und Philosoph in Rom stieg. Und den großen roten Krebs im Wappen zeigt auch der Giebel des Familienhauses am Moselufer von Cues und das Hospital dann dort auch selbst. Durch manche Stiftungen hat auch dieser Grenzländer aus unserer westlichen Heimat ein segensreiches Andenken hinterlassen, vor allem eben durch die Einrichtung des Hospitals Cues, welche Stiftung dieser kluge Kirchenfürst, ähnlich wie sein Würzburger Kollege später, der Fürstbischof Julius Echter von Mespelbrunn das dortige Juliusspital, lediglich vorab auf den Ertrag edler Weinberge aufbaute. So hat sie alle Fährnisse und Inflationen bisher wohl ein halbes Jahrtausend glücklich überstanden, ja war gerade geldlich am flüssigsten, wenn andere derartige auf Bargeld aufgebaute Einrichtungen jämmerlich zusammenbrachen.

311. Das Sickinger Loch.

Als der wagemutige und mächtige Reichsritter Franz von Sickingen, dem schon von ferne die deutsche Königskrone winkte, im Jahre 1522 gegen den Trierer Kurfürsten und Erzbischof Richard aus dem rheinischen Hause Greiffenklau zu Felde zog, erlag die kleine Feste St. Wendel nach tapferer Gegenwehr. Der Ritter zog dann mit seinem wohlausgerüsteten Heer von hier aus gegen Trier weiter und ließ seinen Sohn Johann mit einer kleinen Besatzung in St. Wendel zurück. Beim Rückzug des vor Trier, das er nicht einzunehmen vermochte, vom Kriegsunglück verfolgten Franz von Sickingen, sollte sein Sohn die Stadt St. Wendel halten und gegen die kurtrierischen Truppen verteidigen. Das Nutzlose einer längeren Verteidigung einsehend, entwich der junge Sickinger aber nachts mit der kleinen Besatzung durch eine in die Südmauer gelegte Bresche. Die vermutliche Stelle heißt heute noch

Sickinger Loch und liegt etwa in der Mitte der ehemaligen Kaiserstraße, wo auch noch Reststücke der alten Stadtmauer zu sehen sind. Am Tage nach der Flucht des jungen Sickingen soll ein Bote des Vaters in St. Wendel mit einem Schreiben eingetroffen sein, worin Franz seinem Sohne befohlen habe, den Kirchenschatz des hl. Wendelinus zu rauben, die Gebeine des Ortspatrons zu vernichten und die Stadt einzuäschern. Der Bote kam aber zu spät. — Und alles war wieder gerettet!

Von der Belagerung St. Wendels durch Franz von Sickingen zeugt heute noch eine eingemauerte Steinkugel an einem Strebepfeiler der Südostseite des Wendeldoms. Und das Sickinger Loch nennt man im Volksmund auch wohl Kaiserloch, weil der trotz allem in diesen Landen volkstümliche und auch so sagenhaft gebliebene Ritter Franz von Sickingen, das „Fränzchen", bei der Einnahme der Stadt den gefangenen Rittern des Trierer Kurfürsten hochmütig erklärt hatte, daß er einmal ihr Kurfürst oder gar noch mehr werden würde, aber auch, weil man ihn im Volke den geheimen Kaiser schon nannte. — Und als er totwund auf Landstuhl lag und die Veste vom Kurfürsten von der Pfalz, dem Landgrafen von Hessen und dem Trierer Kurfürsten endlich eingenommen war und diese Fürstenschar, die sich als notwendig ergab, einen einfachen Reichsritter zu besiegen, sich seinem Sterbebette näherte, beachtete er den Trierer Kurfürsten kaum, da er diesen schon als Reichsritter für seinesgleichen hielt und lüftete nur beim Herantreten des Pfälzer Kurfürsten, seines Lehensherrn, etwas das Barett, das er trug, der ihn denn auch trotz allem freundlich noch anredete und achtungsvoll begrüßte.

312. Die Springwurzel von St. Wendel.

Im 17. Jahrhundert grub man auch in St. Wendel noch häufiger nach der Springwurzel, die alle Schlösser öffnen konnte. So ging 1657 Hans Wilhelm Becker, den Meister Peter Schuhmacher an der oberen Pforte und seine Frau dazu angestiftet hatten, eine solche graben. Sie soll damals in St. Wendel nur in „Herrn Minchambs seel. Garten" und in dem Schloßgarten zu finden gewesen sein und mußte in der St. Jakobsnacht zwischen 11 und 12 Uhr ausgegraben werden. Hans Wilhelm Becker ging also in Begleitung des Sohnes vom Meister Schuhmacher vor Toresschluß vor die Stadt und wartete dort in der äußern Pforten- oder Wachtstube die Zeit ab. Als er dann an die bezeichnete Stelle kam, sah er einen großen schwarzen Mann auf der Erde liegen, ein zweiter ging in Begleitung von vier oder fünf Hunden auf und ab. Bald darauf sah er einen Hasen mit einem weißen Schwanz, der ganz langsam vor ihm herlief, so daß er ihn hätte greifen können. Er kehrte sich aber an alles nicht, ging seines Wegs und grub die Wurzel mittels eines halben Talers und eines Schillings aus, die ihm Meister Schuhmacher zu diesem Zwecke vorher gegeben hatte. — „Nach verübtem Werk hatt sich ein solch groß ungestummigeß gewindts erhoben, daß er (Becker) vermeinte, alle bäum sollten umb sie herumb außer boden fallen."

313. Das Schwanenhaus.

Neben dem alten Rathaus in St. Wendel liegt am Fruchtmarkt ein Haus, in dem die Metzgerei „Zum Schwan" war. Dieses Haus verdankt einer merkwürdigen Begebenheit seinen alten Namen. Gegen Ende des 30-jährigen Krieges brachte fremdes Kriegsvolk, wie es damals so häufig im Lande herumzog, einen 10- bis 12-jährigen Knaben mit in die Stadt. Als die Kriegsleute wieder abzogen, ließen sie den Knaben zurück. Er wußte aber nur seinen Vornamen Sebastian und seinen Geburtsort St. Job im Lütticher Land.

Sebastian erlernte das Handwerk eines Wollenwebers und Tuchscherers. 1662 heiratete er unter dem Namen Sebastian Job. Nach einigen Jahren aber faßte ihn doch das Verlangen, näheres über seinen Geburtsort und seine Abstammung zu erfahren. Er reiste ins Lütticher Land, fand seinen Herkunftsort und erfuhr dort, daß er der Sohn einer adeligen Familie de Syn (cygne = Schwan) war, die reiche Güter besessen hatte. Ein Bruder seiner Mutter soll sogar Kardinal und Fürstbischof von Mecheln gewesen sein. Der Ort war von Kriegshorden ausgeraubt und verbrannt worden. Seine Eltern waren umgekommen, und ihn hatten die Kriegsleute als fünf- oder sechsjähriges Kind mitgenommen. Sechs Jahre hatten sie den Knaben mit sich herumgeschleppt, in den Niederlanden, Lothringen und anderen Ländern. Die ganze Verkommenheit des rohen Kriegsvolkes hatte der arme Knabe mit ansehen und durchkosten müssen, bis ein gütiges Geschick ihn in St. Wendel von der Horde trennte und einem gesitteten Leben zuführte.

Er verkaufte nun in St. Job sein Erbe, konnte aber in den geldarmen Zeiten nicht den vollen Wert dafür bekommen. Nach St. Wendel zurückgekehrt, kaufte er von dem mitgebrachten Gelde ein Haus und Güter und verdeutschte seinen eigentlichen Namen de Syn (cygne) in Schwan. Er wurde ein vermögender Mann. Als seine Tochter heiratete, konnten die Hochzeitsgäste auf seine Rechnung drei Ohm Wein trinken. Sein Sohn, auch Sebastian geheißen, war Hochgerichtsschöffe und galt als der reichste Bürger der Stadt. Er kaufte 1701 das obengenannte Haus, das ein Freihaus war. Als solches war es von mancherlei Lasten verschont und besaß adelige Rechte, die andere Häuser nicht hatten. Mit seinem Enkel, der 1792 nach Blieskastel gezogen war, starb dort das Geschlecht aus.

314. Das Dukatenhäuschen.

Die Gülden- oder Preiskammer des Wendeldomes barg in früherer Zeit hochwertige Kunstschätze von Gold und Silber; das kostbarste Stück bildete das Dukatenhäuschen, ein kleiner Reliquienschrein aus getriebenem Silber mit einem Dache aus Golddukaten. Es war das Weihgeschenk eines französischen Generals, der vor mehreren hundert Jahren die Stadt plündern wollte, aber am Stadttore plötzlich blind geworden war. Auf seine Bitten soll er vom heiligen Wendelin geheilt worden sein. (Vgl. dazu Nr. 307.) Der gesamte Kirchenschatz hatte einen Wert von mehr als zwanzigtausend Gulden. Alle Kriegsstürme des 17. Jahrhunderts hatte er überdauert, bis er im Jahre 1716 zum großen Teile einem Raube zum Opfer fiel. Der landesflüchtige Polenkönig Stanislas Lesczinsky, dem der große Schwedenkönig und Verbündete Karl XII. ein Asyl in seinem Herzogtum Zweibrücken angewiesen hatte, sagte von dort aus seinen Besuch in St. Wendel an. Der Pastor Johann Christian Stackler ließ am Tage vorher die Kirchenschätze aus der Güldenkammer in die Sakristei bringen, um sie dem König und dessen Gefolge zu zeigen. In der Nacht wurde ein Gitterstab am Sakristeifenster ausgebrochen und der größte Teil der so wertvollen Schätze gestohlen. Der Raub, den man erst am nächsten Morgen entdeckte, erregte großes Aufsehen. Der Verdacht lenkte sich auf einen Mann aus der Blieskasteler Gegend, der ein kleines Häuschen neben der Küsterei bewohnte und nach dem Einbruch verschwunden war. Er soll später auf dem Sterbebette die Tat auch eingestanden haben, aber nicht mehr im Stande gewesen sein, den Ort anzugeben, wo er seinen Raub verborgen hatte. Zu Anfang der 1760er Jahre ließ der Gasthalter und Hochgerichtsschöffe Johannes Waßenich im Lamm das Anwesen des Täters abbrechen und dort eine Wohnung für seinen Schäfer herstellen. Dabei soll ein Knecht den gestohlenen Schatz gefunden und für sich beiseite geschafft haben. Aber auch sein Geist hatte dann nach dem Tode keine Ruhe im Grabe und mußte nachts an der Stelle kratzen, wo das Dukatenhäuschen verborgen liegt. Erst wenn dies Prunkstück der Güldenkammer wiedergefunden und in sie abgeliefert ist, wird auch er seine Ruhe finden.

315. Die Schulbarwel und die Herzogin Luise.

Als St. Wendel die Residenzstadt des sachsen-koburgischen Fürstentums Lichtenberg geworden war, unternahm die dahin vom koburgischen Hofe verwiesene und geschiedene Herzogin Luise oft mit ihrem vierspännigen Wagen Ausflüge in die Umgegend. Von Zeit zu Zeit kam sie auch nach Niederlinxweiler, wo sie mit der Wirtin Barbara Volz auf etwas vertrauterem Fuße stand.

Sie ließ sich dann den Kaffee schmecken und verbrachte in Gesellschaft der gesprächigen Wirtin manches angenehme Plauderstündchen. Denn die „Schulbarwel", wie die Gasthalterin bei den Dorfbewohnern allgemein genannt wurde, war nicht nur als tüchtige und sparsame Hausfrau bekannt, sondern sie verstand es auch, ihre Gäste in anregender Weise zu unterhalten. Als nun eines Tages die Herzogin wieder bei ihr zu Gaste war, sagte sie im Laufe des Gesprächs: „Frau Herzogin, wie han Sie et doch so schön geje us geblode (geplagte) Bauerschleut, Sie könne in der Schees fahre, wann Sie wolle, un immer sammetne un seidene Kleider anduhn." Hierauf erwiderte die Herzogin in ernstem Tone: „Sind Sie nur zufrieden, gute Frau, unter Sammet und Seide wohnt oft großes Leid." — Die Volksüberlieferung von St. Wendel will auch, daß diese, dort beliebte Herzogin einmal gegen das Verbot, sich wieder ihrem in Koburg zurückgebliebenen Kindern zu nähern, das St. Wendeler Schlößchen im geheimen in einer Nacht verlassen habe, um sich in Koburg mit Hilfe einer Vertrauten, auch des Nachts, Einlaß in's herzogliche Schloß zu verschaffen, um dort in das Schlafzimmer ihrer Kinder zu treten und die beiden Prinzen, unter denen auch der spätere Prinzgemahl Albert von England, der Gatte der Königin Viktoria, war, im Schlafe leise zu liebkosen und noch einmal zu sehen.

316. Der wilde Schimmelreiter vom St. Wendeler Gudesberg und der Maire Cetto.

Als unsere Großeltern noch Kinder waren, hörten sie den wilden Schimmelreiter in und um St. Wendel in Nacht und Sturm. Wenn in den heiligen zwölf Nächten rasender Orkan um die Häuser der Stadt heulte und durch die alten Bäume des nahen Gudesberges über Urweiler und den Bosenberg brauste, dann erzählten die Alten, die wilde Jagd sause durch die Lüfte. Es wären alles Schatten, wie zerfetzte Wolken, und sie würden auch in den Wolken verschwinden. Die Alten sahen, wie einer auf schnaubendem Schimmel voraussprengte und hörten, wie er die Hundemeute hetzte. Viele Leute glaubten damals, der wilde Schimmelreiter, bekleidet mit breitkrempigem Hut, in einem weiten, dunkeln, fliegenden Mantel, sei der die Phantasie des Volkes in seinem Leben einmal stark anregende Maire Cetto aus dem in süddeutschen Landen überhaupt hervorgetretenen Kaufmanns- und späteren Adelsgeschlecht, das 1699 zusammen mit seinem Verwandten Benzino vom geschäftstüchtigen Comersee in die Pfalzgegend und das Land um Kusel eingewandert ist.

Seit den achtziger Jahren hat man den Schimmelreiter nicht mehr gesehen.

317. Die resolute Pfarrfrau.

Als in der französischen Revolution die ersten Kriegsvölker auch in Linxweiler einfallen wollten, schlug sich die Frau des Pfarrers L. H. Drach (bis 1804 in Niederlinxweiler, später bis 1816 dann Konsistorialpräsident in Ottweiler), eine geborene Förtsch, aus der saarbrückischen Grafschaft Saarwerden, im krummen Elsaß, ein großes Leintuch um, ließ ihr langes, üppiges, kohlschwarzes Haar geöffnet wirr um den Kopf hängen und verzerrte Mund und Augen und eilte so allein der Feindesschar auf der Dorfstraße mit gekrallten, vorgehaltenen Händen entgegen, so soll sie diese vollkommen in die Flucht getrieben haben, die mit dem Rufe: „une sorcière" fortgelaufen seien, so schnell sie nur konnten.

37. Die Oberlinxweiler Bliesbrücke (um 1550)

In dieser Weise wurde damals durch diese mutige Elsässerin Niederlinxweiler gerettet. Von ihr wird noch erzählt, daß sie herkulische Kraft gehabt habe. Ein andermal hatten auf ihr Anstiften die Einwohner ihr Getüch und ihre Habe in einen Ziehbrunnen gehangen, um es so der Plünderung zu entziehen. Dies war verraten worden, und die Franzosen wollten die Pfarrerin dafür verantwortlich machen. Sie aber soll einen von ihnen, der besonders auf sie eindrang, gepackt und ihn über den Ziehbrunnen gehalten haben mit den Worten: „Ja, das Zeug ist in dem Brunnen und wie du dich rührst, schmeiß ich dich auch dazu", auf welche Geistesgegenwart auch hier die Franzosen von dem Raub Abstand genommen haben sollen.

318. Der Weinhannes.

Im Ottweilerschen bei Remmelsweiler, Marpingen zu, liegt ein Berg mit Namen Weinhannessen Köpfchen. Er heißt so nach einem Weinhannes der Vorzeit. Dieser war ein gottloser Wirt, der den Wein zu stark mit Wasser vermischte, ohne ihm Zucker beizusetzen. Er brachte sein Heil mit unglücklichen Versuchen im Gallisieren zu und ließ sich das zugesetzte Wasser für guten Wein bezahlen. Himmel und Erde wurden daher über diesen Weinfälscher so aufgebracht, daß er nach seinem Tode auf jene Melaphyr-Höhe verbannt wurde, welche von ihm den Namen trägt. Dort hatte er nun nachts auf der alten Rennstraße auf und ab zu gehen und in die angrenzenden Ländchen von drei Herren, nämlich Tholey (Lothringen), St. Wendel (Churtrier) und Ottweiler (Nassau-Saarbrücken) zu rufen: „Drei Schoppen Wein und ein Schoppen Wasser gibt auch ein Maß." — Das war hart, aber gerecht, denn wenn der Wein des Menschen Herz erfreut, so verkümmerte das Verfahren des Weinhannes diese Freude doch um ein Viertel. Und das wurde ihm weder diesseits, noch jenseits verziehen. Das trieb er so seit Jahrhunderten. Nun aber ist es schon seit langer Zeit still geworden. Da das Weinfälschungsgeschäft überhand und auch andere Manier genommen, so scheint er andersweitige Bestimmung erhalten zu haben. Wenigstens will man eines Morgens an dem Melaphyrfelsen folgende, mit doppelter Kreide geschriebene Aufschrift gefunden haben:

„Wirthe!" Wollt ihr nicht des Teufels
sein und werden,
So verfälschet keinen guten Rebenwein,
und verzapfet ehrlich Gottes Gut auf Erden,
Sonst noch schenkt der Teufel einen Bittern ein."

319. Die Sage vom Spiemont und die Familie des Rictius Varus.

Zu Zeiten krönte ein prächtiges Schloß die Höhe des Spiemonts bei Oberlinxweiler. Von dort aus sah man

weit ins Land bis zum Schaumberg, von dem auch eine
große Schloßanlage herübergrüßte. Die Witwe des Varus
war die Herrin beider Schlösser. Sie besaß zwei Söhne,
jeder erhielt eine Burg. Eine schnurgerade Straße verband die beiden Herrensitze, man kann ihre Rinne noch
heute im Gelände verfolgen. Oft fuhr die Mutter zu
ihren beiden Söhnen hinüber und herüber und freute
sich des Wohlergehens und herzlichen Einverständnisses ihrer Kinder.

Sie aber war bereits Christin und ihrem Zuspruch
gelang es auch, das Herz des Herren vom Schaumberg
zu wenden, so daß er sich taufen ließ. Darüber ergrimmte der jüngere Bruder, der Lux Varus hieß und
auf dem Spiemont wohnte.

Durch den Abfall des Bruders, so glaubte er, sei das
Andenken seines Vaters entehrt und der Bruder ver-
diene dafür eine Züchtigung. Mit Schrecken gewahrte
die gute Mutter den wachsenden Haß ihres Lieblings-
sohnes und seine Vorbereitungen zum Kriege. Ihre Bitten und Tränen fruchteten nichts. Als Lux abzog, bat
ihn die Mutter, den Bruder im Kampf zu schonen. Er
erwiderte: „Seid ruhig, Mutter, ich bringe Euch Euren
Sohn tot oder lebendig."

Lux berannte nun den Schaumberg, aber sein Angriff wurde blutig abgeschlagen. Ohne Sieg und ohne
Einlösung seines prahlerischen Versprechens kehrte er
heim. Den sanften Worten der Mutter entzog er sich
und suchte in neuer Rüstung den ihm widerfahrenen
Schimpf der Niederlage auszutilgen.

Abermals zog er gegen den Bruder und diesmal
krönte der Erfolg sein Unternehmen. Er verlor keinen
Mann, gewann die stolze Veste auf dem Schaumberg
und bekam auch seinen Bruder in die Gewalt. Stolz
und siegesfroh überbrachte er ihn der Mutter. Nun war
sein Rachedurst gestillt und die alte Bruderliebe gewann
wieder sein Herz. Lux gab dem Bruder sein Eigentum
zurück und zeigte sich zur Freude der Mutter auch
empfänglich für die christliche Lehre, und so konnten
sie fortan in Eintracht auf ihren Schlössern walten.

Die goldenen Wagen ihres Vaters, wie sie sowohl im
Varuswalde wie im Spiemontberge oder gar im Momerich noch ruhen, aber fand keiner von ihnen.

320. Die Habenichts.

Graf Adolf von Nassau-Ottweiler jagte einst in den Wäldern zwischen Mainzweiler und Tholey. Hungrig und müde kam er schließlich auf der einsam an der Rheinstraße (Rennstraße) gelegenen Ziegelei an und begehrte Speise und Trank für sich und sein Gefolge. Aber die Leute zuckten die Achseln und sagten: „M'r hawwe nix!" — „So", sagte da der Graf, „wenn hier Habenichtse wohnen, dann soll der Ort hinfort auch Habenichts heißen!" Und so blieb es bis auf den heutigen Tag.

321. Die gespenstigen Nonnen vom Kloster Neumünster und die Flucht nach Werschweiler.

An dem Platze, auf dem früher das Kloster Neumünster bei Ottweiler stand, ist es nicht geheuer. Dort wo ehedem geistliche Frauen den heiligen Terentius verehrt haben. Des Abends schweben die leichtfertigen Schatten ehemaliger Nonnen tanzend über diese uralte Klosterstätte. Das „weiße Frächen" erscheint von Zeit zu Zeit den spielenden Kindern, und einem armen Arbeiter deutete einst zur Mittagsstunde eine Nonne mit einem Schlüsselbunde, die an der alten Kanzelstätte der Kirche verschwand, an, daß dort ein Schatz begraben läge, den er auch hob und ein reicher Mann wurde. — Die letzten Nonnen von Neumünster sollen auch nach Werschweiler und weiter, also noch oberhalb Fürth und vor Marth in das Tal der Oster geflüchtet sein und sich so in Sicherheit gebracht haben. Und von einer dieser Nonnen will man wissen, daß das 1635 der Fall gewesen sei. In Niederlinxweiler angekommen, wäre sie zusammengebrochen und habe gestöhnt: „Ach, wäre ich doch in Werschweiler in der Kapelle." Von dort führte nämlich ein geheimer, ihr bekannter Gang weiter, durch den sie in Sicherheit kommen wollte. Noch heute will man ihn festzustellen wissen.

322. Die Prophezeiung wegen der ins Land gelassenen Juden.

Im Jahre 1777 wurde die Einwanderung der Juden ins Ottweilersche durch den Fürsten Ludwig von Nassau-Saarbrücken freigegeben. Wie aus einem Schreiben des Stadtrats von Ottweiler aus dem Jahre 1779 hervorgeht, machte dieser damals den Fürsten darauf aufmerksam, daß eine prophetische Sage im Volke bestände, die wissen wolle, daß der Fürst das Land verlassen müsse, der die Juden aufnehmen würde. Tatsächlich verließ dann auch Fürst Ludwig 1793 als Flüchtling vor der französischen Revolutionsarmee oder deren Volkskommissaren und ihren Anhängern sein Land, um es nicht wiederzusehen, nachdem sein Haus und dessen weitere Ahnen an die 1000 Jahre hier regiert hatten.

323. Der Maldiß im Ottweilerschen.

Der nassau-saarbrückische Oberforstmeister v. Maldiß bedrängte bei Lebzeiten die Bauern und machte ihnen so viel Verdruß, daß er nach seinem Tode verdammt wurde, in der Parforcejagd in bestimmter Richtung durch die Luft zu ziehen. So tritt er denn auch in Vergeltung solchen Tuns in den Waldungen als Gespenst auf, bald erscheint er ohne Kopf auf einem Schimmel, bald in großer, vornehmer Gesellschaft in einem mit vier Rossen bespannten Wagen, in welchem es bunt und lustig zugeht. Die „Parforcejagd" hat man noch vor 60 bis 80 Jahren im Ottweilerschen, so auch in der Münchwieser Gegend, überhaupt gehört und zwar im Frühjahr und im Herbst. Dieselbe ging wie eine Windsbraut durch die Lüfte. Waldhörner und Trompeten schmetterten, es wurde in der Luft geschossen, die Hunde bellten, und stets dauerte sie bis zur Mitternacht. Von der Eichelmühle herauf ist noch eine starke uralte Mauer vorhanden, die den Namen führt „am Einsprung". In dem dahintergelegenen Gewälde — Hochwald — hielten die adeligen Herren an Sonn- und Feiertagen große Treibjagden ab. In das Treiben war auch der sogenannte Birfang — Eberfang — eingeschlossen. Die Einwohner mußten das Wild bis zur vorgenannten Mauer treiben, wo es dann beim Herunterspringen von den Jägern erlegt wurde. Auch waren sie, unter schwerer Strafe, verpflichtet, dies Wild zu nähren und zu bewachen und zu hegen. Die „Parforcejagd" dehnte sich auch über den Taubenkopf und Jungenwald aus. — In der Stadt Ottweiler selbst aber erzählt man sich auch von einem gräflichen Förster Baldix, unter dem unter vielen Namensvarianten sich natürlich auch nur der Maltitz verbirgt. Alle Leute in und um Ottweiler hätten sich vor ihm gehütet. Und manche schwarze Tat sagte man ihm nach. Nach seinem Tode war er oft im Reiherswald zu sehen. Vor allem kam er, wenn der Sturm die Bäume bog. Dann ging er bis zum Ende eines dunkeln Weges. Hier sah er lange auf die Erde, als suche er etwas. Dann machte er wieder einige Schritte und verschwand plötzlich.

38. Der Ottweiler Rathausplatz mit dem alten Stadtbefestigungsturm um 1550, heute Kirchturm

324. Der Rats- oder Ratzehannes.

Es war in der Zeit, da die Grafen von Nassau noch
ihren Sitz in Ottweiler hatten. Da wohnte dort, wo heute
das alte Kreishaus steht, der Ratsdiener. Er war ein
lasterhafter, böswilliger und heimtückischer Mensch.
Von allen Leuten wurde er gemieden wie Feuer, denn
er war ein Räuber und Mörder. Einst überfiel er auf
dem Osterberg einen Mönch. Er beraubte ihn und stach
ihm seinen Dolch in die Brust. Sterbend verfluchte ihn
der Mönch, und nach seinem Tode ging der Fluch in
Erfüllung. Bei seinem Begräbnis soll sein Geist wieder
hohnlachend zum Fenster herausgesehen haben, als sie
unten seinen Leichnam heraustrugen. Seitdem erscheint
er alle Jahre einmal auf den Glockenschlag 12 und treibt
sein Wesen an der Stelle und in der Gegend, wo er den
Mönch ermordet hat und geht so auch am Leimersbrunnen um. An manchen Tagen spukt er auch in der
Gellerbach. Die Leute, die am Weiher vorbeigehen, be-
wirft er mit Steinen. —

325. Die Stadt in der Langenbach
und die goldene Kutsche im „Wäälekippche".

Die Bewohner von Hirzweiler, Welschbach und
Stennweiler wollen wissen, daß einmal in der Langen-
bach eine gar große Stadt gestanden habe, deren Mauern
noch hie und da sichtbar seien. Im „Wäälekippche"
aber, das bei einer alten Römerstraße liegt, von der ein
Ast rechts ab in der Richtung Stennweiler Kipp und
Schiffweiler zweigt und das als ein kreisrunder Hügel
im Stennweiler Wald liegt, soll eine goldene Kutsche
begraben liegen und zwar wieder dicht unter der Oberfläche, so daß ein Hahn ihre Deichsel herausscharren
könnte. — Und diese Sage von dem goldenen Wagen,
der goldenen „Schees" oder Kutsche hat sich als eine
Wandersage besonders noch von der Gegend um den
Schaumberg und den Wareswald (Varuswald) und von
dem dort spukenden römischen Feldherrn Rixius Varus
ausgehend in dieser weiteren Gegend überall verbreitet, so daß der unermüdliche Hans Klaus Schmitt allein
aus seiner St. Wendeler näheren Umgebung solche noch
an diesen Orten festgestellt hat: Im Schloßberg bei
Hofeld, im Spiemont bei Oberlinxweiler, auf der Humes-

grub bei Werschweiler, im Jungfernhügel auf dem Urweiler Bann, in der Anhöhe Hahn bei Bliesen, im Momrich bei Gronig, am sogenannten vierbännigen Stein im Winterbacher Forst, im Klingenwald bei Marpingen, am Beertsbrunn bei Remmesweiler, im Kriegshübel bei Hirstein, wozu dann noch auch der Hunnenring von Otzenhausen und der Hofborn von Soetern kommen. — In das eigentliche Saarbrückische und zur untern Saar scheint indessen dieser goldene Wagen nicht gefahren zu sein, man läßt hier lieber das „Goldene Kalb" leuchten, das dort allenthalben begraben sein soll. —

326. Der Hexenkranz und andere saarländische Hexenberge.

Am Hexenhübel bei Welschbach erscheint im Frühjahr beizeiten ein frischgrüner Graskranz, der sich um die Kuppe herum entwickelt, während das übrige Gras noch winterschwach aussieht. Man nennt ihn den Hexenkranz und bringt ihn mit den auf dem Hexenhübel tanzen sollenden Hexen in Verbindung, denn der isolierte Hügel zwischen Welschbach und Hirzweiler soll die Hexen im Frühjahr zu ihren Tänzen in der Walpurgisnacht anziehen. — Andere beliebte Hexentanzplätze im Saarland waren noch der Hocksberg bei Dillingen-Pachten, der Stickplatz bei der Cloef, die Holzhau, der Galgenberg und Gipsberg bei Merzig, der Litermont, der Mettlacher Eulenberg, um nur diese Gegend um die romantische Saar herauszugreifen, dazu so manche andere allenthalben, der Saarbrücker Hexenberg bei dem Grafenhof und die nahe Nußbergkuppe mögen auch einmal dazu gehört haben. —

Vor allem aber muß hier der Petersberg bei Eiweiler genannt werden, der zu den größten Erhöhungen des Saarlandes dazu gehört. Und auch der Hirschberg bei Wellesweiler, auf dem man die Leute früher die wunderbaren „Karfreitagsblümchen" suchten, war einmal ein wichtigerer Hexenberg.

327. Der Schnallematz und seine Goldfalle.

Der Vetter Nickel von Schiffweiler is emol of de Michelsberg gang for no der Freindschaft se lue. Iwer dämm Maie on Sprooche is'm die Naacht of de Hals komm. Well 'r awer e Kerl war wie e Bär, hat 'r vor'm leibhaftige Deiwel net gegrault. Er geht dorch die „Grebb" iwer die „Altmiehl" of Schiffweller zu. Of 'm Miehleflur sidd 'r schonn von weitem als äbbes finkele un glitzere. Wie er näkschder komm is, hat 'r gemerkt, daß 's e Heck am Wä is, die von owe bis unne glänzt wie lauter Gold. On of'm Wä war's net annerschder gewään, Stän on Stob, alles von Gold. Soll das Gold sinn? brommelt der Vetter Nickel on bickt sich, for e Brocke ofsehewe. Baddauf! Do kridd er links on rechts e paar gelangt, daß 'r Feijer im Schwooweland gesihn hat. On gleich droff kridd'r von hinnericks e Brand versetzt, daß 'r of de Boddem schlaat wie e Sack. Wanne jetzde äner gestoch hätt, hätt er nit geblut. Er war von Schrecke ganz vonn sich gewään. Wie imme beese Traam is 'r hämmgedorkelt. Wie Eschbelaab hat'r geziddert, wi 'r ins Bett gang is. Am näkschde Morje hat 'rs hitzig Fiewer gehatt on alsfort von dämm Gold gefowelt, wo of' m Miehleflur leije däth. Drei Dach deno war der Vetter Nickel dod.

Beim Leiche-Ims han die Leit als gerotschlaat, was dämm Vetter Nickel könnt bassiert sinn. Do saad 'n alt Bas: Ihr Leit, losse eich saan, der is kämm annere wie dämm Schnallematz in sei' Goldfall gang. On wärne der emol in seine Kroozele hat, dänne gätt 'r nemmeh frei. Als Kind han ich als schonn gehört, daß der emol e Kitzbauer von Stennweller of 'm Klopp (felsige Anhöhe) mit der Goldfall verwitscht on mitsamt seim Gefehrts metgeholl hat in die unnerscht Höll.

...Ja, ja, gucke nore! Bis jetzt hat noch kä Minsch de Schnallematz gesihn, awer Herner hat 'r on e Pärdsfuß dezu. Do gänn ich eich Brief on Siegel droff!

328. Der „ald Wengerad" von Landsweiler.

Der alte Wengerad oder Wingrath spukt noch recht erheblich in der Gegend von Landsweiler und Schiffweiler als eine dort besonders volkstümliche, sagenhafte Gestalt. Man sieht in ihm einen nassau-ottweilerischen Förster, der einmal den Bauern im Walde bei Ausübung der Waldfronen recht hart mitgespielt hat und auch als Steuererheber, welchen Posten er mit versehen haben soll, ganz rücksichtslos vorging. Beides und vorab das Forstamt aber hat man ihm wohl zu Unrecht nur aus der wilden Jägersage vom Maltitz heraus, der gerade um diese Gegend ja noch besonders lebendig ist, oder in Verquickung mit einem Schwiegersohn, der beide Ämter tatsächlich in Schiffweiler noch nach seinem Tode versah, nachgesagt, da seine eigentliche Verrichtung vorab mit dem Hüttenwesen zusammenhing.

Als Wengerad in Landsweiler-Reden, wo er ein Haus und Gut besaß, zuletzt starb, aber damals noch nicht lange daselbst, von Neunkirchen kommend, wohnte, sollte, altem Herkommen gemäß, die Totenwache gehalten werden. Doch wer sollte sich dazu erbieten, da doch seit langem niemand mehr das Haus betreten und niemand Verkehr mit dem fremden und unbeliebten Mann gehabt hatte. Endlich fanden sich doch drei beherzte Männer. — Stumm saßen sie, als alles in tiefer Ruhe lag, in dem Raum mit dem Sarg bei Kerzenschein. Da — was war das? Es drückte jemand auf die Klinke der Haustür und einer der Männer ging herunter, um zu sehen, wer da Einlaß begehre. Doch, oh Schrecken, die Tür stand schon auf, und vor ihr stund, wirklich und leibhaftig, der „ald Wengerad". Entsetzt floh er in's Freie und da er nicht zurückkam, ging der zweite nachschauen und traf den Geist bereits im Hausgang, so daß auch er entsetzt sich davon machte. Und als der Dritte, dem man die Mär dann zurief, voll Schrecken zum Fenster gar hinaussprang, gingen sie alle drei zum Heimeyer und das ganze Dorf wurde lebendig, aber niemand wagte sich mehr ins Haus.

Am Tage der Beerdigung war alles gedrängt von „Leidtragenden", auch gerade an Bauern und Frauen, die von der ganzen Umgegend der Vorwitz beigezogen hatte. Und als die Nachbarn, alter Gewöhnung nach, den Sarg herabtrugen, lag da der alte Wengerad oben ruhig und gemächlich im Fenster und lachte, lachte so hell und höhnisch, wie das berühmte Lachmännchen von Bockenheim in der Grafschaft (vgl. Nr. 54). Und als alles erschauerte, rief er dazu noch herunter: „Was wollt ihr denn hier?" Alles war starr, man trug den Sarg zurück ins Haus, öffnete ihn, aber steif und starr lag der Tote darin. Wieder trug man ihn hinaus und wieder erschallte das Lachen. Hastiger als gewöhnlich ging es Schiffweiler zu, wo um die Ruinen der alten, im großen dreißigjährigen Krieg zerstörten Kirche der

Friedhof lag, auf dem auch die Landsweiler beigesetzt wurden. Und dort wurde dann auch der „ald Wengerad" begraben.

Aber damit kehrte keineswegs Ruhe in seinem Hause ein. Dort spukte und rumorte er weiter, und kam immer wieder durch ein Mauerloch in seine alte Behausung, auch als darin ein Wirtshaus sich auftat, so daß alles in große Aufregung kam. — Da suchte man denn schließlich Hilfe beim katholischen Pastor in Ottweiler und der kam und bannte ihn in den Kohlwald (Kollewald) bei Schiffweiler, wo rechts des Weges nach dem Kohlwaldforsthaus ein langer Graben sich hinaufzieht, an dessen oberem Ende ein klares Wässerlein aus dem Felsen quillt. Und dort sollte nun Wingrath hausen und sein Unwesen treiben, aber diese Stelle nicht mehr weiter verlassen dürfen. Und das tat er denn auch. Und wenn der Wind unheimlich durch die Bäume fuhr, dann sprang er wohl plötzlich den Vorübergehenden auf den Rücken und wurde da schwerer und schwerer nach Art solcher Geister und Drückmännchen und so trieb er noch manchen Schabernack. — So ließ er sich bis zum Ausgang des Waldes tragen und sprang dann wieder laut lachend ab. Besonders Leuten aber, die unrechtes Gut besaßen, soll es so ergangen sein. Und all solche Geschichten und Erlebnisse wurden dann immer wieder in Landsweiler und Schiffweiler in den Spinnstuben vorab von diesem eigentlichen Lokal- und Ortsgeist dieser Gegend erzählt, als die Dorfbewohner noch keine Zeitung lasen, und sich glücklicherweise und zu ihrem Frieden und Segen weder mit hoher Politik, noch mit kleinlichem Parteiwesen abzugeben brauchten und an den langen Winterabenden stimmungsvoll und geruhsam beim Schein des Ofenfeuers beieinander „meiten". So lebt die Erinnerung an jenen Mann aus nassauischen Fürstenzeiten auch heute noch fort und sein Name bleibt erhalten durch den „Wingrathsgraben".

329. Der Spuk beim steinernen Mann von Münchwies.

Bei Münchwies, am Wege von Neunkirchen nach Bexbach, wo früher „der steinerne Mann" — Bildsäule des Merkur — gefunden wurde, geht es um. Ein Geist geht in allerhand Tiergestalt da, sei es als dreibeiniger

Hase, junge schöne Katze oder gar freundlicher Hund. Man darf die Tiere aber ja nicht berühren oder anreden, sonst bekommt dieser Geist Gewalt über einem. Auch zwei Hunde von gleicher Größe, einer blau, der andere grauschillernd, wurden in dieser Gegend des Hangarderfeldes wohl schon beobachtet. Ein aus Münchwies gebürtiger Mann erzählt dazu auch noch dieses: „Als junger Mann von 23 Jahren kam ich in der Zeit der Heuernte gegen Abend, als es noch ganz hell war und auch noch Leute nahe im Heu arbeiteten, von Neunkirchen her von der Grube.

Im Distrikt Hangarderfeld in der Nähe vom steinernen Mann — einerseits freies Feld, Äcker und Wiesen, anderseits Wald — merkte ich, daß durch den Wald mir stets etwas zur Seite ging. Ein Tier konnte es nicht sein, da ich kein Rascheln im Laub hörte. Blieb ich stehen, hörte ich keine Schritte mehr, ging ich weiter, vernahm ich sie wieder. Ganz nahe an dem Kreuzweg angekommen, fiel plötzlich hoch aus der Luft ein feuriger Klumpen, gehüllt in Rauch, dicht vor mir nieder, dessen Klang ähnlich dem von schwerem Metall war. Zugleich erscholl ein furchtbarer Knall, verbunden mit einem Mark und Bein erschütternden Schrei, der mich erzittern machte."

Einen feurigen Drachen will auch beim Wiesenwässern im Frühjahr ein Bauer aus Münchwies durch die Luft mit seinem langen Schweif blitzschnell dahinziehen gesehen haben, also ganz ähnlich wie man die Melusine vom Herapel nach Helleringen oder im Rosseltal überhaupt und gegen Völklingen fliegend, häufiger will beobachtet haben. — Ein Gewann-Name von Münchwies heißt „Goldenes Kalb".

330. Der Ruckert.

In dem Gelände „der finstere Stern", zwischen Hangard und Steinbach, trieb früher der Ruckert sein Unwesen, der seinen Namen vom Rücken und Verschieben der Grenzsteine zu Lebzeiten aus eigennützigen Gründen erhalten hat. — Oftmals erschien er nachts weithin sichtbar als glühendes, unstetes Sternenlicht über dem finsteren Stern gerade. Mancher will auch den Ruf gehört haben: „Wohin soll ich die Mark setzen". Doch ist nicht bekannt, ob er schließlich durch das übliche Erlösungswort: „Wo du sie geholt hast" entlastet wurde. —

Ein angeblich beherzter junger Mann aus Münchwies soll denselben eines Abends, als er von einem gewissen Orte kam und das gespenstige Licht betrachtete, auf die Kirmes geladen haben, derweil er sich nur wenige Schritte von seiner Haustüre befand, während der Ruckert in direkter Entfernung mindestens eine halbe Stunde weit weg war. Doch kaum hatte er den Geist gereizt, als ein Licht fauchend in rasendem Tempo heransauste. Mehr tot als lebendig erreichte der junge Mann noch den Hausflur und hatte noch eben Zeit, die Türe hinter sich zuzuschlagen, wodurch dem gereizten Ruckert die Gewalt der Rache unmöglich wurde.

331. Der entweihte Sarg.

Auf dem alten Begräbnisplatz zu Pferkirchen beim uralten Kirchort Wiebelskirchen, im anmutigen Ostertal, wurde einst ein Sarg aus christlicher Zeit gefunden in Form eines rund ausgehöhlten Baumstammes, in dem am Kopfende eine besondere Aushöhlung noch für den Kopf eingehauen war. Die Leute erzählen, daß ein gewisser „Baumer" denselben weggenommen habe, um ihn als Pferdekump zu verwenden. Die Pferde hätten jedoch nachts einen solchen Tumult verursacht, daß der Besitzer des Sarges diesen heimlich wieder an seine alte Stelle zurückbringen mußte. In Wiebelskirchen sieht das Volk den ältesten Mutterkirchenort dieser ganzen Neunkircher Gegend.

332. Maltitz und der furchtlose Bergmann.

Im Ziehwald zwischen Wiebelskirchen und Hangard liegt das Dietzloch. In früheren Zeiten wurde der Weg, der hier vorbeiführte, nach Anbruch der Dunkelheit ängstlich von allen Leuten gemieden, denn am Dietzstein, dort wo die Oster nahe an den Ziehwald herantritt, geistert mit Vorliebe der Maltitz. — Daß er das gerade gerne in den Wäldern um Neunkirchen tut, ist nur zu verständlich, da hier zur fürstlichen Jagdzeit ein Hauptgebiet von ihm war, indem der einmal so anmutig-reizvolle nassau-saarbrückische Hauptjagdsitz, einst so herrlich über Terrassen in das unabsehbare

Waldgebiet und in geradlinigen Alleen auslaufend, mit dem Schlosse Jägersberg ob Neunkirchen lag und dicht dabei im einst auch so stattlichen, nun leider zerstörtem Jägermeisterhaus der Maltitz selbst gewohnt hat, mit dem der letzte Zeuge der alten Barockschloßherrlichkeit von Neunkirchen verschwunden ist. — Alles in allem mit seiner ganzen Terrassenlage war das Stengel'sche Neunkircher Schloß wohl das künstlerisch bedeutendste Lustschloß Südwestdeutschlands und auch das vorhergehende Renaissanceschloß des Meisters Christman Strohmeyer von ungewöhnlichem Reiz und hervortretender Bedeutung. — Ja, ein ganz früher Vorläufer im Hufeisengrundriß hier, wenn nicht der früheste überhaupt. — Wenn Maltitz aber in stürmischen

39. Kohlenforderturm bei Neunkirchen

Nächten am Dietzfelsen erschien, so saß er als wilder Jäger rückwärts auf seinem Pferde. In einer solchen Nacht ging nun einmal ein furchtloser Bergmann, von der Schicht kommend, diesen Pfad nach Hause. Plötzlich, er war gerade am Dietzstein, stand der gefürchtete Maltitz vor ihm. Er erschrak doch ein wenig, als er den unheimlichen Reitersmann erblickte, doch faßte er sich schnell ein Herz — was ein rechter Bergmann ist, der geht dem Teufel vor die Schmiede, — und schrie den Maltitz an: „Geh mir aus dem Weg!" Doch der Maltitz rührte sich nicht, wie ein Steinbild blieb er im Wege stehen. Als der Bergmann seinen derben Knotenstock fester umfaßte und anhob, sprach der wilde Reiter mit hohler Stimme: „Ich dreh dir den Hals um und schmeiß dich den Felsen hinunter!" Da wußte sich der Bergmann keinen andern Ausweg und schlug mit voller Wucht auf den drohenden Maltitz zu. Doch statt den Reiter zu treffen, fuhr sein Stock gegen einen Baum und zersprang dabei in Stücke. Jetzt ist's aus, dachte der Bergmann. Aber aus dem nahen Gebüsch hörte er ein seltsames Lachen: „Du bist der erste, der sich mir in den Weg gestellt hat und keine Angst zeigt. Hebe auf, was vor dir liegt!" Im Sausen und Brausen des nächtlichen Windes sprengte der Reiter über den Felsen hinweg und war verschwunden.

Auf dem Wege vor sich aber fand der Bergmann eine silberne Pfeife. Als man ihn später fragte, wie er zu einer so schönen und wertvollen Pfeife gekommen sei, sagte er nur: „Die hat mir der Maltitz geschenkt!" Die Leute lachten zwar über den vermeintlichen Scherz, aber dem Bergmann war es Ernst damit.

Auch sonst zeigte sich der Maltitz mit Vorliebe in den Wäldern gerade um Neunkirchen, wo er einmal zur Jagdzeit eben seinen Sitz hatte, so daß uns mit dessen neuerlichen Zerstörung erst die eigentliche, historische Stätte des saarländischen „wilden Jägers" dazu verloren ging, ebenso wie in Saarbrücken mit dem Palais Dhaun, in dem er um 1750 gewohnt hat (vgl. 117), die beide als Kriegsopfer uns so leider genommen wurden, noch dazu in all ihrem Kunstwert als eigenhändige Werke eines großen Barockmeisters. —

333. St. Petrus und die übermütigen Bergleute.

In den 20er Jahren erzählte einmal ein alter Kohlenhauer auf Nachtschicht eine fröhliche Sage aus dem Bergbau an der Saar. Das ereignete sich mitten im Zentrum von Kohle und Eisen und so auf der Grube Oberschmelz bei Neunkirchen und der Erzähler war der alte Vetter Krischan von Remmesweiler:

„Es war in der Zeit, als St. Petrus noch unerkannt auf Erden wanderte und selbst nach den Menschen und ihrem Treiben sah. Da kam er einmal an einer Grube vorbei. Es war gerade Zahltag und die Bergleute machten sich wohlgemut auf den Heimweg. Petrus mischte sich unter sie und ging ein Stück des Weges mit ihnen. Und wie das am Zahltage damals noch Mode war, kehrten die Bergleute in einem Wirtshaus am Wege ein.

Man aß und trank und war nach den vielen sauren Schichten guter Dinge. St. Petrus war mitten unter den trinkenden Knappen, hielt tapfer mit und freute sich an ihren Späßen und Redensarten. Ein übermütiger Schlepper zog ein Stück Kreide aus der Tasche — Schlepper haben immer Kreide bei sich, um die Nummer der Kameradschaft an den geladenen Kohlenwagen zu schreiben — und malte heimlich dem leutseligen Fremdling eine Baßgeige auf den Rücken. St. Petrus merkte nichts von dem losen Streich, und als man spät in der Nacht aufbrach, kehrte St. Petrus in den Himmel zurück. Hier wurde er von einer muntern Schar kleiner Engel mit Hallo empfangen. Er wies sie ernsthaft zurück, doch die ließen sich nicht abweisen und schlossen ihn lachend in einen lustigen Reigen ein. Als er die Unwilligen fortschicken wollte, zeigten sie lachend auf die Baßgeige auf seinem Rücken. Erst jetzt merkte der würdige Himmelspförtner, was für einen Streich man ihm gespielt hatte. Erbost eilte er zu Gott Vater und verklagte die respektlosen Bergleute und bat sie dafür gründlich strafen zu dürfen. Der Herr des Himmels und der Erde lächelte gütig und amüsiert und gab seinem Getreuen die Macht zum strafenden Vorhaben, jedoch dürfe die Strafe die Bergleute weder an der Gesundheit noch am Leben treffen. Nachdem St. Petrus bis zum Morgen überlegt hatte, wünschte er ihnen „das Erz in die Kohlen". Und so ist es denn auch geschehen." Wir aber sind damit auch in einen Hauptmittelpunkt wieder der alt-saarländischen Eisen-Industrie neben Brebach, Dillingen und dem neueren Völklingen, Burbach und Homburg gekommen, und so in das ehemalige „Königreich Stumm", über das einmal der Freiherr Karl Ferdinand von Stumm-Halberg waltete in einer noch unmittelbaren, heute auch schon sagenhaft werdenden patriarchalischen Gewalt. —

334. Sagen um Bildstock, Elversberg und Friedrichsthal.

An der Stelle, wo in der Dorfmitte Bildstocks ehemals das alte Forsthaus gegenüber dem Marktplatz stand (noch 1890), das noch aus der fürstlichen Zeit her seinen Ursprung hergeleitet haben soll, hatte vor dessen Erbauung wieder ein Einsiedler unter uralten rauschenden Buchen ein Muttergottesbildnis errichtet. Er war dazu ein Schäfer und hatte die weiter etwa 300 Meter in der Richtung Neunkirchen stehende herrschaftliche Schäferei zu betreuen. — Als großer Muttergottesverehrer höhlte er nahe der Landstraße eine Buche aus. Dann schnitzte er in mühevoller wochenlanger Arbeit mit seinem primitiven Schäfermesser eine große Madonnenstatue aus einem Eichenklotz. Und diese stellte er auf den Stöckel in den ausgehöhlten Baum.

Die vorüberziehenden Holzfäller, Bauern und längsreitenden Schloßboten von Saarbrücken, die zum Jagd- und Lustschlosse ob Neunkirchen wollten, nannten die Stelle bald Bildstöckel. Und danach bekam denn auch die kleine Ansiedlung, die sich hier allmählich bildete und langsam größer wurde, ihren Namen. — Der Waschbrunnen an der Herrenstraße in Elversberg war ein Kinderborn, aus dem hier die kleinen Nachkommen der Elversberger herausgefischt wurden. — Dort spukte auch in der Brunnengasse ein merkwürdiger Geist, der seine Augen auf einem Teller und auf dem Rücken eine Abtrittstür trug und mit dem man die Kinder schreckte. Und am spitzen Stein (nahe bei Friedrichsthal auf dem nächsten Wege zwischen Elversberg und diesem Ort) ging gar ein Mann mit „glütigen" Augen geisternd um. Auch „Elbendritsche" (Elwedritsche) soll es dort geben, mit denen man wohl die Leute foppte und sie aufforderte, sich mit Sack und Licht in einen Bach zu stellen und zu warten, bis sie kämen, um sie dann zu fangen. — Im Großenbruch und auch in der Geisheck reitet hier in stürmischen Nächten wieder der Maltitz, begegnet einsamen Wanderern im Walde, und seine Parforcejagd zieht auch auf der Erkershöhe bei Friedrichsthal durch die Lüfte.

335. Die Familie Appold in Sulzbach.

Fürst Wilhelm Heinrich von Nassau-Saarbrücken, dieser große Kulturträger des Saarlandes, hatte bei einem Besuch, den er dem Markgrafen von Ansbach aus dem Hause Hohenzollern abstattete, sich einst den jungen Appold mitgebracht, von dem die Sage ging, daß er einem reichen freiherrlichen Geschlecht (zur linken Hand) entstammte. In Saarbrücken hatte er ihn zuerst als Junker, dann als Oberförster angestellt und ihn mit Christine Elisabeth Groß, Tochter des Peter Groß, des reichen Scheidter Müllers, verheiratet. Diese aber soll bildhübsch gewesen sein, so daß sich der Fürst selbst um ihre Gunst bemühte. Als Joh. Georg Zacharias Appold (Appolt), ihr Gatte, die fürstlichen Pläne vereitelte, fiel er in Ungnade und verlor sein Amt als Oberförster auf dem Neuhaus.

Das Geschlecht trat dann später in Verwandtschaft mit den Glasmacherfamilien Reppert, Wagner und Vopelius in Sulzbach und wurde damit auch den Röchlings versippt. Als Teilhaber der Vopelius in der Blaufabrik trat es auch selbst industriell hervor. Der Name der jetzt ausgestorbenen Familie aber ist immer noch in Sulzbach mit einer gewissen Mystik umwoben, wie seine Herkunft ja auch schon sagenhaft war. — „Es spukt in Appolt's Gaarde" oder „die ald Frau Appolt geht um", heißt es im Sulzbacher Volksmund.

336. Der Mann von Dudweiler.

In Dudweiler gab es noch im vorigen Jahrhundert einen Hexenmeister von besonders großem Ruf, den man auch gerade sehr stark aus den lothringischen Dörfern besuchte und um Rat anging, für die er geradezu die Hauptautorität in Derartigem darstellte. Er „brauchte" auch für allerhand Krankheiten, und für Wunden hatte er einen Balsam mit Leinöl, Hollerzwikken (Holundertrieben), Bienenwachs und dem Gelben von einem Ei, was dann alles auf einen leinenen Lappen gestrichen wurde und so auf die Wunde kam.

Als zwei Männern von Ruhlingen Geld gestohlen war, gingen sie auch nach Dudweiler zu ihm. Er zeigte ihnen eine Flasche und darin sahen sie zwei Nachbarskinder als die Diebe und konnten sie deutlich erkennen.

Auch in Lauterbach (Saar) und anderswo gab es solche Hexenmeister. Harmloser ist das „Brauchen". Auch in meiner Jugend waren in Saarbrücken noch solche Frauen, die sich auf so etwas trefflich verstanden. Und dafür galt in St. Johann (Saar) eine als besonders berühmt und wirksam, die man die „Schnecke", wohl nach ihrem Familiennamen nannte. Sie wurde damals noch reichlich gerade von altheimischen Familien in

Anspruch genommen. So hat sie mir auch einmal als Kind bei einem hartnäckig verzerrten Bein „gebraucht", indem sie darüberstrich und etwas dazu murmelte und damit wirklich bei vielen vorhergehenden andern — vergeblichen ärztlichen — Versuchen sogleich geholfen.

Ein alter Hochwäldler aus Steinberg, der indessen mit 14 Jahren dann in den Warndt kam, schrieb mir auch von einem Erlebnis mit dem „Manne von Dudweiler" aus seiner Jugend wieder:

„Da gab es z. B. in Dudweiler einen Mann, zu dem die Leute in Hexensachen ihre Zuflucht nahmen. Ein Fall ist mir bekannt, wo ein Kind die englische Krankheit hatte. Man ging zu dem Manne nach Dudweiler und brachte folgendes Ergebnis mit:

„Es verkehrt in Ihrem Hause eine Frau mit grauen Augen. Achten Sie darauf, daß das Kind nicht mit der Frau in Berührung kommt. Lassen Sie das Kind nicht streicheln und keine Geschenke von der Frau annehmen, denn sonst sind meine Mittel zwecklos. Der Mann aus Dudweiler war ein Homöopath und hatte diese Finte nur benutzt, um dem Kinde die notwendige Ruhe zu sichern und es vor ungesunden Naschereien zu bewahren, aber er hat damit die ganze Umgebung in dem Hexenglauben bestärkt und sich dadurch manchen Kunden gesichert."

337. Das Gänseliesel von Spiesen.

Noch 1740 konnte man im Dorfe Spiesen die verkohlten Reste des im 30-jährigen Kriege niedergebrannten Gotteshauses sehen, die einfach nach diesem Deutschland verheerenden Ereignis liegen geblieben waren. — Als diese jammervollen Kriegsjahre auf ihrem Höhepunkt für unsere wieder einmal besonders schwergeprüfte Saargegend angekommen waren, hütete eine arme Waise im Auftrag der Dorfgemeinde die Gänseherde und damit einen wertvollen Besitz.

Man nannte sie das „Gänseliesel".

Täglich zog es mit seinen Schützlingen den Gänseberg hinan zu dem hochgelegenen Öd- und Weideland am Fuße der noch damals schier undurchdringlichen Wälder, und die Tiere gediehen vortrefflich. —

Da erschallte auch dies stille Tal mit dem versteckten Dörfchen von Kriegsgetöse. Wilde Horden brachen in es ein, entmenscht und verroht durch den endlosen Kampf. In eiligster Flucht hasteten die Einwohner den schützenden Wäldern auf den Höhen zu, verfolgt von den Schüssen der plündernden Soldaten.

Das Gänseliesel mit seiner Herde, auch schon erspäht und verfolgt, trieb sie, schnell entschlossen, dem Walde zu in nur ihr bekannte Schlupfwinkel und es gelang ihr wirklich mit ihr zu entkommen und sie zu retten und dann in dem wasserreichen Mühlental, wo Gras reichlich wuchs, zu verpflegen, während es sich selbst von Pilzen und Beeren nährte. Nach Tagen erst wagte es sich wieder nach dem Heimatdorf. Aber dort sah es nur noch rauchende Trümmerhaufen und Verheerung ringsum.

Der Dorfschulze war auch ratlos zurückgekehrt und sagte: „Was willst du hier, wir sterben ja selbst vor Hunger, sieh nur zu, wo du bleibst." Doch da sagte das Mädchen stolz: „Ich war die Ärmste von euch, jetzt bin ich die Reichste, denn ich bringe euch die ganze Gänseherde zurück, dort oben am Walde habe ich sie gelassen." Da erhellten sich die verhärmten Gesichter der hoffnungslosen, noch zurückgekehrten Dorfbewohner, denn das war ihre Rettung vor Hunger und Verzweiflung. — Und nach dreihundert Jahren trägt so noch zum Gedächtnis des umsichtigen Mädchens der Gänselieselbrunnen von Spiesen sein Bild, das einmal, selbstlos und treu, der Gemeinde ihre Gänseherde in schwerer Zeit rettete.

338. Die Donnerlochquelle.

Im schmalen Wiesentälchen, das sich vom Eschweilerhof nach Limbach zieht, liegt inmitten einer sumpfigen Wiese das „Donnerloch", eine starke, geheimnisvolle Quelle, deren Wasser sich bald in vollständiger träger Ruhe, bald in so großer Wallung befindet, daß sie wie in zornigem Grollen, wie in heftigem Zürnen über den Quellrand springen.

Dem Wanderer, den zur Nacht sein Weg hier vorbeiführt, bietet sich manchmal ein eigenartiges Schauspiel. Da tanzen über die Wiese, schweben über der

Quelle bläuliche Flämmchen, heben und senken sich, verschwinden und kommen wieder in neckischem Spiel. Das sind die Elfen, die im Mondschein ihres Reiches Tor, dem Donnerloch, entsteigen und ihrem König zu Ehren zum lieblichen Reigen sich vereinen. Treibt den stille lauschenden Menschen die Neugier, sich zu nähern, die Flämmchen zu erhaschen, so verschwinden alle blitzschnell im Donnerloch und ein Grollen erschüttert die Wiese, die Wasser springen zornig wie fletschende Hunde dem frechen Eindringling entgegen, daß der Wanderer erschrocken davoneilt. Keines Menschen Fuß darf die Wiese zur Nachtzeit betreten, kein Menschenauge die Lichtgestalten der Elfen erspähen.

Ehedem waren sie die Wohltäter der ganzen Gegend, die unerhört damals aufblühte. Und an der Stelle des Donnerlochs stand ihr herrlicher Feensitz und reiche Bauerngüter dehnten sich im Lande darum aus. Bis einer dieser Bauern dem Elfenkönig einen Treueschwur brach, der zornig den Palast im Donnerloch versinken ließ, das über ihm geheimnisvoll dumpf heute rauscht.

339. Der Homburger Wald.

Im Homburger Wald liegt auf dem „Stumpfen Gipfel" ein Felsblock, in dem das Volk einen Opferstein aus heidnischer Zeit sieht und nicht weit davon sollen Hünen begraben sein. Im einsamen und eigenartig schönen Kirrbergertal liegt, da wo ein Seitentälchen abzweigt, im Winkel zwischen beiden Einbuchtungen ein schroff-steiler Felsen, den das Volk das „Schloß" oder den „Malachsfelsen" nennt, wo einst die Mal- oder Gerichtsstätte des umliegenden Gaues war. Da soll ihn aber auch einmal vorab die Burg des berüchtigten Raubritters Mala gekrönt haben. Ein dem Hauptmalafelsen vorgelagerter riesiger Block mit einer sesselartigen Vertiefung nannte der Volksmund „Mala's Stuhl". 1923 wurde er unverständlicherweise zum Wegbau weggesprengt und so wieder ein Naturdenkmal des Saarlandes geschändet. — Gegenüber dieser Stelle zieht ein steiler Höhenrücken, der Tubusberg, auf dem eine römische Niederlassung oder Befestigung gelegen haben soll und zwei naheliegende Örtlichkeiten heißen der

„Heidemann" und der „Heidenberg". Talaufwärts, wo die Käshoferstraße das Tal durchquert, sieht man zur linken eine Bodenerhebung. Hier soll vor dem 30-jährigen Kriege ein blühendes Dorf gestanden haben, das durch die vielen Truppendurchzüge so vieler Völker schwer zu leiden hatte und schließlich, vollkommen niedergebrannt, verschwunden ist. Behauene moosige Steine liegen noch in der Nähe herum.

Im Bache aber, der das Tal durchfließt, heißt eine länglich runde Erweiterung des Bettes der „Reiterbrunnen". Der aber soll seinen Namen von dieser Begebenheit haben: Als im Dreißigjährigen Kriege wieder nach der Nördlinger Schlacht Gallas in den Westrich eindrang, wurde einer seiner Offiziere mit wichtigen Meldungen von einer Abteilung Reiter des Herzogs Bernhard von Weimar aufgespürt und verfolgt. Die Hetzjagd kam das Kirrbergtal herauf, und der bedrängte Offizier wollte an dieser Stelle über den Bach und seitwärts in den schützenden Wald gelangen. Da sprang sein Pferd unglücklicherweise in das Bachbett, und sofort versanken Mann und Roß vor den Augen der Verfolger. Man will auch wissen, daß es drei weiße Gestalten waren, die der Reiter plötzlich sah, die ihm von der gefährlichen Stelle aus zuwinkten und denen er in sein Verderben folgte. Und als man später Nachforschungen hier anstellte, hat man mit sieben aufeinandergestellten Wiesbäumen noch immer keinen Grund finden können. — Ein sehr schönes Waldgebiet ist der wieder zur Natur zurückgekehrte Park „Karlslust", einst zum märchenhaft großen und eigenartig-kostbar im inneren Bau und bei der Gartenanlage ausgestatteten pfalz-zweibrückischen Schlosse Karlsberg gehörig, das 1793 zerstört, auch heute noch die Phantasie des Volkes stark beschäftigt. Zu ihm soll aus dem Kirkeler Burgberg auch ein unterirdischer Gang geführt haben, in dem noch unermeßliche Schätze ruhen. Und die ungeheuren Anstrengungen bei der Errichtung eines solchen wittelsbachischen Familienschlosses durch den Herzog Karl II. August von Pfalz-Zweibrücken kann man sich nur daraus erklären, daß auf ihn die zwei so wichtigen Kurhüte von Kurpfalz und Kurbayern warteten und schließlich auch eine Königskrone im Verein damit im Hintergrunde sich abheben wollte.

40. Das Karlsberger Schloss in seiner Höhenlage bei Homburg. Um 1780 unter Beteiligung der Zweibrückischen Meister Hauth und Mannlich erbaut

340. Die weiße Dame vom Homburger Schloßberg.

Einem braven jungen Mann erschien einmal, als er in aller Frühe auf dem Homburger Schloßberg mit all seinen noch darin steckenden Gewölben und Gängen umherwanderte, auf dem ehemals die nassau-saarbrückische Veste Hohenburg oder Rodenstein stand und der später in das Vauban'sche Festungssystem von „Hombourg la Forteresse" einbezogen war, eine weiße Dame. Sie war jugendlich und schön wie eine Fee und begehrte von ihm erlöst zu werden. Sie gab ihm an, daß er zu gewisser Zeit sich wieder an die nämliche Stelle zu begeben hätte, wo sie nun aber als Untier in Gestalt einer häßlich grau-grünschillernden Kröte ihm erscheinen werde, in welcher Gestalt sie gebannt sei und sich nur selten einmal in ihrer wirklichen Körperlichkeit einem dazu Auserwählten zeigen dürfe. Er aber müsse dabei tapfer seinen Ekel überwinden und diese Kröte auf das geifernde Maul küssen, womit sie dann erlöst sei. Dann aber wolle sie ihm auch allein mit all den reichen Schätzen, die noch im Schloßberg ruhten, als Gattin angehören, ihm folgen und ihn glücklich machen. — Der junge Mann kam auch am bestimmten Tage, wenn auch schon voll Angst, an die Stelle, fand auch alles so vor, wie es ihm die weiße Dame verheißen hatte. Jedoch packte ihn ein solcher Widerwillen, daß er ihn nicht zu überwinden vermochte. So scheußlich und voller Giftblasen und ekelerregendem Schaum saß die große Kröte da, so daß er sich voll Grausen abwenden und dem Berge entfliehen mußte, um so sein Glück zu verscherzen, hätte er doch den Bedingungen entsprochen, die nun einmal zu einer solchen Erlösung notwendig waren. — So wartet denn die weiße Dame vom Homburger Schloßberg immer noch auf ihre Erlösung samt ihren Schätzen tief in den Höhlen des alten Burg- und Festungsberges.

341. Das Geißkirchlein.

Zwischen Rohrbach und Kirkel an der Kaiserstraße in einer Waldlichtung steht das Geißkirchlein, neben ihm der Geißkircher- oder eigentlich der Fronsbacherhof, so genannt, weil vor dem 30-jährigen Kriege ein Dörflein Fronsbach dagestanden hat. Das Geißkirchlein aber ist eine uralte Kapelle, die schon mehrfach den Platz hat wechseln müssen, das letzte Mal gegen Weihnachten 1901 beim Bahnbau Homburg-St. Ingbert, aber immer wieder ist's neu auferstanden. Früher geschah eine große Wallfahrt dahin, die heute noch zum Teil in Übung ist. Von der Entstehung seines Namens, den manche fälschlicherweise vom heiligen Geist herleiten wollen, was nicht angeht, da das Kirchlein von jeher dem heiligen Martin geweiht war, meldet eine alte Überlieferung in der Sprache jener Zeit folgendes:

„Ein Mann passierte besagte Capelle am Weg mit einer Gais an einem sail oder Stück Schnur. Er band die Gais an die damalen ofen stehende Capelle / in dessen kame ein Wolff / durch das Gais-Schellin gelocket / aus dem Wald herzugelaufen / dem gefällt die Gais so wohl / daß er sie gleich anpacken will / die Gais aber nach dieser Thieren Art thut einen gewaltigen Zwerg-Sprung und springt in die Capelle. Der Wolff springet nach / die beängstigte Gais aber nicht faul / macht einen neuen Capriol- oder Zwerg-Sprung und springt wieder aus der Capellen heraus, und im Herausspringen zieht sie an dem Sailin / mit welchem sie an die Handhab der Thür was angebunden / die Capellen-Thür zu und der Wolff bliebe inwendig eingeschlossen. Der Mann zeiget an / was passiert / deß wegen die Leuth balde dahin gelofen / rem novam zu sehen / sie trafen aber den Gefangenen so impatrent in seiner Prison an / daß er auf den Altar hinaufgesprungen / deß wegen sie ohne weiteren Prozeß das Thodes-Urtheil über ihn gesprochen / und ihne zum Fenster hinein arque busiert haben / ohne an einigen

Pardon / den er auch als ein Bilder-Stürmer nicht meritirt hatte / zu gedenken."

Nach einem zweiten Bericht ist die Geiß statt wieder zur Tür hinaus in ihren Ängsten zum Chor und von da auf den Altar gesprungen, wohin der nacheilende Wolf ihr nicht zu folgen wagte.

342. Die Wappenlegende über dem Burgtor von Kirkel.

Über dem Portale der Burg Kirkel ließ Herzog Johann I. von Zweibrücken 1597 die fränkisch-pfälzische Wappensage über den Löwen in Reimen anbringen, also lautend:

„Hylderich der Franken Kunig war,
Vor mehr dan dreizehn hundert Jar,
Der auß Rath ein 's der Hildegast hieß,
Die drey Frösch in seinem Wappen verlies.
Dafür ins Panier den Lewen gut
Nam, das Hintertheil sich krümmen tut,
Gleich wie ein Schlang, um des Adlers Hals,
Damit anzuzeigen, gleichenfalls,
Daß der Franken Löwenhertzen frey,
Manheyt und rechte Klugheit darbey,
Nach Gottes Willen mit Kriegsmacht,
Sollten bezwingen der Römer Pracht,
Wie dann hernach geschehen ist.
Nachdem der Adler entflogen ist,
Frankreich Lilien zum Wappen nahm,
Der gekrönte Lew blieb der Pfalz Stamm.
Gott erhalt die Pfalz beim Lewen gut
Und dieß Haus allzeit in seiner Hut.
Anno Christi MDXC VII.

Und damit wollte der stolze Pfalzgraf andeuten, daß die rhein-fränkische Pfalz gerade allein nur das alte fränkische Wappenzeichen noch führe, während die westlichen Franken, Gallien zu, die Frankreich den Namen gaben, zu den neueren Lilien übergegangen seien. —

Die Vision des Priesters und Wahrsagers Hildegast, die dieser anno 224 am Geburtstage seines Fürsten, des Frankenkönigs Childerich, vor dem Altar einer heidnischen Gottheit hatte, brachte er so in hoher Begeisterung damals in Worte:

„Ich sehe die Zukunft, eine Gottheit aus Westen gibt den Sigambrern den Sieg! Sie dringen nach Gallien hinüber und herrschen in Germanien. (Das heilige römische Reich Karl's des Großen.) — Der Adler (der Römer) weicht, als mutiger Löwe, aber schlangenklug, geht der Franke ins Römergebiet. —

343. Der Birkenbusch auf Kirkel.

In der alten pfalzgräflichen Burg Kirkel, die sich so charakteristisch mit ihren hohen, verwitterten und verdrehten Türmen aus dem Saarland heute emporhebt trotz aller Ruinenhaftigkeit, ruhen große ungehobene Schätze und die Leute reden viel davon und sehnen sich nach ihnen. Aber noch ist die Zeit nicht gekommen, die sie ans Tageslicht bringt.

Oben auf dem zerbrochenen Getürm fristet ein Birkenbusch sein kümmerliches Dasein. Er wird aber immer größer werden und einst ein stattlicher Baum sein. Aus seinem Holze wird eine Wiege gezimmert und für das erste Kind, das man darin schaukelt, sind die Reichtümer des Burgberges bestimmt.

344. Die Geister des St.-Pirminwaldes.

Hinter Bierbach ragen die Bäume des mächtigen Pirmanns- oder Kirkeler-Waldes, der seine Namen von dem Heidenbekehrer dieser Gegenden, dem hl. Pirminius hat, nach dem auch Pirmasens genannt ist.

Zusammen mit dem Warndt- und Köllertaler-Wald sind das die drei großen Laubwaldgebiete um Saarbrücken mit ihrer weit mehr als 1000-jährigen Geschichte und den ebenso alten Überlieferungen. Die Bewohner des Bliestales sehen in diesem Pirminswald den Tummelplatz guter und böser Geister, und so manche Sagen künden von ihrem Tun, wie sie einmal den Menschen zu Glück und Reichtum verhalfen, um zum andern wieder ihren Schabernack mit ihnen zu treiben. Heute noch erzählen die Leute vom „Pirmännel", das in der Tiefe des Waldes sein Unwesen treiben soll, wie auch vom „Butterhut" und dergleichen Sagengestalten und Waldesgeistern, die in dem alten Zauberforst umgehen und ihn so sagenhaft beleben.

345. Der Butterhut.

Aber dieser Butterhut muß nicht allein sich nur im Walde selbst gezeigt haben, vielmehr hatte er eine anscheinend noch beliebtere Spukstelle, zu der er auch aus dem Walde gern heraustrat.

Ist man nämlich zur Hälfte die Straße von Bierbach nach Lautzkirchen gewandert, so kommt man zur Rechten bald an ein liebliches Wiesentälchen, das hier das bewaldete Bergmassiv durchschneidet. Auf niederm Steinsockel steht hier, hart an der Landstraße, ein altes Holzkreuz. Es soll, weiß Gott, wie oft schon, vor Alter zusammengebrochen, aber stets wieder erneuert worden sein.

Bei ihm, um dessen Ursprung niemand weiß, soll es bei Nacht nicht geheuer sein. Späten, ohne Begleitung Vorübergehenden erscheint gerade auch hier der Butterhut, also doch auch zwischen den Waldbergen. Das aber ist ein überaus häßlicher, wie auch äußerst tükkischer Klotz, also ein gefährlicher Gnom. Und wehe, wem er einmal auf den Rücken springt, er muß ihn trotz allen Sträubens bis nach Bierbach oder Lautzkirchen tragen, wo er dann ebenso geheimnisvoll verschwindet, wie er gekommen ist. — Gingen nun die Burschen früher nachts von auswärts kommend übermütig spöttelnd am Butterhutkreuz vorbei, so riefen sie:

„Butterhut, Butterhut, komm ich trag dich gut!"

Aber dann kam er nicht. Jedoch merkte er sich die Spötter gut und plagte sie dann später um so mehr, wenn sie einmal allein vorüber kamen. So ging denn in jungen Jahren auch einmal der alte Royan mit Wörschweiler Buben spät nachts vorüber und rief nach dem Butterhut. Weil er advent (also hellsichtig) war, sah er, was die andern Buben nicht sehen konnten: Der Butterhut aber saß klein und häßlich, einem alten Baumstumpf ähnlich, voller Zorn lauernd hinter seinem Kreuz und sagte nichts. — Aber er schwur allen Rache und nahm sich später im Laufe der Jahre einen nach dem andern auf's Korn. Von jedem ließ er sich in eines der Dörfer vor dem Wald tragen und jeder spürte, daß er über einen Zentner butterähnliches Zeug schleppte. Ganz schmierig, krötenähnlich war der Klotz und roch sehr nach Fett. Dazu hatte er unendlich blöde Augen, eine träufelnde Nase und eine borstige Haut voller Rinnsale. Der Mund war grausig groß. Ein häßlicher Geist war dieser Gnom schon, das mußte man sagen. Und man konnte ihn schon fürchten, wenn er auf einem saß und dumpf kicherte:

„Ich bin der Butterhut, der Butterhut!
Hoppla, hopp, jetzt trag mich gut!"

Einst ging Royan dann auch noch spät nachts ohne Begleitung nach Lautzkirchen. Von weitem schon sah er den Butterhut am Kreuze buttergelb und ölig, glitschrig, ganz geduckt lauern. Drum ging Royan nicht allzunahe am Kreuz vorbei und sah über seine Schulter heimlich hinweg. Da gewahrte er, wie der Butterhut ihm leise nachwatschelte. Immer wieder setzte er vergeblich zum Sprung auf seinen Rücken an, denn Royan eilte dann jedesmal etwas schneller zur linken Wegseite hin, wo eine kleine Böschung hinunter in die Wiesen lief.

Hier blieb er stehen und tat, als sähe er den Gnom immer noch nicht. Da machte dieser endlich seinen gewohnten Sprung und dachte sich sicherlich schon auf Royans Rücken. Aber der advente Wandersmann war auf der Hut. Er bückte sich blitzschnell tief zu Boden, so daß der butterglänzende, hutähnliche Zwergklumpen in hohem Bogen weiterflog und grad die Böschung hinunter purzelte, um zu verschwinden. Denn so hatte ihm doch noch keiner mitgespielt. Seither wurde er nicht mehr gesehen. Aber immer noch erzählen die Alten von diesem originellen Waldgeist vom Pirminswald und darum fürchtet sich noch mancher heute, spät in der Nacht allein längs des alten Kreuzes zu gehen.

346. Sagenhaftes um den Frauenbrunnen, das Dorf Wörschweiler und seine Flurnamen.

Am so schönen und stimmungsvollen Frauenbrunnen, mitten im Kirkeler- oder Pirminswald, liegt aus alter Zeit auch ein großer Schatz begraben, den der altheilige Waldesboden aber bisher trotz allen Versuchen wohl zu bewahren wußte. Auch Wünschelrutengänger hatten bisher kein Glück damit.

Folgt man der alten Saarbrücker Chaussee zu Wörschweiler, so gelangt man bald in den schaurigen Waldbezirk „Toter Mann". Dort wurde der Sage nach vor Zeiten das Skelett eines Mannes gefunden und danach soll diese unheimliche Gegend noch heute ihren düsteren Namen tragen.

Nahe beim Klosterberg von Wörschweiler liegt auch der Flurbezirk „hinter der Kanzel", und der soll wieder seinerseits den Namen davon haben, daß die Mönche einst hier draußen im Freien dem Volke gepredigt haben.

In Wörschweiler brauchen die Kleinen des Abends nur auf Anregung der Eltern ein Stück Zucker auf den Fensterstein zu legen und schon bringt die Bas (Hebamme) ein kleines Kind, das der Storch ihr aus dem tiefen Klosterbrunnen neben den Ruinen der Abteikirche herausholt. In ihm befinden sich nämlich die Ungeborenen von Wörschweiler und harren des Herausfischens. — Vor langer Zeit kam zu Wörschweiler eine hochzeitliche „Galachaise" vom Wege ab und rollte in die Ewenwiese (Ewwies) hinein. Plötzlich versank sie darin in einem tiefen Brunnen. Nun schwimmt alle sieben Jahre an diesem Unglückstage der Brautkranz auf dem Wasser; wer nun gerade das Glück hat ihn zu sehen, der darf sich etwas wünschen. Und aus dem großen Unglück der ehemaligen Brautleute erblüht ihm dann das große Glück. Aber alle Mütter warnen ihre Kinder vor dieser tückischen Ewwies. Und im Winter, wenn eine weite Eisfläche sie bedeckt, fahren die Kinder vorsichtig um die gefährliche Unglücksstelle herum.

347. Sagenhaftes um Kloster Wörschweiler, Kirkel, Limbach und ihr Waldgebiet.

Das Volk will wissen, daß sich auf der Höhe des Wörschweiler Klosterberges, auf jenem herrlich gelagerten, von altem Wald bedeckten, langgezogenen und gegen allzu neugierige Sicht geschützten Bergrücken, schon lange vor der Römerzeit eine große Kult- und Opferstätte der keltischen Druiden befunden habe, an deren Stelle sich dann später das Kloster und die Abtei Wernerswilre und so schließlich Werschweiler und

Wörschweiler erhob. — Da hat denn auch der alte Daniel Bertram in den siebziger Jahren eine „Dunnerax" gefunden, und die Frauen haben nach dem alten Brauch hartmelkigen Ziegen das Euter damit bestrichen. Ein Zweibrücker Jude hat aber unserm Bertram leider dieses Werkzeug alter Ureinwohner abgefuggert und so ausgespannt, und derart ist es der Wissenschaft verloren gegangen.

Die so wuchtigen romanischen Ruinen des Klosters, noch so eigenartig mit Mönch- und Rittergrabplastik bestanden, laufen dann mit ihrem Höhen-Waldgebiet unmerklich in das so anmutige, wasserbelebte baumalte Parkgelände des alten Herren- und Heilbadesitzes Gutenbrunnen in all seinem Barockreiz aus, und verbinden sich so auch wieder mit ihm zu echter Barockromantik, wie einmal so häufig im Saarland.

Von diesem Kloster aber führte einst ein geheimer Gang unterirdisch in das Innere der Burg Kirkel. Ihn benutzten in Notzeiten die pfälzischen Herzöge, Ritter und auch ihre Burgbesatzung. So konnte man sie ungehindert mit Proviant und Munition versehen, aber die Burg auch ungehindert räumen, wenn sie nicht zu halten war und sich in den Klosterfrieden flüchten. Im Innern des Kirkeler Schloßberges in einer Höhle wird aber auch in einer schweren, beschlagenen Kiste ein großer Schatz aufbewahrt. Ihn bewacht ein riesiger Hund mit feurigen Augen und überweitem, gähnenden Rachen. Nur der kann den Schatz heben, der den Hund bannt und ihn so unschädlich zu machen versteht.

Als einmal eine Hochzeitsgesellschaft zur Mitternacht durch den Limbacher Wald heimkehrte, geriet das Gefährt vom Wege ab und stürzte mit sämtlichen Insassen in den Totenpfuhl, in dem alles versank. Weder die Leiber der Gäste, noch die Kutsche mit Pferden sollen jemals wieder zum Vorschein gekommen sein, aber noch lange im Walde, vorab in dunkeln Novembernächten, gegeistert haben und zwar Pferde und Menschen. — Ähnliches berichtet man — und das wird sogar hier noch durch ein Forstprotokoll überliefert — vom Friedrichsbrunnen. Als dort einmal ein Bauer mit seinem Wagen zu mitternächtiger Stunde die Saarbrücker Straße hinauffuhr und dabei fluchte, als er an diesem „Friedrichsbrunnen" im Kasbruch oder „Germinauer Loch" vorbeikam, nahm ihn der Teufel flugs am Kragen und warf ihn in den Brunnen. Doch er konnte sich mit vieler Mühe wenigstens noch herausretten.

348. Der güldene Hund.

Vor über 100 Jahren wohnte auf dem Wörschweiler Klosterberge neben dem im Rundbogen geschlossenen, so stattlich gezierten, romanischen Portal der ehemaligen Abteikirche in einem Kellergewölbe unter den Ruinen der alte Royan. Sein ärmlicher, aber doch inhaltsreicher Lebens-Kreislauf war Jahrzehnte lang aufs innigste mit dieser ehrwürdigen Kultstätte unseres Landes verknüpft. Ein paar Jahre nur vor seinem Tode zog er hinunter nach Wörschweiler in's Dorf und in

41. Romanisches Portal der Zistercienser Abtei Wörschweiler

die sogenannte Baracke. Das war ein Lehmhäuschen, das älteste im Ort. Erst 1938 wurde es abgetragen.

Inmitten der vielen Geister und seltsamen Geschehnisse gerade dieser Gegend war Royan advent, — das heißt lichtig und alles auch bei Nacht, wie am Tage sehend, — geworden. Deshalb erschloß sich ihm vieles, was anderen Menschen verborgen blieb. Und schon als Junge hörte er vom alten Gesinde im nahen Hofgute die Sagen vom Klosterberge mit allem Sinn dafür. Und so erlebte er diese Überlieferungen wahrhaftig später selber, genau in der Art, wie er sie noch in seinen letzten Lebensjahren abends im Dorf der Jugend weitergab. Und weil er eben advent war, sah er auch einmal den goldenen Hund, von dem man ihm einst so viel berichtete; aber selber hatte ihn noch niemand vorher erblickt. — Einst bekam Royan mitten in der Nacht in seiner Kellerruine einen fürchterlichen Durst. — Auf den Dorfkirchen im Tal schlug es gerade zwölf Uhr den Wald herauf. Das hielt ihn zurück und er wartete noch. Weil aber die Sommernacht sich so lieblich anließ und der Durst stets quälender wurde, der schöne Klosterziehbrunnen aber nur etwas über einen Steinwurf weit von ihm weg stand, der ein köstlich kühlendes Naß barg, machte er sich schließlich doch auf den Weg. Zwischen dem Gutshaus und der Klosterkirche schritt er emsig dahin. Und da hörte er um die Grabplatten in der Kirchenmauer ein klagendes Geflüster; die Geister der unter seinen Füßen ruhenden Äbte, Ritter und Klostermenschen waren es, über deren verschollene Gräber er schritt. —

Er aber hatte keine Angst, weil es um ihn taghell war. Und nun sah er von weitem schon den uralten Brunnen in der grünen Wiese. Seltsam aber, es leuchtete rundum golden auf, als läge die liebe Sonne auf ihm, mitten in der Nacht. Es war förmlich so, als sei sein Mauerwerk von Gold und nicht von graubemoostem Stein.

Royan wunderte sich nun doch sehr. So schön sah er den Brunnen noch nie. Noch ein paar Schritte und er stand vor dem strahlenden Wunder der Nacht. — Dann öffnete er die Brunnentür und jetzt erst gewahrte er den Ursprung des Goldglänzens: Ein großer, goldener Hund lag in der Tür zu seinen Füßen und schaute ihn mit funkelnden Augen an. Das Tier aber rührte sich nicht, so daß auch Royan wie erstarrt da stand. So lange er auch den Atem anhielt und staunend auf den goldenen Hund sah, der lag da wie eitles Gold so schön und tot trotz allem Glanze, der von ihm ausstrahlte. Aber seine wuchtige Größe war doch so dräuend und wehrhaft, daß Royan anfing, langsam Schritt für Schritt zurückzugehen, um über einem solchen seltsam-schönen Erlebnis seinen Durst zu vergessen...

O Schreck, da bewegte sich ja auf einmal der goldene Hund und ging auch langsam zurück. Mitten vor die Brunnentür legte er sich nun. Als nun Royan vor Angst in seinen Keller lief, und von dort noch einmal zum Brunnen sah, lag das geheimnisvolle Tier immer noch dort. Und nun wußte der hellsichtige Royan, daß der güldene Hund das in Kriegszeiten von den Mönchen in den tiefen Brunnen versenkte Gold der Klosterkirche bewachte. Und so golden wie dieser Schatz war auch der treue Wächter geworden, der für ewige Zeiten hier seinen Platz gefunden hatte.

Als am Morgen der alte Royan endlich wieder an den Brunnen ging, seinen Durst zu löschen, zog er einen Eimer Wasser hoch. Beim Abheben von der Kette, schepperte der Eimer über und es war Royan, als träufelten lauter blanke Goldtropfen hinunter in die Tiefe. Die aber sang weiter ihr uraltes Brunnenlied: Und es rauschte das goldene Wasser bewahrend über die kostbaren Klosterschätze und ihren güldenen, wachsamen Hund...

349. Das Kegeln der Teufel vom Wörschweiler Kloster.

Nahe dem Schweizerhäuschen im weiteren Lilier'schen Park- und Gutsgelände von Gutenbrunnen auf dem Wörschweiler Klosterberg befindet sich im sogenannten Höhlengarten eine kleine Vertiefung. Diese ist mit hohen, alten Kiefern bestanden. Vor vielen Jahrzehnten ging der alte Royan, dieser so treffliche Sagenweiterträger aus älterer Zeit, einmal in einer stürmischen Nacht aus dem Dorfe Wörschweiler herauf, heim in sein Klosterkellergewölbe. Um den Weg zu verkürzen, ging er quer durch die Bodensenke.

Auch war er neugierig, welcher Art wohl das rumpelnde, leise donnerähnliche Getöse sei, das er schon eine Zeitlang vom Höhlengarten her vernommen hatte.

Da er ja advent, also auch bei Nacht, wie am Tage sehend war, gewahrte er zu seinem Erstaunen schon von weitem eine Anzahl unheimlicher Gestalten. Die feierten unter den Kiefern ein Fest. Sangen sie doch und gröhlten laut, und stießen unverständliche Flüche aus. Gläser klirrten, wurden gefüllt und leer getrunken und wieder gefüllt. Und deutlich sah Royan den Wein in ihnen auch funkeln: Und das war der gute, den Mönchen geraubte oder ergaunerte Klosterwein. Dazwischen rollte und donnerte es beim Näherkommen immer mehr, alles andere so laut übertönend, als sei jetzt das schwerste Gewitter am Himmel im Anzug. Kurz, es war ein Höllenlärm!

Ja, und als Royan noch näher kam und lange lauschend, spähend hinter der Hecke stand, sah er den Höllenfürsten, den Teufel selber unter all den schwarzen Gestalten, die auf und ab liefen und eine dicke Kugel, schwer wie Eisen, zwischen den Bäumen hindurch, über blitzblanke Laufdielen schmissen, eine nach dem andern. Ein ganz einziger, der ärmste wohl und dümmste anscheinend von all den Teufeln, bückte sich ununterbrochen am Ende der Erdvertiefung, warf die Kugel zurück und stellte jedesmal etwas zurecht wieder. Ach, es waren lauter schwere, schwarze Kegel, die immer aufglühten. Denn die Teufel vom Klosterberge, die es in all den Jahrhunderten unter Mönchen, Rittern und Gesinde wie sonstwo auch gegeben hatte, kommen ja stets noch in stürmischen Nächten zur Mitternachtsstunde und vertreiben sich ihre gräßliche Langeweile am Kegelspiel, dem sie schon zu Lebzeiten frönten. Ein Oberteufel aber führt sie dabei an und so geht es hart her, wie es nur eben bei Teufeln sein kann. Royan merkte das auch und blieb hinter der Kiefer stehen, wo er sich sorgsam verborgen hatte bis zum Morgen, da das teuflische Gesindel wieder in der Bodensenke in ihren Höhlen verschwand. Oft schon wurden sie von den Bewohnern des nahen Gutshauses gehört, ebenso von späten Wanderern oder Schatzgräbern, aber noch niemand sah die vielen gehörnten Schwarzhäutigen mit ihren Pferdefüßen und

Schwänzen jemals so deutlich wie unser alter Royan, der sich aber nie selber von ihnen wohlweislich jemals entdecken ließ.

350. Der unterirdische Gang neben dem Kloster-Ziehbrunnen.

Auf der Nordseite des Klosterberges zu Wörschweiler steht der Kloster-Ziehbrunnen. Ein paar Schritte von ihm entfernt, neben dem Pfad, der hinunter zum Dorf führt, findet sich ein etwa 4 Meter breites und 1 Meter tiefes Loch. Es ist mit Dorngerank bestanden unter dem sich Steingeröll befindet. Vor ein paar Jahrzehnten war hier der Eingang zu einem unterirdischen Gang noch offen, den man aber bald einebnete. In alter Zeit hatten ihn die Mönche angelegt und in unruhigen Kriegswirren nahmen sie dazu ihre Zuflucnt. Denn dieser Gang führte hinüber nach Homburg in das Hauptkloster, das hinter den Mauern des befestigten Platzes stand. So oft auch Kriegsscharen das Kloster Wörschweiler belagerten und plünderten, verbargen sich die Mönche mit ihrer Habe in dem Gang. Die mit vielen Schießscharten versehene Ringmauer befand sich noch vor Brunnen und Gang. Während den Belagerungen konnten sich die Mönche also stets mit frischem Wasser versehen. — Die unterirdische Flucht aber nach Homburg dauerte oft viele mühselige Stunden, gelang aber stets, denn es währte immer lange, bis die Feinde den rettenden Gang in der Tiefe des Bodens entdeckten. Und da waren die Mönche in Sicherheit. Unzählige Male war es den Klosterinsassen so gelungen, sich dem Zugriffe landfremder Belagerer und Plünderer zu entziehen.

351. Schatzgräber im Wörschweiler Kloster.

Es war für die Wörschweiler stets eine ausgemachte Sache, daß die letzten Mönche ihren Klosterschatz vor dem Zugriff des reformatorischen Zweibrücker Herzogs rechtzeitig gerettet und ihn an sicherer Stelle in unterirdischen Gewölben vergraben hätten. Diesen Schatz nun wiederzufinden, hat mancher schon — bis jetzt aber vergeblich — versucht. In den verflossenen neunziger Jahren noch haben es ein paar verwegene

Burschen einmal gewagt, den unterirdischen Gang freizulegen, der vom Chor der Kirche nach Burg Kirkel führen soll. Dort, glaubten sie, sei das Geld der Mönche sicher vergraben. Und wirklich, es gelang ihnen auch den Gang anzustechen. Wie sie sich nun vorsichtig in das kalte, unheimliche Gewölbe hineintasten, schreit einer plötzlich auf! Eine feste Hand hatte ihn von hinten gepackt. Aber es war nur der Förster Wannenmacher, der den Goldsuchern mit seinem Grimmes Schrecken einjagte. Seither hat es niemand mehr versucht, obwohl es nach den Erzählungen der Alten immer hieß, früher hätte man um die Mitternacht durch einen Spalt links vom Kirchenportal einen weißhaarigen Mönch gesehen. Und der habe dort auf einer mächtigen Geldtruhe gesessen. Es hätte freilich ein riesiger schwarzer Hund mit funkelnden Augen daneben gelegen. Und bei dem Gedanken an diesen grimmigen Wächter dieses Klosterschatzes sei jedem fürdem noch der Mut vergangen, dem ewigen Geheimnis der letzten Mönche weiter nachzuspüren.

352. Der Teufel im Brunnen von Einöd.

Vom Teufelsborn heißt es schon 1564: „Dißer Born stehet an den wißen in dem Teufelsgraben genannt, er ist mehr ein sumpff oder bruch dann ein born, doch hatt er klar wasser, ist etwa 10 schritt langck und 4 breitt. Er ist grundlos, hatt nitt vergebens den bößen namen, dann etwan der teufel do hinein gebannt oder darbey erschienen ist."

353. Der Gollenstein ob Blieskastel und dortige Stadtgespenster.

Über Blieskastel erhob sich bis vor seiner unvernünftigen Kriegszerstörung auf freiem Feld ein uralter Steinriese, wundersam sich vom abendlichen Himmel abhebend. Das war der Gollenstein, der in Form einer Spindel siebeneinhalb Meter aufstieg. Und siebeneinhalb Meter soll er nach der Volkssage auch wieder in die Erde hineinragen, während der größte Durchmesser 1½ Meter aufweist. Er liegt heute noch zerbrochen auf dem Alschbacher Berg, einer Höhe zwischen Blieskastel und dem Dorfe Alschbach als ein wichtiger Markstein für die ganze Gegend; und ein kleines Relief daran zeigt die Verchristlichung dieser heidnischen Spitzsäule, wohl aus der Keltenzeit oder wenigstens damals schon vorhanden. Ähnlich wie bei seinem kleineren Kameraden, dem Rentrischer Spillstein, sagt das Volk hierzu, er sei einst der Wetzstein des Riesen Goliath gewesen. Und in dieser nun vorliegenden Sagenvereinigung kann man so auch die Überlieferungen solcher Denkmale einmal im Verein zum ersten Male klarer übersehen, die das Volk um die merkwürdig zahlreichen Steindenkmäler dieser Art von den Quellen der Saar an bis zu diesen beiden Riesen und dem gewaltigen Wiselstein im Warndt in unserer Gegend gewoben hat. —

42. Der Gollenstein bei Blieskastel mit der Madonnanische

An der untern Saar verschwinden sie dann. — Aber bis um Saarbrücken ist es immer noch eine imponierende Reihe, was wieder daran denken läßt, daß sie auch, obwohl von Kulten auch sicher umzogen, als monumentale Grenzsteine einmal mit dienten. Um das nahe uralte Heilbad Niederbronn im Elsaß, hat der so verdiente Ch. Matthis bereits vor 40-50 Jahren eine ganze Reihe solcher kleinerer Spitzsäulen und Menhire auf der Höhe rings um die Stadt, die Zickenburg mit ihrem keltischen Lager und die Wasenburg auch festgestellt, von denen der auf dem Heidenkopf der größte ist (3 m Höhe, umgestürzt). Noch heute sagt das Volk von dem einen dieser wichtigen Kultorte: „Geh nuff uff de Zeckeburi d'Heide bate (beten) lehre!" Diese Menhire waren aber ohne Fragen hier n u r Kultsteine in keltischer Zeit und vielleicht schon auch in irgend einem Zusammenhang mit den Quellen. —

Aber dieser wahre Menhirwald auf kleinstem
Raum, bleibt hochinteressant, weiterweisend und ist
noch kaum seiner Bedeutung nach beachtet. — 9 solcher
Steine sind von Matthis auf der Karte seiner Wasgo-
wiana 1918 verzeichnet. —

Auf dem „Han" in Blieskastel, hier oben, ist es überhaupt nicht recht geheuer. — Es gehen da die Orts-
gespenster dieser Stadt an der Blies um, der „Schlapphut", die „weiße Frau" und der „dreibeinige Hase". —
Das alles zusammen aber mit dem auch hier in der
Nähe dieser Berghöhe seitlich landeinwärts vor dem
alten „Castellum ab Blesam", der späteren Residenz
derer von der Leyen und auch der alten Bliesgaugrafen, von denen man annimmt, daß sie auch einmal
früher noch in Habkirchen Hof hielten, aufragenden
Gollenstein gibt zu denken. Und das frühgotische
eingemeißelte Heiligenhäuschen und schließlich auch
die Errichtung der Hl. Kreuzkapelle gerade an diesen
Punkten, scheinen doch darauf hinzudeuten, daß sich
hier einmal in heidnischer Vorzeit auch schon eine
geweihte Stätte, vielleicht also ein heiliger Hain auf
diesem Han (= Hagen, Wald) erhoben hat, woran
das Christentum den Anschluß suchte und fand. —
Und davor und eben auch ganz in der Nähe auf den
zum Bliestal abfallenden Felsen stieg dann also auch
der alte Dynastensitz auf, von dem nur mächtige
Untermauerungen und eine merkwürdig altertümlich
anmutende Orangerie in reizvoll-anschwellender und
schattender Säulengliederung aus dem 17. Jahrhundert sich erhalten haben. —

**354. Ein angeblicher Papst aus dem Geschlecht von
der Leyen und sein Porträt auf der Philippsburg
am Niederwürzbacher Weiher.**

Die letzte Regentenfamilie von Blieskastel, die ja
in rheinischen geistlichen Kurfürsten- und Erzbi-
schofskreisen ihre besonders einflußreiche Rolle
spielte, wollte es gerne glauben, daß auch einer der
Päpste ihrem Geschlecht schon früh angehört habe.
So gab es auf der Philippsburg über dem Niederwürzbacher Weiher in deren ehemals so reichem Inventar
an Kunst-, Handschriften- und Bücherschätzen auch
eine Pergamentrolle wie die mit den farbigen Porträts

aller Päpste „von Christo bis Eugenium", der das Leyen'sche Wappen, den silbernen Pfahl auf blauem Schild (der Leye) in all dessen heraldischer Monumentalität auch geführt habe, das auch darunter so angebracht war.

Ein Rangstreit mit einer Gräfin Metternich aus der Familie des späteren Staatskanzlers in Wien, der am Kurtrierer Hof stattfand, wo das so reiche Haus von der Leyen in Koblenz im Leyener Hof, auf Gondorf, Saffig und unzähligen rheinischen Sitzen und Gütern saß, dessen Fall in der Revolution dort auch wie eine Landeskalamität in den Rheinlanden empfunden

43. Die Orangerie im Hofgarten von Blieskastel vom Kurtrierischen Oberbaumeister Mathias Staudt († 1648)

wurde, gab den Anlaß zum völligen Residieren in Blieskastel, wo es allein wie in Geroldseck in Baden souverän war. So kam der Reichsgraf Friedrich Franz von der Leyen samt seiner Gattin, einer Tochter des Burggrafen und Reichsfreiherrn von Dalberg aus dem sagenhaft alten Geschlecht der Kaemmerer von Worms, das gar vom jüdischen Königshause David herstammen wollte, nach Blieskastel und verschönerte im Wettstreit mit den benachbarten Häusern Pfalz-Zweibrücken und Nassau-Saarbrücken seine neue Residenz in derartiger Baufreude, daß die Sage den Grafen durch einen Sturz von einem Baugerüst sterben ließ. Seine Witwe und dann Regentin, die sich beim Volke den Namen „die große Reichsgräfin" verdiente, regierte dann das Ländchen mit ungewöhnlicher Umsicht. In der französischen Revolution brachte sie sich, schon von einem der Kommissare verhaftet, dem sie vorher viel Gutes erzeigt hatte, durch ihre Klugheit doch noch in Sicherheit, um längere Zeit in ihren eigenen Landen umherzuirren, beschützt und verborgen von ihren eigenen Untertanen, die von ihr befreit werden sollten, aber zumeist in Verehrung an ihr hingen. — Noch heute werden eine Reihe kleiner Inselchen in der Blies „Marianneninseln" genannt, auf denen sie sich des Nachts verborgen gehalten habe und sich so vor den Verfolgern auch mit rettete, bis sie über die Landesgrenze in's Zweibrückische und dann zu den Preußen auf den Karlsberg flüchten konnte, die dann für ihr weiteres Fortkommen nach einer anderen pfälzischen Herrschaft des Hauses, nach Münchweiler, sorgten, wo ihr Sohn Philipp ängstlich auf seine Mutter wartete, die mutig allein im Lande eben zurückgeblieben war. — Beide haben auch den Niederwürzbacher Weiher höchst anmutig mit Lustsitzen ausgeschmückt und umstellt, zu denen auch die obige Philippsburg, schon in romantischem Geschmack, gehörte, während die übrigen kleinen Lusthäuser noch echte Kinder des Barocks zumeist waren, mit graziösen Namen wie Montplaisir, Annahof mit dem Venedigerhaus, Bonvoisin-Maisonrouge und Bagatelle, wozu noch vieles, auch an eben schon romantischen und sentimentalen Überraschungen kam, wie die Eulenburg, das Schwesterntal und noch so manches andere. Auch diese Gegend ist noch ganz mit sagenhaften Erinnerungen des Volkes um dies eigentliche Regentenhaus des Bliestales umwoben. — Und wenn auch die Revolution die Macht dieses großen Hauses brach, dessen rheinische und linksrheinische Besitzungen zusammen allein weit größer waren wie ihr Ländchen Blieskastel, so kam doch noch einmal ein erneutes Aufblühen zur Napoleonszeit durch des Imperators Gattin, die Kaiserin Josefine und deren Familie, mit der die Leyen in einer Heiratsallianz verwandt wurden. Und so sitzen die von der Leyen heute als Fürsten, und für ihre Verluste wenigstens etwas dann entschädigt, in Schwaben als mediatisierte Stände. —

355. Junker Elz von Wecklingen.

Nicht gar weit von Blieskastel, im Tälchen von Ballweiler, liegt der Wecklinger Hof, die alte Burg der Junker Elz von Wecklingen. Das Geschlecht derselben erlosch im achtzehnten Jahrhundert und zwar, wie das Volk erzählt, auf diese Weise: Der letzte Junker besuchte des öfteren mit seiner Familie, die protestantisch war, die Kirche zu Mimbach auf der anderen Seite der Blies. Einmal fuhr nun die Kutsche die Herrschaft über Blickweiler zur Kirche. Der Fluß war so stark angeschwollen, daß man die Furt nicht benutzen konnte. Der Kutscher weigerte sich deshalb überzufahren, der Junker Elz aber befahl es. „Nun denn in Gottes Namen!" sagte der Kutscher. „In des Teufels Namen, fahr zu!" schrie ihn der Junker an. Da sprangen die Pferde in die Flut der reißenden und von jeher tückischen Blies. Die Kutsche schlug um und die ganze herrschaftliche Familie ertrank. Der Kutscher aber konnte sich allein retten.

356. Das Grab des Hunnenkönigs Attila.

Auf der Hochebene zwischen den südwestlich von Blieskastel gelegenen Ortschaften Erfweiler, Rubenheim, Wolfersheim und Ballweiler befindet sich, in den Schorn- und Kappelwald genannten Waldungen, eine Gruppe von 32 Grabhügeln der Hallstattzeit. Von diesen Hügelgräbern geht in den genannten Ortschaften die Sage, daß in einem der Grabhügel der Hunnenkönig Attila in einem goldenen Sarge begraben liege. Attila habe an der Schlacht im Teutoburger Wald teilgenommen und sei dabei tödlich verwundet worden. Im Sterben habe er den Wunsch geäußert, auf einer entlegenen Anhöhe in einem dichten Wald so bestattet zu werden, daß niemand jemals erfahren solle, wo sein Grab sei. Zwölf seiner Getreuen seien auf der Suche nach einer solchen Anhöhe nach dem Schornwald bei Rubenheim gekommen und hätten ihn dort in einem goldenen Sarge bestattet und diesen mit einem Erdhügel überdeckt. Um das Grab unauffindbar zu machen, seien die übrigen Erdhügel dann auch erst hergestellt worden. Als dann die Getreuen in das Lager der Hunnen zurückgelangt waren, seien sie von ihren eigenen Leuten erschlagen worden, damit sie das Grab ihres Königs nicht verraten könnten. (Vgl. auch Nr. 157.)

357. Die Stadt Riesweiler.

Die Volkssage will wissen, daß ehemals auf einem beherrschenden Bergrücken die Stadt und Veste Riesweiler gestanden habe, die schon die Römer kannten und die so groß war, daß ihre Ummauerungen an Ausdehnung denen von Worms gleichkamen. Auf dem Bergrücken bei dem heutigen Dorf Riesweiler sollen noch ihre Reste gefunden worden sein. In den Freiheitskriegen kam einst ein russischer Offizier nach Altheim und frug dort nach der großen Stadt Riesweiler, wie sie seine alte Karte noch verzeichnet hatte und war sehr erstaunt, als an dieser Stelle nur mehr ein kleines Dorf zu finden war. Dieselbe Geschichte mit den eine verschwundene, große Stadt suchenden Russen, in die sie in's Quartier wollten und die auf ihren Karten auch noch wohl verzeichnet stünde, erzählt man sich von der versunkenen Stadt Remborn bei Saarbrücken und der gleichfalls verschwundenen großen Stadt Steckfeld bei St. Wendel, da wo etwa heute Furschweiler liegt. Auch von der sagenhaften Stadt Grünegraut, mitten im Warndt, will man dasselbe zu berichten wissen.

358. Der deutsche König Adolf von Nassau und sein in der Blies ertrunkener Widersacher.

Der Ahnherr unseres alten Saarbrücker Herrscherhauses war der deutsche König Adolf aus dem Hause Nassau, das mit seinen Vorfahren von mütterlicher Seite, den alten Grafen von Saarbrücken zusammen, um die 1000 Jahre dem Lande segensreich vorstand, so daß damit zeitlich verglichen, die folgenden Herrschaften, soweit sie beendet sind, nur wie vorübergehende Episoden anmuten können. —

Das aber war der rechtmäßige deutsche König, wenn er auch noch nicht vom Papste zum Kaiser gekrönt war. Und als sein Gegenkönig ließ sich Albrecht von Österreich am Johannistag 1298 aufstellen.

„Es ging aber in alter Zeit die gemeine Rede", daß alle Fürsten und Herren, welche wider König Adolf zusammen geschworen hatten, eines gewaltsamen Todes sterben müßten." So erzählen auch die gleichzeitigen Chronikschreiber.

Und alle traf danach auch wirklich dies grimme Schicksal. Aus unserer Gegend waren auch dabei der Graf von Leiningen aus dem alten Hause Saarbrücken und der Graf von Zweibrücken. Und siehe da, der erstere wurde vor seinem Ende unsinnig und der letztere ertrank gar in der Blies. Und der Erzbischof Gerhard von Mainz, selbst ein geborener Graf von Nassau und Adolfs Vetter, dem er früher zum Throne gar mitverholfen hatte und der dann ein Haupturheber seines Sturzes wurde, starb jählings auf einem Sessel sitzend. — Der Bischof von Straßburg, Konrad, aber wurde vor Freiburg im Breisgau von einem Metzger erschlagen und Herr Otto von Ochsenstein, Albrecht von Österreichs Vetter aus dem alten Elsässer Geschlecht und oberster Bannerherr der Österreicher, erstickte vor Hitze und Anstrengung in seinem Harnisch in der Schlacht bei Göllheim in der Pfalz, in der König Adolf von Nassau besiegt und angeblich von Albrecht mit eigener Hand erschlagen wurde, der selbst später meuchlings von seines eigenen Bruders Sohn, den dann Schiller als „paricida" in seinen Tell verwob, hingemordet worden ist. —

Von den sieben Kurfürsten des deutschen heiligen Reichs, blieben übrigens nur zwei dem König Adolf treu, der von Trier und der Pfalzgraf bei Rhein, des Herrschers Schwiegersohn. — So will denn die Sage, daß die stets mit Mißgeschick verfolgt werden, die sich gegen das Haus Nassau wendeten, oder ihm Schaden zufügten. — Und gerade dies Fürstengeschlecht sitzt auch selbst heute noch allein in seinen Häusern Saarbrücken und Oranien auf zwei Thronen, einem großherzoglichen und einem königlichen, mit dem zugleich auch noch ein Weltkolonialreich verbunden ist.

359. Die Riesen des Bliestales.

Auf den Höhen an der untern Blies hausten einst zwei Riesen, durch das Tal des Flusses voneinander geschieden. Ihre vorzüglichste Arbeit aber war es, den Urwald zu lichten, zu roden und Wohnstätten so zu schaffen. Doch besaßen sie als ungeteilten Besitz nur eine einzige Axt.

Bedurfte man derselben, so gab man sich ein Zeichen,

und von Zeit zu Zeit klang der hohle Ruf der Riesen furchtbar von Berg zu Berg über das Bliestal hin. Der Angerufene schwang alsdann die Axt in der Luft und warf sie mit großer Stärke hinüber zur andern Höhe. Hatte der Nachbar genug Eichen gefällt und wollte der Ruhe pflegen, so schickte er zuvor auf gleiche Weise Axt und Stiel wieder zu dem freundlichen Mitbesitzer zurück.

360. Die schwarze Mutter Gottes von Gräfinthal.

Das Kloster Gräfinthal (bei Bliesmengen) verdankte seine Entstehung (1243) der Gräfin Elisabeth von Blieskastel, die durch die Fürbitte der hl. Jungfrau von einem langwierigen Augenübel befreit ward. Die Wallfahrer beteten dort vor ihrem wundertätigen Bild. Nach uralter Sage sei diese Holzplastik schon vor der Stiftung des Klosters unter einem Baum gestanden oder habe an ihm gehangen. Eines Tages schossen vorüberziehende Ungläubige mit Pfeilen nach ihr, worauf das Bild in wunderbarer Weise Blut vergoß. Und bei einer neueren Wiederherstellung der Statue in München fanden sich wirklich uralte Pfeilspitzen in ihr noch vor, die ihrer Beschaffenheit und Form nach gerade in die Zeit, wie sie von der Legende angegeben wird, und so in das 13. Jahrhundert zurückreichen mögen. — Tausende von Pilgern wallfahrteten zu dieser schwarzen Muttergottes nach Gräfinthal. Doch in der französischen Revolution wurde das „unverbrennliche Bild" öffentlich verkauft, kam nach Blieskastel und tauchte erst, auch neuerdings, wieder sicher identifiziert, dort in der Hl. Kreuzkapelle ob dieser Stadt auf dem Han auf, wo es erneut immer noch Wunder wirkt und zu den größten Heiligtümern des Saarlandes gehört. — Auch in anderer Weise zeigte sich die Gnade dieser schwarzen Muttergottes von Gräfinthal, zu der stets gern die Bliestaler in allem Zuflucht nahmen, aber auch Wallfahrer von weither, besonders auch noch aus dem Luxemburger und Lothringer Lande kamen. — Davon diese zwei Beispiele aus vielen herausgegriffen:

Ein junger Bursche aus Ormesheim bei Ensheim, entlief zur Zeit der Belagerung Wiens seinen Eltern, ward von den Türken gefangen und mit nach Asien geschleppt. Da er standhaft und treu bei seinem alten

Glauben beharrte, warf man ihn in den Kerker. Sein Schicksal war unerträglich. Da erwachte in ihm wieder die Liebe zur Heimat. Tag und Nacht trat ihm ihr Bild vor Augen, sein elterliches Haus, das Dorf und nahe dabei das gnadenreiche Bild im Kloster von Gräfinthal.

Er gelobte der hl. Jungfrau: werde ihm je wieder das Glück der Heimat zuteil, eine Kapelle zu bauen, und müsse er auf eigenem Rücken die Steine herbeitragen. Als er eines Morgens erwachte, vernimmt er Lerchengesang, über sich das blaue Himmelsgewölbe und um sich die grünen Fluren der Heimat! Zugleich ertönt vom nahen Kirchtum herüber der alte unvergeßliche Klang des Avemaria-Glöckchens. Die hl. Jungfrau hatte ihn im Traume weggetragen auf ihrem wallenden Sternenmantel in die Gefilde der Heimat, wo er unter einem blühenden Schlehdorn erwachte. Seines Gelübdes eingedenk, erbaute er an dieser Stelle ohne alle Beihilfe die der hl. Jungfrau geweihte Kapelle, die heute noch nach seinem Namen die Strutelpeter-Kapelle genannt wird. Und nun noch nach sehr alter Aufzeichnung eine zweite Wunderhilfe weit aus der Zeit vor 1671:

Brebach: „Ein Mann sambt dreyen anderen werden in der Saar beym Leben erhalten: Zu Brebach, nicht weit von Saarbrücken, wollten eylff Personen in einem kleinen Nachen oder Schifflein über die Sarr hinüberfahren. Weil aber damals überfrohren, außgenommen die Fahrt, und ohngefähr der Nachen neben einem Wiedenstock hart angestoßen, daß das Schifflein umbgewendet und alle in das Wasser gefallen. Unter diesen war einer, der Baum von Ranspach genannt, der ergriff eylends ein Reiß von der Wieden, in der Meynung, sich daran zu halten. Weil aber daßselbig so gering, daß es den Last nicht erhalten kondt, zerbricht es. In dieser Noth wußt er sich nicht zu helffen, weyl es auf beyden Seyten das Eyß und das Wasser tief, rufte derohalber die Mutter Gottes zu Gräffenthal an, mit großem Vertrauen. Sie werde ihme auß diesem Wasser helffen. Indem ergreift er ein ander Rutten, halt sich stark und vest daran, in solchen ergreifft ihn ein anderer Mann und Frawe sambt einem Kind, welche mit dem Leben davon kommen seynd. Und die übrigen den unter dem Eyß zu Grund gangen. Wegen errettung ihres Lebens haben alle vier zu Ehren ihrer Nothelferin die Walfahrt auff Pauli Bekehrung mit großen Danksagen außgericht."

In dem Grabmal der Stifterin von Gräfinthal, das nach der Art solcher frühen Frauengrabplastiken einen Hund zu Füßen aufweist, sieht das Volk irrtümlich das Bild der Tochter Anna des vertriebenen Polenkönigs Stanislas Lesczinsky, der sich eine Zeit lang in und um

44. Die schwarze Mutter Gottes mit den Pfeilen
aus der Wilhemiten Priorei Gräfinthal (um 1200)

Zweibrücken im Asyl Königs Karl XII. von Schweden, des Herzogs von Zweibrücken, aufhielt, an die aber nur eine angebrachte Tafel erinnert. Hieran knüpft sich dann auch die Sage, die Prinzessin soll blind gewesen sein und habe ein Hündchen gehabt, das sie führte. Als sie dann starb, soll das gute Tier so getrauert haben, daß es nicht von ihrem Grabe wich und eines Morgens da tot aufgefunden wurde, so daß man es zum Andenken an seine Treue mit verewigte.

361. Der Graf von Frauenberg mit den güldenen Knöpfen.

Über Frauenberg stand früher eine herrliche Burg, deren Ruinen selbst heute noch stattlich genug wirken und dem Bliestal einen schönen romantischen Abschlußklang so vermitteln, um von ihrem nicht hohen Burghügel in es hinein zu grüßen, da wo der Mandelbach aus seinem anmutigen Tal mündet: Sie war übrigens lange bewohnbar und wohl immer wieder erneuert und so noch im 18. Jahrhundert ein Adelsitz der Familie d'Aubry. — Lange vordem aber sollen da der Sage nach besonders reiche Grafen gewohnt haben, so wohlhabend, daß sie nur mehr massiv goldene Knöpfe an ihren Kleidern trugen, und auch ihre Diener hatten gar deren aus Silber. — Alles war damals herum noch von tiefem Walde bedeckt und darin hielten diese Herren, wie üblich, ihre „proforsch Jagden" mit vielen Treibern ab.

Einmal aber gab es auf der Frauenburg einen jungen Grafen, der nahm sich eine schöne, vielumworbene

45. Dorf und Burg Frauenberg an der Blies

Gattin. Doch sie hatte nur Augen für ihren Mann. —
Das aber erzürnte baß den in sie verliebten Nachbargrafen von Bliesbrücken. Und zwar so, daß er dem glücklicheren Frauenberger Herrn auf der Jagd auflauerte, ihn erschoß und verscharrte.

Vorher aber schnitt er die goldenen Knöpfe von dessen Mantel ab, um sie zu vergraben. Und damit wollte er glauben machen, es handele sich um einen Raubmord.

Als der Graf nachts nicht zur Frauenburg heimkehrte, wurde seine Gattin unruhig und ließ den Wald absuchen, und ein treuer Hund, der sonst stets bei seinem Herrn war, fing an einer gewissen Stelle an zu heulen und zu winseln und wollte sich nicht mehr von dem Platze wegführen lassen.

Da merkte man denn, daß dort etwas nicht richtig war, grub nach und fand den Toten. —

Auf seiner Bliesburg aufgebahrt, sollte nun die Probe gemacht werden, wer der Mörder sei, denn nach altem Glauben fingen ja die Wunden eines Erschlagenen wieder an frisch zu bluten, wenn der Täter näher herankam. Aber es ergab sich nichts dabei, trotzdem die Gräfin darauf hielt, daß alle ihre Leute oder wen sie sonst etwa im Verdacht noch haben konnte, sogar die Wunde berühren mußten. — Zur Beerdigung wurden dann alle Grafen und Großen der ganzen Umgebung geladen. Und siehe da, wie der von Bliesbrücken sich dem Aufgebahrten nur näherte, brach die Wunde schon erneut auf und blutete und blutete. Da ergab es sich denn klar, daß er der Mörder war. So mußte er denn ein Bekenntnis ablegen und auch verraten, wo er die Goldknöpfe eingegraben hatte. Darauf sperrte man ihn in das tiefste Turmverließ der Frauenburg und dort unter deren mächtigem Rundturm wurde er in Ketten gelegt und mußte so elendiglich umkommen. Und man sagt, daß sein Geist noch heute in der Ruine ob der Blies geistere.

VIII.

Die untere Saar von Saarlouis über Dillingen und Merzig mit dem zum Luxemburgischen ziehenden Teil des Saarlandes und der Sagenquelle des Hyllborns.

46. Alte Festungswerke in Saarlouis

362. Die Erbauung von Saarlouis.

Das Wappen von Saarlouis zeigt im obern Felde die bourbonischen Lilien, im untern eine Sonne, die aus einer Ecke über Wolken herausstrahlt, dabei den Wappenspruch: „Dissipat atque fovet": „Die Sonne zerstreut und erwärmt." Das hat zur Sage Anlaß gegeben, daß die Stadt in den Sumpf hineingebaut worden sei, den die Sonne ausgetrocknet habe. Und die Meisterhand des großen Festungsbaukünstlers Vauban und seiner Schüler habe sie denn so schön und regelmäßig gestaltet, daß sie in ihrem Grundriß schließlich einer Rose mit ausstrahlenden Dornen geglichen habe.

Als die Festung im Bau war, kam der namengebende Sonnenkönig Ludwig XIV. selbst mit der Königin, dem Dauphin, dem Herzog von Orléans, seinem Bruder, dem Manne der so volkstümlichen Pfälzischen Prinzessin Liselotte, samt dem Hof aus dem Lager von Bouquenum (Bockenheim) über Saarbrücken, wo er am 6. Juli 1683 im Schloß wohnte und übernachtete, der Herzog in der Stadt, nach Saarlouis und Wallerfangen (Vaudrevange). Als ihm von den Höhen bei Felsberg aus die Neuschöpfung gezeigt wurde, rief er aus: „Ist das alles für meine Millionen" und befahl, die Pferde zu wenden. — Der Stadt Saarlouis aber schenkte dieser König die schöne barocke Ausstattung des Ratssaales mit Gobelins und Möbeln. Aus dem 18. Jahrhundert findet man noch hie und da in den Seitenstraßen um den großen Paradeplatz besonders reizvolle Fenstersteine mit Masken und andere Hausplastik des heimischen Bildhauers und Baumeisters Ferdinand Ganal (geb. 1703), eines phantasie- und humorbegabten Saarlouiser Schreinersohnes, der auch die Abtei Mettlach so eigenartig mitausgeziert hat und sonst in St. Johann a. d. Saar, Saarbrücken, Beckingen und Merzig tätig war und ein hohes Alter erreichte. —

363. Die Katzen von Saarlouis und der Freiheitsbaum.

Als die Revolutionäre 1793 auch in Saarlouis den Freiheitsbaum auf der place d'armes aufrichteten, ärgerte das eine daselbst wohnende Aristokratin — es war ein Fräulein d'Allstein aus altem lothringischen Geschlecht — dermaßen, daß sie sich mit einer Freundin daranmachte, in einer stillen Stunde den neugesetzten symbolischen Freiheitsbaum mit Baldrian einzureiben. — Das zog nun in der Nacht alle Katzen von Saarlouis an, die in Scharen zum großen Erstaunen und Ärger der Revolutionäre auf dem Freiheitsbaum saßen und an ihm hingen, um ein fürchterliches Konzert von sich zu geben.

364. Der Trommler des Marschalls.

Um die Zeit, da der Kaiser Napoleon über das Rheinland gebot, wohnte in einem Saardorf ein Bursche, der die Trommel so meisterhaft zu schlagen verstand, daß man ihn allgemein den Trommelsepp nannte. Wenn er die Schlegel rührte, jauchzte und klagte, dröhnte und grollte, zürnte und bebte die Trommel. Ja, sie schien manchmal eine Seele zu besitzen, so getreu verstand sie die Regungen des Menschenherzens auszudrücken.

Mit der Tochter eines Schmiedes war er verlobt, und man begann schon die Hochzeit zu richten, da beschloß der Kaiser Napoleon einen Kriegszug gegen das ferne, kalte und unwirtliche Rußland und hob frische Soldaten aus. Unter den Ausgemusterten befand sich auch der Trommelsepp. Beim Abschied sagte er zu seiner Braut: „Ich muß noch einmal die Trommel rühren. Nachher magst Du sie aufbewahren, bis ich aus dem Kriege zurückkomme... das ist ein Stück von mir, und ich bin ein Stück von ihr. Solange sie heil bleibt, lebt der Sepp."

Ein paar Monate später zog Sepp als Tambour mit dem Franzosenkaiser ins Feld. Sein Regiment unterstand dem Marschall Ney, der bekanntlich selbst ein Saarländer war und aus alter Ensdorfer Familie stammte. In Saarlouis aber wohnten seine Eltern und dort war er auch 1769 geboren. Sein Vater Peter wirkte dort als Küfer und stammte eben aus Ensdorf, als Sohn des Mathias Ney und der Margarethe Becker ebendaher, wo dessen Vater wieder Paul Ney mit seiner Gattin Anna Maria Zang im 17. Jahrhundert bereits wohnten. 1767 aber hatte Peter Ney schon in Saarlouis Margaretha Grevelinger, die Mutter des Marschalls, geheiratet und die war wieder eine Tochter von Valentin Grevelinger zu Büdingen im Kreise Merzig und der Margaretha Denis, so daß die Ahnenreihe dieses bekanntesten und so volkstümlichen Marschalls sich als eine vollkommen saarländische weit herauf ergibt.

So blieb es nicht aus, daß er sich auch für den jungen Landsmann und Trommler interessierte und ihn in sein Herz schloß. —

„Trommle Sepp!" rief der Marschall nach jeder gewonnenen Schlacht. Und der Tambour ließ das Kalbfell dröhnen, daß die Soldaten begeistert ihre Waffen schwangen und die Verwundeten ihre Schmerzen vergaßen. „Tambour hau zu! Aus Moskau schlagen die Flammen!"

Sepp's Trommel warnte und rief, bis das ganze Regiment vor dem Marschall stand und die brennende Stadt in geschlossener Ordnung verlassen konnte.

An der Beresina aber gerieten die Truppen in große Not. Von russischen Kosaken umzingelt, mußten sie den Rückzug der Franzosen decken in Sturmwind und Schneetreiben und fast erfroren von der eisigen Kälte. Schon wollten die Bedrängten die Waffen niederwerfen und sich ergeben, da setzte die Trommel so heftig ein, daß die beiden Schlegel zerbrachen. Sepp warf sie in den Schnee und trommelte so lange mit den Fäusten, bis sich die Musketiere mit gefälltem Bajonett auf den Feind stürzten und die Umklammerung durchbrachen.

Dann kamen Tage und Wochen, in denen die Trommel selten dröhnte. Ihr Meister war krank und müde geworden. Mit hängendem Kopf und bleichem Gesicht schwankte er der fernen Saarheimat entgegen, umgeben von einem Trupp von Landsleuten, die gleich ihm den Tod im Herzen trugen.

„Trommle, Sepp, dann schreitet es sich leichter." Stumpf und teilnahmslos ließ der Angerufene die Fäuste auf das Kalbfell fallen. Seine erfrorenen Hände konnten keine neuen Schlegel schnitzen.

„Landsmann, wach auf! Vor uns liegt der Rhein!"

Die Trommel tönte lauter als sonst. Aber die Knöchel, die sie schlugen, waren gefühllos und mit schmutzigen Lumpen umwickelt.

„Sepp steh auf, — in vier Stunden sind wir daheim!"

Am Rande der einsamen Höhenstraße, die seit Urgedenken über den Hunsrück zum Rhein führt, schlug ein Todkranker noch einmal die Augen auf und tastete nach seiner Trommel. „Leg sie — — auf meinen Schoß!"

Der Kamerad, er war der einzige, den die Cholera verschont hatte, erfüllte den Wunsch des Sterbenden. „Und nun — — — stütz mir — — — den Rücken!"

Mit letzter Kraft richtete sich der Tambour auf, riß die Lumpen von den Händen und trommelte so dumpf, daß rundum der Wald erschauerte. „Vergiß nicht — — — meine Braut zu grüßen!" Mitten im Wirbeln sank er tot zurück. —

Zur selben Stunde drang aus dem saarländischen Schmiedehaus ein schriller Schrei. Die Braut stand vor der zersprungenen Trommel des Toten. —

Der Trommelsepp aber steigt seither in jeder Vollmondnacht aus seinem Grab und stampft, die Trommel schlagend, über die alte Höhenstraße, dem Hochwald und der Saar zu. Dann heben sich rechts und links die toten Kameraden aus der Erde und ziehen mit ihm gegen Westen, der lieben Heimat zu, die sie nie erreichen.

365. Der Wärwolf.

Bis weit in die Mitte des verflossenen Jahrhunderts hatte sich auch an der Saar der Glaube vom Wärwolf erhalten, den man im französischen Dialekt von Saarlouis den „Lugaro" (loup garou) hieß.

Besonders in dunkeln Nächten soll er sein Unwesen getrieben haben, indem er einsame Wanderer anfiel oder denselben auf den Rücken sprang, von dem er trotz aller Anstrengung nicht abzuschütteln war.

Er war besonders gefürchtet, ein Wesen, das zur Hälfte Mensch und zur Hälfte Tier sein soll. Diese Zwittergestalt hat einen Wolfskörper, einen Mannskopf und menschliche Hände und Füße, die mit langen Krallen versehen sind. Der Wärwolf springt nachts sein Opfer an und beißt ihm das Genick durch. Er trinkt das Blut des Getöteten und raubt die Opfer vollständig aus. Gern nahm man an, daß sich gewisse Menschen in Wärwölfe verwandeln könnten.

366. Die Teufelsburg bei Felsberg.

Auf einem Bergvorsprung unterhalb des eine Stunde von Saarlouis entfernten Dorfes Felsberg erhebt sich, völlig in einen Schutthaufen versunken, der Überrest einer Burg, die das Volk „das alte Schloß" oder auch die Teufelsburg nennt. Hier glaubt es, daß große Schätze verborgen liegen. Vor dem völligen Zerfall, als noch Keller und Verließe erhalten waren, sollen dieselben einen erwünschten Schlupfwinkel für umherstreifendes Volk geboten haben, worauf man auch den Namen „Teufelsburg" zurückführen will. Um 1600 war alles noch wohl erhalten. Zwischen „Alten Velssbergk und schloss neuwen Velssbergk" unterschied man. Die Burg Altenfelsberg lag auf dem Schloßberg, auch „Philsberg" heute genannt, bei St. Barbara.

367. Das Bergmännchen vom Blauberg und die „Drei Kapuciner".

Bei dem Azurbergwerk im Blauberg bei Wallerfangen (Vaudrevange) sollte sich einst das Bergmännlein zeigen, oder es soll auch noch da umgehen. Das sei besonders in der Nähe einer alten Ruine der Fall am

351

Bergesabhange, wo ehedem ein Schloß gestanden haben soll, das vor langen Zeiten durch einen Erzbischof von Trier zerstört worden, als er mit einem lothringischen Herzog in Fehde lag. Man hat vor nicht allzulanger Zeit dort, nicht weit von einem Bergblaugang, einen Brunnen entdeckt und glaubt, daß reiche Schätze darin liegen. — In drei alten Felsbildern im „Blauloch" bei St. Barbara, von denen eines durch Steinbrecher zerstört ist, die Götterbildnisse darstellen, dabei ein Gott mit Hammer, will das Volk „drei Kapuciner" sehen und benennt sie auch so. Dazu hat es ihre altkeltische Tracht verführt, das Sagum, ein über den Kopf gezogener Mantel, der bis zu den Knien reichte und an dem eine Kapuze angebracht war.

368. Die frühlingstrunkenen Nonnen von Ensdorf.

In alter Zeit, als das breite Wiesental des Ensdorfer Bannes noch versumpft und einsam dalag, kamen von einem entfernten Nonnenkloster zwei junge Nönnchen dahergezogen. — Es war ein schöner Maientag und sie fuhren, froh der Klostermauern wieder für einige Stunden bar zu sein, lustig und unbeschwert in ihrem klösterlichen, mit zwei edlen Hengsten bespannten Reisewagen über die einzige Straße des Dorfes dahin. Es ging nun der in der Ferne aus einem Meer von alten Bäumen herauslugenden, mächtigen Praemonstratenserabtei Wadgassen zu. Wohl sahen sie rechts die weiten Saarwiesen, die man auch heute noch „die Wies" nennt und dachten nicht daran, daß hier alles voller Sumpf und Moor war. Nur das leuchtende Glühen der Butterblumen gewahrten sie darüber, wie einen goldenen Mantel ausgebreitet und das machte sie noch froher. Sie beschlossen, recht lang in Wadgassen zu bleiben und am Abend schnell durch die „Ensdorfer Wies" zu rennen, um den Weg abzuschneiden, um dann der Äbtissin doch noch rechtzeitig die Rückkehr melden zu können. Und aus alledem müssen wir doch wohl annehmen, daß ihr „entferntes Kloster" Fraulautern gewesen sein muß, wenn es auch die Sage nicht nennt. — In Wadgassen aber war der Teufel nach Erledigung der Klostergeschäfte hinter ihnen her. Schon am Morgen, da er sie sah, hatte er sich geschworen, beide zu verführen und für sich einzufangen. So schirrten sie denn erst gegen Abend ihre Rosse an und jagten heimwärts, setzten auf der Saarfähre über und hieben dann immer mehr auf die Pferde ein. Der sichere Weg durch Ensdorf war ihnen nun zu weit und auch zu eintönig. Durch „die Wies" fuhren sie, den viel kürzeren, blumenübersäten und taunassen, glitzernden Weg. Vor ihnen her ritt ein goldstrotzender, stolzer Mann auf feurigem, funkenstiebendem Rosse: „Folget mir ruhig nach, ich zeige euch den Weg!" so betörte er die zwei jungen, unerfahrenen Nonnen. Und so trieben sie die Hengste immer eiliger an und rasten immer lüsterner dem Scheine der trügerischen Welt nach. —

Das Gras roch so frisch, die Blumen dufteten und blühten und das alles war zauberhaft für sie, so hoch zu Wagen durch diese paradiesische Natur zu jagen, die Pferde zu lenken und Herrin über diese und sich selbst einmal sein zu dürfen. Und langsam spritzte das Wiesenwasser unter den klirrenden Hufen. Doch es kühlte nur die erhitzten Füße und Gesichter der beiden Nonnen. — Ach wären sie jetzt noch umgekehrt, die jugendlichen Leichtsinnigen. — Aber nur immer toller trieben sie die Rosse in „die Wies" hinein. — Dort aber leuchtete abendlich rot eine große Quelle, die war ansehnlicher als mancher Teich. Aber tief, unermeßlich tief, war diese Quelle, in „der Wies" und schon manchen Wanderer hatten die Brunnengeister zu sich hinabgezogen, wie auch der Teufel sie wohl benutzt hatte, um so manche junge Maid hier in's Wasser zu locken.

Alles wundersame Duften und Gleißen, das Murmeln der Quelle und das silberperlende Aufschäumen der Wasser, war wahrhaft teuflisch schön. Und die zwei jungen, schönen Nönnchen folgten dem Verführer somit unbedenklich und trunken vor Freude und Wonne an der schönen Natur und dem herrlichen Abendschein. Der Teufel aber zog dann solange an Pferden, Wagen und Nonnengewändern, bis er die Unglücklichen tief bei sich in der Quelle hatte, in deren Tiefe sie elendiglich versanken. —

Immer noch wohnen seither die zwei jungschönen Nonnen auf dem Quellengrunde und besonders in blütenprangenden Maiennächten, steigen sie hinauf über das Wasser und wehe dem Jüngling oder Mädchen, die sich um diese Zeit dahin verirren. Die Nonnen ziehen sie unweigerlich mit hinab in ihr nasses Grab. Und besonders kleine Kinder hält man auch ängstlich von „der Wies" fern, denn auch die holen sie wohl gerne zu sich. —

369. Das Dreimarienbild zu Hülzweiler.

Am Ostausgang Hülzweiler, nicht weit von der Stelle, wo der Schwarzenholzerweg abzweigt, steht die St. Laurentiuskapelle, in der sich ein altes plastisches Bild befindet. Es stellt die drei frommen Frauen dar (Maria, die Gottesmutter, Maria Magdalena, Maria Salome), die bei der Kreuzabnahme Christi zugegen waren, und seinen Leib mit Spezereien salbten. Im Volksmunde heißt dieses Bild „Dreimarienbild". Es führt zurück auf den keltisch-germanischen Drei-Matronen- bezw. Nornenkult, und die Sage hat sich längstens seiner bemächtigt.

Hören wir, was sie kündet: Als die Schweden im Dreißigjährigen Krieg auch die Hülzweiler Laurentiuskapelle verbrannten, wurde das Bild von einem Unbekannten gerettet. Erst um 1735 fand man es wieder beim Abbruch eines alten Hauses — und trug es in feierlicher Prozession in die neuerbaute Hülzweiler Kirche. Wer aber beschreibt das Erstaunen der Leute, als das Bild am anderen Morgen verschwunden war, und in einer Wildrosenhecke am Schwarzenholzer Weg hing. Man vermutete einen bösen Frevel, ließ es mit Weihwasser besprengen und eine Sühnemesse lesen, und führte es wieder zurück in die Kirche. — Tags darauf lächelten die Drei-Marien wieder aus dem Wildrosenbuch, dessen Blätter einen solch wohlriechenden Duft ausströmten, daß sich alle Leute schier wunderten.

Will es doch selbst eine fromme Legende, als habe Maria einmal an einem solchen Rosenbusch die Windeln des Christuskindes getrocknet, worauf er seit damals den schönen Duft seines Blattwerks erhalten habe.

Beim drittenmal aber, als die Drei-Marien in den Rosenbusch wiederkehrten, hatte der, obwohl es erst Ostern war, blutrote Wildröslein getrieben.

Als man ihm das Bild entwinden wollte, perlten blutige Tränen aus den Rosenkelchen, und stachen sich ein paar Leute so heftig an den Dornen, daß sie sich schreiend auf der Erde wälzten und von oben bis unten von schwarzen Blattern überzogen wurden. Nun erinnerte man sich endlich, daß die Wildrosenhecke auf den Trümmern der verbrannten Kapelle stand, und meldete das Wunder der Äbtissin von Fraulautern, die das Patronat über die Hülzweiler Kirche ausübte. Diese ließ sofort Holz schlagen und Steine brechen, aber statt die Kapelle auf den alten Platz zu errichten, wollte man sie näher ans Dorf rücken und erschrak, als eines Morgens unsichtbare Hände den angefahrenen Baustoff rund um die Rosenhecke aufgeschichtet hatten.

Da baute man das Heiligtum endlich auf die vom Bilde bezeichnete Stelle. Am selben Tage aber, an dem die Drei-Marien wieder ihren alten Platz innehatten, fielen die Blattern von den Kranken ab und begann der versiechte Gnadenborn neben der Kapelle wieder zu sprudeln. Betend und lobsingend schöpften die Leute von dem Wasser und wuschen damit ihr Gesicht und die Augen. Da verlor manche Maid ihren Kropf, und viele Augenkranke wurden geheilt. Das Wasser aber hat seine Heilkraft behalten bis zum heutigen Tag und wirkt noch immer stille Wunder.

370. Die Gründung der Abtei Fraulautern.

Im 12. Jahrhundert verschwand plötzlich der 12-jährige Sohn des Burgherrn von Tiefenbach bei Ensdorf. Als alle Nachforschungen vergeblich blieben, tat der Vater das Gelübde, an der Stelle, wo man das Kind lebend oder tot auffinde, eine Kapelle zu errichten. Nach zwei Jahren erst fand man die Leiche nach einer Sage in einem Bache, der am Kloster vorbei fließt, nach der andern in der Saar selbst, gegenüber dem Kloster. Der Herr von Tiefenbach erfüllte sein Gelübde und soll dann später, angeblich 1154, auch das Kloster dabei errichtet haben, das er reich dotierte.

371. Die weltfremde Nonne in Fraulautern.

Cäsar von Heisterbach, der um das Jahr 1210 lebte, erzählt uns aus dem Frauenkloster von Fraulautern folgende Sage:

„In der Diözese Trier befindet sich ein Frauenkloster mit Namen Lautern. In diesem Kloster wird nach einer alten Gewohnheit kein Mädchen aufgenommen, das über sieben Jahre alt ist. Diese Gewohnheit ist aber zu dem Ende angenommen worden, damit die Einfalt erhalten werde, die den ganzen Leib licht macht. Daher lebte denn auch noch in jüngster Zeit in dem Kloster eine erwachsene Jungfrau, die in weltlichen Dingen noch so sehr Kind war, daß sie kaum ein Tier von einem Weltmenschen zu unterscheiden wußte, weil sie vor ihrer Aufnahme in das Kloster keine Kenntnis dieser Gestalten erhalten hatte. Eines Tages stieg eine Ziege auf die Mauer des Obstgartens. Als sie diese erblickte, und nicht wußte, was das sei, fragte sie eine bei ihr stehende Schwester und erhielt von dieser scherzweise die Antwort, das sei ein Weltweib, mit dem Bemerken, wenn die Weltweiber alt würden, bekämen sie Bart und Hörner. Und sie glaubte es, wunder meinend, was sie gelernt habe. Nachdem diese Schwester durch solche Beweise von Einfalt den Ernst der andern Schwestern oft herabgestimmt und unterhalten hatte, fiel dieselbe in eine schwere Krankheit.

Als sie so darniederlag und kaum sprechen konnte, bedeutete sie der Krankenwärterin zuerst durch Worte, dann durch Zeichen, daß sie schnell zurücktreten solle. Als dieselbe keines von beidem verstand, packte die Kranke ihre Haube zusammen, warf sie ihr sanft auf die Brust, so daß sie, wie wenn sie von einem Stein getroffen, auf die Erde fiel.

Nachdem sie so eine Zeitlang ohne Besinnung gelegen hatte, erhob sie sich und schaute durch das Fenster und sieht auf dem Kirchhofe eine Menge Schildträger mit vergoldeten Sätteln und goldenen Zäumen stehen. Und als in derselben Stunde besagte Jungfer im Todeskampfe lag, rief sie den herzutretenden Schwestern mit deutlicher Stimme zu: „Macht Platz, macht Platz, und lasset jene Herren herbeikommen." Sie hatte aber ihre Zelle voll von Personen gesehen von einer wunderbaren Schönheit und Pracht, deren Kleider vergoldet erschienen... Diese Erscheinung wurde von dem damaligen Propst des Hauses dem Prior des Predigerordens in Köln erzählt."

Derselbe Caesarius von Heisterbach berichtet aber auch von zwei Schwestern dieses Frauenklosters und ihrem Streit über die Vorzüge ihrer Lieblingsheiligen St. Johannes den Täufer und St. Johannes Evangelista.

Und darüber kamen sie so in Uneinigkeit und Gereiztheit, daß sie die Meisterin des Klosters kaum beschwichtigen konnte. Nun erschienen den Beiden in einer Nacht ihre Heiligen im Traum, um ihnen zu verkünden, daß ihr jeweilig in Frage stehender Mitheiliger viel größer und würdiger sei als er. So möchten sie beide des Morgens vor der Meisterin gegenseitig voreinander auf die Knie fallen, und sich gegenseitig für allen Streit um Verzeihung bitten. Und so geschah es auch und sie söhnten sich aus, um keinen Streit mehr über die Verdienste der Heiligen auszufechten, die Gott allein bekannt sind.

Uns aber gibt das alles hübsche Einblicke in die mittelalterliche Romantik eines saarländischen Frauenklosters, wie bald solche, noch verbunden mit allerhand Klosterschwänken und beginnenden Weinsagen — denn wir nähern uns dem eigentlichen Weinland der Saar — von der mächtigen Männersaarabtei von Mettlach an uns vorüberziehen sollen.

372. Die sieben Pferde an der Binz und andere Geister um Roden.

Zwischen Roden und Fraulautern, in der Nähe des Binzhofes, soll es besonders in stürmischen Nächten nicht geheuer sein. Dort gehen sieben Pferde ohne Köpfe. Wild durcheinanderlaufend und den ahnungslosen späten Wanderer bald neckend, bald ihm Furcht einflößend, will man die Tiere in früherer Zeit auf der sogenannten Binz gesehen haben. Wenn einer den Versuch machte, eines der kopflosen Tiere einzufangen, fiel er jedesmal zu Boden, während das Pferd, das glatt wie ein Aal gewesen, im Galopp davonlief. Sobald die Rodener Kirchturmuhr eins schlug, verschwand der ganze Spuk.

Sieben Gerbergesellen, die Gott lästerten und verhöhnten, wandeln in der Neujahrsnacht, ihre Köpfe am Leibgurt tragend, in den Saarwiesen bei Roden auch hin und her.

Verfluchte Gemeindevertreter, die ihr Amt beim Verkauf von Gelände mißbrauchten, zanken und streiten in jeder Sylvesternacht in der Binz zu Roden.

Nächtliche Grenzsteinverrücker zeigt das sonst wie der Pachtener Bruchpeter als Plagegeist, wie gewöhnlich mit seinem auf den Rücken springen, auch lästig werdende „Widdemännche" von Roden dadurch den Markgenossen an, indem es auch nachts durch die Dorfstraße läuft und etwa ruft: „Der Matzen-Pitt hat of der Weibelsau de Schdän verreckt."

373. Der geheimnisvolle Wagen in Roden.

„Am Dienstag, den 7ten März 1854, morgens etwas nach 10 Uhr, als ich in die Schule zur Catechese ging, sah ich ganz deutlich die Erscheinung eines Wagens mit drei braunen Pferden bespannt, zum Pfarrhause gekehrt, außerhalb des Hofeingangs, die Pferde zwischen dem Hoftore stehend. Ich dachte daran, wie ich, zur Schule gehend, durchkommen würde, und sah noch Raum genug, wo ich rechts durchkommen konnte. Ich sah darauf vor mich auf die Erde hin, und als ich nach drei Schritten wieder aufblickte, sah ich keine Pferde und keinen Wagen mehr. Im Hofe war nichts zu sehen und zu hören. An dem Eingangstore des Hofes angekommen, sah und hörte ich auch nichts, so daß ich auf den Gedanken kam, daß das, was ich einige Sekunden vorher gesehen hatte, als sei es in Wirklichkeit eine leibhaftige Gestalt gewesen, nur eine Täuschung oder Erscheinung (Vision, Gesicht) war."

374. Da Soumbengääscht (Sumpfgeist).

Eine Frau aus Roden erzählt:
„Im Johr 1820 es' mei Mamma mol aus da Stadt (Saarlouis) hemm gang no Roden. Wie se an de Binz komm es, leit do off da Stroß ein Tasch. Mei Mamma hot se schnell offgehof on hot gelout, daß keen Minsch se gesinn hat. De Tasch woa so schwäa, daß se se ball net gepackt hat. O Gott, hat se gedenkt, lo es en Vameegen drenn, eich loun net eher danoh, bes ich dahemm senn. Iha Herz hot a gebubbelt wie en Boufinkchin voa Fräd on Ofregung. Off ämol kommt jo metten aus em Soumben en Mann aus em Wasser on kommt stracks iwat Wasser of mei Mama zou. Die bleiwt vo Schrecken wie gelähmt steh'n. Da Soumbengääscht — kän annera wor et — saad zua: De hascht lo äbbes fonn, wo net dein es', geff et nommol schnell her! — Mei Mama gefft em de Tasch on do säht a: Dot loo woa

dei Gleck, on vaschwoun wor a wie fourtgefloh. Us Mama wor froh, wie se nommol glecklich dehämm woa. Se hot geziddert an Arem on Bään wie en Heck."

375. De Ko-abeebcha (Kornfrauchen).

En freharen Johren woren zua Summaschzeit de Ko-a-beebcha owem Feld. Die hann et Ko-a on de Hawa beschetzt. Da Baua hot se do davoa ganz gä gehatt. Domols hat ma sich gehout, vo ent Ko-a se gehn on et se vomanzen. Vill Kenna (Kinder) senn domols vaschwoun, die wo en de Ko-astucka Bloumen gebroch on dabei et Ko-a vomanzt hann. Et Ko-abeebche hot se metgeholl off Nemma-Widdersehn.

376. Der Fischer und der Nieser am Roten Meer.

Das Rote Meer, das stehende Gewässer links des Weges von Dillingen nach Niederlimberg in den Wiesen, heute hart am Bahndamm, war früher sehr fischreich und ein beliebter Angelplatz. Einmal zog am Karfreitag ein Mann, der leidenschaftlicher Fischer war, an's Rote Meer, um zu fischen. Selbst der Todestag des Herrn konnte ihn nicht abhalten, seiner Leidenschaft zu frönen. Doch die Strafe sollte dem Sonntagsschänder nicht ausbleiben.

Den ganzen Morgen fing er nichts, aber just um Mittag, als die nahe Turmglocke durch zwölf Schläge die Todesstunde des Herrn verkündete, merkte er etwas in seinem Hebgarn. Als er dieses mit Mühe in die Höhe brachte, erblickte er in demselben einen lebendigen Mann, der kurz darauf verschwand. Abermals warf der Fischer sein Netz aus, trotz der sichtbaren göttlichen Warnung, und als er es wieder hob, saß der Geist wieder im Netz. Nun verließ der Fischer schnell das Rote Meer. Zu Hause aber mußte er sich zu Bett legen. Und am gleichen Tage starb er noch.

In der Nähe diesen Roten Meeres war aber auch ein sündhafter Mann gebannt, was man wohl wußte, und den hörte man zur Strafe laut und deutlich niesen, wenn man vorbeikam.

Und da pflegten die Leute zu sagen: „Gott schenn dich" (Gott schinde dich).

Einmal aber ging ein kleines Mädchen vorbei, das von alledem nichts wußte und als sie den Geist niesen hörte, rief sie alsbald in guter, alter Gewohnheit: „Gott seen dich" (Gott segne dich). Durch diesen Segensspruch aber war der Geist erlöst und hat sich niemals wieder hören lassen.

377. Das versunkene Kloster im Heiligenberg.

Auf dem Heiligenberg unterhalb Dillingen stand in alter Zeit ein Nonnenkloster mit einem Kirchlein daneben. Eines Tages aber tat sich der Berg auf und alles verschwand in seinen Tiefen. Allein das Kreuz ragte noch hervor. Wer sein Ohr an die Erde legte, hörte den frommen Gesang der in der Tiefe fortlebenden Jungfrauen.

Als einst ein Mann indessen hier nach Schätzen grub, fiel auch der Turm zusammen und damit verschwand auch das Kreuz im Erdinnern.

Einem armen Hirten aber hat sich einst, als er am Haybache vorbei dem Heiligenberg zu seine Herde trieb, vor ihm ein Fels am Berg geöffnet und eine weiße Nonne zeigte ihm reiche Schätze und ließ ihn davon für seine sieben hungernden Kinder reichlich nehmen. Er durfte auch immer wiederkommen, wenn er Not hatte und seinen Sack füllen und immer öffnete sich vor ihm auf sein inbrünstiges Beten der Fels von neuem. Nur Schweigen hatte ihm die Nonne anbefohlen. Als seine neugierige Frau ihm aber einmal heimlich folgte und das Schweigen durchbrach, war der ganze Zauber zu Ende und die Not kehrte wieder in das Hirtenhaus ein.

378. Die eingemauerte Frau im Dillinger Schloß.

Im Dillinger Schloß hörte man früher nachts oft Klagelaute und Weinen, auch über den Schloßhof schrille Schreie. Dann schwebte über ihn eine helle Gestalt und die Leute sagten dann: „Die weiße Frau im Schloß geht wieder um!" In einem Turm verschwand der Geist aber stets zuletzt. — Das mag doch auch mit der Sage zusammenhängen, nach der ein Ritter dieses Schlosses einst eine sehr schöne Frau hatte. In Abwesenheit desselben jedoch betrog sie ihn dann mit einem andern. Zur Strafe ließ der Ritter sie lebendig in einen der Schloßtürme einmauern. —

Auch erzählen die alten Leute, daß früher im alten Schloß sich eine Falltür befunden habe. Trat ein Uneingeweihter darauf, dann stürzte er in ein tiefes, dunkles Verlies, in dem es von Schlangen und Kröten nur so wimmelte.

379. Das feurige Schwert im Jahre 1870.

Bevor im Jahre 1870 die französische Kriegserklärung erfolgte, ging in der Dillinger Gegend ein schweres Gewitter nieder. Als es sich verzogen hatte, sahen die Leute am Himmel ein feuriges Schwert, dessen Spitze gegen Westen zeigte. „Das hat was zu bedeuten", sagten sie. „Sicher gibt es Krieg!" Da die Spitze nach Westen zeigte, war leicht zu erraten mit wem.

380. Pilatus in Pachten.

Bei Pachten liegt im Distrikt „an der Haibach" Pontius Pilatus, der römische Landpfleger, „auf Maul und Nase" der Volkssage nach begraben.

Nachdem er Jesus den Juden zum Tode überliefert hatte, verklagten ihn diese beim römischen Kaiser. Der ließ ihn nach Rom kommen und verbannte ihn nach Gallien. So kam er nach Pachten an die Saar, starb dort im Jahre 41 durch Selbstmord, indem er sich in sein Schwert stürzte und in dieser Lage auch beerdigt wurde.

An der Haibach aber hört man nachts oft noch den Ruf: „Ich bin unschuldig am Blute dieses Gerechten."

381. Das goldene Kalb im Haibach.

Das goldene Kalb der Juden soll auch im Haibach begraben liegen. Wie es aber dahin gekommen sein soll, darüber ist nichts verlautbar. Tatsache ist jedenfalls, daß schon mehr als ein Schatzgräber versucht hat, sich in Besitz des goldenen Götzen zu setzen. Allein nur ein Sonntagskind kann den Schatz heben.

382. Der unterirdische Gang der Siersburg.

Von der Siersburg ob der Nied, von der man annimmt, daß sie von einem Grafen Sigebert (um 1109-50), dem Sohn des Grafen Sigebert d. Ä. im Saargau gegründet und nach ihm benannt worden sein soll, heißt es, daß von ihr nach dem Litermont ein unterirdischer Gang führe. Im Dillinger Wald war sein Ausgang, der heute allerdings nicht mehr zu finden ist. Viele Schätze aus Kriegszeiten liegen noch darin verborgen. Die Besitzer der beiden Burgen auf dem Litermont und Siersberg sollen stets miteinander befreundet oder gar zeitweilig auch verwandt gewesen sein, und bekanntlich zieht ja auch der Maldix mit seiner wilden Jagd vom Litermont nach der Siersburg, so daß diese beiden

47. Die Siersburg

Saarhöhen- und Vesten vom Volke stets miteinander in Beziehung gesetzt worden sind. Von den vielen Geschlechtern, die als Herren und dann auch als Burgmannen auf der Siersburg saßen, interessieren uns hier noch besonders die Herren von Saarbrücken-Warsberg (um 1214, vgl. Nr. 196) und das Edelherrengeschlecht, das den roten Zickzackbalken in Gold, wie die Herren von Manderscheid führte und von dem auch die Edelherren von Kirkel und die Herren von Beckingen und Dillingen abstammen.

383. Das Trompetenspiel der drei Brüder.

In alter Zeit herrschten auf der Siersburg, auf Burg Litermont und der Schaumburg drei Ritter, die Brüder waren, viele Jahre in Ruhe und Frieden. Ihr gemeinsames Geschlecht ist längst ausgestorben und unbekannt und namenlos auch in der Sage geblieben. Sie begrüßten sich ihr Leben lang jeden Morgen bei Tagesgrauen von ihren Burgen herab und weit herüber mit einem herrlichen Trompetenspiel. Erst blies der Siersburger, dann der vom Litermont und nachher der Schaumburger. Zuletzt ließen alle zusammen den Trompetenschall ertönen, und das hörte sich dann über die saarländischen Höhen und Wälder an wie ein feierlich-freudiger Choral. Bald wurde jedoch die Siersburg zerstört. Kein Horn blies mehr von ihr herab und ihr folgte die Veste auf dem Litermont. Lange blies so nur noch der Schaumburger allein seinen Morgengruß und der hörte sich traurig und verlassen an. — Dann fiel auch die Schaumburg der Zerstörung anheim und aller Trompetenschall von den Saarburgen war vorbei. Ihre Ritter waren tot und verschollen. Viele Jahrzehnte danach aber wollen doch noch die Hüttersdorfer Bauern im Primstal morgens über die Felder bei der Arbeit ein solch, nun geisterhaftes Trompetenspiel in den Lüften gehört haben. Gaben doch auch die drei toten Brüder und Ritter sogar ihr wunderseltsam frohes Morgenkonzert nicht auf, so sehr liebten sie sich und die Musik. Noch vor Jahren lebten in Hüttersdorf alte Frauen, die in ihrer Jugend morgens auf dem Felde dem Spiel der längst toten Ritterbrüder gelauscht haben wollen.

Die Siersburg aber, fast mehr noch eine Niedburg wie eine eigentliche Saarveste, hatte die Aufgabe, den Eingang des Tales der Nied, die so tief aus Lothringen heraus zur Saar wollte, in deren weites Tal hinein zu beschützen und zu beherrschen und dazu die so wichtigen Handelswege vom Süden zum Norden. Überschritt doch gerade in Siersdorf die Handelstraße zwischen Italien und Flandern die Nied. — Aber auch die Saarübergänge bei Pachten mußten gleichermaßen gedeckt werden, ebenso wie vom Litermont diese Funktion am Eingang des Primstales vom Hochwald und Hunsrück und so nicht zuletzt vom Rheine her, auch auszuüben gewesen wäre.

384. Der Sargnagel im ritterlichen Pferdehuf und der Hexenmeister von Rehlingen.

In Rehlingen, beim Niedeinfluß in die Saar, wohnte einst zur Ritterzeit ein Mann, der konnte Blut besprechen, verhexte Kühe wieder zum Milchgeben bringen und sogar Leute festbannen, wie er nur wollte, mit einem Wort, das war ein Hexenmeister und Zauberer der schlimmsten Sorte.

Ein Ritter von Siersburg hatte diesen Mann einmal ungerecht behandelt. Da ging dieser auf den Friedhof und verschaffte sich einige Sargnägel. Als nun der Siersburger einmal weit fortgeritten war, ging der Rehlinger hin und schlug in die Spur, die der Huf des Pferdes hinterlassen hatte, einen dieser Nägel. Der Ritter, der bereits viele Meilen entfernt war, bemerkte auf einmal plötzlich, daß sein Pferd lahmte. Als aber einer der Knechte Nachschau hielt, fand er in des Pferdes einem Hinterfuß einen rostigen Nagel vor. Der Hexenmeister aber wollte dem Ritter damit nur zeigen, daß er ihn zu finden wisse, wo er auch sei...

385. Die Niednixe.

Seit langer Zeit erzählt man sich an den Ufern der Nied, jenem linken, aus Lothringen in friedlicher Vereinigung der französischen mit der deutschen Nied zusammen, dann schließlich in das Saarland strömenden und bei Rehlingen und Saarfels gegenüber einmündenden Nebenfluß der Saar von einer Nixe. — Als Bauernmädchen in blauweißer Tracht ward sie öfters von den Leuten gesehen. Nicht selten unterhielt sie sich mit den Wasservögeln. Öfters fuhr sie auch auf einem Schilfkahn, der von Enten gezogen wurde, die Nied auf und ab. Aus Eierschalen, die ihr Enten brachten, machte sie kleine Schiffe, die auf der Nied umherschwammen. Bei Überschwemmungen des Flusses fuhr dieser wohltätige Wassergeist in einem Schilfkahn umher und segnete die Wiesen. Reichliche Ernten sprossen sodann hervor.

An einem schönen Tage wurde eines ihrer Entlein von einem Marder gebissen. Während die Wassernixe das Tier verpflegte, nahm ein Windstoß ihr leichtes Schifffahrzeug mit. Auf einem großen Hecht fuhr sie dann weiter. —

Zur Herbstzeit ging einmal ein Jäger auf die Entenjagd. Da er kein Jagdglück hatte, wurde er unwillig und schrieb dies der Nixe, als Beschützerin der Enten, zu. Plötzlich erblickte er sie. Rasch eilte er hinzu, um sich an ihr zu rächen. Sie aber bemerkte rechtzeitig den zornigen Mann und verschwand in den Niedfluten. — In einem Versteck wartete da der Weidmann. — Als die Wasserfee wieder erschien, ergriff er seine Waffe, um sie zu töten. Auch diesmal erblickte die Nixe diesen bösen Menschen zur rechten Zeit und nahm Schutz in ihrem Fluß. Nie aber zeigte sie sich von da ab wieder. Sie lockte aber zur Strafe nun viele Menschen in die Fluten, worin sie dann den Tod fanden und hatte sich so aus einem, den Menschen wohlgeneigten Wassergeist in einen ihnen schädlichen verwandelt.

386. Der geizige Bauer aus Guerlfangen als wilder Jäger an der Nied.

Ein Bauer aus Guerlfangen (Gerlfangen), einem Gauörtchen nördlich der Nied, Beckingen gegenüber, fuhr öfters freitags auf den Markt nach Saarlouis.

Weil er sehr geizig war, drängte er sich stets unter die Notleidenden, die im Hofe des Schlosses der Madame Thiery gespeist wurden. So betrog er auch damit die Armen, um selbst keine Zehrkosten aufwenden zu müssen. Wegen dieses himmelschreienden Unrechts fand er auch lange im Grabe keine Ruhe. Auf den Höhen und in den Wäldern an der Nied trieb er sich unstet umher.

Wer verstohlener Weise des Nachts einen Baumstamm oder ein Tuch Laub aus dem Walde befördern wollte, dem mißgönnte er die Beute und suchte sie ihm abzujagen. Diese Verrichtung und die Tatsache noch dazu, daß man ihn den „Huttatta" nennt, zeigt, daß er auch mit dem wilden Jäger und dessen Jagdrufen, besonders auch im lothringischen, zusammengeworfen wird, den man dort zumeist aber den Hohjäger zu nennen pflegt.

387. Der Hyllborn.

Vor langen Jahren stand in der Gegend der heutigen Felsmühle, nahe vor Beckingen, wo rote malerisch zerklüftete Felsen lange zur Rechten die Straße von Pachten her säumen und, langsam noch und unbemerkt, unser Fluß zu seinem romantischsten Lauf ein Vorspiel beginnt, ein altes, trutziges Gebäude. Grauschwarz war sein Gemäuer, und grauschwarz war seine Umgebung, der dunkle Wald, die Bergkuppe und das Land in weitem Umkreise.

Dunkel war auch das Innere dieser Zwingburg, und dunkle Schatten lagerten an den mächtigen Mauern, die sie umgaben. Düster und schweigsam waren auch die Bewohner dieses seltsamen Baues, und geheimnisvoll war das, was im Innern der Umfassungsmauern vorging. Aus den Ritzen des Gemäuers schossen Schling- und Schmarotzerpflanzen, und wenn sich dann und wann die Tore des Hauses öffneten, dann traten große, finstere Menschen daraus hervor.

Es war ein seltsames Volk, das hier hauste, roh und herrisch, herrschsüchtig über alles. — Und wenn im Winter die Gegend noch düsterer ward und ein eisiger Nordwind durch das Tal fegte, dann paßte das so richtig zu den Bewohnern des Schauerhauses.

In der Nähe des Baues würgte und wurkste sich aus der Erde ein dunkler Quell. Den nannten die Bewohner des Tales den „Höllenborn". Denn da, wo sein Wasser hinfloß, färbte sich die Erde dunkel, da bildeten sich große Flächen Sumpf, in dem es ebenso geheimnisvoll quirlte und gluckste, wie im Grunde der Quelle selbst.

Eines Tages aber kamen aus dem Norden fremde Völker in dieses dunkle Tal, große Männer und hell rotblonde Frauen mit blauen Augen und sanftem Blick. Und vor diesen hellblickenden Menschen wichen die düstern Bewohner in dieser Gegend fort, und auch die aus dem dunkeln Gebäude am Hyllborn...

Bei denen, die sich nun am Hyllborn niederließen, war auch ein kleines Mädchen, die liebliche Hella. Das war ein gutes Kind. Denn überall wo es hinkam, verbreitete es Frohsinn und Freude. Hella war ein Gotteskind. Deshalb hatte es auch Macht über das Böse und Finstere.

Es war aber Frühling... und wie die Sonne gar freundlich lächelnd in's düstere Tal blickte, da leuchtete es aus dem Blick Hella's, des Gotteskindes, und wie es durch die Gegend schritt, wurde auch diese hell. Der „Höllenborn", der eben noch düster und trübe der

Erde entsprang, wurde licht und klar, und überall, wo er hinfloß, sproßten Blumen und grünende Gräser. Aus den Fugen des Gemäuers wuchsen blaue und rote Blümlein, und das ganze Tal ward heimlich und freundlich. Der Wald aber schüttelte sich und dehnte sich und zog ein neues Kleid an, und neugierige Rehlein äugten aus den Büschen hervor und tranken im klaren Born. Deshalb wollten die Leute auch nicht mehr aus der Gegend fort, weil sie so sonnig und freundlich war.

Weil aber der dunkle „Höllenborn" so traut und klar geworden, und weil es Hella, das Gotteskind, gewesen ist, das die dunkeln Schatten bannte, deshalb nannte man von nun an den Quell nicht mehr „Höllenborn" sondern „Hellaborn oder Hyllborn".

Die Wasser des Hyllborn aber fließen noch heute ebenso wie vor tausenden von Jahren, und weil es ein Gottesquell ist, werden sie auch weiter fließen, so lange die Welt besteht.

388. Der fliegende Schimmel aus dem Gondeler Tal.

Wenn in den zwölf heiligen Nächten durch das Gondelertal der eisige Nordostwind fegt und Schnee und Eisstücke in wirbelndem Tanze vor sich herjagt, wenn das Rinnsal des Hyllborn unter einer Eiskruste erstarrt scheint, wenn die schneebeladenen Bäume des Waldes sich schütteln und stöhnen, und die Saar in monotonem Gekluckse und Gemurmel gen Norden zieht und durch Nebelschleier der Mond für kurze Zeit ein gespenstiges Licht über die Gegend geistert, da geschah es oft, daß durch das Gondelertal ein weißes Pferd daherraste.

In der Gegend der heutigen Gondelermühle brach es urplötzlich aus den Bäumen des Waldes hervor, und ehe der, der es erblickte, sich dessen versah, war es wie ein Wirbelwind vorüber. Auf weißen Flügeln schwebte es dahin, lautlos, gleich einem Vogel, und nahm seinen Weg auf den Siersberg zu.

„Der fliegende Schimmel am Hyllborn in den heiligen Nächten!" sagten die Leute zu dem geheimnisvollen Wesen.

Der aber, der den Schimmel sehen konnte, mußte ein Gotteskind, fromm und edel und in der Heiligen Nacht geboren sein.

Wurde der weiße Schimmel gesehen, dann bedeutete das großes Glück für das Land an der Saar und reiche Ernte im nächsten Jahr. Darum erblickte man auch in der Person, die das Glückstier sah, einen gottgefälligen Menschen. Meistens wurde dieser auch Priester oder Nonne.

389. Die weiße Rose am Hyllborn.

Jedes Jahr, in der Heiligen Nacht, erblühte am Hyllborn eine weiße Rose. Aus glitzerndem Schnee und Eis sproßte diese Wunderblume urplötzlich hervor, um nur für kurze Zeit ihre Blüte zu öffnen. Dann aber leuchtete sie und gleißte und war weithin zu sehen.

Die Leute der Umgegend aber mieden scheu in der Heiligen Nacht die Gegend des Hyllborns. Denn der, der die Rose blühen sah, mußte noch in derselben Nacht sterben. Oft ging ein lebensmüder in dieser Christnacht zum Hyllborn hin, um den Tod zu rufen. Selten aber erblickte der, der das Ende herbeisehnte, die Todesblume. Und meist waren es Menschen in der Blüte der Jahre, die nicht an's Sterben dachten, denen diese tödliche Vision wurde.

Einmal zogen in der Heiligen Nacht zwei Wanderer hier vorbei. Es waren Klosterbrüder. Der eine alt. Schneeweiße Locken fielen wie Silber über seine Schultern. Der andere jung, mutig und voller Kraft. Sie hatten in einer Kirche die Weihnachtsmette gehört und wollten nun noch vor Tagesgrauen im Kloster zu Mettlach sein.

So zogen sie unter Beten rüstig fürbaß und kamen an den Hyllborn. Da — ein eisiger Schrecken durchzuckte den Jungen... denn in der Wiese am Quell erblickte er die weiße Rose. Nun wußte er, daß sein Leben bald zu Ende sei. Er wollte aber noch nicht sterben, denn er hatte noch so vieles vor. Deshalb versuchte er in Gottes Ratschluß einzugreifen und sagte: „Ehrwürdiger Meister, seht wie das Wasser des Hyllborn leuchtet!"

Er aber sagte das, weil er dachte, der Alte würde, wenn er die Blume sähe, an seiner Stelle sterben. Wirklich erblickte der fromme Greis die Rose, fiel nieder auf die Knie und dankte dem Herrn, daß er ihn für würdig hielt, in sein Reich einzugehen.

Zu Hause in der Abtei Mettlach angekommen, bereitete sich der fromme Büßer auf sein Ende vor. Als aber die Morgenglocken des Klosters durch das Saartal hallten, und der Tod noch nicht Besitz von seinem Leib ergriffen hatte, begab er sich verwundert mit den anderen Brüdern in die ehrwürdige Kapelle des alten Turms, um fortan um so emsiger Gott zu dienen.

Hier fanden sie den jungen Klosterbruder, am Fuße des Altares... tot. Noch in der gleichen Nacht wollte er an diesem altheiligen Klosterort Gott seine Sünde abbitten. Da stürzte er in der Dunkelheit die Altarstiegen hinab und brach das Genick.

390. Der Hirsch mit den Feueraugen.

Zu früheren Zeiten, als unsere Saar noch unberührt von neuzeitlichen Errungenschaften einsam durch die Gegend rauschte, ja noch nicht einmal ausgebaute Straßen an ihr vorbeizogen, kam in aller Frühe des Ostermorgens immer ein starker Hirsch aus dem Dickicht des Waldes an den Hyllborn, um in der klaren Quelle sich zu tränken. Es war der gespenstige Hirsch mit den feurigen Augen am Hyllborn...

Sachten Schrittes trat er aus dem Wald hervor und schritt majestätisch zum Wasser. Wenn er aber getrunken hatte, dann erhob er stolz den Kopf mit dem riesigen Geweih und schaute geradewegs gen Osten in die aufgehende Sonne. Die Leute sagten: „Die Augen des Tieres sind reinstes Feuer, und dies hat er von der Sonne, weil er, was kein sterbliches Wesen kann, mit bloßem Auge in die Sonne sieht."

Die Mädchen der umliegenden Dörfer gingen am Ostermorgen immer zum Hyllborn, um den Waldkönig zu sehen. Denn die, welche das Glück hatten und erblickten ihn wirklich, wurden noch im nämlichen Jahre Braut. Und alle, welche aus dem Hyllborn tranken, nachdem der Feuerhirsch zur Tränke geschritten war, blieben im Leben gesund und frohgemut. Deshalb war man allenthalben darauf bedacht, daß man dem Tier nichts zuleide tat und es nicht kränkte oder erschreckte. Denn stets war dieser majestätische König des Forstes ein Glücksbringer.

Einmal ging ein häßliches und wenig tugendhaftes altes Mädchen am Ostermorgen zum Hyllborn, weil es hoffte, dennoch durch den Anblick des Glücksträgers unter die Haube zu kommen.

Wirklich trat nach einiger Zeit der Hirsch aus dem Walde und ging zur gewohnten Tränke. Das Mädchen aber, das sich versteckt hielt, trat unversehens hinter einem Baume hervor und eilte auf das Tier zu. Das aber entfloh nicht, sondern sah die Böse mit Feuerblicken an. Da konnte sie sich nicht mehr von der Stelle rühren und war wie festgebannt. Der Hirsch aber verschwand im Walde.

Andere fromme Mädchen, die auch zur Quelle kamen, fanden sie so vor. Als aber von einer nahen Kirche die ersten Osterglocken voll ertönten, da löste sich der Bann, und die Naseweise konnte sich wieder bewegen. Eine böse Strafe aber hatte sie erlitten. Ihr Gesicht war voller garstiger Warzen, und so war sie noch häßlicher und böser als zuvor.

Der Hirsch aber ward nie mehr gesehen.

391. Das Nuk-Nuk-Männchen in den Felsen beim Hyllborn.

Einige 50-60 Schritt südlich des Hyllborn befindet sich in der Bergkuppe eine Schlucht, in der heute noch seltsame Felsvorsprünge und Einschnitte zu sehen sind. Hier war früher der Eingang in das Reich der Nuk-Nuk. Diese Nuk-Nuk aber waren kleine Berggeisterchen, die das Innere der Kuppe bevölkerten. In der Nuk-Nuk-Schlucht war der Eingang zu ihrem Reich, ein Stollen, durch den sie in das Innere des Berges gelangten. Diese Nuk-Nuk-Männchen aber waren harmlose kleine Wesen, doch zu allen Späßen und Witzen dabei aufgelegt.

Oft kam es so vor, daß sich ein Wanderer, der hier vorbei mußte, ins Bein gekniffen fühlte, oder auch schon mal ein Bein gestellt bekam, daß er den Berg herabkollerte. Meist aber wurde der Erschreckte für die ausgestandenen Ängste entschädigt. Nicht gern aber hatten diese Zwerge, wenn sich jemand allzuweit in ihren Bereich, neugierig auch noch wohl, wagte. Gingen doch gar wundersame Dinge im Innern dieser Fels-Bergkuppen vor. Da breitete sich in einer Höhle, die ganz bläulich schimmerte, ein großer See aus. Und dessen Wasser war blau wie das Innere der Höhle.

Dieser See aber war der Vater aller Wasserquellen dieser Gegend. — Aber auch an die Oberfläche der Berge wurde den Bäumen und Sträuchern, die sie belebten, sorglich Wasser durch die Nuk-Nuk-Männchen zugeführt, sonst müßten sie ja elendig verdursten. Diese kleinen wohltätigen Berggeisterchen waren die Wassermännchen, die dafür sorgten, daß alle Pflanzen und Bäume getränkt wurden und so wirksame Naturkräfte. Und nicht umsonst sagt eben das Volk:

„Wann der Hylborn nemme läft,
Dann mossen mir all sterwen,
Dann eß kän Wasser me em Boddem!"

Einst geschah es nun, daß in einer Nacht ein Mann den Weg am Hyllborn vorbei nach Beckingen wollte. Da erblickte er plötzlich in der Nukschlucht ein kleines Licht, das bläulich schimmerte. Er war aber eben ein vorwitziger und neugieriger Mann, und so wollte er gerne sehen, was die Nuk-Männchen in dem Berge trieben. Er schlich sich also nahe heran, und wie er schaute, sah er einen Zwerg, der in der Mitte der Schlucht an einem Stein im Felsen riß und zerrte. Mitleidig und höhnisch zugleich, trat der Mann aus seinem Versteck und fragte den Zwerg, ob er dort helfen solle. Der kleine Schalk aber trat zur Seite und ließ den Vorwitzigen an die Stelle. Der aber riß und zerrte, und plötzlich gab der Stein nach... und heraus aus dem Felsen sprang ein schmutziger, stinkender Quell und durchnäßte den Vorwitzigen durch und durch. Nachdem er denn glücklich, aber auch vollkommen naß war, und nur so triefte, trat der kleine Mann zu ihm heran, gab ihm einen kostbaren Stein und sagte ihm, in Zukunft solle er es sich nicht mehr gelüsten lassen, in das Reich der Nuk-Zwerge unberufen eindringen zu wollen. Der Stein aber, den der Mann verkaufte und der ihm viel Geld einbrachte, entschädigte ihn für den erlittenen Schreck und Schabernack.

392. Die weiße Nonne vom Kloster beim Hyllborn.

In der Nähe vom Hellborn (Hyllborn) bei Pachten, soll früher auch ein Nonnenkloster gestanden haben, denn „Fromme Sagen setzen an den Hylborn ein Kloster und erzählen freundliche Mären". Reste sind aber keine mehr davon zu finden und eine von diesen „Mären" erzählt, daß einmal eines Abends eine Mutter mit ihrem Töchterchen da vorbeikam. Plötzlich rief das unschuldige Kind: „Mutter, Mutter, sieh, da steht ein weißes Nönnchen mit einem Blumenkörbchen." Die Mutter aber rief: „Komm geschwind, der Bruchpeter ist da!" (Der Bruchpeter ist ein gespenstiger, neckischer Geist, der abends am Pachtener Bruch umgeht.) — Die sündenvolle Mutter hatte also am Hyllborn den argen Bruchpeter erblickt, wo das unschuldige Kind das weiße Nönnchen mit dem Blumenkorb sah. — Der Hylborn (Heilborn) galt übrigens im Mittelalter schon auch als Heilquelle und sicher seit vordem auch. —

393. Die Christenhöhle bei Beckingen.

Der hl. Maximinus sandte von Trier aus seinen Jünger, den hl. Quiriacus, an die Saar, um das Evangelium zu predigen, dessen Reliquien, wohl in Erinnerung an seine saarländische Tätigkeit, später nach Taben verbracht wurden. Die Sage will wissen, daß die ersten christlichen Glaubensgenossen zeitweilig eine in der Nähe von Beckingen in den roten, für diese Saargegend so charakteristischen Sandsteinfelsen befindliche Höhle bewohnt hätten. Heidentempel sollen in Roden, Dillingen, Pachten, Mettlach und Taben vordem in dieser Gegend bestanden haben. Auch von der Straße von Wallerfangen nach Ittersdorf erzählt man sich, daß in dem Wald, den man passiert, um nach Berweiler zu gehen, einst eine Heidenkirche gelegen habe.

394. Die versteinerte Katze auf Schloß Fremersdorf

Im Schlosse zu Fremersdorf steht auf einem hohen Schrank in einem nach der Saar gelegenen Raume eine versteinerte Katze. Das ist die Lieblingskatze der jungen Frau von Galhau, die samt ihrem um die 80 Jahre alten Vater als Aristokraten in der französischen Revolution hingerichtet wurde, nachdem sie schon sehr viele Qualen erduldet hatte. Vor Entsetzen über die Gewalttaten, die man ihrer Herrin dadurch zufügte, sprang die Katze auf den Schrank und erstarrte zu Stein. Die heutigen Besitzer aber des Schlosses sind die von Boch-Galhau, also Nachkommen von der weiblichen Seite und von der männlichen zur saarkeramik berühmten Mettlacher Industriellenfamilie gehörend. Und die Gemälde solcher Ahnen zieren in langer Reihe auch heute noch den Herrensitz.

395. Das Hirtchen im Bietzener Wald und sein Hund Willoweh.

Vor langer Zeit waltete auf dem Merchinger Berge ein Schafhirt seines Amtes. Von weither war er zugezogen. Doch der geringe Lohn, die karge Kost machten ihn seines Amtes überdrüssig, er ließ die Herde im Stich, griff zur Büchse und verlegte sich auf's Jagen, sein treuer Gefährte auf seinen Streifzügen aber war sein Hund Willoweh. Der greise Förster, der mit Bangen den Wildbestand sich immer mehr verringern sah, paßte ihm auf, er hatte Glück, auf nächtlichem Gang brachte er den treuen Willoweh zur Strecke. Der Hirt aber vermißte arg seinen Gefährten, er forschte und rief — doch umsonst. Da griff er zum Horn, doch verriet er sich selbst nun damit zu seinem Verderben, bald darauf traf auch ihn des Försters Kugel. In finsterer Nacht rast nun sein Geist durch den Wald um Bietzen, oft hört man im Tal sein Horn und dazu den Ruf:

„Habt ihr meinen Hund nicht gesehen?
   Er ist geschoren,
   Hat plackige Ohren.
   Heißt Willoweh!"

396. Das Muttergottesbild von Harlingen.

Als das Nonnenkloster Wollkessen, das einmal samt einem Dorf gleichen Namens auf dem südlichen Hang des Hohen Berges zwischen dem Hoxberg und dem Dörfchen Harlingen gelegen haben soll, in Trümmern durch die Schweden im 30-jährigen Kriege dastand, fand ein Bauersmann unter dem Schutt ein Muttergottesbild, das bei aller Verwüstung unversehrt geblieben war. Das nahm er mit sich in sein Haus. Dort wollte es aber nicht bleiben und immer fand man es wieder, so oft es auch zurückgebracht wurde, an der gleichen Stelle außerhalb des Dorfes Harlingen. Man erkannte hierin ein Zeichen des Himmels und erbaute an der bezeichneten Stelle für die Muttergottes eine Kapelle. Allerorts erhielt man hiervon Kunde und so ist Harlingen lange Zeit das Ziel vieler frommer Wallfahrten geworden. — Die heute noch stehende anmutige und glücklich in ihrer hohen Treppenlage schlank über das Ortsbild aufragende Kapelle entzückt in ihren geschmeidigen

48. Barockhaus der Familie Staadt-Marx in Merzig vom Mettlacher Klosterbaumeister Christian Kretschmar um 1750

barocken Formen, wie ein dörflicher Klang zur Front von St. Paulin hin in Trier, zu den Mettlacher Abteikirchenplänen und für die Himmeroder großartige Abteikirchenfront wirkend, das Auge jeden Kunstfreundes. Der Mettlacher geniale Klosterbaumeister, der Sachse Christian Kretschmar († 1768), der vorab östliches Wesen mit an die Saar brachte, ist auch ihr Meister, wie leicht ersichtlich, und wenn auch die Kriegsfurie nun selbst diesen stillen Ort und sein kleines Gotteshaus nicht verschont hat, so sind die Beschädigungen doch glücklicherweise nicht so stark, daß das anmutige Werk nicht wieder in alter Frische einmal auf uns wirken kann, das der Meister vom nahen Merzig aus, wo er seinen Wohnsitz hatte, schuf. — In Merzig aber steht noch sein prächtig bewegtes Bürgerhaus der Familie Staadt-Marx, sein angeblich eigenes, bei aller Einfachheit dann so originelles Künstlerheim, bei dem man aber auch an einen westlichen Architekten denken will, der es für seinen geistlichen Bruder entworfen haben soll, wofür einige innere Dekorationen mitzusprechen scheinen. Und auch der barocke Umbau des alten Kurtrierisch-Soetern'schen Schlosses, in dem später die Familie von Steitz wohnte, heute Rathaus, zeigt seine geschickte Hand, mit der er das Werk des trierischen Oberbaumeisters Matthias Staudt († 1649) aus der Mitte des 17. Jahrhunderts auch bedeutsam, wenn auch pietätvoll, modernisiert hat.

397. Der Spitalhannes
als der eigentliche Merziger Stadtgeist.

Sobald die Uhr zwölf schlug, trat der Spitalhannes aus seiner alten, neben dem Spitälchen gelegenen Wohnung und wandelte, in ein großes weißes, linnenes Tuch gehüllt, durch die Straßen Merzigs. Wenn er ein Haus fand, in dem man durch Singen und Lärmen die Nachtruhe störte, so klopfte er an's Fenster. „Der Spitalhannes" riefen alle erschrocken, und fortan herrschte Totenstille in diesem Hause. Jeder mied es ängstlich, diesem Stadtgeiste auf der Straße zu begegnen, und so kam es, daß niemand es wagte, nach Einbruch der Dunkelheit so recht mehr das Haus zu verlassen, was nicht wenig zur Hebung von Zucht und Ordnung beigetragen haben soll. Die ihm aber doch Begegnenden oder die er noch schwatzend vor der Tür fand, redete er bei seinem Kontrollgang dermaßen tadelnd an:

„Dir der Tag
Und mir die Nacht."

Mit dieser seiner für Ordnung sorgenden Aufgabe verträgt es sich aber doch recht schlecht, daß er in mitternächtiger Stunde wohl auch selbst groben Unfug verübte. Und doch hat er das einmal getan, allerdings mit einer unangenehmen und für einen Geist eigentlich recht beschämenden Folge.

Die Sache trug sich dermaßen zu: Da war eine Frau, die hatte ihr Schaf geschoren, die Wolle sorgfältig gewaschen und zum Trocknen über Nacht im Hofe liegen lassen. Am andern Morgen lag diese Wolle arg zerstreut durch den Hof geworfen und war so in den Schmutz getreten, daß sie auf's neue gewaschen werden mußte. Auch diesmal blieb die Wolle über Nacht zum Trocknen im Hof. Aber am Morgen war es wieder dieselbe Sache. Die Frau wusch also die Wolle zum dritten Male, legte sie auch wieder im Hofe aus, dann aber versteckte sie sich, um dem Umfug und dem Übeltäter diesmal aufzulauern. Um die Mitternacht war der denn auch richtig zur Stelle. Es war der Spitalhannes in eigener Person. In ihrem zornigen Eifer vergaß die Frau gänzlich, daß sie einen Geist vor sich hatte. Sie sprang auf ihn zu und versetzte ihm eine weithin schallende, saftige Ohrfeige. Glücklicherweise aber nahm dieser Stadtgeist das nun ganz und gar nicht übel, ja war fast noch froh darüber und faßte alles ganz von der humoristischen Seite auf. Verzichtete er doch auf jegliche Rache und verschwand laut lachend in einer Seitengasse. Oder sollte ihn die Merziger Bürgersfrau durch diesen Schlag, wie so oft bei Geistern üblich, gar erlöst haben?

398. Warum Spitalhannes als Geist erscheinen muß.

Spitalhannes hätte zu Lebzeiten gar gerne das Haus, welches das seinige vom „Spitälchen" trennt, das nur von zwei alten Jungfern bewohnt wurde, in seinen Besitz gebracht. Da diese aber auf seinen Kaufantrag nicht eingingen, beschloß er, sie mit List aus dem Haus zu vertreiben. Er verschaffte sich das Fell einer Kuh, legte eine schwere Kette hinein und rollte es zusammen. Während der Stunde von 12-1 Uhr schleifte er dieses Bündel durch das ganze Haus, die Treppe hinauf und wieder hinab. Er erreichte das, was er haben wollte, das Nachbarhaus wurde sein Eigentum. Zur Strafe muß er nun, weil er die Gespensterfurcht zu seinen habsüchtigen Zwecken mißbraucht hat, selbst als Geist nachts die Straßen der Stadt durchziehen. Auf dem Leibe muß er das weiße Tierfell tragen, mit der zum Betrug gebrauchten Kette ist er begürtet. Darüber hat er das weiße Leinentuch geschlagen, doch so, daß die großen blinkenden Knöpfe seines Rockes noch zu sehen waren.

399. Der die Kinder beschützende Spitalhannes.

Das Bild des Spitalhannes, der im Grunde genommen ja doch ein recht volkstümlicher Merziger Stadtgeist ist, wäre indessen nicht vollständig, wollte man es dabei belassen, ihn nur als ein Schreckensgespenst darzustellen. Oft vertrauten die Mütter ihr Wiegenkind seiner Obhut an, wenn sie tagsüber der Feldbestellung wegen fern vom Hause weilten, und er hat sie seiner treuen Sorge wohl angelegen sein lassen, denn es soll vorgekommen sein, daß sich die Wiege bewegte, ohne daß sich ein Mensch im Zimmer befand.

400. Der dreibeinige Hase und der Schifferknecht.

Daß in der Brunnenstraße in Merzig der dreibeinige Hase spukt, daß er auf der Propsteibrücke dort zu sehen ist, weiß ein jedes Kind. Gewöhnlich verläuft auch die Begegnung mit diesem geisterhaften Stadttier in dieser harmlosen Weise:
Der Hase sitzt zur mitternächtigen Stund auf der Brücke. Dann verwandelt er sich beim Herankommen in eine weißgekleidete Frau, die langsam auf den früheren Friedensplatz zugeht. Dort aber verwandelt er sich wieder und zwar nun in eine schwarzgekleidete, trauernde Frauengestalt und ist dann auf einmal verschwunden.
Daß aber eine Begegnung mit ihm auch bösartiger sein kann, mußte ein Schifferknecht erfahren. Der hatte sich nämlich vorgenommen, fertig zu bringen, was sich zwar schon mancher in den Kopf gesetzt hatte, was aber noch keinem gelungen war: Er wollte den Merziger dreibeinigen Hasen fangen. Wiederholt hatte er schon zu mitternächtiger Stunde die ganze dortige Gegend abgestreift, ohne das Tier überhaupt nur zu Gesicht zu bekommen. Schon war er nahe daran, den dreibeinigen Hasen in das Reich der Fabel zu verweisen. Aber endlich sah er ihn doch richtig einmal nachts auf der Propsteibrücke sitzen. Couragiert ging er darauf

zu. Schon hob er den Samensack, den er sich mitgebracht hatte, um das Tier damit zuzudecken und es gegebenenfalls hineinzustecken. Doch da war der Hase urplötzlich verschwunden. Statt seiner waren aber jetzt unzählige Katzen zur Stelle, die zornig auf den Knecht eindrangen. Und der mußte schmählich vor der Übermacht samt seinem Sack reißaus nehmen, um nach seiner Wohnung in der Trierer Straße nur so zu rennen. Die erbosten Katzen aber trieben ihn vor sich her und folgten ihm dicht auf dem Fuße bis dorthin. Ja, sie belagerten das Haus, bis die Uhr eins schlug. Da war der ganze Spuk verschwunden.

Seit der Zeit aber hat der dreibeinige Hase ewige Schonzeit, denn niemand wagt es mehr, ihn zu jagen.

49. Die romanische Praemonstratenser Propsteikirche von Wadgassen als katholische Pfarrkirche in Merzig

401. König Dagobert als Kirchengründer.

Nach einer im Volke erhaltenen Überlieferung soll die katholische Kirche in Merzig von König Dagobert von Austrasien, also dem damaligen Landesherrn, gegründet sein.

Das Volk bezieht das in der Regel auf die heute als Pfarrkirche dienende Wadgasser Praemonstratenser Propsteikirche, mit der Merzig auch sein treffliches Beispiel spätromanischer Kirchenbaukunst besitzt.

402. Die rettende Monstranz in Hilbringen.

In dem nach Mechern zu gelegenen Teile von Hilbringen, das dadurch auffällt, daß sich aus ihm ein hoher Bau, wie ein Schloß und Gartenterrassen dazu erheben, das der Mettlacher Klosterbaumeister Christian Kretschmar in der Barockzeit so ortswirksam für die Familie de Maurice, Mitherren und so Burgmänner der Siersburg, die über Saargemünd aus Lunéville stammen soll, erbaute, war im Distrikt „auf dem Reh", wie ihn der Volksmund nennt, in einem heißen Sommer vor langer Zeit ein Brand ausgebrochen. Der in der Nähe befindliche Brunnen war bei dem eifrigen Rettungswerk bald erschöpft, man wurde des Feuers nicht Herr und das Dorf und alles schien verloren. Da eilte der Pfarrer zur Kirche, ergriff die Monstranz und hob sie dreimal segnend gegen den brennenden Teil des Ortes — und sogleich sanken die Flammen in sich zusammen; durch die Hand Gottes, glaubte man, war das Dorf gerettet. Durch eintägiges Fasten trug man die Dankesschuld ab.

403. Das Gelöbnis des Silwinger Bauersmannes.

Im Dreißigjährigen Krieg wurde der Ort Silwingen — wie die Überlieferung berichtet — fast ganz zerstört und fast alle Einwohner kamen um's Leben. Ein Bauer, Mathias Krist, geriet in die Gefangenschaft der Schweden und sah einem qualvollen Tode entgegen. In seiner Todesangst gelobte er der Gnadenmutter von Luxemburg eine Wachskerze, die so schwer sein sollte wie sein eigener Körper, wenn er aus der Knechtschaft befreit würde. Sein Gebet wurde wunderbar erhört. Die

Fesseln lösten sich, und unbehelligt gelangte er aus der Gefangenschaft. Sobald es ihm möglich war, machte er sich auf nach Luxemburg, um sein Gelübde zu erfüllen. Bange Sorgen umdüsterten ihn, ob er sein Versprechen auch bei der teuren Zeit halten könnte. Aber siehe da, als er in Luxemburg sich wiegen ließ, wog er nur zwei Pfund, und so war es ihm leicht gemacht sein Gelöbnis zu erfüllen.

404. Der versuchte Kirchenraub in Büdingen.

Zur Zeit der französischen Revolution kam ein gewisser Massion aus Waldwiese nach Büdingen, um sich der Kirchenschätze zu bemächtigen. Da er die Kirche verschlossen fand, begab er sich zum Küsterhause, um in den Besitz des Schlüssels zu kommen. Währenddessen aber brachte der Kirchenrechner die Schätze in sicheren Verwahr. Als Massion sich hierdurch betrogen sah, kam er nach einigen Tagen mit drei handfesten Kerlen wieder und nahm, da er nichts Wertvolles mehr finden konnte, die Glocke aus dem Turme. Die Beute war schwer, die Wege waren steil und es wurde dunkel, bevor das Ziel erreicht war. Darum ließen sie die Glocke heimlich im Walde stehen und vergruben sie am andern Tage darin.

In der Zwischenzeit aber ist die Stelle verwachsen und so schlummert die alte Glocke von Büdingen noch heute im Walde. Ob sie im Walde Frombüsch oder in Kischel, schon in Lothringen also, liegt, weiß man nicht.

405. Die Martinuslinde zu Tünsdorf.

Zu Tünsdorf steht eine uralte, mächtige Dorflinde, deren Stamm zwei Männer nicht zu umfassen vermögen. Von ihr berichtet die Sage dies: Einst kam St. Martin, der heilige Bischof von Tours, über die rauhen Gauhöhen zur Saar herabgeritten auf seinem Wege nach Trier. Und als er zu Tünsdorf die prächtige Dorflinde sah, also eine Vorgängerin der heutigen an der nämlichen Stelle, wurde er sehr ungehalten. Denn unter ihr, dem ihnen heiligen Baum, erblickte er die versammelten keltisch-gallischen Bauern beim Verehren ihrer heidnischen Götter. Flugs stieg er ab und predigte ihnen das Wort des Christengottes. Und der Heilige ruhte nicht eher, bis er den letzten Zweifler bekehrt hatte. Nachdem er noch all seine Habe, die er bei sich trug, unter die Ärmsten verteilt hatte, zerstörte er die Götzenbilder der ehemaligen Heiden und ritt wohlgemut zur Saar herunter auf Trier zu. — Das Volk aber nannte die alte Linde fortan in Erinnerung an den Wohltäter Martinuslinde, weil einmal dieser heilige Mann unter ihr weilte und wirkte. Auch die Pfarrkirche von Tünsdorf-Wehingen erhielt seinen Namen. Und noch heute ist der Heilige der Schutzpatron dieser Pfarrei. — Nach einer anderen Überlieferung aber will man die Martinslinde erst nach seinem Wegritt zum Andenken gepflanzt und benannt haben.

406. Der Kettenrasseler im Kloster zu Tünsdorf.

Das kleine Tünsdorfer Frauenkloster ist ein sehr alter Bau. In ihm ist es auch ganz und gar nicht geheuer. Die Geister längst Verstorbener gehen in ihm immer noch um, so daß sich zuweilen die sonst gar nicht so ängstlichen Nonnen in ihm fürchten. Schlägt es in ganz stillen, aber stockdunkeln Nächten vom Turm St. Martin in der Geisterstunde 12 Uhr, so ziehen die Nonnen in den Zellen ihre Decken über sich, um ja das Fürchterliche nicht zu hören oder vielleicht auch gar zu sehen. Denn sofort fängt es draußen im Flur ehern an zu rasseln. Ein längst toter Mönch wandelt durch das Haus und läßt ein Geklirre ertönen, als ob er ganz voller Ketten hänge. Tatsächlich rasselt aber dieser Geist mit den schweren Ketten, in denen er sein Leben lang einst gefangen gehalten wurde. Den Lebenden zum Schreck und zur Mahnung. So oft auch ganz Mutige einmal hinaussahen, das Antlitz des Geistes zu erspähen, es war nutzlos, denn bis heute blieb der Tünsdorfer Kettenrasseler unsichtbar.

407. Der saarländische Koch des Kaisers.

Der Lessel aus Tünsdorf war Koch von Napoleon I. im Russenkrieg. Davon pflegte er zu erzählen: „Eines Tages sagte mir der Kaiser: „Lessel, mache mir Bratkartoffeln." Ich sagte: „Ja, Majestät", und ich hatte doch weder Fett noch Butter, noch Öl. Ich zerbrach mir den Kopf, wie ich mich in Ehren aus der Geschichte ziehe.

Es blieb mir eine Unschlittkerze, die nahm ich mangels eines Bessern. Der Kaiser aber aß meine Kartoffeln mit gutem Appetit.

Nach dem Essen fragte er mich: „Lessel, womit hast du die Kartoffeln zubereitet?" Ich, ganz bestürzt, sagte: „Majestät, ich wage es nicht zu sagen!" — „Sags ohne jedwede Furcht", meinte da der Kaiser. Da sagte ich: „Gut, Majestät, ich hatte kein anderes Fett, da habe ich sie mit Unschlitt zubereitet." Der Kaiser lachte: „Bravo, mein Junge, ich habe nie so gute gegessen!"

So wahr ist es, daß der Hunger der beste Koch ist. Und beim Erzählen dieser Episode liefen dicke Tränen über die Backen vom Lessel, der trotz allem Bewunderer von dem kleinen Korporal geblieben war. — Von Mathias Zimmer, vom nahen Tuntingen, der nach der Schlacht von Leipzig auch nach Hause kam, erzählt man sich, daß er an der Moskwa einen Augenblick ganz nahe beim Kaiser war und die Kugeln nur so wie ein Hagel herabprasselten, so daß selbst der Hut Napoleons durchlöchert wurde. Den nahm er ab und sagte: „Tiens, es schloßt hier! Ich will mal sehen, wo sie herkommen." Und bald ging es den Russen schlecht, die aus dieser Richtung geschossen hatten, denn auf Befehl des Kaisers ging nun auf sie selbst ein Kugelhagelwetter los.

408. Die Feste Meinsberg, auch als Marlboroughschloß.

Da, wo die Straße von der Saar von Merzig nach Lothringen und der Mosel zieht, ragt unmittelbar bei dem noch saarländischen Perl und bei der Dreiländerecke das mächtige weithin schauende alte Bergschloß Meinsberg auf. Es ist eigentlich noch wohl erhalten in seinem ganzen Bau und in einer Wirkung in der Landschaft, wie man sich ehemals auch die benachbarte Siersburg an der Saar vorstellen mag und es ist in dieser guten Erhaltung zugleich die einzige Burg in unserer ganzen Gegend und so viel besucht, und dazu kommt, daß ihr Bauherr Arnold von Sierck, zugleich auch der Bauherr oder Erneuerer unserer mächtigen Saarveste Montclair 1439 an der stimmungsvollen Saarschleife ist, wie sie einsam diese, ganz in Wald und Flußlauf gebettet, so wirksam bekrönt. — Das Dörfchen Mandern schmiegt sich malerisch an den Meinsberg

50. Schloss Meinsberg, die Veste des Templerherrn Arnold VI von Sierck und Montclair und das Schloss des „Herzogs von Marlborough"

an. — Vom Bau dieser Veste aber hören wir, daß dem Bauherrn, oder vielmehr auch hier Erneuerer um 1416, Arnold VI. von Sierck das Geld ausgegangen war. Wie damals in solchen Fällen üblich, rief er darauf den Teufel um Hilfe an und schlug ihm vor, er möge ihn noch 60 Jahre gesund leben lassen. Während dieser Zeit aber, so bat er sich aus, solle sein Geldbeutel stets gefüllt bleiben. Da nahm ihn der Teufel sogleich beim Worte und sagte ihm das alles unter den ihm genehmen Bedingungen zu. Und so entstand ein Bauwerk, wie weit und breit noch keines jemals hier gesehen worden war und damit eine Hauptresidenz des Hauses Sierck. Aber um seine gewaltigen Mauern und Türme und deren verhältnismäßig kurze Bauzeit spann sich allsogleich die Sage. — Denn die 60 ausbedungenen Jahre flohen rasch dahin und an ihrem Ende erschien auch alsbald der Teufel, um seinen Lohn in Empfang zu nehmen. Und, höflich wie er nun einmal war, soll er dabei wörtlich gesagt haben: „Mesire, wenn ihr ein Schaf kauft, so kauft ihr auch die Haut. Euer Körper ist mir verfallen, wie Eure Seele, Templer Arnold!" Und seine Fledermausflügel ausbreitend, verschwand Lucifer mit dem Grafen. — Der aber gehörte zum Tempelherrenorden, der mit seinen teils eigentümlichen Gebräuchen vielfach die Phantasie des Volkes beschäftigt hat und so in seinen Sagen auch gerade in diesen Gegenden von der Saar zur Mosel und in dem Luxemburger Land besonders nachdrücklich haften blieb, wo überall noch das Volk eben Templerschlösser erkennen will. (Vgl. auch Nr. 273 und 232.) Meinsberg war also besonders gut erhalten, aber leider hat dann noch im letzten Kriege frevelnde Soldatenhand so manche vorhandene Zierrat ohne jede Not vernichtet, so auch ein zierlich-feines Freiherrenwappen aus der Barockzeit sich als Zielscheibe für ein mutwilliges Schießen erwählt. — In der Zeit des 18. Jahrhunderts und zwar zu seinem Beginn trat die Burg nämlich nochmals in das Licht der Geschichte, als der berühmte englische Feldherr und deutsche Reichsfürst aus dem Hause Churchill, der Herzog von Marlborough, die Mosel heraufzog, um in Frankreich einzubrechen, dem zu Ehren man damals das berühmte Kriegslied „Marlborough s'en va-t-en guerre" sang. Und gerade das eben noch gut erhaltene Meinsberg erwählte er sich zu seinem weitaus in die Lande schauenden Hauptquartier. Um ihn herum aber erfüllten die Dörfer und Täler die 85.000 Mann seiner Armee.

Ihm gegenüber im Siercker Land aber hatte Frankreichs Marschall de Villars auf dem Altenberg ihm den Weg versperrt. Tatenlos lagen sich die beiden Gegner so gegenüber, 12 Tage lang, bis Hunger und Krankheit dem ein Ende machte und es zu keiner Schlacht kommen ließen. — Aber der Burg brachte das doch den volkstümlichen Namen eines „Schlosses des Herzogs von Marlborough" ein.

409. Das Wichtelknäppchen bei Nennig.

Bei Nennig heißt eine kleine Erderhöhung das Wichtelknäppchen. Dorthin trug einst eine Frau ihren Leuten am Kirmessamstag das Abendbrot. Der Kuchen aber, den sie erst vor einer Stunde aus dem Ofen geholt, roch den Wichtlein im Berge so anmutig in die Nase, daß sie aus ihrem Bodenloche hervorkamen und riefen: „Frau! back mir einen Kuchen, back mir einen Kuchen." Die Weibsleut von Nennig waren zu der Zeit schon schnell und schnippisch wie heute. Die Frau drehte sich auf der Ferse um und meinte: „Erst backt ihr eueren Wichtleinskuchen und rufet uns zur Kirmes. Wann feiert ihr Kirmes?" Das verdroß die Wichtlein gar sehr, denn sie taten in der Gegend viel Gutes, und sie kamen nie wieder. Die Frau war ebenfalls verschwunden; in klaren Nächten aber sieht man sie mit ihrem Korbe dort vorbeikommen, die Wichtlein aber tanzen im hellen Mondschein auf dem Hügel und spotten: „Back mir einen Kuchen! Back mir einen Kuchen!"

410. Die feurige Kutsche von Nennig, ihr gespenstiger Leiter und andere Feuermänner.

Über die Nenniger Flur fährt in der Geisterstunde ein feuriger Wagen, also aus der Gegend in der einmal jene herrliche römische Villa stand, in deren Ruinen, noch glücklich und dem Dorfe zum Segen an Ort und Stelle, der mächtige Mosaikboden sich erhielt. Die Remischer von der andern Moselseite wollen diese Geisterkutsche oft beobachtet haben, einer gar mehr wie zwanzigmal. Im Hellenbruch bei dem langen Graben und bei alten Bäumen kommt sie aus dem Boden heraus, um über Stock und Stein gegen das Bübinger Schloß

51. Teilstück des römischen Mosaikbodens von Nennig

zu fahren, hinter dem sie plötzlich verschwindet. In den 90er Jahren des verflossenen Jahrhunderts soll das gar nichts auffallendes mehr für die Leute gewesen sein. —

1897, als einmal die Mosel in argem Hochwasser ging und alles nächtens am Räumen war, rief eine Mutter plötzlich ihre Kinder, darunter den damals 12-jährigen Erzähler mit zitternder Stimme: „Kinder kommt, jetzt seht ihr die brennende Kutsche!" Obwohl es sie eiskalt überlief, drängte sich doch alles auf die äußere Treppe. Die Remischer Brücke war noch nicht gebaut, und so konnte man ungehindert über die Mosel in das heutige Saarland bis nach Besch hinaufsehen. „Da schwebte die glühende Kutsche denn über Äcker und Furchen und Gräben und alles hinweg, schrecklich anzusehen, wie ein Gefährt der Hölle. Voran schnaubten die feurigen Rosse, hintennach wälzten die Räder im Feuermeer das gespenstige und „glütige" Fahrzeug. Oben auf dem Bock aber saß der grinsende Kutscher und schwenkte im Zickzack die Geißel, daß die Funken nach allen Seiten stoben. So rannte das tolle Gefährt in schräger Richtung den Berg hinan, auf die Kapelle los, die ehemals am Bergesabhang hinter dem Schlosse stand, wo es plötzlich vor unseren Augen in den Boden versank." —

Ein feuriger Mann geht übrigens auch noch in den Wiesen um, die sich von Nennig bis Berg hinziehen. Doch handelt es sich in diesem Fall nur um einen der auf so vielen Bännen spukenden Grenzsteinverrücker, wenn auch seine Feurigkeit hier etwas Neues darbietet. Nach anderer Mitteilung geht der Geist von Nennig auch mit einem feurigen Grenzstein auf der Schulter um, ohne selbst feurig zu sein, um zuletzt in der Mosel zu verschwinden.

411. Der geheimnisvolle Fahrgast vom Sinzer Berg.

Im Zusammenhang mit der feurigen Kutsche von Nennig scheint die zu stehen, die hinter dem Sinzer Berge, also doch aus derselben Richtung wenigstens, wenn auch weiter zurück zur Saar zu, hervorkam, um dann bis zur Moselfähre zu fahren, als es noch keine Brücke nach Remisch gab. Dort aber stieg aus ihr ein Mann aus, und der Wagen nahm seinen Weg durch die Wolken zurück. Der Herr jedoch verschwand nach kurzer Zeit. Oft am selben Tag oder einen Tag darauf kam die Kutsche zurück, um den Fahrgast wieder aufzunehmen und hinter dem Sinzer Berge zu verschwinden. Der Fährmann aber hätte um keinen Preis, so lange der Herr noch nicht von dem feurigen Wagen abgeholt war, die Überfahrt gewagt.

412. Der alte Kirsch und der ewige Jäger bei Sinz und die Bockreiter um die Dreiländerecke.

„De alen Kiersch war an (in) de Besch Holz hellen, unn so hannen um (am) Senzer Besch hätt änen gerouf: „Puh häi! Puh häi!" Dat wor de e.iwigen Jäer. De alen Kiersch hätt do zreckgerouf: „Puh häi! Puh häi! Ech werden dech puhäien!" Op ämol hätte de e.iwigen Jäer dem alten Kiersch op'm Bockel gesäß, op der Biert Holz, die n'op 'm Bockel hatt. De alen Kiersch hätt geschwäßt vor lauter Ängschden, 'n aß gelaf, unn wie'n unn (an) de Schlomp komm aß, du (da) aß'n zusammen gebroch." — In dieser Gegend um die Dreiländerecke ziehen übrigens auch vielfach, ähnlich wie der ewige Jäger und seine wilde Jagd, aber doch wieder als eine neue Sagenerscheinung die Bockreiter. Allen voran ein gehörnter Geist auf einem bärtigen, häßlichen Tier, dann folgte in wirrem Durcheinander der übrige Geistertroß. Das ereignete sich dann besonders in den dieser Bockreiterei günstigen Geisternächten, wie der Thomasnacht, der Matthäusnacht, der Sylvesternacht u. a., in denen die Gespenster Macht über die Wanderer auch haben.

In einem Grenzhaus, gerade an dieser Dreiländerecke, gab es vor langer Zeit eine verrufene Hexe, die bösen Rat und böses Kraut abgab. — Und oft verschwanden bei ihr auf unerklärliche Weise Menschen. Wenn man dann nach ihnen suchte, pflegte sie zu erwidern: „Den haben die Bockreiter geholt." —

413. Das weiße Schreckgespenst zwischen Sinz und Faha.

Eine alte Frau erzählt davon dieses:
„Ech gläwen jo net unn (an) de Gäschder, unn (und) ech hunn ja kän Krimmel Angscht! Mäjo, ech unn mei Schweschder, mir woren no Senz Kierschen hellen.

Unn us Marri, mei ältscht Schweschder, hätt sollen owends ge.int es (gegen uns) kommen bes baußend de Fo'er Besch. Wie mer dohinn komm sann (sind) du (da) sät us E.if: „Mer wollen de Pot ro'f go'n, dat aß nä'er!" Eich hunn do geso't: „Nä, mer ge.in net dorof!" Bei dem Pot, wu an (in) de Besch (Wald) gäht, do schdäht n' Schlackelterdrausch (Hagenbuttenstrauch). Op ämol schdäht do äppes Wäißes bei dem Drausch. Unn dou hunn mir gemänt, et wier (wäre) us Marri, et hätt sei wäißen tiertes Rock unn, unn 't hädd n'em de Ko'p geschlon, fier us grä.ulen zu dun (um uns zu ängstigen). Du rufen ech nach (noch): „Marri", hunn ech gesot, „Marri komm, mer sinn dech jo, de brauscht es (uns) net grä.ulen zu dun!" Unn do, op ämol, hätte dat Wäißet sech an de Lut gehu'ef (in die Luft gehoben) unn't aß durch de Besch gerannt, durch die Bä'm, et hädd'n Kräsch gedun, unn et hätt gedoucht unn geschlurpst, unn et hätt nach'n (noch einen) greißerlichen Krä'sch hannenno (hintennach) gedun. Vunn lauter Angschd hätt känt kä Wuert geschwat (gesprochen). Mir hunn us fescht unnennanner (aneinander) gedreckt unn sann gela'f, awwer us Bän hunn geschlabbert. Blä'ch wie der Dout sann mer häm komm. Unn dou hätt jo us Marri dehä'm gesäß! Du hunn se gefrot: „Wat aß e'ch dann passiert, dadder (daß ihr) su bläch ouße'it?" Du hunn mir gezellt (erzählt) wie't gang aß, unn du hunn se us ousgelacht. Unn du hätt me Papp geso't: „La'cht net! 'taß mie och schunn su äppes lo passiert!"

IX.

Die untere romantische Saar mit der Saarschleife, den Mettlacher Abteiüberlieferungen und durch Burgen-, Felsen- und Bergkapellenwaldeinsamkeit bis nach Saarburg und zur Mündung im Weinland.

414. Das goldene Kalb von Besseringen.

„Auf dem Mühlenberge bei Besseringen", hieß es vor noch nicht langer Zeit, „liegt das goldene Kalb begraben." Diese Sage veranlaßte mehrere Besseringer Männer, auf dem Mühlenberge, auf dem sich damals Weinberge befanden, Nachgrabungen zu halten. Ihre Bemühungen waren zwar vergebens, doch aus ihrer Forschertätigkeit sollte ein anderer Nutzen ziehen. Der Besitzer des Weinberges fand durch Zufall in der von den Schatzgräbern aufgeworfenen Grube nur einige Spatenstiche tiefer ein goldenes Diadem. Dieser Fund, den die zuständigen Stellen als aus der Zeit der römischen Besiedelung herrührend erkannten, kam ins Nationalmuseum nach Berlin, der Finder erhielt einen Abguß. Und dieser Fund zeigte einmal wieder, daß immer an derartigen Sagen ein Körnchen Wahrheit haftet, — und eine alte Volksüberlieferung zur Sage geworden ist. — Auch sagte man, daß auf dem Gipfel dieses Mühlenberges ehemals ein Königsschloß gestanden habe. Am Fuße des Berges aber liegen heute noch die „Königsfelder".

415. Der Meier von Schwemlingen.

Der Meier von Schwemlingen, der sich durch Erpressung und Bedrückung arg verfehlte, sollte sich eines Tages deswegen vor dem Vogt auf Montclair verantworten. Mit seinen Knechten machte er sich deshalb zu dem Ritt nach der Burg auf. Als sie die Furt in der Saar, die sich gegenüber dem Ortsteil Ponten des Dorfes Besseringen befindet, erreichten, hatte die Saar ihren normalen Wasserstand, als sie jedoch — hindurchreitend — in der Mitte ankamen, schwoll der Fluß an, so daß den Pferden das Wasser bis zum Zaume reichte, während es sonst ihnen an dieser Stelle nur die Knie umspielte. Als der erste der Reiter das jenseitige Ufer fast erreicht hatte, schlugen über ihm die Wogen zusammen, die andern versuchten, ihn zu retten, doch sie fanden dasselbe nasse Grab. So erhielt der Meier seine Strafe, die er vielleicht auf Montclair nicht gefunden hätte. Noch heute herrscht ein Grauen an diesem Ort.

416. Kathrein auf Roden.

Die „Kathrein auf Roden" zwischen Schwemlingen und Dreisbach, ist eine sympathische Sagengestalt, die um die schöne Saarschleife herum von alters her wirksam war. Zu Lebzeiten zeigte sie sich als die treue Hüterin des reichen Besitzes der Herren auf Roden, und in ihrer Hand lag das ganze Hauswesen, dem sie vollkommen selbständig als Hausmeisterin vorstand, als die Hausfrauen auf Roden nacheinander vom Tode hinweg gerafft waren und die Herren im Kriege dem Waffendienst oblagen.

So genoß sie ein großes Ansehen in der ganzen Gegend ob ihrer Redlichkeit und Sorgfalt. — Der Schwedenkrieg brachte dann die wilde Soldateska auch in dies stille und schöne Saartal. Spanische Truppen führten auf Roden ein wüstes Lagerleben und bei ihrem Abzuge setzten sie das Haus in Brand. Die schlimme Gefährtin solcher Kriegszüge damals, die Pest, brach auch hier aus. Und manchem Erbleichenden hat die wohltätige Kathrein damals die Augen zugedrückt. Eines Tages war sie die letzte auf Roden und auch ihrem emsigen Leben wurde ein Ziel gesetzt, als die Kroaten auf ihrem Zuge nach Lothringen diesen sonst stillen Saarteil erreichten. —

Ergrimmt, daß sie im oft geplünderten und zerstörten Hause nichts mehr fanden, brachten sie seine treue Hüterin auf grausame Art um und ließen ihre Überreste unbestattet in einer noch einigermaßen erhaltenen Turmstube liegen, den Kopf mit der Haube aber banden sie mutwillig an einen Haken der Fensterbank. —

Nach Jahresfrist fanden das alles dort Flüchtlinge, die sie vorsorglich begruben, mit Ausnahme des ausgelösten Schädels mit der Haube auf der Fensterbank, den aus abergläubiger Furcht niemand anzurühren wagte.

Als sie nach der Bestattung sich im Hause nach Nahrung umsahen, kamen sie bei ihrem Suchen auch im Keller an eine noch verschlossene Tür, die den von Hunger Entkräfteten aber durchaus widerstand. Schweren Herzens wollten sie wieder die Treppe hinansteigen, da krachte und dröhnte es hinter ihnen und wie von unsichtbarer Hand geöffnet, flog die Pforte auf und dahinter fanden sie wirklich noch, was sie suchten. Gestärkt eilten sie wieder nach oben, da schlug die Bohlentür mit Donnerkrachen wieder zu und alle weiteren Versuche sie zu öffnen waren vergebens. Aus Dank für ihre Bestattung hatte ihnen Kathrein so einmal geholfen. —

Seitdem geht sie in der ganzen Gegend um und gar manchen hat ihre sichtbare Erscheinung, die jedoch nur einen Augenblick vor sich ging, vom Tode, aus der Gefahr gerettet. Und immer war der Geist der Kathrein hilfsbereit und wohltätig wie im Leben. Im nach den Schäden des so lange währenden Krieges nur hie und da notdürftig wieder aufgebauten Dorfe Schwemlingen ist sie häufig an dessen Herdstätten erschienen, mahnend, warnend und abwehrend. Und überall tauchte sie auf, wo es Not tat. So geht dort noch heute das Sprichwort um:

„Der ist überall zu sehen
Wie Kathrein auf Roden!"

Ein Reitertrupp wollte in diesem nicht endenwollenden Krieg von 30 Jahren einst die Furt bei Ponten benutzen, um zu einer Plünderung der Pfarrkirche St. Gangolf zu schreiten. Doch kaum hatten die ersten den Strand der Saar erreicht, da erschien auf der Mitte des Flusses die Gestalt einer hohen Frau, anzusehen wie eine alte druidische Seherin, die mit drohenden Gebärden den Reitern entgegen ging. Erschrocken wandten diese ihre Pferde und so hat damals Kathrein St. Gangolf gerettet.

Auf den Ruinen des zerstörten Dorfes Wederfels um Roden hatten auch einmal Flüchtlinge vom Hochwald eine Schutzstätte gesucht. Als sie am Abend um das rasselnde Herdfeuer saßen, erschien plötzlich eine Greisin, die gebieterisch mit ihrer knöchernen Hand zum Scheidwald hinüber zeigte. Die Flüchtlinge folgten alsbald diesem Wink und ließen sich am Rande des Waldes nieder.

Kaum da angekommen, sahen sie, wie sich auf ihre frühere Lagerstatt umherstreifende Kriegerhorden niederließen und hörten ihren rohen Kriegsgesang. Voll Entsetzen erkannten sie die Gefahr, in der sie geschwebt hatten und zogen sich in das Dickicht des Waldes zurück. Als sich aber die wilde Kriegerhorde um das entfachte Feuer lagern wollte, fuhr plötzlich eine unbekannte Hand mitten hinein und streute es unter die zuchtlosen Gesellen, die darauf eilig von dannen flohen. So war Kathrein überall zugegen als der wohltätige Geist dieser Gegend in diesen unerbittlichen Kriegsjahren.

Eines Tages nun fand sich endlich aus dem Felde zurückkehrend, ein übriggebliebener Sohn und Erbe des Hauses — Klaus von Roden — auf dem arg verwüsteten Herrensitze seines Geschlechts wieder ein. Als er das Turmstübchen betrat, fand er einen Schädel der mit einer Kupferkette am Fensterhaken befestigt war. An der Kette bemerkte er das Wappen der Äbtissin von Fraulautern, da erinnerte er sich, daß Kathrein diese Kette stets getragen hatte. Nun trug er den Schädel sorgsam in den Garten, um ihn dort zu begraben. Als er das Grab ausschaufeln wollte, hörte er ein Geräusch im Gebüsch, das am Rande des Waldes stand, und er sah eine hohe alte Frau, die mit ihrer dürren Hand die Erde aufwühlte. Als er über die Gartenmauer stieg, erhob sich die Greisin und schritt dem Walde zu. In der aufgewühlten Grube aber lag menschliches Gebein und aus dem Walde kam ein Ruf: „Dort liegt die Hüterin eures Hauses begraben." Kathrein war die Rufende, die in ihrem unvollständigen Grabe keine Ruhe finden konnte. Da legte Klaus von Roden ihr Haupt zu dem übrigen Gebein, schaufelte das Grab wieder zu und betete andachtsvoll und dankbar für die Tote, um sich dann auf die Suche nach der im Walde verschwundenen, so geheimnisvollen Gestalt zu begeben. Da sah er die Kathrein plötzlich deutlich vor sich stehen und vernahm ihre Stimme: „Ich danke Euch!" Dann verneigte sie sich vor dem letzten ihres alten Herrengeschlechts und war verschwunden. Seitdem aber ist Kathrein nie wieder gesehen worden.

417. Sagen um den „Welles".

Die Fischer fürchten besonders die tiefe Stelle der Saar in ihrer Schleife bei der „Steinbach", weil dort unsichtbare Hände nach dem Nachen griffen, um ihn in die Tiefe zu ziehen. Aber nur ungern meiden sie hinwiederum diese Stelle, soll es dort doch Saarhechte geben, die 1000 Jahre zählten und Moos auf dem Kopfe trügen. Und zum Schutz stand in der Mauer an der Steinbach der „leiwen Schutzpatron" der Schiffer in Stein zur Saar gewandt und auch zu ihm sagten sie, bevor es in den gefährlichen Welles ging: „Maach, det ma good elo dorchkomm. De kreischt och en Kirz (Kerze) esu dick wie min Arm". Wenn sie aber dann glücklich in Mettlach bei der berühmten Kneipe zum goldenen Anker waren, wo sie einkehren wollten, machten sie beim Aussteigen eine Handbewegung zum hl. Nicolas zurück und sagten verschmitzt: „Neischt kreischt de Nicklesgin" und dann eben eine Mordszeche. —

Man warnte vor allem die Kinder von Dreisbach und von der Steinbach, hier nur ja nicht um den „Welles" zu nahe an die Saar heranzugehen, denn in dem Wasser sitze der „Kraopenmann", der die Kinder mit Haken in die Tiefe ziehe.

Das langsame Vorwärtskommen der Saarschiffe begründeten die Halfen damit, daß sich das „Pittermännchen" ihren Pferden und ihnen auf den Rücken setze und so schwer würde, daß sie von der Last in Schweiß gebadet, kaum noch atmen und vorwärts kommen könnten.

418. Die Bienen retten Montclair.

Der Graf von Montclair lag einst in heftiger Fehde mit benachbarten Rittern, die aber trotz ihren großen Streitkräften die Burg nicht im Angriff zu nehmen vermochten. So wollten sie sie denn aushungern, und schon gingen die Vorräte zu Ende. Da fand einer der Kriegsknechte, ein lustiger, zu allen Streichen aufgelegter Geselle, in einem entlegenen Teil des Burgberinges eine

Anzahl Bienenkörbe, und sofort schoß ihm der Gedanke durch den Kopf, die müssen uns retten. Also bald ließ er sich seinem Herrn melden, dem er seinen Plan mitteilte. Lachend gab dieser die Erlaubnis zur Ausführung.

In der Nacht nun ließ der schlaue Kriegsknecht alle Bienenstöcke auf die Burgmauer bringen. Andern Morgens veranlaßte er den Grafen, die Belagerer zu einem Angriff zu reizen, und als der Feind sich der Burg ganz genähert hatte, schleuderte man die Bienenstöcke auf ihn herab. Die Körbe zerbarsten, und die aufgescheuchten Bienen brachen voll Wut hervor und zerstachen die Feinde so, daß sie nicht mehr aus den Augen schier sehen konnten und nicht im Stande waren, dem jetzt einen Ausfall machenden Grafen Stand zu halten. Geschlagen und verfolgt mußten sie die Belagerung aufgeben, und so hatten die Bienen einmal die stolze Saarveste Montclair gerettet.

419. Das Hufeisen und die Wagenfurche auf dem Breitenstein.

Wenige Schritte vor dem Eingange zu den Ruinen der Burg Montclair, über den Rand eines jähen, nach der Saar zu sich öffnenden Abgrundes hinausragend, liegt der Breitenstein. An einem Ende desselben findet sich eingemeißelt das Zeichen eines Hufeisens und eine Radfurche. Dazu erzählt die Sage: Einst lebte auf Montclair ein mächtiger Graf mit einer wunderschönen Tochter, die an Schönheit und Tugend die andern Rittertöchter des Saar- und Moselgaues überragte. Viele Freier fanden sich vergeblich ein, aber nur ein weit aus deutschen Landen gekommener junger, stattlicher Rittersmann mit edlem Sinn, wußte sich ihre Gunst zu erringen. Der Vater hätte es lieber gesehen, daß seine Tochter einem reichen welschen Ritter die Hand gereicht hätte, der aber bei all seinen vielen Gütern und Burgen ein unbeständiges Herz und einen wilden Sinn besaß. Als alle Vorstellungen dieserhalb nichts fruchteten, rief er zornig aus: „Nur derjenige der beiden Ritter soll dein Gemahl werden, der mit Gefahr seines eigenen Lebens einen Wagen im schnellsten Lauf auf dem Breitensteine wenden kann." Wußte doch der Graf, daß der Welsche ein ebenso guter Reiter wie tüchtiger Wagenlenker war.

Am Entscheidungstage war ein großer Zulauf von nah und fern. Dem Welschen fiel durch das Los die erste Fahrt zu, doch beim Wenden auf dem schmalen Stein schlug plötzlich der Wagen um, und der Ritter stürzte auf das harte Gestein. Nun kam die Reihe an den jungen Deutschen, und als wenn „ein unsichtbarer Helfer zur Seite gestanden hätte", wie das Volk meinte, vollendete er unter Jubelgeschrei die schwere Fahrt, während unter Fluchen und Toben der welsche Ritter sich vom Breitenstein in den schaurigen Abgrund stürzte und in den hochaufspritzenden Wogen der Saar versank.

Der junge Ritter aber führte die Braut heim, und zum Andenken ließ der Graf von Montclair Hufeisen und Furche in den Breitenstein meißeln.

420. Die Riesenkröte unter dem Breitenstein.

Vor vielen hundert Jahren lebte jenseits der Saar in einem Dorfe ein alter, ebenso reicher wie geiziger und hartherziger Mann, der auch sonst voll Untugenden gesteckt haben soll.

Als nun eines Sonntags die Kirchenglocken über das Flußtal hinklangen, wühlte er behaglich während des Gottesdienstes in seiner Geldkiste in Gold und Silber, anstatt des Herrn Gebot zu erfüllen.

Wie er nun das eine Zeitlang getan hatte, sah er zu seiner Verwunderung, daß die einzelnen gold- und silberglänzenden Stücke eine graue Farbe annahmen, um sich langsam in Ratten zu verwandeln. Die aber fielen wütend über ihn her, um ihn trotz heftiger Gegenwehr, wie einst die Mäuse im Binger Mäuseturm den Bischof Hatto von Mainz, am ganzen Körper anzunagen und ihn gar bis auf die Knochen aufzufressen.

Von dieser Zeit her war allmählich in seinem ganz unbewohnten Hause ein entsetzliches Gepolter vernehmbar, das die Leute im Dorfe in Furcht und Schrecken setzte und das sie auf den umgehenden Geist des nimmersatten Mannes zurückführten.

Um Abhilfe wandte man sich an den Mann im Heidenhäuschen am Montclair, von dem es hieß, daß er böse Geister bannen könne. Das Heidenhäuschen aber befand sich in einer steilen Schlucht des Montclairberges, auf der Wellesseite, und war eine von großen Sandsteinfelsen gebildete Höhle, in der damals ein Mann lebte, von dem das Gerede ging, er sei eigentlich der rechtmäßige Erbe der Burg, um die er von seinem Bruder gebracht worden sei. — Er erschien alsbald hilfsbereit in dem verrufenen Haus, und als er heimwärts zog, barg er einen schweren Gegenstand unter seinem breiten Mantel. Geradewegs ging er nach Montclair und trat hier, am Breitenstein angekommen, in eine unter demselben befindliche Höhle.

Was er dort gemacht, weiß man nicht, aber von der Zeit an hörte man in der Nähe dieses sagenumwobenen Steingebildes ein seltsames Grunzen und Quiecken, und allabendlich nach Sonnenuntergang trat unter dem Felsstein eine Riesenkröte hervor, die den ganzen Berg laut grunzend durchquerte und einen solchen Gestank verbreitete, daß sich ihr niemand zu nahen vermochte. Alle Vögel und sonstigen Tiere flohen das Ungetüm, und wo sie kroch, verdorrten alle Pflanzen. Das alles aber veranlaßte den damaligen Grafen, die Burg zu verlassen, die von da ab arg zerfiel. Und so hätte damit denn auch der Bewohner des Heidenhäuschens an ihm eine arge Rache genommen und er seine vielleicht verdiente Strafe zugleich gefunden.

Es dauerte auch nicht lange, daß dieser geheimnisvolle Heide, der den ehemaligen Geizhals in eine Kröte verwandelt und diese dem Grafen unter seinen Breitenstein gesetzt hatte, plötzlich aus der Gegend verschwand.

Nachdem das Ungetüm hundert und mehr Jahre, zum Leidwesen der Schiffer und Fischer, denen seither um Montclair herum alle Fische in der Saar starben, sein Unwesen getrieben hatte, kam einmal ein sehr harter Winter mit starkem Frost und vielem Schnee. Als nun das Wetter abging, kroch die Kröte unter dem Breitenstein hervor, wurde dabei aber vom Schnee derart geblendet, daß sie den Berg hinabkollerte, wobei sich ein immer größerer Schneeball rund um sie legte, mit dem sie in die eisigen Fluten der Saar rollte und darin verschwand.

Damit war aber zugleich der Bann auf Montclair gebrochen, in der Burg zog wieder die Herrschaft ein, sie wurde erneuert und mit ihr schmückte sich auch der ganze Berg zwischen den zwei Saararmen wieder von neuem. Frisches Grün sproßte überall und spiegelte sich voll Freude im Fluß im schäumenden Welles, und singende Vögel und andere Waldtiere wurden erneut heimisch um unsere so waldeinsam-schöne Saarschleife.

421. Der letzte Burggraf von der Cloef.

Kein Stein ist von ihr erhalten, kein Buch, keine Chronik weiß etwas zu melden von der Burg auf der Cloef, Montclair gegenüber, jenem schönsten Aussichtspunkt in das Land der Romantik, weithin in diesen südlichen und westlichen Gauen überhaupt. Vom Erdboden ist sie wie weggefegt. Aber der Volksmund hält zähe fest an der Überlieferung, daß auf dieser herrlichen Stelle der Cloef einmal ein stolzes Schloß gestanden habe, auf trotzigem Felsgestein thronend, als wäre es unvergänglich und aus dunkelm Wald prächtig herauswachsend und nach Montclair herübergrüßend. — Es war vor 1000 Jahren. Der Herr der Burg Cloef war im ritterlichen Turnier gefallen. Sein einzi-

52. Die Aussicht von der Cloef auf Burg Montclair und die Saarschleife

ger Sohn und Erbe war noch nicht großjährig. Wildes, unbändiges Blut rollte in seinen Adern, seine Mutter war eine Welsche, wohl gar aus südlichen Landen. So war er ein Kreuz, auch für die Mutter, eine Geißel für die Leibeigenen. Sein bester Freund war der Burggraf von Montclair, sein nächster Nachbar; schauten sich doch die beiden gegenüber aufragenden Schlösser förmlich in die Fenster hinein. Der aber wurde sein Unglück, denn der junge lebendige Graf von der Cloef wurde bald der Genosse seiner Schandtaten. Weit und breit machten die Beiden Fluß und Landstraße unsicher. Wehe den Schiffern, Kaufleuten und frommen Pilgern zu den Saarklöstern und Wunderstätten, die in ihre Hände fielen. — Wohl schritt Trier als wichtiger geistlicher Staat ein gegen die zwei gefährlichen Raubritter. Bezwingen konnte man sie nicht, dafür waren ihre Burgen zu fest und in zu guten Lagen erbaut. — Und dann schützte sie auch der Lothringer mit seinem starken Arm. Soviel man ihnen auch auf ihren Raubzügen nachstellte, fangen ließen sie sich nicht. Einmal hatten sie ihren Pferden die Hufe mit Tüchern umwickelt oder ihnen die Eisen verkehrt aufgenagelt, ein andermal teilten sie ihre Knechte in zwei Haufen, von denen der eine in entgegengesetzter Richtung ritt, in der sie einen neuen Schlag ausführen wollten. Gottes Hand aber fand sie und rächte die Grausamkeiten, die sie begangen hatten.

Die Normannen, damals eine Geißel Westeuropas, waren im Lande. Die Sucht nach Abenteuer, Ruhm und Beute trieb sie auf die Kriegsbahn. Aber sie brachten nicht überall nur Unsegen, es waren zugleich große Staatengründer nach allen Himmelsrichtungen und dabei war auch ein so schönes und dann auch kulturbringendes Land, wie das Normannenreich in Süditalien und vorab Sizilien. — Aber hier im Westen sollten sie unliebsame Gäste werden. Städte und Dörfer gingen hinter ihnen in Flammen auf. Von ihrem festen Lager in den Ardennen brachen sie im Jahre 882 auf und überfielen am Dreikönigstag die Abtei Prüm. Sie erschlugen die Mönche, beraubten und verwüsteten das Kloster und verheerten drei Tage lang die ganze Umgebung um die Eifel. Ihr nächstes Ziel war Trier, das sie am Gründonnerstag erorberten, in Brand steckten und ausplünderten. Auf ihrem Zug gen Metz stießen ihre Kundschafter dann auch auf die Burg auf der Cloef. Sie gaben ihren Scharen Nachricht und bald war das schöne Schloß dem Verderben geweiht. Der Burgherr war auf einem Raubzug. Die Normannen drangen bald in die führerlose Veste ein, töteten die Mutter des Grafen und alles Leben im Schlosse, plünderten, was ihnen der Mühe wert war und untergruben den Felsen. Dann versteckten sie sich in den nahen Wäldern.

Bald kehrte der Ritter von seinem Beutezug zurück. Als die Wikinger nun aus dem Walde hervorbrachen, um ihn zu überfallen, sprengte er mit seinen Mannen durch die offenen Tore im Galopp in den Burghof. Durch die Erschütterung aber brachen die untergrabenen Mauern zusammen, die Felsen gaben nach und die Burg stürzte mit Mann und Maus in die Tiefe, und die Wellen der hochgehenden Saar schlugen darüber zusammen. Von droben aber gellte das Hohnlachen der Nordländer, die zur rächenden Hand Gottes geworden waren. Kein Stein der stolzen Veste war auf dem andern geblieben. Sie war ausgelöscht im Gedächtnis der Nachwelt.

422. Der hl. Lutwin und die Abtei Mettlach.

Als einst Lutwinus, Herzog von Austrasien, auf der Jagd an der Saar sich befand und den angestrengten Gliedern Ruhe gönnte, überkam ihn ein leichter Schlummer. Die Strahlen der Sonne brannten heiß hernieder, aber ein Adler, der mit ausgebreiteten Flügeln am Himmel schwebte, schützte das Antlitz des Ruhenden gegen die brennende Hitze. Als er erwachte, erzählte ihm ganz erschüttert sein Waffengefährte, was geschehen war. Unter schwerer Drohung verbot er, solange er lebe, irgend jemandem etwas von dem Vorgefallenen mitzuteilen. Denn er erkannte den Wink des Himmels, hier die von ihm geplante Gründung eines Klosters vorzunehmen, das dem Orden des hl. Benediktus geweiht war und in das er selbst seinen Einzug hielt, nachdem er allen weltlichen Ehren entsagt hatte.

Später wurde er Bischof von Trier und dann auch noch von Reims und Laon und verrichtete viele Wunder. Als er 713 zu Reims gestorben war und die Trierer die Leiche ihres alten Bischofs abgeholt hatten, um ihn in ihrer Stadt beizusetzen, stellten sich dem so große Schwierigkeiten entgegen, daß sie glaubten, darin die Hand Gottes zu erkennen. Sie legten nun den Körper des Heiligen in ein Schiff nieder und siehe, es bewegte sich von selber stromaufwärts und trat unter dem Staunen der begleitenden Volksmenge aus der Mosel in die Saar ein, diese ebenfalls stromaufwärts verfolgend bis Mettlach. Hier angekommen, fingen plötzlich in feierlichster Weise ohne weiteres alle Glocken des Klosters an zu läuten, und das Schiff legte am Ufer an, wo nun in der Klosterkirche der Heilige, seinem Willen nach, beigesetzt wurde.

Als einst im Kloster eine Feierlichkeit war und sich viel Volk angesammelt hatte, erhob sich draußen ein großes Geschrei: Fremde Völker, als die man die Hunnen ansieht, oder auch wieder die Normannen, standen vor den geschlossenen Türen des Klosters und suchten mit Gewalt Eingang, um zu plündern und zu morden. Da flehte der hl. Lutwin im Himmel um Schutz und Hilfe für sein Kloster, und siehe, als die Barbaren die Äxte mit aller Gewalt gegen die Türen schlugen, traf ihre bewaffnete Hand, vom Himmel geführt, die eigene Stirn. Andere wurden im Geist verwirrt und viele von einem bösen Sinn befallen und brachen tot zusammen. Und die verschont blieben, flohen eilends bis auf zwei, die man als Geiseln aufgegriffen hatte und die ihr ganzes Leben im Dienste des Klosters blieben.

423. **Der im Dachgebälk des alten Turms lärmende Teufel.**

Im Mittelalter suchten Besessene und Wahnsinnige Heilung im Turm des Hl. Lutwin in Mettlach, in dem sein Grab lag und der in seiner frühen romanischen Kunst und Form nach Aachen und Ravenna, ja noch weiter in den Osten weist und so einen eigenartigen und reizvollen Klang in die mittelalterliche Kunst des Saarlandes hinein vom Südmeere her ertönen läßt. Und wir dürfen auch nicht vergessen, daß der Bauherr, Abt Lioffin 981 als unmittelbarer Nachfolger eines Abtes von weltpolitischer Bedeutung den Mettlacher Abtstuhl bestiegen haben soll, also den des Gerbert von Aurillac, des späteren Papstes Silvester II., der in seiner

53. Der alte Turm der Benediktiner-Abtei Mettlach, begonnen unter Abt Lioffin (981—994)

ganzen, auch östlichen Ausbildung, christliche und islamische Kunst und Kultur vereinte, an dem Einzug der Kaiserin Theophano von Byzanz, der Gemahlin Kaiser Otto's II., beteiligt und der Lehrer und Erzieher Otto's III. wurde, jenes „wundersamen Jünglings", der den großen Plan faßte, kirchliche und weltliche Macht nach dem Beispiel des Islams in einer Person zu vereinen, — dem aber der Süden zum Verhängnis wurde, in dem er einen frühen Tod finden sollte. Und solche südlichen und östlichen Kunstbeziehungen haben ohne Frage an die Saar irgendwie herübergespielt, auch, wenn die Sache mit der Personengleichheit des Papstes und des Mettlacher Abtes auch nur zu wahrscheinlich, eine fromme Sage sein sollte. — Die nach Mettlach ziehenden Kranken aber brachten damals zumeist eine Nacht zu ihrer Heilung in diesem Gotteshaus vom alten Turm zu und schliefen darin. Oft aber war ihre Krankheit so stark, daß sie um das Grab des Heiligen herumrasten, so daß sie gebunden in die Kirche gelegt werden mußten, bevor sie vom bösen Geist befreit wurden.

Als einst Waldrada, die Gemahlin des Ritters Anselmus, von einer solchen Krankheit befallen wurde, brachte man sie auch über Nacht in den alten Turm in Mettlach, wobei es sich ereignete, daß der Teufel, um die bei ihr Wachenden zu erschrecken und zu vertreiben, in dem Deckengebälk des Baues, das über ihren Häuptern schwebte, einen schauerlichen Lärm machte.

424. Die guten Weinkenner in der Abtei Mettlach.

Im ehemaligen Klosterkeller von Mettlach, mit seinen herrlichen Saar- und Moselweinen, waren einst zwei trinkfeste Mönche über den Geschmack eines bestimmten Weines eines neu angebrochenen Gebindes uneinig. Der eine behauptete, der Wein schmecke nach Leder, der andere dagegen erklärte, das köstliche Gewächs habe ein leises Aroma nach Eisen hin. Sie probierten so lange, bis das Faß leer war und sannen und stritten hin und her. Um aber auch noch des letzten Tropfens habhaft zu werden, stülpten sie das Faß um. Da erblickten sie vor dem Schlund ein Lederriemchen mit einem Schlüssel aus Eisen. Nun fielen sich beide in die Arme, denn beide hatten ja mit ihrer feinen Zunge recht behalten.

425. Die auf ihrer Weinreise vertriebenen Mettlacher Mönche.

Der Pater, Kellermeister der Mettlacher Abtei, kehrte einst mit mehreren weinverständigen Brüdern auf der Rückreise von Trier nach Mettlach im Franziskanerkloster in Beurig ein. Sie brachten vortrefflichen Wein in schweren Gebinden mit. Heimlich verabredete sich der Pater Guardian des Beuriger Klosters mit einem

Minderbruder. Während des Gastmahles schlug dieser nun heftig an die Tür und schrie: „Feinde, Feinde!" Die Mettlacher Brüder erschraken, schwangen sich auf ihre Pferde und entflohen. Das Beuriger Kloster aber genoß lange Zeit herrlichen Mettlacher Abteiwein!

426. Das „Buch der Sprüche" und seine Wirkung.

Ein Mettlacher Mönch der Abtei setzte doch einst bei Tische gar zu oft seinen duftenden Becher voll edlen Saarweins an und trank daraus. Der Prior sah das mit Mißfallen und tadelte ihn. Der Mönch aber entgegnete: „Es heißt doch, nach einem guten Spruch tue einen guten Trunk". An dem Tage las man nämlich gerade über Tisch aus dem „Buch der Sprüche" vor.

427. Das große Mettlacher Mönchsterben.

In dem letzten Jahrhundert des Bestehens der reichen Benediktiner-Abtei Mettlach, die mit ihren herrlichen, östlich üppig-bewegten Barockbauten des Sachsen Christian Kretschmar zu den Perlen glücklich erhaltener Baukunst im Kranze einer idyllisch-romantischen Waldesgegend unseres Saarflusses gehört und die in ihrem sich so herrlich auf- und einbiegenden Portal und Balkonaufbau einen merkwürdig verwandten Kameraden in dem spätern des Palazzo Bosco wieder im südlichsten Syrakus besitzt, wie er über die Art des Sizilianers und Baumeisterbruders Guarino Guarini über Turin und Prag auch gen Osten gezogen war, sprachen einmal die Mönche dem Wein allzusehr und allzugern zu. — Das aber verdroß doch ihren frommen und würdigen Abt, obwohl auch er mit Maß und Ziel durchaus kein Verächter der schönen Gottes- und Landesgabe von Saar, Ruwer, Mosel und Rhein war. Aber seine Ermahnungen fruchteten nichts. Da schritt er zur Radikalkur und verbot strikte jegliches Weintrinken. Aber, oh Schrecken, da trat unter den Mönchen plötzlich ein großes Sterben auf, unter ihnen, die bisher einen so wohlgenährten und gesund-behaglichen Eindruck gemacht hatten. Wie die Fliegen im Spätherbst sank einer nach dem andern dahin.

Ihre Todesursache aber konnte man sich lange nicht erklären und um dies rätselhafte Massensterben aufzuklären, schritt man zur Obduktion der Verschiedenen. Und, siehe da, es fand sich, daß in ihren Mägen sich „Pant" angesetzt hatte, wie das letzte Restbestände von Wein in alten Fässern oder Flaschen, die nicht nachgefüllt werden, zu tun pflegen. Und schleunigst wurde das Weinverbot wieder aufgehoben und damit doch so mancher dieser trinkfesten Herren noch gerettet, die nun eben wieder nach Lust und Gefallen auf- und nachfüllen konnten.

428. Die Lutwinus-Predigt.

Es war in einem der letzten Jahre vor der Aufhebung der uralten Mettlacher Saarabtei, der man ebenso wie der noch älteren zu Tholey schon, ein neues Aufblühen wünschen möchte. Und es war am Morgen des „Halbmaitages". In dem kleinen Saarort Mettlach wogte es von Pilgerscharen, die zum Feste des Hl. Lutwinus hierhergekommen waren. In der Abtei zeigte

54. Das Hauptportal der Barockabtei Mettlach, von Christian Kretschmar aus Sachsen († 1768 Merzig)

man sich emsig mit den Vorbereitungen zu einem würdigen und glanzvollen Festgottesdienste beschäftigt.

Da fiel es dem Pater Prior plötzlich heiß ein, doch einmal auch nach dem Festprediger zu fragen. Überall Schweigen, Verneinen — man hatte es glücklich vergessen, den Festprediger und damit eine Hauptsache in all dem äußern Glanze doch zu bestimmen. Die zweite Rundfrage: „Wer denn freiwillig die Festpredigt halten wolle?" Keiner. Alles Bitten half nichts, der Einwand, das Beschwören, das Ansehen der Abtei stände doch auf dem Spiel, half nichts — keiner getraute sich, aus dem Stegreif eine solche Festpredigt zu halten. Dem Prior wurde es immer heißer. — Da kam einer mit dem Vorschlag: Der Pastor von Taben sei ein guter Prediger und ein hilfsbereiter Mann. Alsbald rollte die Klosterkutsche nach Taben und nach einer unendlich lang währenden Wartezeit kam sie zurück — mit dem Pastor von Taben. Man führte den hilfsbereiten geistlichen Herrn in das Gastzimmer und servierte ihm gleich eine Flasche Wein, die sich gewaschen hatte, aber nicht mit klarem Wasser, sondern mit dem köstlichsten, vorhandenen Saar-Edelwein, der nur so nach schwarzen Johannisbeeren lieblich duftete. Es war der beste mit, den man überhaupt im wohlassortierten Klosterkeller hatte. Der Pastor trank auch diesen Spitzenwein mit geistlichem Verständnis und Bedacht bis zur Nagelprobe und äußerte den Wunsch nach einer zweiten, womöglich noch besseren Flasche. Da legte sich aber der Pater Prior ins Mittel: ein neues Gemäß könne nur zu sehr in dieser hochstehenden Qualität seine Predigt gefährden — nach gehaltenem Gottesdienst aber wolle man ihm vom allerbesten gar vorsetzen, so viel er nur möge. — Aber der Pastor ließ nicht locker und war sogar der Ansicht, daß eine solche edle, ja sich noch in der Güte steigernde Gottesgabe nur seiner Predigt erst den rechten Festesschwung gäbe. Nun — man brauchte seine Dienste im Augenblick so sehr — zögernd willfahrte man seinem Wunsche. Die zweite Flasche, nach deren Entkorken es nur so über das ganze, reichgeschmückte barocke Gastzimmer dahin spritzig und zugleich süß duftete, war auch bald leer — darauf begab sich der Tabener in die Abteikirche, bestieg beschwingt die Kanzel und hielt eine begeisterte

Predigt über den Hl. Lutwinus, voll Elan und Emphase. — Die Mettlacher Mönche in ihren Chorstühlen atmeten erfreut und doch schon recht erleichtert auf — denn das hörte sich gar herrlich und in geistessprühendem Redefluß an — da hob der Tabener zu einem merkwürdigen Predigtschluß an. „Und nun zum Ende", so sagte er, „will ich euch noch erzählen, was ich heute morgen träumte. Ich stand im Himmel, ich sah Gottes Thron und die himmlischen Heerscharen um ihn in überirdischem Glanze. Unter den vielen Heiligen konnte ich aber unsern von der Saar, den hl. Lutwinus, nicht finden, so sehr ich auch suchte. Da wandte ich mich an den hl. Petrus, der mit seinem großen Schlüssel gerade dabei stand und fragte ihn nach dem Verbleib unseres so sympathischen Landes-Patrons. „Ach leider", sagte da der hl. Petrus, „der sitzt in seiner Zelle und ist bitterlich am Weinen". Da ließ ich mir diese Zelle zeigen und ging hinein. Zuerst konnte der hl. Lutwinus auf meine Frage nach dem Grunde seines Kummers vor lauter Schluchzen überhaupt gar keine Antwort geben. Dann faßte er sich und sprach: „Heute an meinem Ehrentage ist aber auch nicht einmal ein einziger Mönch meines Klosters imstande gewesen, eine Predigt zu halten — sie haben den Pastor von Taben zu Hilfe rufen müssen. Darauf erwachte ich — Amen." Der Tabener verließ eiligst die Kanzel, die Kirche und das Kloster und verzichtete auf den weiteren Dank der Mettlacher Mönche. Diese sollen ihn nie wieder um eine Gefälligkeit angesprochen haben.

429. Die hungrigen Mettlacher Novizen.

Der Mettlacher Novizenmeister kam einst mit seinen Novizen in das heilige Trier. Aber dort konnten sie nichts zu essen bekommen. Ermattet ließen sie sich an der Moselbrücke nieder. Endlich brachte ihnen ein altes Weib ein bischen Brot. Die hungrigen Novizen hatten dies schnell aufgezehrt. Und der Novizenmeister bat die Frau, wenn sie noch mehr hätte, möchte sie es doch bringen. Sie tat es, auch dieses zehrten die jungen Leute gierig auf. Der Novizenmeister bat nun zum drittenmal. „Bei Gott, das ist alles, was ich noch habe", sagte die Frau, als sie wiederum Brot brachte. Sofort war es erneut verschwunden. Der Novizenmeister dankte ihr. „Der möge sie segnen, der in der Wüste die fünf Brote vermehrte und erzählte ihr die Geschichte von den fünf Broten und wie die Überreste davon noch fünf Körbe füllten." Das Trierer Weiblein aber meinte darauf: „Von Christus kommt ihr also nicht, denn bei euch blieb nun wirklich nichts übrig."

430. Der Mettlacher Klosterhannes.

Eine große Reihe heiterer Schildbürgerstreiche lebt im Volke vom Mettlacher Klosterhannes, dem volkstümlichen Boten der Abtei, der auf den Rat des Bruders Küchenmeister, sich einen Wegweiser mitzunehmen, einen solchen aus schwerem Holz aus dem Boden aushob und die Last auf seinen Schultern mit sich schleppte, der einen Aal in der Saar ersäufen ließ und den von seiner Frau für den langen Brachmonat aufgesparten Schinken einem schlauen Bettler reichte, der sich für diesen in Abwesenheit der Gattin ausgab, als ihm der Klosterhannes mitgeteilt hatte, daß der eben nur für den langen Brachmond bestimmt und aufgehoben sei.

55. Barocke Fensterschlussmaske an der Abtei in Mettlach von Ferdinand Ganal aus Saarlouis

431. Gott läßt seiner nicht spotten.

Zur Zeit der großen französischen Revolution in den 90er Jahren des 18. Jahrhunderts, brach eine gottlose, kirchenfeindliche Schar in die Saargegend herein und trat alles, was den Bewohnern heilig war, mit Füßen. —

Sie kam auch nach Mettlach und stürmte die Abteikirche, wo ja allerhand Wertvolles immer noch zu suchen und zu finden war. In ihrem Frevelmut rissen die Plünderer auch eine Statue der Muttergottes mit dem Jesukinde von ihrem Platze herunter und trugen sie unter großem Halloh hinaus vor die Kirche, wo sie das Bild auf eine Mauer aufstellten, an deren Fuß die Saar vorbeifloß und diesem Sakrileg zuschaute. Dort beugten sie unter gotteslästerischen Reden ihre Knie vor dem Bilde, spien dasselbe an und warfen mit Steinen danach. Zwei aber waren die wildesten von allen. — Auf einmal traf der Wurf des einen die Gestalt des Jesuskindes derart, daß dasselbe sich loslöste und in die Saar fiel, in deren Wellen es verschwand. Nun ging der andere hinzu und hieb dem Bilde der Muttergottes mit seinem Säbel den Kopf ab, worauf er unter dem Gejohle seiner Kameraden die Trümmer ebenfalls in den Fluß warf. Am Abend aber sahen die Bewohner Mettlachs die beiden Frevler, die tagsüber noch arg im Keller des Klosters gehaust hatten, im Klostergarten in Streit geraten, wobei sie mit den Säbeln aufeinander losgingen, und der am Morgen der Muttergottes den Kopf abgeschlagen, erhielt auch einen Stich in den Kopf, der ihn tot hinsinken ließ. Der andere aber floh beim Nahen der übrigen, noch auf Ordnung sehenden und maßhaltenden Soldaten und ihrer Führer und wurde andern Tags im Keller tot aufgefunden, wo er im ausgelaufenen Wein ertrunken war.

432. Der Herrgottstein.

Zwischen Mettlach und Saarhölzbach um jenen, besonders noch zur abendlichen Zeit, so stimmungsvollen und noch wenig berührten Saartalabschnitt, in dem sich auch auf vorspringendem niedrigen Bergfelsen am Fluß so prächtig die Lutwinuskapelle vor dem Walde aufbaut, die Wunderstelle des Heiligen, erhebt sich mit ihr, aber aus der jenseitigen Waldseite und mehr von der Saar abgewandt, auch eine ebenso baumbestandene Bergkuppe. Sie heißt „Der Herrgottstein". Dieser Name aber kommt eigentlich nur dem von einem Kreuz bekrönten Felsen auf der Spitze dieser Kuppe zu. An diesen Felsen aber knüpft sich folgende Sage:

Als Erzbischof und Kurfürst Balduin im Frühjahr 1351 von Trier aus an die Saarschleife kam, um die scheinbar unbezwingliche Veste Montclair zu erobern, da wählte er als Anmarschweg die „alte Triererstraße". Gegen Abend kam er an der Stelle an, wo sich dieser alte Weg in die Straßen nach Mettlach und nach Merzig gabelt. An dieser Stelle ließ er den gesamten Troß ein Lager beziehen, er selbst aber begab sich mit seinen Feldherren und seinen Dienern auf die Höhe des Berges, der heute den Namen „Herrgottstein" führt und schlug hier sein eigenes Lager auf, um von diesem strategischen Punkte den Angriffsplan zu überprüfen.

Am nächsten Morgen in der Frühe, sahen alle in der Ferne die trotzige Veste liegen, von der aufgehenden Sonne beschienen. Allen war es bewußt, welch schwere Aufgabe hier ihrer harrte, diese Saarburg im Sturme zu nehmen. Schien es doch die festeste am ganzen Fluß in Lage und Bauart. Erzbischof Balduin aber ließ den Felsen als Altar herrichten und las hier die hl. Messe und flehte um den Segen des Himmels bei diesem kriegerischen, aber der wohltuenden Vernichtung eines Raubnestes gewidmeten Werke. Sein Wunsch ist ihm erfüllt worden. Nach achtmonatiger Belagerung kam der Montclair in seine Hand. Zum Andenken aber an diese Messe ward das Kreuz auf dem Felsen errichtet und erhielt Felsen und Berg den Namen „Herrgottstein". Das aber war die zweite Burg Montclair, die auf dieser so günstigen Saar- und Berglage erbaut worden war. Arnulph von Walecourt, hat sie um 1030 errichtet und durch seine Tochter kam sie an Simon, Herrn zu Joinville und Vaucouleurs, dessen Nachkomme, Jakob zu Montclair, eben der unzuverlässige kurtrierer Lehensmann war, den Balduin, bekämpfte. — Davor aber stand da schon die Burg „Skiwa", so genannt nach der Schiffsgestalt des Berges. 1010 gehörte sie dem „Tyrannen Adalbert" und wurde von Erzbischof Poppo, von Trier, von Grund aus zerstört „um die Rechte seines Erzstifts zu wahren". Die dritte Burg baute dann in kleinerem Umfang 1439 der von der Sage umwobene Arnold von Sierck (vgl. Nr. 408). Denkt man dazu noch an die von Balduin errichteten Belagerungsburgen Gryneck und Saarstein, das der Erzbischof dann gern in dieser herrlichen Lage als Sommeraufenthalt wählte, und an die

Vorburgen von Montclair selbst, zu denen dann auch das als solche in kleinerem Maße erneuerte Skiwa, ganz auf der Bergspitze der Saarschleife, gehörte, so hat man ein Bild wie sie samt allen Fluß- und Waldschönheiten auch einmal von Burgen erfüllt war.

433. Der verteufelte Hirsch.

Unterhalb Mettlach kommt ein Bach zur Saar, der den Namen Schwellenbach trägt. Geheuer ist es da nie gewesen und die alten Weiblein, die in den um Saarhölzbach sich ausdehnenden Waldungen Holz lasen und es in der Hott nach Hause trugen, erzählten früher, daß ihnen, wenn sie in's Schwellenbachtal kamen, wohl gern ein Geist auf die Hott gesprungen sei, der sich durch dies Tal tragen ließ und dann erst absprang. Wie dem auch sein mag, es ist hier ein noch vielfach einsames und von Wanderern wenig benütztes Jagd- und Waldgebiet zu beiden Seiten der Saar zwischen Mettlach und Saarhölzbach, und darüber zur Rechten ganz besonders, da hier ein Teil des saarländischen Hochwaldes herunter zum Flusse zu zieht, in dem auch das sagenhafte Gebiet „Hundscheid" liegt mit seinem Bergsee und einem ehemaligen Schloß, das von grausamen Mären umwittert ist. — In der Nähe des Schwellenbachtales aber selbst liegt ein Wald, in dem in früheren Zeiten ein mächtiger Hirsch mit einer rasselnden Kette umherging und Menschen und Tiere erschreckte. Die Leute aber sagten, es sei der leibhaftige Teufel. Dazu berichtete die Sage dies: Vor vielen hundert Jahren saßen zwei Saarholzflözer, die eben von einer längeren Fahrt nach den Niederlanden zurückgekehrt waren, zu Mettlach im „Goldenen Anker" und zechten, bis sie keinen Heller mehr in der Tasche hatten. Danach beschlossen sie, um wieder zu Geld zu kommen, denselben Abend noch auf Fischfang auszugehen, und wenn es sein müßte, meinte der eine, auch noch morgen vormittag am Schwellenbache. Aber davon wollte der andere nichts wissen, denn am Sonntag sei hier seit Menschengedenken nicht gefischt worden, und das Unglück folge solchem Vorhaben.

Aber er wurde ausgelacht und als dummer Kerl bezeichnet, der noch viel zu viel auf die Herren im Kloster höre, so daß er sich schließlich überreden ließ.

In der Nacht ging Beiden kein Fischlein in's Netz, so daß sie unter Fluchen und Schelten weiter saarabwärts fuhren. Der Zeit achteten sie dabei nicht, und so kam es, daß sie sich am frühen Sonntagmorgen in der Nähe des eben nicht ganz geheuren Schwellenbachs befanden. Zug um Zug gingen ihnen jetzt Mengen schöner Fische in's Netz, und voller Freude fuhren sie nunmehr an's Ufer, um dort im Gesträuche verborgen, den Abend abzuwarten, damit niemand von ihrer Sonntagsschändung etwas erfahre. Auf einmal sahen sie, wie wenige Schritte von ihnen am Waldessaum ein gewaltig großer Hirsch sich hervorwagte, dessen mächtiges Geweih wie knorriges und entlaubtes Astwerk wirksam in die Luft ragte.

Dieser Hirsch aber war von unheimlicher Gestalt und sah trotzig und herausfordernd nach allen Seiten um. „Huli", meinte da der eine Fischer, „das ist gewiß der verteufelte Hirsch, der seit Menschengedenken hier umgeht!" Aber der zweite lachte und wollte sich vielmehr, wenn er in's Wasser gehe, an ihm einen guten Braten holen. Kaum hatte er das ausgesprochen, so trat das Tier schon an das Wasser heran, um seinen Durst zu löschen. Schnell schlichen die beiden Fischer geräuschlos zu ihrem Nachen und fuhren, als der Hirsch zum andern Ufer schwimmen wollte, hinter ihm her, um ihm die Nachenkette um den Hals zu werfen. Jetzt holte auch der eine Fischer das Ruder zum Schlagen aus, um den Hirsch zu töten, doch bevor der Schlag erfolgte, fühlte der Hirsch festen Boden unter den Füßen und da — ein Ruck, der Hirsch stand kerzengrade hoch, den Nachen mit hebend, in dem die Fischer zusammenkollerten und sich anklammerten, um nicht in's Wasser zu fallen. Und fort gings schneller und schneller der nahen unheimlichen Bergschlucht zu. Da meinte der eine Fischer, es sei doch kein Hirsch, sondern der leibhaftige Teufel, der sie in die Hölle führen wolle. Voll Angst ließen sie die Bank los und alsbald flogen sie rechts und links in weitem Bogen in dorniges Gestrüpp, wo sie blutüberströmt, zerschunden und zerkratzt liegen blieben, nun das Gottlose ihrer Sonntagsarbeit einsehend. Erst nach einiger Zeit fand man sie in bejammernswertem Zustand auf und brachte sie nach Mettlach, und als dort die Leute die übel zugerichteten und durch Schreck plötzlich ergrauten Männer sahen, ging ein Flüstern durch die Reihen: „Die hat Gott gestraft, denn du sollst den Sabbath heiligen!" Sie blieben auch zeitlebens Krüppel und fielen der Unterstützung des Klosters anheim, über das sie so oft gespottet hatten.

Der verteufelte Hirsch aber rannte noch lange schnaufend durch die Wälder an der Saar und zog die Teile des Nachens hinter sich her, die erst nach und nach abfielen, und noch lange verscheuchte er auch mit seiner rasselnden Kette Menschen und Tiere, da weder Speer noch Geschoß ihn treffen konnte. Wo er später hingekommen, das weiß kein Mensch.

434. Wie die Hulzbacher den Mond jagen und fangen wollten.

Die Hulzbacher, mit welcher uralten Bezeichnung man die Saarhölzbacher zu benennen pflegt, waren tüchtige Menschen. Das war auch kein Wunder, denn ihre alten Gemeinderäte besaßen die salomonische Weisheit, in höchstem Grade und mit kluger Hand regierten sie das arbeit- und friedliebende Völkchen am Saarstrand.

Nun versammelten sich einmal wieder diese Dorfhäupter zu wichtiger Sitzung, die in Ermangelung eines passenden Raumes im Schuppen des Gemeindevorstehers stattfand. Es war ein warmer Sommerabend. Das Mondlicht fiel durch die Ritzen des baufälligen Schuppens und störte gar sehr die würdigen Väter in ihrer schwierigen Beratung. Nein, was dem Mond auch nur einfiel, sich in die Amtsgeheimnisse einzumischen, dem mußte abgeholfen werden. Aber wie? Mit leiser Stimme, damit nur ja der Mond nichts vernehmen sollte, tuschelten die Weisen von Hulzbach und entwarfen einen kühnen Plan, der dem braven Mond gefährlich werden konnte. Ja, nur so konnte man ihm beikommen und ihn für zeitlebens hinter Schloß und Riegel setzen.

Während einige vorsichtig das Scheunentor öffneten und sich hinter ihm versteckten, kletterten die andern durch die Dachluke hinaus, um den Störenfried von draußen hinein zu jagen. Richtig, das Innere des Schuppens wurde fast taghell erleuchtet, der Mond war also drin. Rasch schlugen die hinter der Tür versteckten das Tor zu, doch zu spät, der Kerl war wieder ausgerissen.

Schadenfroh grinsten seine silbernen Strahlen durch alle Ritzen und neckten die verblüfften Dorfgewaltigen, die darob arg genug erbosten. Und auch weitere Versuche wollten durchaus keine Erfolge zeitigen.

Da ersannen die kühnen Hulzbacher Mondjäger einen neuen Plan, um den Mond bei seinem Aufgang am folgenden Abend zu überfallen und unschädlich zu machen. Und vorsichtig, jeden Baum und Strauch als Deckung benutzend, schlichen sie sich, als der nächste Abend nahte und die Sonne noch nicht ganz entschwunden war, den hohen Berg hinauf. Voran schlich führend der Ortsvorsteer in eigner Person, hinter ihm stolperte der lange Jupp mit einer endlosen, vorn zugespitzten Stange, mit der der Mond von seinem Hochsitz herabgelangt werden sollte. Die andern Dorfväter aber folgten vorsichtig im Gänseschritt. Oben angekommen, versteckten sich alle hinter den Büschen, um das Erscheinen des Mondes abzuwarten. Die Dunkelheit senkte sich rasch hernieder. Mit weitaufgerissenen Augen starrten die Lauscher in jene Richtung, aus der der Gesuchte aufsteigen mußte. Der lugte auch jetzt, langsam, vorsichtig, hinter der Berghöhe hervor, als ahnte er bereits die Gefahr und den auf ihn geplanten Überfall. Leise drehte sich der Ortsgewaltige um, dem langen Jupp das Zeichen zum Angriff zu geben. Der ergriff mit seinen kräftigen Fäusten die lange Stange, nahm einen Anlauf, stolperte, fiel auf den armen Ortsmeier, dessen ohnehin schon kräftig entwickeltes Riechorgan so von der entfallenden Stange getroffen wurde, so daß es dick aufschwoll und wie ein Kürbis aussah, der in allen Regenbogenfarben schillerte. Und so war mit einem Schlag die Hulzbacher Mondjagd zu Ende und der, dem sie galt, blickte lachend auf seine guten Saarhölzbacher herunter, die es sich dann niemals mehr einfallen ließen, bei mondheller Nacht eine Gemeindesitzung abhalten zu wollen.

435. Der Teufelsschornstein.

Auf der linken Saarseite, Saarhölzbach schräg gegenüber, ragt oben am Bergabhange ein grauer verwitterter Felsblock hervor, der im Volksmund „Deuwelsschurschde" (Teufelsschornstein) genannt wird. Der Berg selbst heißt Eisenkopf. Hier soll der Petschbacher

Schmied mit dem Teufel einen harten Kampf gehabt haben. Dieser Schmied, ein sehr großer kräftiger Mann, der den Amboß mit Leichtigkeit über den Kopf hob, war ein arger Raufbold und fluchte wie ein Türke, weder an Gott, noch Teufel glaubend. — Woher er gekommen, wußte man nicht. Als er nun eines Tages mit der Anfertigung von Hufeisen beschäftigt war, sprang das erste, das er fertig beiseite schob, mitten entzwei. Unter lautem Fluchen nahm er ein zweites unter den Hammerschlag, aber auch dieses zersprang nach der Fertigstellung. Da wurde der Schmied wütend, nahm ein drittes und brüllte: „Wenn auch das zerspringt, soll auch mich der Teufel holen!" Bald war auch dies Eisen fertig und zersprang. Fluchend warf er es auf den Feuerherd. Da grinste ihm unter dem Rauchfang der leibhaftige Teufel entgegen, um ihn abzuholen.

Da wurde dem mutigen Schmied doch bang um's Herz, und er sann auf eine List, dem Teufel zu entgehen. Nach kurzem Besinnen erklärte er, mitgehen zu wollen, wenn der Teufel vorher ein Probestück seiner Meisterschaft ablege in einer Aufgabe, die er selbst bestimmen wolle. Der Teufel stimmte zu, und sie trafen sich in der Nacht auf dem Eisenkopfe, wo der Schmied den Teufel in einer hohlen Buche stehend erwartete, in der Hand seinen schwersten Zuschlaghammer. Plötzlich öffnete sich die Erde, und in eine qualmende Rauchwolke gehüllt, entstieg der Teufel der Öffnung. Der Schmied aber stellte ihm nun die Aufgabe, von 12 bis 1 Uhr sämtliche Grenzmarksteine der kurtrierischen Lande hier zusammenzubringen und von 1 bis 3 Uhr all diese Steine, jedoch verwechselt, wieder einzusetzen. Auf einen schrillen Pfiff des Teufels kamen aus dem Teufelsschornstein unzählige seiner teuflischen Gesellen hervor, und als es in Mettlach im Kloster 12 Uhr schlug, ging es an die Arbeit. Bald regnete es Grenzsteine auf den Platz, und noch vor 1 Uhr befanden sich sämtliche ausbedungenen Steine, haushoch getürmt, beisammen. Als es aber ans Zurückbringen ging, erhob sich unter den Teufeln ein Streit, denn keiner wollte die entferntesten Orte wieder aufsuchen. Entsetzt ob all dem höllischen Treiben, gelobte der Schmied nun, ein besserer Mensch zu werden, wenn er mit heiler Haut davonkomme.

Der Teufel, der diese Gedanken erriet, warf wütend mit einem Grenzstein nach ihm, den dieser aber geschickt auffing. Als er dann aber schließlich sah, daß der Stein mit einem Kreuze gezeichnet war, zerschlug er ihn mit dem Hammer zu Staub und trug ihn eiligst, während die höllischen Gesellen in alle Winde zerstreut an der Arbeit waren, in den nahen Bach, dann eilte er zu seiner Buche zurück. Kaum war er darin, erschienen auch schon die Teufel, um ihn zu holen, denn alle Steine waren wieder fortgeschafft. Der Schmied sagte jedoch, daß noch ein Stein fehle und so diese gestellte Aufgabe nicht gelöst sei. Als jetzt die Teufel merkten, was geschehen war, drangen sie wütend auf ihn ein. Der schlug aber mit seinem Zuschlaghammer aus der Buche heraus die Teufel auf ihre Köpfe, die wie von Eisen klirrten. Doch seine Kräfte gingen bald zu Ende, und schon fürchtete er, in die Gewalt der Teufel zu fallen, als von Mettlach her die Turmuhr 3 schlug. Unter satanischem Gebrüll flohen nun die Teufel zum Teufelsschornstein hinein, den sie noch mit einem Felsblock verschlossen. Der Schmied aber sank zu Boden, und als er erwachte, war er ganz grau vor Schrecken geworden, wankte zu seiner Hütte, die er bald zerstörte und nachdem er Amboß und Geschirr in die Saar geworfen hatte, pilgerte er in's heilige Land, um dort Buße zu tun bis an sein Lebensende.

Der Berg aber, auf dessen Kuppe der Schmied den Teufeln die wie Eisen klirrenden Köpfe gedroschen hatte, heißt noch heute der Eisenkopf, aus dem der „Deuwelsschurschde" hervorragt. — Auf diesem Felsgebilde ist aber noch immer ein eingehauenes Hufeisen zu sehen und dabei eine Schnapsflasche ebenso eingemeißelt. Und dies soll ein ewiges Warnungszeichen an ein anderes und ähnliches Rencontre sein, das einmal ein Fuhrmann von Weiten auch mit dem Teufel hatte, den aber auch schließlich nach einem Blick auf das Kreuz auf der großen Kuppe bei Saarhölzbach eine Bekreuzigung mit der rechten Hand aus dessen Bann noch rechtzeitig erlöst hat.

436. Die Erbauung der St.-Michaelskapelle über Taben.

Bei Taben liegt die St. Michels-Kapelle in einer außerordentlichen pittoresken Lage, kühn auf jäher Felsenbastion über dem Saarfluß und so auf einer der höchsten vorspringenden Felsenkuppen. Ihre Erbauung wird auf diese Sage zurückgeführt:

Ein Ritter wurde von mehreren Feinden arg bedrängt und verfolgt, die ihn gefangennehmen wollten. Er kam mit seinem Streitrosse bis auf diese jähe Felsenhöhe

56. Die St. Michaelskapelle ob. Taben a. d. Saar

und konnte nun nicht mehr weiter. Vor ihm gähnte der furchtbare Abgrund, hinter ihm waren seine grimmigsten Feinde. Und so drohte Verderben von beiden Seiten.

In seiner Not rief er den hl. Michael um Hilfe an und gelobte, wenn er mit seinem Leben davonkomme, ihm auf diesem Felsenzacken eine Kapelle bauen zu lassen. Da sah er plötzlich den himmlischen Heerführer, der mit der rechten Hand nach dem Abgrund zeigte. Fest auf dessen Hilfe vertrauend, gab er seinem sich sträubenden Pferde die Sporen und setzte mit ihm den hohen Felsen hinab in die hochaufschäumende Saar. Aber weder ihm noch seinem treuen Tiere war irgendwelcher Schaden geschehen, er war in doppelter Weise dem sicheren Tode entgangen. Zum Dank ließ er alsbald die versprochene Kapelle bauen und trat später als Mönch in die Benediktinerabtei zu Mettlach ein. Noch jetzt aber zeigt man auf der äußersten Felsenkante die Eindrücke von den Pferdehufen und damit also auch wieder eine saarländische „Roßtrappe". —

437. St. Matthäus zieht von der Saar fort.

Vor uralten Zeiten, als die Heiligen noch von einem Ort zum andern wandern mußten, geschah es, daß St. Matthäus von Kollesleuken (Collesleuken) landeinwärts seitlich von Taben fortzuziehen gezwungen war. Man setzte ihn in eine Bütte und ließ ihn so die Saar hinuntertreiben. In seiner Bütte rief er beständig „Land mêch!" Aber überall, wo er an den Saarorten vorbeikam und auch gehört wurde, riefen ihm die Heiligen, welche die Dörfer beschirmten, zu: „Lane mer dêch, da bast d'iwer eis!" Aus der Saar schwamm er schließlich in seiner Bütte in die Mosel, in die es ihn bis in die Gegend von Trier hinunter hineintrieb, ohne daß man ihn auch hier landen wollte. Dort aber saßen am Ufer Waschfrauen, die seinen monoton durch das Flußtal tönenden Ruf hörten und Erbarmen mit ihm hatten, um ihn schließlich mittelst einer Stange, die sie ihm reichten, zu landen.

Von dieser Zeit an mußten die dortigen Heiligen ihrerseits fortwandern, und St. Matthäus trat an ihre Stelle. Wo ihn die Waschfrauen an's Ufer gezogen hatten, baute er das berühmte Kloster St. Mattheis.

Seit jener Zeit herrscht noch im ganzen Saar- und Moseltale hier das Sprichwort: „Lane mer dêch, da bast d'iwer eis!" (Landen wir dich, so bist du über uns!")

Von seinem Patronstage aber, am 24. Februar, heißt es:

„Mattheis bricht's Eis
Hat er keins, macht er eins!"

Und wer in dieser St. Mattheisnacht zwischen 12 und 1 Uhr geboren wird, sieht Dinge, die andern Menschen verborgen sind, um die er aber nicht zu beneiden ist. Und der Glaube daran ist noch allgemein in der Saar- und Moselgegend, so auch im Hochwalde, verbreitet.

438. Die Heinzelmännchen vom Serriger „Wichtershäuschen".

Bei dem gesegneten Weindorf Serrig a. d. Saar, gibt es eine Flurabteilung „Im Widdershäuschen" — „Wichtershäuschen" aber nennt es der Volksmund. — Dort liegt ein von Steinplatten umstellter, viereckiger Platz, der einmal ein römisches Familiengrab gewesen sein soll. Das Volk aber weiß es besser: Dort stand ein Häuschen, das einmal den im nahen Walde hausenden Wichtelmännchen — auch „Widderchen" genannt — zur Wohnung diente. Diese waren ein fleißiges und den Menschen zugetanes Zwergvölkchen, das den Bewohnern von Serrig gar manche Dienste leistete. Alljährlich zur Osterzeit kamen die Wichterchen in's Dorf und benutzten dort, wo der Weg nach Greimerath abzweigt, mit zwar gegebener, stillschweigender Erlaubnis des Eigentümers, ein Haus und dessen Backofen zum Brotbacken. Das war für sie eine feierliche Handlung, bei der ihnen kein menschliches Auge zusehen durfte. Und die Serriger ehrten ihre Sitte, weil sie von den treuherzigen kleinen Leutchen nichts Übles zu befürchten, aber viel gutes zu erwarten hatten.

Zu jener Zeit wurde nun die junge Frau des Besitzers des Backhauses von dem Teufel der Neugierde dermaßen geplagt, daß sie um jeden Preis das Geheimnis des Brotbackens ergründen zu müssen vermeinte. Sie legte sich also in der Backnacht auf die Lauer, und hielt mit grosser Geduld aus, bis die Brote gar waren.

In feierlichem Zuge breiteten die Widderchen diese aus und der Widderkönig segnete sie mit den Worten: „Gott sei Dank für unser Brot!"

Da hielt es aber die Lauscherin nicht mehr in ihrem Versteck, und mit den Worten: „Use Kooch och!" (unsern Kuchen auch) sprang sie mit ihrer Laterne mitten unter die erschreckten Zwerge. Mit einem Schlage erlosch das Licht, die Trägerin stürzte auf ihre neugierige Nase, und die guten Widderchen purzelten bunzunne — bunzowwe (kopfüber — kopfunter) die Treppe hinunter. Als das dumme, so unheilbringende Weib sich erhob, waren Brote und Widderchen verschwunden. Von dieser Zeit ab aber war nichts mehr von dem stets hilfsreichen und wohltätigen Völkchen in der ganzen Gegend zu merken und die Serriger mußten in Feld, Weinberg, Wald und Haus die Arbeit allein verrichten.

439. Der Brautborn zu Kastell.

Die Römerherrschaft im Saargau neigte sich ihrem Ende zu. — Wie ein aufgescheuchtes Wild flohen die römischen Siedler vor den vorstürmenden Franken und bargen sich in der uneinnehmbar scheinenden Feste Kastell, die auf steilstem Felsen über der Saar hing und die ein alter, erprobter römischer Kommandant befehligte. — Der noch junge Anführer der Franken aber hatte ehedem im römischen Heer gedient und dort vieles auch von dessen Kriegskunst gelernt, und römische Kultur auch so in sich aufgenommen. — Er entstammte einem edlen fränkischen Geschlecht, und durch seine Tapferkeit und gute Haltung hatte er es auch bei den Fremden zum angesehenen Offizier gebracht.

Zwischen ihm und der Tochter des römischen Kommandanten, der nun das Kastell verteidigte, hatte sich damals ein Liebeshandel angesponnen. Aber das Heimweh brachte ihn bald doch wieder zu seinen Landsleuten, in dem Gedanken, die heimatlichen Lande mit von der Römerherrschaft befreien zu können, deren Führer er bald wurde. Nun lag er vor Kastell, in dem auch mit dem Vater diese Tochter eingeschlossen war. Sie hatte mehr Bewegungsfreiheit im großen Vorgelände der Festung als die übrigen und so erholte sie sich Abends gerne in den kleinen Waldnischen, die wie Oasen in den Festungsgürtel eingeschoben waren, nur in Begleitung eines sie beschützenden Sklaven. Eine Felsenhöhle war ihr Lieblingsaufenthalt. Dort saß sie auch wieder einmal eines Abends, als plötzlich der auf Kundschaft ausgehende Geliebte vor ihr stand. Rasch erwachte nun bei beiden die niemals ganz erloschene Zuneigung, sie schworen sich erneut Treue und trafen sich viel nun an dem verschwiegenen Orte. —

Die Braut, in der Meinung, dem Vater, ihren Landsleuten und zugleich ihrem fränkischen Bräutigam dienlich zu sein, fragte ihn einstens, ob er sicheres Geleit und freien Abzug aller Festungsinsassen versprechen wolle, wenn sie ihm das Geheimnis verrate, ohne dessen Kenntnis er noch jahrelang hier ausharren müsse, bis die Festung aus Mangel an Proviant falle. — Das versprach er und sie verriet ihm darauf die Lage der Quelle am Eiderberg, deren unterirdische Leitung die Belagerten mit trefflichem Wasser reichlich versah, die aber über der Erde durch üppig wucherndes Grün so natürlich verdeckt war, daß auch das schärfste Auge sie nicht zu finden vermochte. — Das war das Ende der stolzen Veste. — Von Durst gequält, suchte man aber doch noch nach dem Verräter, um ihn zu bestrafen, zuerst ohne Erfolg, bis ein Soldat meldete, wie er gesehen habe, daß ein Sklave aus dem Hause des Kommandanten sich des Abends in das Vorgelände der Festung begeben habe. Von der Tortur gequält, verriet er endlich seine junge Herrin dadurch, daß er aussagte, er habe sie im Gespräch mit einem jungen Franken beobachtet. — Ihr Tod war nun unausbleiblich. Sie wurde als Verräterin verurteilt, vom steilsten Klausenfelsen hinabgestürzt zu werden. Als die Franken die Bewegung der Römer nach dieser Seite hin merkten, sogen sie sich unten im Saartal zusammen. Doch ihr Führer konnte den Sturz seiner Geliebten nicht mehr aufhalten, die der Vater selbst herabstieß, und einen Augenblick später verschied sie in den Armen des fränkischen Bräutigams.

Das Schicksal der Burg war aber eben doch besiegelt, bei einem verzweifelten Ausfall der durch Durst geschwächten Römer wurde sie erobert und vollkommen zerstört.

Als die Franken ihr Werk vollendet hatten, begrub ihr Anführer seine Braut selbst am Eiderberge, in unmittelbarer Nähe der seiner Liebe Verderben bringenden Quelle. Und danach heißt diese heute der Brautborn von Kastell.

440. Der Bann vor der Klause.

Von der Klause auf dem Kasteller Felsen hoch ob der Saar, auf der ehemals ein frommer Einsiedler hauste, als den man den Franziskanerbruder Romney nennt, auf dessen Veranlassung 1627 auch das Franziskanerkloster Beurig vom Trierer Kurfürsten Lothar von Metternich begründet worden sein soll, erzählt man sich dieses: Der Zugang zu ihren Felsengemächern sei mit einem Banne belegt, der es mit sich brächte, daß man, wenn man davorstände und drei Schritte zu machen versuchte, plötzlich nicht mehr Amen sagen könne. — Wie dem auch sein mag, die Klause, mit ihrer so herrlich dem Felsen und dem Saartal angepaßten Kapelle ist ein romantischer Glanzpunkt dieses an Schönheiten der Landschaft hier gerade so überreichen Flußlaufes.

Die Entstehung dieser Kapelle aber geht auf einen

57. Die Klause bei Kastel mit der 1833 erbauten Grabkapelle des blinden Böhmenkönigs Johann aus dem Hause Luxemburg von K. F. Schinkel

Besuch des Romantikers auf Preußen's Königsthron, Friedrich Wilhelm IV., in der alten Abtei Mettlach, bei den nun darin wohnenden Keramikfabrikanten der Boch zurück, die seit 1748 in Deutsch-Oth und dann um 1766 in Septfontaines, in der Töpferindustrie tätig, ihre einst von der großen deutschen Kaiserin Maria Theresia privilegierte Steingutfabrik von Septfontaines in Luxemburg, im beginnenden 19. Jahrhundert nacheinander an die geschäftstüchtigere Saar verlegt hatten. Dem König aber sagte damals sein saarländischer Gastgeber, daß er außer ihm noch einen zweiten königlichen Gast in seinen Mauern berge. Und auf seine erstaunte Frage erhielt er die Auskunft, daß das die oft geflüchteten und noch niemals zur Ruhe gekommenen Überreste des blinden Königs Johann von Böhmen, aus dem Hause Luxemburg seien, der in der Schlacht von Crécy, im 14. Jahrhundert einen so ruhmvollen Tod gefunden habe. Er habe sie aus Luxemburg gerettet, wo sie in Folge der Revolution von 1793 wieder einmal ihre Gruft hätten verlassen müssen und nun ständen sie hier in einem Sarg auf dem Speicher der Abtei. —

Das aber bewegte den romantischen und in den eigentlichen Rheinlanden volkstümlichen Preußenkönig derart, der zudem wohl wußte, daß der Böhmenkönig sein und seiner Gemahlin Elisabeth von Bayern Vorfahr war, dermaßen, daß er sich diese königlichen Überreste ausbat und für sie von seinem so tüchtigen Baumeister Schinkel in so wohl nachempfundenen und angepaßten romanisch-romantischen Formen, hoch auf dem platten Vorsprung der Klause jene stimmungsvolle Saarfelsenkapelle 1833 erbauen ließ und damit seinem Ahnen, in dessen alten Landgebieten zudem noch, eine so schöne und beneidenswerte Ruhestätte schuf, daß es geradezu zu bedauern ist, daß man den Ruhelosen auch von hier in neuester Zeit wieder weiter nach Luxemburg hat wandern lassen. —

441. Das „Ritterkirchlein" bei Saarburg.

Geht man von Saarburg die Landstraße in Richtung Trassem, so sieht man über das Tal der Leuk hinweg in halber Höhe der bewaldeten Saarberge, inmitten des dunkeln Grüns, die weiß schimmernden Mauern des sagenhaften „Ritterkirchleins". Über seine Entstehung berichtet uns die Sage:

An einem schönen, sommerlich-heißen Nachmittag, streifte der Schloßherr von Saarburg durch seine Wälder und ließ sich, als er die Freudenburg erblickte, von dem Gedanken eines kurzen Besuches auf dieser Nachbarburg bewegen. Später, als er es beabsichtigt hatte, trat er den Heimweg an. Das Dunkel, das gewitterschwere Wolken über Berg und Tal auf einmal breiteten, trieb ihn zur Eile an. Vom Sturmwind halb getragen, strebte er seiner heimatlichen Veste zu. Ein überaus heftiges, wolkenbruchartiges Gewitter, wie er es bis dahin noch nicht erlebt hatte, setzte ein. Schwarze Finsternis, unterbrochen vom grellsten Licht der niederfahrenden Blitze, ein Regenschauer, als ob die Schleusen des Himmels sich geöffnet hätten. In wenigen Minuten war der schmale Pfad in eine Schlammrinne verwandelt. Der Ritter sah sich gezwungen, den Weg zu verlassen und sich durch Dickicht und Gestrüpp mühsam zu zwängen. Jetzt kam das schlimmste noch dazu: er verlor die Richtung und geriet in sumpfige, von fast undurchdringlichen Hecken bestandene Abhänge. Kein heimischer Glockenschall von der Saarburger Kirche wies ihm den Weg, wie es einmal dem auch verirrten Verwandten der Burgherrenfamilie der Saarburg aus dem Hause Warsberg vom saarländischen Warndt, einem Ritter Philipp von Homburg aus Lothringen, geschehen war, aus welchem Grunde das 10 Uhr-Läuten des Abends in Saarburg eingerichtet worden sein soll, und so verlor er immer mehr Weg und Steg. Und immer weiter glitt er in die Wirrnis und den Schrecken der finstern Nacht hinein und in das gespenstige Heulen des Sturmes, als ob die wilde Jagd einherziehen wollte. Der immer stärker niederrauschende Regen machte jede Orientierung unmöglich und vollständig durchnäßt, von den übermenschlichen Anstrengungen erschöpft, packte ihn zuletzt auch noch das Fieber. Nun überkam ihn die Angst — und in seiner Not — gelobte er, an dieser Stelle ein Kirchlein zu bauen, wenn er lebend seine schöne Saarburg wieder sähe. Nun zog er das Schwert aus der Scheide und stieß es alsbald in die Erde. —

Wie vom Vertrauen gestärkt, raffte er nun seine

letzten Kräfte zusammen und zwängte sich durch alle Hindernisse hindurch hangaufwärts. Mit zerfetzten Kleidern und arg zerschunden, erreichte er zu Tode erschöpft, nach Mitternacht endlich seine Burg. Als er sich von den Schrecknissen dieser Gewitternacht erholt hatte, suchte er mit seinen Knechten die Stelle, die durch sein aufrecht stehendes Ritterschwert gekennzeichnet war und ließ, seinem Versprechen getreu, an dieser Stelle eine Kapelle errichten, die man bis auf den heutigen Tag das „Ritterkirchlein" oder nun auch „Heilig-Kreuz-Kapelle" nennt.

442. Der Burggeist von Saarburg.

Am Vorabend von hohen kirchlichen Festen kam der Burggeist von der Saarburg herab in die Unterstadt — Staden — und legte sich als Kalb oder als großer Hund, am liebsten an der engsten Stelle der Straße, quer über diese. Niemand durfte es wagen, über ihn zu schreiten oder ihn anzusprechen! Sofort verwan-

58. Saarburg an der untern Saar

delte er sich in einen schrecklichen Ritter, der in glühender Rüstung den armen Sterblichen verfolgte und ihm zu schaden suchte. Die Saarburger mieden daher abends in dunkler Nacht diese Unterstadt.

443. Die gekrönte Schlange.

Auf der Fläche des Lamberts-Kirchhofes stand vor Jahrhunderten die Pfarrkirche von Saarburg, Niederleuken, Ayl, Bibelhausen, Ockfen und dem heute verschwundenen Kaipich. Für Niederleuken führte von der Landstraße ein breiter und steiler Pfad dahin, auf dem es nicht geheuer war. Dort sah man oft in seiner Mitte eine Schlange mit einem goldenen Krönchen sitzen. Das war der Geist einer verwunschenen Jungfrau und man erzählte sich, daß der sie erlöse und dann großen Reichtum gewinne, der den Mut habe, der Schlange das goldene Krönchen abzunehmen.

444. Die Schwalben fliehen vor der Cholera.

Als 1849 vom 10. Juli bis 29. August die Cholera auch in Saarburg zu wüten begann, verschwanden plötzlich alle Schwalben und wurden während des ganzen Sommers nicht mehr gesehen.

445. Brunnensagen um Saarburg.

Beim Engelbrunnen geht das Engelborsfräuchen im Saarburger Stadtwald um und führt die Leute, die in seinen Bereich kommen, in die Irre. Es erscheint in weißem Kleide, aber ohne Kopf. Früher wollten es viele gesehen haben. —

Beim Kochratsbrunnen bei Saarburg soll vor langer Zeit eine Stadt gestanden haben, die durch Verrat zerstört wurde. Seitdem treibt der Verräter dort noch sein gespenstiges Unwesen. Man soll früher dort wirklich auch Reste von alten Gebäuden gefunden haben, und der Brunnen soll noch von jener verschwundenen Stadt herstammen.

446. Das Gnadenbild von Beurig.

Im 14. Jahrhundert lebte in der Nähe des jetzigen Ortes Beurig ein frommer Jüngling bei seinem Bruder, einem Müller. Dieser Jüngling besorgte regelmäßig die Fuhren von Frucht und Mehl in die Umgegend. Eines

Abends, als er durch den finstern Wald fuhr, wo jetzt der Ort Beurig steht, sang er den englischen Gruß: „Ave Maria, gratia plena", da wurde ihm aus dem Walde die Antwort: „So grüßte der Engel die Jungfrau Maria". Erstaunt darüber erzählte er dieses zu Hause seinem Bruder. Bei der nächsten Fahrt begleitete ihn dieser und am Abend bei der Rückfahrt sang er wieder und erhielt dieselbe Antwort. Beide erstatteten nun dem geistlichen Herrn von Irsch Anzeige, worauf auch dieser sich von der Richtigkeit der Angaben überzeugte. Die drei Männer gingen nun in den Wald in der Richtung hinein, woher der Zuruf erfolgt war. Und standen alsbald vor einer mächtigen Eiche, an der sie ein Bild der Gottesmutter fanden. Alle Nachforschungen über sein Herkommen blieben ohne Erfolg. Mehrere Male nahm man es von der Fundstelle weg, es blieb aber nicht, sondern kehrte stets zu ihr zurück. Daraus schloß man, daß es dort bleiben und die Muttergottes daselbst auch verehrt werden wolle. Von allen Seiten kamen nun Wallfahrer und Pilger, deren Verehrungen, wie in alter Zeit üblich, noch im Walde selbst vor sich gingen. Aber aus den reichlich eingehenden Opferspenden baute man bald eine Kapelle, und da der Zudrang stärker und stärker wurde, auch Herbergen für die Wallfahrer und es entstand allgemach der Ort Beurig, denn der Gnadenort wurde immer bekannter und von weither, namentlich vom Rhein, zogen große Prozessionen an der Mosel und durch die Eifel unserer Saar zu. — Als Zeit des Fundes der Muttergottesstatue wird das Jahr 1390 angegeben. Unter wunderbarer Hilfe des Himmels stand dann auch 1516 eine stattliche Kirche bei der heiligen Stätte und wieder 100 Jahre später ließen sich dort Franziskaner nieder und errichteten 1627 ein ausgedehntes Kloster, wozu denn der Einsiedler von der Saarklause, Franziskanerpater Romney, den ersten Anlaß gab, der auch dorthin übersiedelte. Der Trierer Kurfürst Lothar von Metternich bedachte es reich. 1645 beherbergte es den berühmten Marschall Turenne. Als es im April 1734 durch Truppen unter Marschall Belle-Isle geplündert werden sollte, rettete es das Sturmläuten der Saarburger Glocken. Gegen Ende des Jahres 1783 lebte in ihm ein wundertätiger Mönch, Adam Knörzer, der durch Handauflegen viele Kranke heilte, unter denen eine Frau Anna Maria Prestinari aus Kirn und ein Sohn des Chevalier de St. Louis, Herrn de Baste aus Saarlouis besonders noch aufgeführt sind.

447. Der betrunkene Stier.

Die Konventualen des Klosters Beurig hatten, wie es in einem solchen Weinlande ja nicht anders sein kann, in dem solch edle Gewächse, wie der Scharzhofberger, Oberemmeler Rosenberger, der Ockfener Bocksteiner und dazu noch in der nächsten Nähe gar der Wiltinger Kupp neben dem Wawerner und Kanzemer Herrenberg, dem Ayler und Saarburger selbst reifen, einen besonderen Sinn und Verstand für einen guten Tropfen, und das ging selbst bis auf die Klosterknechte weiter. Die aber hatten einmal einen Eimer des herrlichsten Saarweins für sich selbst auf die Seite gebracht. Der Pater Ökonom bekam indessen davon Wind und suchte überall nach dem Wein. Um sich aus der Verlegenheit zu helfen, schüttete ein Knecht rasch den Eimer dem Bullen, der in einem besonderen Abteil des Stalles stand, vor und der schlürfte ihn mit Behagen ein, aber auch mit dem Erfolg, daß er völlig betrunken wurde und so in eine furchtbare Raserei und Wildheit geriet, so daß alles im Kloster zusammenlief und jeder glaubte, das Tier sei behext. Schon wollte man ihn töten lassen, aber niemand getraute sich in seine Nähe. Endlich ermüdet, wurde das Tier ruhig, fing an zu schlafen und schlief geruhsam seinen Rausch aus, um am nächsten Morgen wieder stiermäßig gesund zu sein. Die auf edlen Saarwein trinklustigen Klosterknechte aber hatten das Nachsehen. —

448. Der frevelnde Saarschiffer. und die Glocken in der Saar.

Bei Leukergrub ist eine gefährliche Stelle im Weinland für die Schiffahrt in der Saar und so das Passieren hier gefährlich genug. Vor vielen Jahren fuhr da einmal ein reichgewordener Schiffer stets für seinen Trierer Kurfürsten mit seinen Booten zwischen Saarburg und Trier vorbei. Dieser hatte drei Glocken in Niederleuken gießen lassen — Karl, Kaspar und Melchior. Sie sollten am Dreikönigstag bereits an ihrem Platze in Trier hängen und dort dann zum erstenmal geläutet werden. Der Schiffer verpflichtete sich, trotz des Eises in der Saar, die Glocken zeitig nach Trier zu bringen. Früher grüßte er stets den hl. Nicolaus an der Grub und hob jedesmal beim Vorbeifahren seine Mütze vor dessen Bild, das dort auf einem Felsen an der Saar und ihre Schiffahrt schützend steht. Nachdem er aber reich geworden war, unterließ er es, und die Niederleuker Jungen, wenn sie ihn sahen, riefen ihm zu: „Die Kaap (Mütze) ab." Ein älterer Mann, der sich auch über ihn ärgerte, sagte: „Laßt ihn gehen! Der hl. Nikolaus wird ihn schon lehren, die Kaap abziehen." Dieser Schiffer ladet nun die Glocken in Leuken ein und stößt ab, um in's richtige Fahrwasser zu kommen. Eine mächtige Eisscholle kommt zwischen das Ruder, und das Schiff dreht sich. Es rennt in der Grub auf einen Felsen auf, zerschellt, und die Glocken sinken an der tiefsten Stelle in die Saar. Der Schiffer ertrinkt. Er hatte es wieder unterlassen, den hl. Nikolas zu grüßen und um eine gute Fahrt anzuflehen. — Seitdem sitzt er noch immer in der Grub und muß am Christ- und Dreikönigsfest die drei versunkenen Glocken läuten, weil dann in der Mitternachtsstunde das Saarwasser in der Grub zu Wein wird, um dieses den Leuker Leuten anzuzeigen. Auch dann, wenn jemand in der Saar ertrinkt und nicht mehr gefunden wird, muß er sie läuten, da ihm auf der Erde keine Glocke mehr gezogen werden kann. In der Christ- und Dreikönigsnacht aber können die Niederleuker das Geläute der Glocken aus der Tiefe der Saar heraus jedesmal deutlich vernehmen. —

„Dat Nekläschen" aber läßt sich auch sonst nicht betrügen. Als einmal ein sich klug dünkender Schiffer an der Leuker Grube zu ihm um glückliche Einfahrt in die Leuker Furt betete und ihm versprach „Nekläschen, wenn do mir hilfst, dat eich glücklich durch da Furt kommen, dan kreist du en Kirz so gruß wie mei Mastbam". Glücklich kam dieser Schiffer auch durch die gefährliche Stelle. Aber dann drehte er sich spöttisch um, schwipste mit den Fingern und sagte: „Nekläschen, net dat kreist de!"

An der Konzer Brücke aber ist sein Schiff zerschellt.

449. Die Geistermesse von Rehlingen-Litdorf.

Nicht weit vom Rehlingerhof liegt die Kirche von Rehlingen-Litdorf nebst Pfarrhaus, ganz einsam. Ein Mann aus Fisch kam einstmals kurz nach Mitternacht dort vorbei und sah die Kirche von innen und außen hell erleuchtet. Dieses teilte er seinem damaligen Pastor mit, der ihm sagte, er habe schon öfters ähnliches gehört und bat ihn, bald wieder um Mitternacht zu ihm zu kommen. Das tat der Mann auch, und nun sahen beide, als sie in die Kirche kamen, die Kerzen am Altar brennen. — Gleich nach Mitternacht öffnete sich die Tür der Sakristei und ein alter, beiden unbekannter Priester trat in den Meßkleidern und mit Kelch an den Altar und begann die hl. Messe mit dem „Orate fratres", da stutzte er und blieb, zu den Anwesenden gekehrt, stehen, als warte er auf die Antwort des Meßdieners „Suscipiat Dominius" usw. Als ihm nun die Beiden entsprechend antworteten, las der gespenstige Priester die Hl. Messe bis zum Ende. — Von da ab blieb die nächtliche Erscheinung für immer aus und man nahm an, daß der geheimnisvolle Priester einmal im Leben die Messe zerstreut gefeiert habe, er sei bis zum Stillgebet vor der Praefation gekommen und habe dann nie mehr die hl. Messe lesen können. Nach seinem Tode sei er dann stets um Mitternacht zurückgekehrt und habe dieselbe mit dem „Orate fratres" richtig begonnen, da aber niemals ein Mensch anwesend war, der ihm Antwort hätte geben können, so habe er die Messe nicht weiter lesen können, bis zu jenem Augenblick, da er endlich Antwort erhalten und dadurch erlöst worden sei.

450. Der Bischof im Mannebacher Wald.

Allnächtlich soll im Mannebacher Wald die Gestalt eines Bischofs geisternd zu sehen sein, der im Ornat diesen Wald durchschreitet. Auch das gibt es also in dieser sagenvollen und mannigfaltigen Gegend, wo selbst um das nahe Helfant einmal ein Trierer Erzbischof und Kurfürst als wilder Jäger am Sonntag noch umging, dem einmal zu Lebzeiten bei seiner großen Jagdlust sein Hofnarr gelegentlich einer Treibjagd gesagt haben soll: „Vor einer Stunde habe ich Eure Eminenz noch vor dem Altar gesehen, jetzt aber jagen Sie schon. Wohin aber kommt der Erbischof, wenn der Teufel den Landesvater holt." Und darauf sei er auch in sich gegangen und nicht mehr als wilder Jäger, am Sonntag wenigstens, erschienen.

Ohne Frage handelt es sich hier um den allerdings überjagd-freudigen und weinfrohen, sonst aber im Volke wegen seiner Leutseligkeit gerade besonders beliebten Kurfürsten Joh. Philipp von Walderdorff aus der ausgehenden Barockzeit und so auch weit bekannt und geschätzt als ein großer und kulturtragender Bauherr in deren wildbewegter Unterphase des Dekorationsstiles Rokoko, von dem manches humorvolle, oft auch derbere Stückchen im Volke noch lebt. So soll er einmal, als er hörte, daß durch den Preußenkönig Friedrich in der für diesen siegreichen Schlacht bei Rosbach auch mit der Reichsarmee, in der ja gerade die Rheinländer damals auf Seiten ihres Reichs pflichtgemäß gegen Preußen zu kämpfen hatten, das Kurtrierer Regiment mit Ausnahme des Tambours vernichtet worden sei, ausgerufen haben: „Hat der Teufel das Regiment, so soll er auch den Tambour holen." Ein Ausspruch, der sich bis heute, wenn es sich nachher auch herausstellte, daß die Sache nicht ganz so schlimm war, als Sprichwort in diesen Landen erhalten hat, um wieder von der Volkstümlichkeit gerade dieses so sympathischen und weiter wirkenden Kirchenfürsten, echt einheimischer Herkunft auch im Gegensatz zu vielen seiner Vor- und Nachfolger, ein beredtes Zeugnis abzulegen.

451. Das rettende Johanniskraut.

Das Hartheu (durchlöchertes Johanniskraut, Hypericum perforatum) wird im Kreise Saarburg „Hartna" (Hartenaue) oder Jesublutblume genannt. Es wird als ein beseeltes, wundersames Wesen angesehen. Ein Mädchen hatte hier einen Bund mit dem Teufel. Eines Tages verfolgte der Teufel das Mädchen, um es ganz in seine Gewalt zu bringen. In ihrer Herzensangst erblickte die arme Sünderin am Wegrand ein „Hartna". Sie setzte sich auf die gelbe Blume und der Teufel war machtlos. Da rief er zornig aus:

„Hartna, du verfluchtes Kraut,
Du hast mir entführt mein' Braut!"

452. Das Regenkreuz bei Schoden.

Wenn man von Wiltingen her des Weges kommt, trifft man am Schodener Herrenberg, also wieder bei einer guten Weinlage, ein altes Wegekreuz, das folgende Inschrift trägt:

1621 DISES CREVZ / HAT LASEN
AVFRICHTEN ZV EHR / GOTTES
ACH SIERZIG TRIERWEILER.

Der Errichtung des Kreuzes soll folgende Begebenheit zugrunde liegen:

Eine große Dürre war in dem obengenannten Jahr im Saargebiet eingetreten. Die Gefahr einer Mißernte rückte näher. In ihrer Not zogen die Pfarrkinder von Aach, Sirzenich und Trierweiler nach dem Beuriger Gnadenbild mit dem Vorsatz, an der Stelle ein Kreuz zu errichten, an der die Prozession vom ersten Regentropfen überrascht würde. Und wirklich setzte an dieser Stelle der Regen ein. Zum Dank und zum Andenken an diese Begebenheit sollen die oben genannten Pfarreien dieses Kreuz errichtet haben.

453. Der Mutter Fluch und die Nußbäume von Wiltingen.

Einst war Hungersnot an der Saar. Da lebte zu Wiltingen eine Witwe mit ihren unerzogenen Kindern in großer Not. Als sie nun eines Tages hilflos und die Hände ringend vor ihrer Hütte stand, kam ihr Nachbar und meldete, daß eben ein Schiff mit Getreide angekommen sei. Hoffnungsvoll eilte die Mutter zur Saar und rief dem Schiffmann zu: „Habt Erbarmen mit mir und meinen Kindern, uns hungert so sehr!" Der aber antwortete kalt und hart: „Ohne Geld gebe ich kein Körnchen her. Das Bettelvolk meint, ich bekäme das Getreide umsonst." Wie die Mutter auch jammerte und flehte, der harte Mann ließ sich nicht erweichen. Da erhob die verzweifelte Witwe ihre Hand und rief: „So möge Gott Euch strafen und Eure Frucht verwehen wie die Spreu vor dem Winde." Und alsbald erhob sich ein Sturm, und das Getreide stob nach allen Seiten auseinander und hing an den Nußbäumen am Ufer, wo man es noch heute sehen soll. Denn die Rinde dieser Nußbäume wurde ganz mit Unebenheiten wie Körner bedeckt. Und wenn auch diese alten Riesen längst dahin sind, so zeigten die jungen, wieder gepflanzten Bäume bald dieselbe Erscheinung.

454. Der römische Knochenritter von Konz im hohlen Eichbaum.

Zur Römerzeit stand im Dorfe Konz, nahe der Mündung unserer Saar in die Mosel, ein Sommerpalast des römischen Kaisers, dessen zweite Residenz und Hauptstadt im Römerreich neben Rom selbst einst Trier gewesen ist, von dem die fromme Sage eben meldet, wie sie am roten Hause dort ja auch golden aufgezeichnet steht, daß Trier vor Rom gar 1300 Jahre bereits bestanden habe. — Wie dem auch sein mag, wir stehen hier an Mosel und Saar auf ältestem Kulturboden, auch lange vor dem Wirken der Römer, schon zur Keltenzeit.

Eine Brücke mit sechs Bogen aber führte bei Konz dort in dieser römischen Glanzepoche über die Saar. Im Jahre 1592 fuhr einmal ein junger Bauer aus dem Dorf Futter holen. Es rauschte aber ein solcher Regen alsbald herab, daß er nicht nach Hause konnte und vor dem Unwetter in eine große, hohle Eiche kroch. Eben war er glücklich drin, da bekam er einen harten Schlag auf den Rücken, und als er sich umsah, stand da ein greuliches Gerippe mit Helm und Panzer, Schild und Speer, und hatte einen weißen Mantel an, der war mit Gold besetzt und lauter Totenköpfe waren darauf. Der Bauer stürzte ganz entsetzt aus dem Baum wieder heraus in's Freie und rannte fort, das Römergespenst immer hinter ihm her, bis er zu Hause vor der Tür war, da brach er zusammen und fiel in ein schweres Fieber. Das Mal von den fünf Fingern des Knochenritters aber trug er zeitlebens am Leibe.

455. Das Lichtchen.

In dem Tal, das von Konz nach Scharzberg führt und das man allgemein dort „das Tälchen" nennt, geistert „das Lichtchen". Es zeigt sich auf dem Wege von Crettnach nach Oberemmel und Niederemmel in Gestalt einer leuchtenden Kugel, die von einer Art Gloriole umgeben ist und besonders noch an einem Hang, von dem das Volk erzählt, daß dort früher die Hexen verbrannt wurden. — An ihm zieht es entlang und schwingt sich auch über den Weg, aber ohne jemand etwas zuleide zu tun. Man will es mit diesen früheren Hexenverbrennungen in Verbindung bringen. — In dieser Gegend aber wächst auch gerade gern das Donnerkraut, am liebsten auf Pützen (Ziehbrunnen), und das ist als besonderes Heilmittel für Kinderkrämpfe beliebt.

456. Der verborgene Klosterweinkeller.

Dem Ansturm, der in der französischen Revolution in den 90er Jahren des 18. Jahrhunderts auf die Klöster erfolgte, erlag auch das Karthäuser Kloster zu Karthaus. Die Mönche retteten sich durch die Flucht und nahmen mit, was beweglich war. Doch einen kostbaren Schatz mußten sie tränenden Augens zurücklassen: an die 100 Fuder köstlichen Weins von der Saar, der Ruwer und der Mosel, die im Keller verborgen lagen.

Da sie auf die Wiederkehr hofften, wurde der Eingang so verscharrt, daß von ihm nichts mehr zu sehen war. Die Hoffnung auf die Rückkehr erwies sich als trügerisch. Und heute noch liegt dieser kostbare Weinschatz hier im kühlen Klosterkeller vergraben. Gar mancher hat schon mit dem Spaten den Boden durchwühlt, fand aber nichts als Sand.

Der Sage nach aber bleibt auch der Fund aufbewahrt für den zu erhoffenden Saarländer, der mit dem feinsten Probemund die feinste Nase paart. —

Nun ist es nicht mehr wie recht, mit einer solchen echten Weinsage von unserm Fluße Abschied zu nehmen, dessen Endpunkt recht eigentlich, zudem auch das ehemals so weit umfangreichere Kloster Karthaus stimmungsvoll betont, das aus der, Rhein und Main verbindenden Kunst Antonio Petrini's, dieses Stammvaters des rheinisch-fränkischen Barocks heraus, sein Schüler, der Kurmainzer Hofbaumeister Veit Schneider, im zu Ende gehenden 17. Jahrhundert geschaffen hat. —

Eine Weinsage also und ein früher Gruß anhebender Barockherrlichkeit dieser fröhlichen rheinisch-fränkischen Lande, die dann auch an der Saar, vorab in Mettlach und Saarbrücken, so prächtige Blüten trieb, stehen also am Schlusse des Laufes unseres heimischen Flusses, der sich dann zu größeren Zielen mit Mosel und Rhein vereinen will. — Stehen am Ende der vom Hochgebirge der Vogesen aus westlichen Landen herabkommenden Saar, die in ihrem Herzstück so viel an einem reichen kaufmännischen und gewerblichen Leben zu vereinen wußte, bis sie dann bei ihrer schließlichen Hingabe an echte süddeutsche Landschaftsromantik in eine stille Waldes- und Felseneinsamkeit einmündet. — Und an alten mächtigen und kulturtragenden, geistlichen Abtei- und Kurfürstengebieten vorbei, in einem einstigen Mittelpunkt römischer Weltherrschaft, bricht sie dann doch wieder daraus hervor, mitten in's lichte, sonnige und weite Weinland, um gerade im Kranze seiner köstlichsten Gewächse beschaulich ihren eigenen Lauf zu beschließen. —

59. Die Karthause in den Weinbergen nächst der Saarmündung in die Mosel bei Konz. Erbaut um 1690 von dem Petrinischüler Veit Schneider, dem Kurmainzer Hofbaumeister

Inhaltsverzeichnis

Einleitung 5

I.

Um die Quellen der weißen und roten Saar unter dem Schutze des Donon.

1. Der „sac de pierre" beim Donon 13
2. Die verhängnisvolle Weihnachtsnacht auf Burg Türkstein an der weißen Saar 13
3. St. Quirins-Stuhl beim Donon 15
4. Der Gespensterfelsen bei Soldatental 15
5. Die Bergsiedelungen in den Nordvogesen und bei den Saarquellen 15
6. Sagen um Wahlschied und St. Leon, die Gedenkstätte eines Papstes von der Saar 16
7. Der böse Windgeist in der Flasche 17
8. Der Geldfelsen im roten Saartal 18
9. Der Lottelfelsen und der Nonnenberg 18
10. Der Kunkelstein bei der roten Saar 19
11. Bestrafter Übermut ,..................... 20

II.

Die obere Saar von Saarburg über Saarunion und Saaralben bis nach Saargemünd und durch die ehemalige nassau-saarbrückische Grafschaft Saarwerden.

12. Die Hexe von Saarburg 23
13. Die Riesenburg und der Feenwald 25

14.	Der verbrannte Braten von Saarburg	25
15.	Der Geist auf der Brücke und Dorfhexen und Hexentanzplätze um die obere Saar	26
16.	Förster Barthel geht als wilder Jäger und Schimmelreiter in den Wäldern zwischen Bärendorf und Finstingen um	27
17.	Die Schwanenjungfrau und der Graf von Finstingen	28
18.	Der Graf von Finstingen und die Feengabe	30
19.	Die Lienhardsmatt	30
20.	Nachttiere um Finstingen und Niederstinzel	31
21.	Der gefangene Geroldecker Burgherr	32
22.	Der Fluch des Jesuiten und die Hirschlander Familie Brua	33
23.	Der Druttwald bei Ottweiler	35
24.	Gespenster- und Dorftiere in und um Assweiler	36
25.	Die geraubte Braut und Stammutter der Familie Jacquillard von Durstel und dem Steinbacher Hof	37
26.	Die „Heilwog" in der Neujahrsnacht	38
27.	Der Tieffenbacher Wald	38
28.	Die Sage von der versunkenen Stadt und das Heidenkirchlein mit seiner Buche	39
29.	Die Glocken vom Heidenkirchel und die Geisterprozession	40
30.	Der Spitzstein und der Breitenstein	41
31.	Die blaue Blume	42
32.	Der wilde Jäger bei Waldhambach im Funkenstrom	44
33.	Berg und Thal	44
34.	Die weiße Jungfrau in der römischen Villa von Mackweiler als eine saarländische Loreley	45
35.	Der unterirdische Gang von der römischen Villa und die Kriegsankündigungen	45
36.	Das kristallene Schloß und die kristallene Salzfee von Diemeringen	46
37.	Herr von Bokisch und der Schwan	46
38.	„Der Hopp kommt"	47
39.	Das Dorftier von Diemeringen als Kriegsanzeiger	48
40.	Die katholisch gewordene Fürstin Sophie Erdmuthe von Nassau-Saarbrücken	48
41.	Der Priester im Schlosse zu Lorenzen	49
42.	Der Poltergeist im Lorenzer Schloß	50
43.	Die Nachtwäsche am Brunnen	50
44.	Das erlöste Dorftier zu Bütten	50
45.	Das Gastmahl im Rahlinger Schloß	51
46.	Der feurige Mann im Eicheltal gegen Domfessel	51
47.	Die Hexe von Heimeldingen und ihre abendliche „Meierei"	51
48.	Der schwarze Mann von Oermingen	52
49.	Sagenhaftes aus Wolfskirchen, Pisdorf und Zollingen	52

50. Der letzte Graf von Saarwerden und die Melusine 53
51. Der Bettag in der Grafschaft Nassau-Saarwerden und der Graf mit den zwei Gattinnen 53
52. Der reiche Graf von Nassau-Saarbrücken 54
53. Das Gespensterschloß bei Saarunion 54
54. Der unbequeme Mitbürger oder das Lachmännchen von Bockenheim 55
55. Der Heidenhübel bei Saarunion 56
56. Das Haus mit den Totenköpfen 57
57. Die Schätze von Willer und die goldenen Schäfchen 58
58. Die silbernen Glocken von Willer 58
59. Die fürstlich saarbrückische Ratflasche im ehemaligen Amtsgerichtskeller zu Harskirchen 59
60. Der in eine Flasche gebannte fürstlich nassausaarbrückische Regierungs-Rat 60
61. Der einäugige Schimmelreiter mit dem Schlapphut am Zollstock und an den Seeben 60
62. Die Spielburg 61
63. Die Entstehung der Kirche zu Münster 62
64. Der Hoh-Jäger 62
65. Das Feuermännchen 63
66. Der ewige Jäger von Schopperten 63
67. Das Römerkastell auf dem Schloßhübel bei Keskastel 63
68. Die Silberglocke vom Saaralbener Berg 64
69. Der Frankenkönig Chlodwig in Herbitzheim .. 65
70. Die Brücke von Herbitzheim und die wundertätige Äbtissin 66
71. Der König und der niesende Teufel 67
72. Der ewige Jude 68
73. Schilda an der Saar 69
74. Die Saargemünder Geisterversammlung in der Sylvesternacht 70

III.

Die mittlere Saar und das Land um Saarbrücken im Kranze von Kohle und Eisen, von Handel und Schiffahrt mit dem Sagenborn des Wallerbrünnchens.

75. Die Römerbrücke mit der silbernen Glocke .. 73
76. Die Rast an der Heilquelle 73
77. Das Bambestle und das Krötenloch 73
78. Die Heidenhäuser von Ruhlingen 74
79. Die sich drehenden Steine in Kleinblittersdorf 74
80. Das gespenstige Weinbergshäuschen genannt „Die Sorg" 75
81. Das umgeworfene Kreuz 75
82. Das verschleppte Kirchenbaumaterial 75
83. Der Waldgeist auf dem Wege von Großblittersdorf nach Etzlingen 76

84.	Die tanzenden Grenzgarden an der Simbach und der Schmuggel an den Saargrenzen	76
85.	Die Heidenkirche auf dem Halberg	77
86.	Alt-Saarbrück und die Gründung der neuen Stadt	79
87.	Die am Zahnweh verstorbene Gräfin von Nassau-Saarbrücken	81
88.	Der Raub des Kirchenschatzes von St. Arnual und der Graf Johann IV. von Nassau-Saarbrücken	82
89.	Der Geist von „Daarle", die alte Dorflinde und andere Volksüberlieferungen	83
90.	Der Reiter in der Neujahrsnacht	84
91.	Das Wallerbrünnchen als Heil- und Kinderborn	85
92.	Die gespenstige Katze des Wallerbrünnchens .	86
93.	Der Hund des wilden Jägers am Wallerbrünnchen	86
94.	Die Walpurgisnacht am Wallerbrünnchen	87
95.	Das Wallerbrünnchen als Jungbrunnen und Heiratsborn	88
96.	Die Saarbrücker Hexentanzplätze vom Hexenberg und Nußberg	89
97.	Der Traum vom Schatz auf dem Triller und die Entstehung des Namens	90
98.	Der Zimmermann und der Fürst	91
99.	Die weiße Dame im Schloß	93
100.	Die Geister der Schloßkirche	93
101.	Die unterirdischen Gänge vom Schlosse aus und in und um Saarbrücken	95
102.	Die unregelmäßigen Geliebten des Fürsten Wilhelm Heinrich	95
103.	Der in die Flasche gebannte Fürst von Saarbrücken	96
104.	Der vom Himmel beschützte Hofprediger	97
105.	Der Hofnarr	98
106.	Der Pifferjokob	98
107.	Der erschienene Armesünder	99
108.	Das weiße Kreuz auf dem Schloßplatz	100
109.	Die rettende Gänseleberpastete	100
110.	Die Propstei	101
111.	Der Herrgottsbrunnen und andere Kinderborne	101
112.	Der Kratzgeist in der Obergasse	103
113.	Das Saarbrücker Muhkalb als Stadttier	104
114.	Das Drickermännche	105
115.	Die Gespenster in der weißen Taube und dem gegenüberliegenden J. A. Mayer'schen Handelshaus	105
116.	Das Haus mit dem Turm und verschwundene Renaissancekunst	108
117.	Die Tante Tappfuß, das Grafiwelche und der Hahnewacker	110
118.	Schwarzer Hund veranlaßt eine Viehseuche in Saarbrücken	111
119.	Die entweihte Deutschordenskirche	112
120.	Der Schatzgeist mit der Flamme	112

121.	Der Messinger im Saarbrücker Stadtwald am Schanzenberg	113
122.	Der unvollendete Kirchturm	114
123.	Der Apostel mit dem Buch an der Ludwigskirche	115
124.	Der große steinerne Kopf an der alten Brücke	115
125.	Die unbotmäßigen St. Johanner	116
126.	Lukasse Wies'	118
127.	Der Marschall Wack	119
128.	Sangehanner Maargd- un Stadtgespenschder	119
129.	Das unheilbringende Diamantkreuz	121
130.	Die St. Johanner Familie Münzer	121
131.	Der Tod des Erbprinzen Heinrich und die Treue an das angestammte Fürstenhaus Nassau	123
132.	Die Milchpantscherin im Flammenmantel	124
133.	Der Maltitz im St. Johanner Stadtwald und als Berggrubengeist	125
134.	„Poweiersch Büch"	125
135.	Die versunkene Stadt	126
136.	Fürst Ludwig kehrt als Geist auf den Ludwigsberg zurück	127
137.	Der „Paff vun Molschd"	128
138.	Der Herr mit dem Zylinder von Burbach	128
139.	Das Gespenst an Simons Weiher	129
140.	Der Hollerzopf	129
141.	Der verrufene Saarweg	130
142.	Die Geister vom Hammergraben der Rossel beim Geislauterer Werk	130
143.	„Die Purzelmüllersch"	130
144.	Der „Hohberger" als böser saarländischer Bergmannsgeist	131
145.	Die unterirdischen Gänge vom Königshof Völklingen und anderes Sagenhafte	132
146.	Die Hexe Annipeitsch	134
147.	Die Entstehung des Namens Bous	135
148.	Fünf Minuten zu spät hat Griesborn verdorben	135
149.	Der Geist des Ordensmannes im Herrenhaus von Wadgassen	135
150.	Die Entstehung der Stadt Berus	136
151.	Die hl. Oranna von Berus auch als Fürsprecherin friedlichen Ausgleichs zwischen Frankreich und Deutschland	136

IV.

Ensheim und der Sagenberg des Stiefels mit ihrer Umgebung.

152.	Der Mönch im Hopgarten	141
153.	Der Einlaß begehrende Praemonstratenser	141
154.	Das Graumännchesloch	142
155.	Die Donnerkeile	143
156.	Die drei Wiesenfräulein	143
157.	Der Moldermichelsgeist	144

158.	Das Pferd ohne Kopf bei „Nußweiler und Lindweiler"	144
159.	Der heimkehrende Dorfschatz des „Gänsegretls von Fechingen"	145
160.	Die Geister der Täler um Brebach und Fechingen	146
161.	Die drei Jungfrauen	147
162.	Der Bauer mit den roten Strümpfen	148
163.	Die Wassernixe von Eschringen	148
164.	Der Lorenzenborn	149
165.	Die Einführung der Kartoffel	150
166.	Der Däiwel als Wildsau	151
167.	Der „Schlappe"	152
168.	Der wilde Jäger des Stiefels	153
169.	Die geheimnisvolle Kutsche, der barocke Geistertanz und der unheimliche Jäger	154
170.	Der Elfentanzplatz	156
171.	Der Riese Kreuzmann	156
172.	Die Sage vom Ritter Heim	158
173.	Das Schloßfräulein vom Großen Stiefel	161
174.	Der Schloßgarten auf dem Großen Stiefel	161
175.	Die vergessene Schlüsselblume	162
176.	Die goldgelben Schlüsselblumen vom Stiefelhang	163
177.	Die Sage vom Raubritter Reppert	164
178.	Die Chrimhildespill	167
179.	„Herr Rapp und seine Frau"	168
180.	Die Geisterpferde ohne Kopf	169
181.	Der „Heliebrunnen" bei St. Ingbert	169
182.	Die St. Ingberter Heidenhöhle	170
183.	Hungerpfuhl und Wildfrauenhaus	171

V.

Der Warndt
und der Sagenberg des Herapels.

184.	Der Warndtmann	175
185.	Die Napoleonsknödel	175
186.	Der Schwan auf dem Warndtsee	177
187.	Die versunkene Stadt Grünegraut und der Räuberführer Lips Tullian	180
188.	Die Königswiese im Warndt	180
189.	Die „Gäschel"	181
190.	Die Hexenbuche im Warndt	182
191.	Der Riesenhahn von Lauterbach	183
192.	Der Wiselstein und seine Geister	184
193.	Der Suppenweg	186
194.	Der Heiligenborn	186
195.	Das diamantene Auge	187
196.	Sagen um Schloß Warsberg (Varsberg)	187
197.	Die Salzquelle zu Kochern	189
198.	Die Kehl und der heilige Philippus	189
199.	Die heilige Helena und der Herapel	189

200.	Die Königin Hera als Städtegründerin von Herapolis	190
201.	Prinzessin Melusine vom Helleringer Schloß und vom Herapel	192
202.	Melusina-Mazurina fliegt als Drachen vom Herapel nach Helleringen	193
203.	„D'r Hunneberch" und die Belagerung des Herapel	194
204.	Der Forbacher Schloßberg	195
205.	Der Nonnen-Brunnen an der Kreuzkapelle ...	196
206.	Die „goldene Bremm"	196

VI.

Das Köllertal und Primstal
dem Hochwald zu
mit dem Sagenberg des Litermonts.

207.	Der Maldit vom Köllertal	203
208.	Die Langäpfel in der Weihnachtsnacht	205
209.	Die Hexen im Püttlinger Hexenturm	205
210.	Die strahlende Mutter Gottes von Püttlingen ..	207
211.	Der Altenmurer Dorfbüttel	207
212.	Pastor Hintgen läßt seinen Feind auf der Straße festgebannt stehen	208
213.	Der Flug der Püttlinger Glocken nach Rom	209
214.	Das Sommerberger Irrlicht und die Bergleute	210
215.	Die Frösche von Burg Bucherbach und die Gräfin Elisabeth von Nassau-Saarbrücken	210
216.	Das Grubenmännchen vom Krupschacht	211
217.	Der Rösselbrunnen	213
218.	Die Försterin von Fürstenrecht als weißes Kaninchen	213
219.	Die sieben Eichen	214
220.	Die scherige Eiche	214
221.	Der alte „Wahlschder" von Bietschied	215
222.	Der römische Schatz im „Spieß" bei Holz	216
223.	Der Raubritter von Mehlenbach und Franz von Sickingen	217
224.	Der Adel der Einwohner von Kirschhof	218
225.	Der Vogelbrunnen	219
226.	Der Wendelsepp von Hirtel	219
227.	Der goldene Schlüssel	220
228.	Die listige und treue Burgfrau	220
229.	Der Deutschordensritter und die Wahlschieder Bauern	221
230.	Verschwundene Orte und Schlösser um Fischbach und in Quierschied	222
231.	Der Geisterhund auf der Himmelswiese	223
232.	Der in den „Hirschenhübel" verzauberte Ritter von Illingen aus dem Hause Kerpen	224
233.	Das Schloßfräulein von Eppelborn	226
234.	Das Schloß La Motte bei Lebach	226
235.	Die Geister-Eibe mit ihrer Ritterversammlung und andere Geistererscheinungen um La Motte	228
236.	Die drei Frauen von La Motte	229

237. Die Sage vom Lebacher Lonquis 230
238. Die ungetreuen Gemeindeväter von Hüttersdorf und ihr Adventsspuk im Lebacher Wald 231
239. Die Schätze unter dem Kaltenstein 232
240. Der Maldix vom Litermont 232
241. Margarete vom Litermont und der wilde Jäger 233
242. Erzgräbersagen vom Litermont 235
243. Der lange unterirdische Gang vom Erzbergwerk im Litermont 236
244. Der unterirdische See 236
245. Das Teufelsloch auf dem Litermont 237
246. Der Patriarch vom Druidenstein auf dem Litermont 238
247. Der weiße Reiter von Nalbach 238
248. Die Kriegswiese 238
249. Die Katzenhexen von Saarwellingen 239
250. Die Geisterschlacht in der Härenstreng 239
251. Der See mit dem Heiligtum und das goldene Kalb 240
252. Der Birgpeter 240
253. Die rote Katze von Vogelsbüsch 242
254. Geist durch eine Ohrfeige erlöst 243
255. Die weiße Frau von Dagstuhl 244
256. Die Hexen auf dem Petersberg bei Eiweiler.. 246
257. Das Goldfeuerchen bei Sötern 247
258. Der Sankt-Hubertus-Schlüssel vom Nonnweiler 249
259. Der Teufel und die Schatzgräber im Hunnenring von Otzenhausen 249
260. Die Buchstabenstehler 249
261. Der Traum vom Schatz auf der Koblenzer Brücke 249
262. Götter am Wiesenquell 251
263. Die Schweden in Merscheid 253
264. Hagen von Dhronecken und die Nibelungen um den Hochwald 253
265. Der „Bohnenpatt" 256
266. Der Kinderweiher 256
267. Grimburgsagen 257
268. Sagen um Hundscheid bei Steinberg 258
269. Der Mutterborn bei Wadern 259
270. Das Irrlicht vom Lotterbruch 260
271. Die Burgfrau von Rappweiler 262
272. Die Teufelsgeiß von Nunkirchen 263
273. Sagenhaftes um Weiskirchen, Rissenthal, Bergen, Bachem und Morscholz 264
274. Die Sage vom Losheimer Schoet-Schoet 265
275. Der wilde Jäger im Neunhäuser Wald 266

VII.

Das Bliestal mit den Sagenbergen des Schaumbergs, Spiemonts und Weiselbergs und den Klosterüberlieferungen von Wörschweiler.

276. Der Heilbrunnen bei der Guidesweiler Kapelle und die eiserne Krone 269

277.	Das schwarze Tuch am Geisenhüwel	269
278.	Die römische Töpferei	270
279.	Die Wildfrauhöhle	270
280.	Der Edelmannspfuhl bei Bliesen	270
281.	Die goldene Chaise im Mumrichsberg	271
282.	Rixius Varus und der Momrich	271
283.	Die Varussage vom Schaumberg ob Tholey	271
284.	Rixius Varus als wilder Jäger vom Schaumberg und Varuswald	272
285.	Der Geist in der „warmen Stube" des Schaumbergs	273
286.	Die Geistermesse und die nächtliche Beratung wegen Wiedererstehung der Abtei Tholey, wie auch ihr noch verborgener Klosterschatz	273
287.	Die gespenstigen Benediktinermönche	275
288.	Geist eines Offiziers wartet auf den Ruf seines Kaisers	275
289.	Der Drei-Marienborn von Marpingen	276
290.	Der Geist vom Kreuzwies'chen	277
291.	Die Namborner Schweinchen	278
292.	Die Toteneiche	278
293.	Die Glocke Karls des Großen zu Wolfersweiler	278
294.	Förster Kötz als wilder Jäger vom Buchwald im Amte Nohfelden und das Irrkraut im Walde von Wolfersweiler	279
295.	„Seigehannesse Tisch"	280
296.	„Franze Küppche"	280
297.	Der Reitscheider Mittag	281
298.	Weiselberg-Sagen	281
299.	Die Geister des Weiselbergs	282
300.	Noes Grab bewahrt Schwarzerden vor der Pest	282
301.	Die Felsengrotten der drei klugen Frauen	283
302.	Der Saunabel von Leitersweiler	283
303.	Fürstengräber um St. Wendel	285
304.	St. Wendel als Hirt	285
305.	St.-Wendels Begräbnis und die Gründung der Stadt	288
306.	Die beiden gebannten Kirchendiebe	288
307.	Der erblindete Anführer	289
308.	St. Wendel löscht den Brand des Schlosses von Saarbrücken	289
309.	Aus einem Kurpfälzischen Reisetagebuch von 1526	289
310.	Die Gans auf dem Wendelsdom	290
311.	Das Sickinger Loch	291
312.	Die Springwurzel von St. Wendel	292
313.	Das Schwanenhaus	293
314.	Das Dukatenhäuschen	294
315.	Die Schulbarwel und die Herzogin Luise	295
316.	Der wilde Schimmelreiter vom St. Wendeler Gudesberg und der Maire Cetto	296
317.	Die resolute Pfarrfrau	297
318.	Der Weinhannes	298
319.	Die Sage vom Spiemont und die Familie des Rictius Varus	298

320.	Die Habenichts	300
321.	Die gespenstigen Nonnen vom Kloster Neumünster und die Flucht nach Werschweiler	300
322.	Die Prophezeiung wegen der ins Land gelassenen Juden	300
323.	Der Maldiss im Ottweilerschen	301
324.	Der Rats- oder Ratzehannes	303
325.	Die Stadt in der Langenbach und die goldene Kutsche im „Wäälekippche"	303
326.	Der Hexenkranz und andere saarländische Hexenberge	304
327.	Der Schnallematz und seine Goldfalle	304
328.	Der „ald Wengerad" von Landsweiler	305
329.	Der Spuk beim steinernen Mann von Münchwies	307
330.	Der Ruckert	308
331.	Der entweihte Sarg	309
332.	Maltitz und der furchtlose Bergmann	309
333.	St. Petrus und die übermütigen Bergleute	311
334.	Sagen um Bildstock, Elversberg und Friedrichsthal	312
335.	Die Familie Appold in Sulzbach	313
336.	Der Mann von Dudweiler	314
337.	Das Gänseliesel von Spiesen	315
338.	Die Donnerlochquelle	316
339.	Der Homburger Wald	317
340.	Die weiße Dame vom Homburger Schloßberg.	319
341.	Das Geißkirchlein	320
342.	Die Wappenlegende über dem Burgtor von Kirkel	321
343.	Der Birkenbusch auf Kirkel	322
344.	Die Geister des St. Pirminswaldes	322
345.	Der Butterhut	323
346.	Sagenhaftes um den Frauenbrunnen, das Dorf Wörschweiler und seine Flurnamen	324
347.	Sagenhaftes um Kloster Wörschweiler, Kirkel, Limbach und ihr Waldgebiet	325
348.	Der güldene Hund	327
349.	Das Kegeln der Teufel vom Wörschweiler Kloster	329
350.	Der unterirdische Gang neben dem Klosterziehbrunnen	331
351.	Schatzgräber im Wörschweiler Kloster	331
352.	Der Teufel im Brunnen von Einöd	332
353.	Der Gollenstein ob Blieskastel und dortige Stadtgespenster	332
354.	Ein angeblicher Papst aus dem Geschlecht von der Leyen und sein Porträt auf der Philippsburg am Niederwürzbacher Weiher	334
355.	Junker Elz von Wecklingen	337
356.	Das Grab des Hunnenkönigs Attila	337
357.	Die Stadt Riesweiler	338
358.	Der deutsche König Adolf von Nassau und sein in der Blies ertrunkener Widersacher	338
359.	Die Riesen des Bliestales	339

360. Die schwarze Mutter Gottes von Gräfinthal mit den Pfeilen 340
361. Der Burgherr von Frauenberg mit den güldenen Knöpfen 343

VIII.

Die untere Saar von Saarlouis über Dillingen und Merzig mit dem zum Luxemburgischen ziehenden Teil des Saarlandes und der Sagenquelle des Hyllborns.

362. Die Erbauung von Saarlouis 347
363. Die Katzen von Saarlouis und der Freiheitsbaum 348
364. Der Trommler des Marschalls 348
365. Der Wärwolf 351
366. Die Teufelsburg bei Felsberg 351
367. Das Bergmännchen vom Blauberg und „die drei Kapuziner" 351
368. Die frühlingstrunkenen Nonnen von Ensdorf .. 352
369. Das Drei-Mareienbild zu Hülzweiler 354
370. Die Gründung der Abtei Fraulautern 355
371. Die weltfremde Nonne in Fraulautern 355
372. Die sieben Pferde an der Binz und andere Geister um Roden 357
373. Der geheimnisvolle Wagen in Roden 358
374. Da Soumbengääscht (Sumpfgeist) 358
375. De Ko-abeebcha (Kornfrauen) 359
376. Der Fischer und der Nieser am roten Meer .. 359
377. Das versunkene Kloster im Heiligenberg 360
378. Die eingemauerte Frau im Dillinger Schloß .. 360
379. Das feurige Schwert im Jahre 1870 361
380. Pilatus in Pachten 361
381. Das goldene Kalb im Haibach 361
382. Der unterirdische Gang der Siersburg 361
383. Das Trompetenspiel der Brüder 363
384. Der Sargnagel im ritterlichen Pferdehuf und der Hexenmeister von Rehlingen 364
385. Die Niednixe 364
386. Der geizige Bauer aus Guerlfangen als wilder Jäger an der Nied 365
387. Der Hyllborn 365
388. Der fliegende Schimmel aus dem Gondeler Tal 367
389. Die weiße Rose am Hyllborn 368
390. Der Hirsch mit den Feueraugen 369
391. Das Nuk-Nuk-Männchen in den Felsen beim Hyllborn 370
392. Die weiße Nonne vom Kloster beim Hyllborn .. 371
293. Die Christenhöhle bei Beckingen 372
394. Die versteinerte Katze auf Schloß Fremersdorf 372
395. Das Hirtchen im Bietzener Wald und sein Hund Willoweh 373
396. Das Muttergottesbild von Harlingen 373

447

397.	Der Spitalhannes als der eigentliche Merziger Stadtgeist	375
398.	Warum Spitalhannes als Geist erscheinen muß	376
399.	Der die Kinder beschützende Spitalhannes ..	377
400.	Der dreibeinige Hase und der Schifferknecht..	377
401.	König Dagobert als Kirchengründer	379
402.	Die rettende Monstranz in Hilbringen	379
403.	Das Gelöbnis der Silvinger Bauersmannes	379
404.	Der versuchte Kirchenraub in Büdingen	380
405.	Die Martinuslinde zu Tünsdorf	380
406.	Der Kettenrasseler im Kloster Tünsdorf	381
407.	Der saarländische Koch des Kaisers	381
408.	Die Veste Meinsberg, auch als Marlboroughschloß	382
409.	Das Wichtelknäppchen bei Nennig	384
410.	Die feurige Kutsche von Nennig, ihr gespenstiger Leiter und andere Feuermänner	385
411.	Der geheimnisvolle Fahrgast vom Sinzer Berg	386
412.	Der alte Kirsch und der ewige Jäger, wie auch die Bockreiter an der Dreiländerecke	387
413.	Das weiße Schreckgespenst zwischen Sinz und Faha	387

IX.

Die untere romantische Saar mit der Saarschleife, den Mettlacher Abteiüberlieferungen und durch Burgen-, Felsen- und Bergkapellenwaldeinsamkeit bis nach Saarburg und zur Mündung im Weinland.

414.	Das goldene Kalb von Besseringen	391
415.	Der Maier von Schwemlingen	391
416.	Kathrein auf Roden	392
417.	Sagen um den „Welles"	395
418.	Die Bienen retten Montclair	395
419.	Das Hufeisen und die Wagenfurche auf dem Breitenstein	396
420.	Die Riesenkröte unter dem Breitenstein	397
421.	Der letzte Burggraf von der Cloef	399
422.	Der hl. Luitwin und die Abtei Mettlach	401
423.	Der im Dachgebälk des „alten Turmes" lärmende Teufel	402
424.	Die guten Weinkenner in der Abtei Mettlach ..	404
425.	Die auf ihrer Weinreise vertriebenen Mettlacher Mönche	404
426.	Das „Buch der Sprüche" und seine Wirkung ..	405
427.	Das große Mettlacher Mönchssterben	405
428.	Die Lutwinus-Predigt	406
429.	Die hungrigen Mettlacher Novizen	408
430.	Der Mettlacher Klosterhannes	409
431.	Gott läßt seiner nicht spotten	409
432.	Der Herrgottstein	410
433.	**Der** verteufelte Hirsch	412

434.	Wie die Hulzbacher den Mond jagen und fangen wollten	414
435.	Der Teufelsschornstein	415
436.	Die Erbauung der St. Michaelskapelle über Taben	418
437.	St. Matthäus zieht von der Saar fort	419
438.	Die Heinzelmännchen vom Serriger Wichtershäuschen	420
439.	Der Brautborn zu Kastell	421
440.	Der Bann vor der Klause	423
441.	Das Ritterkirchlein bei Saarburg	424
442.	Der Burggeist von Saarburg	426
443.	Die gekrönte Schlange	427
444.	Die Schwalben fliehen vor der Cholera	427
445.	Brunnensagen um Saarburg	427
446.	Das Gnadenbild von Beurig	427
447.	Der betrunkene Stier	429
448.	Der frevelnde Saarschiffer und die Glocken in der Saar	429
449.	Die Geistermesse von Rehlingen-Litdorf	430
450.	Der Bischof im Mannebacher Wald	431
451.	Das rettende Johanniskraut	432
452.	Das Regenkreuz von Schoden	432
453.	Der Mutter Fluch und die Nußbäume von Wiltingen	433
454.	Der römische Knochenritter von Konz im hohlen Eichbaum	434
455.	Das Lichtchen	434
456.	Der verborgene Klosterweinkeller	435